Vom Trümmerfeld ins Wirtschaftswunderland

Veröffentlichung des Stadtarchivs Bochum
Herausgegeben von Johannes Volker Wagner

Bochum 1989

Johannes Volker Wagner (Hrsg.)

Vom Trümmerfeld ins Wirtschaftswunderland

Bochum 1945-1955

Eine Dokumentation

Studienverlag Dr. N. Brockmeyer Bochum

Herausgabe und Gesamtredaktion:
Dr. Johannes Volker Wagner

Dokumentenzusammenstellung und Layout:
Dr. Enno Neumann

Kapiteleinleitungstexte sowie Bild- und Textunterschriften:
Dr. Hans H. Hanke (Kapitel 29), Dr. Enno Neumann (Kapitel 11, 26, 28), Michael Klatt, Dr. Gustav Hermann Seebold, Dr. Gisela Wilbertz (übrige Kapitel)

Umschlaggestaltung:
Brigitte Fuhrmann-Mau; Schrift: Alexandra Fuhrmann

Schreibarbeiten:
Angelika Karg

Recherchen-, Korrektur- und bibliographische Arbeiten:
Susanne Bausch, Hans-Jürgen Erker, Andreas Halver, Uwe Kriening, Robert Laube, Petra Stenke, Karl Thoms, Monika Wiborni

CIP-Titelaufnahme der Deutschen Bibliothek

Vom Trümmerfeld ins Wirtschaftswunderland : Bochum 1945 bis 1955 / Johannes Volker Wagner (Hrsg.). – Bochum : Studienverl. Brockmeyer, 1989
(Veröffentlichung des Stadtarchivs Bochum)
ISBN 3-88339-774-1

NE: Wagner, Johannes Volker [Hrsg.]

WG: 63;61

ISBN 3-88339-774-1

Querenburger Höhe 281, 4630 Bochum 1
Gesamtherstellung: Druck Thiebes GmbH & Co. KG Hagen

Der Vortrag von

Prof. Dr. Richard Löwenthal

EIN SCHWERER WEG: VON DER KATASTROPHE ZU FRIEDEN UND FREIHEIT

wurde für diese Dokumentation zur Verfügung gestellt.

Veröffentlichung des Stadtarchivs Bochum

Inhaltsverzeichnis

Vorwort

Die Dokumentation „Vom Trümmerfeld ins Wirtschaftswunderland. Bochum 1945-1955" erscheint zum 40. Gründungsjahr der Bundesrepublik Deutschland und zum 50. Jahrestag des von Hitler entfesselten Weltkrieges, der zu jenen Trümmern führte, mit denen sich diese Veröffentlichung beschäftigt.

Die abgedruckten Dokumente, Bilder und Kapitelvortexte gehen auf die gleichnamige, vielbesuchte Ausstellung des Stadtarchivs im Jahr 1987 zurück. Hier ist – in neuartiger Gestaltung – von Enno Neumann der Versuch gemacht worden, durch ein sehr sinnliches und zugleich intellektuelles Erlebnis ein wichtiges „Stück Nachkriegsgeschichte" darzustellen; eine kleine Ausstellungsbroschüre gibt darüber Auskunft.

Ein wenig von dem damaligen Bemühen soll sich auch in der vorliegenden Dokumentation widerspiegeln. Wie die damalige Ausstellung versucht sie in 30 Kapiteln, die zwar chronologisch, aber — um die Simultanität vieler Ereignisse anzudeuten — bewußt nicht systematisch gegliedert sind, ein umfassendes, differenziertes und zugleich optisch abwechslungsreiches Bild zu vermitteln. Ein Bild von der Niederlage und dem totalen Zusammenbruch, vom Weiterleben in einem besetzten Land, vom Kampf ums nackte Dasein, vom politischen Neubeginn und den verpaßten Chancen der „Stunde Null", von der kulturellen Aufbruchstimmung, von der Trümmerräumung und vom Wiederaufbau, von der staatlichen Konsolidierung und gesellschaftlichen Restauration, vom wirtschaftlichen Aufschwung...

Ein Bild der Zeit, eine Zeit, die auch nach 40 Jahren noch ein Stück Gegenwart ist: Denn damals wurden die politischen, wirtschaftlichen, sozialen und kulturellen Weichen gestellt, die sich bis heute als bleibende Wegmarken erwiesen haben.
Ohne das Wissen um die Gründe, Bedingtheiten und Zwänge der damaligen Entscheidungen, der Leistungen und Versäumnisse ist die Gegenwart nicht zu verstehen.

Allerdins ist es nicht das Ziel dieser Veröffentlichung, die großen welt- und deutschlandpolitischen Linien nachzuzeichnen. Das ist schon vor Jahren in der illustrierten Dokumentation des Stadtarchivs „Deutschland nach dem Krieg. Kapitulation, Neubeginn, Teilung" geschehen. Worauf es hier ankommt, ist vielmehr: konkret zu werden, am Beispiel einer Stadt das Leben in der Nachkriegszeit und in den frühen fünfziger Jahren zu dokumentieren und damit etwas über den Alltag der Menschen einzufangen: über ihre Not und ihr

Elend, ihr Leid und ihre Verzweiflung, ihre Hoffnung und ihren Aufbauwillen, ihre neue Lebens- und Konsumfreude, aber auch über die Veräußerlichung und Einsamkeit ihres Daseins.
Die Stadt, die hierfür Modell steht, heißt Bochum, eine große Industriestadt mitten im Ruhrgebiet. Doch Bochum ist überall gewesen; in den meisten deutschen Großstädten hat es nicht viel anders ausgesehen. Deshalb gewinnt Bochum als Beispiel trotz aller Besonderheit durchaus allgemeine Bedeutung.

Die vorliegende Dokumentation versteht sich zunächst als ein großes Bilder-Buch: Der Hauptteil besteht aus 292 Fotos und Faksimiles; bei Dokumenten erscheint allerdings immer nur die erste Seite im Bild, der restliche Text wird im dokumentarischen Anhang wiedergegeben.
Der Band ist aber mehr als nur ein Bilder-Buch. Er will auch vertiefende Informationen bieten. Deshalb werden die einzelnen Kapitel-Themen durch kurze Texte eingeführt, deshalb wird der gesamte Bildteil von wichtigen historischen Beiträgen, einem dokumentarischen Textanhang und einer Zeittafel umrahmt.

Das Buch „Vom Trümmerfeld ins Wirtschaftswunderland" wendet sich an Erwachsene, aber auch an Jugendliche und Schüler: an sie vor allem. Gerade in Schulen und Weiterbildungseinrichtungen soll diese Dokumentation Verbreitung finden. Deshalb ist sie – als ein erster Versuch des Stadtarchivs – mit einem „Didaktischen Beiheft" für Lehrer kombiniert: *Stundenentwürfe. Bochum 1945–1955.* Auf der Basis des hier vorgelegten Dokumentenmaterials können Stunden geplant und durchgeführt werden. Das Lehrerheft (erarbeitet von Dieter Grau, Bernd Kopp, Klaus Priegnitz) gibt didaktische Hinweise für eine Unterrichtsreihe von neun Stunden in der Sekundarstufe II und macht detaillierte Vorschläge zum jeweiligen Stundenverlauf. Dem Lehrerheft ist zusätzlich noch eine kleine Diamappe mit Szenen aus der Ausstellung beigefügt.

Zusammen mit der umfangreichen Dokumentation „Trümmer und Träume", die mit Hilfe wichtiger Spielfilme die Nachkriegszeit und die fünfziger Jahre ebenso wie die Bochumer Kinokultur und Kinorezeption aufzuhellen versucht, hat das Stadtarchiv damit eine Reihe von Arbeitsinstrumenten vorgelegt, die den Weg der Stadt und des Landes „vom Trümmerfeld ins Wirtschaftswunderland" auf vielfache Weise beleuchten können.

Die vorliegende Dokumentation ist in langer und mühevoller Arbeit zustandegekommen. Viele haben dabei mitgeholfen. Zu danken ist Herrn Prof. Dr. Richard Löwenthal, Berlin, der seinen Vortrag, den er bei Eröffnung der Ausstellung hielt, zum Abdruck frei gab; zu danken ist den Autoren Michael Klatt, Hans H. Hanke und Joachim Petsch für ihre historischen Beiträge; zu danken ist den Mitarbeitern des Stadtarchivs für ihre (vorstehend spezifizierte) Tätigkeit an dieser Dokumentation. Dank auch allen Archiven, städtischen Ämtern und privaten Leihgebern, die Material zur Verfügung gestellt oder auf andere Weise geholfen haben.

Dank schließlich dem Kulturausschuß der Stadt Bochum und vor allem dem Kultur- und Schuldezernenten, Herrn Dr. Richard Erny, der die Ausstellung und die Dokumentation in vielfacher Weise gefördert und ihr Entstehen mit großem Verständnis verfolgt hat.

Bochum, 1989 Johannes Volker Wagner

Blick in die Ausstellung „Vom Trümmerfeld ins Wirtschaftswunderland“

Eröffnung der Ausstellung „Vom Trümmerfeld ins Wirtschaftswunderland" am 10. Dezember 1986. Prof. Dr. Richard Löwenthal (links) im Gespräch mit Oberbürgermeister Heinz Eikelbeck (Mitte) und Dr. J. V. Wagner, Stadtarchiv Bochum.

Ein schwerer Weg: von der Katastrophe zu Frieden und Freiheit

von Prof. Dr. Richard Löwenthal

Vortrag anläßlich der Eröffnung der Ausstellung „Vom Trümmerfeld ins Wirtschaftswunderland“ am 10. Dezember 1986 im Stadtarchiv Bochum

Sehr verehrter Herr Oberbürgermeister,
meine Damen und Herren !

Es ist populär geworden, von der unmittelbaren Nachkriegszeit als der „Stunde Null“ zu sprechen. Ich halte das für eine interessante, aber nicht wirklich treffende Formulierung. Es gibt in der Geschichte keine „Stunde Null“, es gibt keine Zeit, in der die Menschen, was immer ihnen geschehen ist, von der Vergangenheit befreit sind, und es gibt keine Zeit, in der die Menschen ohne Einwirkung auf die Zukunft sind. Vielleicht kann man von dieser Zeit sagen, daß es eine „Null-Stufe“ war, nämlich eine Stufe der vollendeten Machtlosigkeit, der vollendeten Abhängigkeit, eine Stunde, in der die Deutschen keinen Staat, in der sie keinen entscheidenden Einfluß auf ihr eigenes Schicksal hatten. Das ist der Sinn dessen, was mit dem Wort „Stunde Null“ gemeint ist – die „Null-Stufe“. Diese Zeit ist mit einer erstaunlichen Energie überwunden worden; das war nicht einfach. Unter den vielen schwierigen Dingen, den schwierigen ökonomischen Fragen, den schwierigen Verständnisfragen über die Vergangenheit usw. war vielleicht die schwierigste die, daß die Besatzungsmächte und die Deutschen lernen sollten, nach diesem Krieg einander zu verstehen. Dies ist -und ich spreche jetzt mit bewußter Beschränkung nur vom westlichen Teil Deutschlands- in einem erstaunlichen Tempo gelungen. Es ist gelungen, daß die Westmächte die für sie ganz merkwürdige Tatsache zu verstehen begannen, daß sie auf der einen Seite in ein Land kamen, in dem noch in den KZ's die Toten und Halbtoten lagen, und daß sie auf der anderen Seite hier auf viele vernünftige und anständige Menschen trafen, die nicht nur sagten, wir hatten nichts mit den Verbrechen zu tun, sondern die wirklich im wesentlichen nichts damit zu tun gehabt haben. Ein erstaunlicher Widerspruch der Erfahrungen, die verarbeitet werden mußten. Oder wenn sie die Deutschen nehmen: Sie mußten verstehen, daß sie in Abhängigkeit von fremden Mächten geraten waren, die gestern noch die Feinde und zudem diejenigen waren, die die Bomben auf Städte geworfen hatten und nun zu entscheiden hatten, was aus dem materiellen Leben der Deutschen und ihrem staatlichen Leben werden sollte. Und wenn Sie von diesem Anfangsstadium, dieser Null-Stufe ausgehen, dann ist das Tempo, in dem das gegenseitige Verstehen gelungen ist, mit allen Mängeln, mit allen Fehlern, von beiden Seiten ganz erstaunlich gewesen.

Der westliche Teil Deutschlands, in dem Sie hier leben, war der Teil, in dem die Engländer die regierende Macht waren. Bei ihnen setzte sich ziemlich schnell die Einsicht durch, daß man versuchen müßte, ein demokratisches Deutschland zu schaffen. Die Anfangsvorstellungen waren, daß es einen ganz langsamen Aufbau politischen Lebens von unten geben würde und müßte. Denn die Alliierten hielten es nicht für möglich, in diesem von den Nazis verwüsteten, nicht nur materiell, sondern auch intellektuell verwüsteten Land, genug vernünftige Leute für die politische Verantwortung zu finden. Doch siehe da, diese Leute fanden sich viel schneller, als irgend jemand erwartet hatte, Leute, die politische Erfahrung aus der Vor-Nazi-Zeit und aus dem Widerstand in der Nazi-Zeit hatten, Leute, die genaue Vorstellungen davon hatten, was mit diesem zerschlagenen Land geschehen sollte, um es wieder in Gang zu bringen. Es waren dies Deutsche mit sehr verschiedenem politischen Hintergund. In dieser Stadt haben vor allem Sozialdemokraten eine wichtige Rolle gespielt. In anderen Städten sah es ganz anders aus. In Köln, einer übrigens auch sehr zerstörten Stadt, gab es Konrad Adenauer, ein Mann, der ganz andere Vorstellungen als die Sozialdemokraten hatte.

Unter allen Deutschen, die bereit waren, nach dieser Katastrophe Verantwortung zu übernehmen, gab es jedoch bestimmte Gemeinsamkeiten: Gemeinsam war ihnen das Verständnis, daß man nur langsam wieder zu einer von den anderen anerkannten Verantwortung kommen konnte und daß man mit jeweils eigenen Methoden diese neue Verantwortung gewinnen mußte. So gab es ganz verschiedene Leistungen von Deutschen ganz verschiedener Parteien, die im Ergebnis dazu beigetragen haben, das Land wieder aufzubauen. Ich erwähne z.B. von der Arbeiterseite hier, daß es nach einiger Zeit möglich wurde, in die großen Industriefirmen und in die Verwaltung dieser Industrien Vertreter der neu entstandenen Gewerkschaften gleich von Anfang an mit hineinzunehmen. Das, was wir bis zum heutigen Tage in der Form der Mitbestimmung haben, geht auf diese Anfänge in der frühen Nachkriegszeit, speziell an der Ruhr und im englischen Gebiet, zurück. Ich nenne hier aber auch die Rolle, die zwei so grundverschiedene Menschen gespielt haben, die im erbitterten, aber demokratisch geordneten Kampf gegeneinander standen: Konrad Adenauer und Kurt Schumacher. Schumacher, der aus dem KZ kam, mit allen Kennzeichen dessen, was er durchgemacht hatte, konnte es sich erlauben, laut und deutlich zu sagen: Auch nach all dem, was geschehen ist, haben die Deutschen als Volk für die Zukunft Rechte. Er verlangte, daß das von den Besatzungsmächten anerkannt und respektiert werde mit einer Deutlichkeit, wie kein anderer das damals tun konnte. Er hat den Menschen wieder Selbstvertrauen gegeben, Vertrauen in die Möglichkeit einer eigenen deutschen Politik. Und wenn Sie auf der anderen Seite eine Figur wie Konrad Adenauer sehen, mit dessen Politik viele von hier und da nicht einverstanden waren, so war er eben der Mann, der am wirksamsten mit den Westmächten reden und verhandeln konnte. Er hat wesentlich dazu beigetragen, daß die Politik des Abbaues deutscher Industrien eine Grenze haben mußte, wenn nicht nur Deutschland, sondern Europa wirtschaftlich weiterleben sollte.

Es gab eine dritte Figur aus dieser Zeit, aus der Stadt, in der ich lebe: Ernst Reuter. In der großen Krise des sowjetischen Drucks, wo es nicht nur um Berlin ging, sondern darum, durch den sowjetischen Druck auf Berlin die Durchführung der neuen Staatsgründung im westlichen Deutschland zu verhindern, hat Reuter den Widerstand in der scheinbar hoffnungslosen Stadt Berlin organisiert und die Alliierten davon überzeugt, daß es Sinn hatte, sich für Berlin einzusetzen. Nur dadurch wurden die Beratungen über ein Grundgesetz im Parlamentarischen Rat, aus denen unser Staat hervorgegangen ist, möglich.

Was ich Ihnen zeigen will: Der Wiederaufbau war eine Leistung, die nicht möglich gewesen wäre ohne den Willen der Nationen, die vorher gegen Deutschland gekämpft hatten. Es war aber auch eine Leistung von Deutschen verschiedener politischer Richtungen, die diesen Wiederaufbau durchführen wollten, sobald er möglich wurde. Das ist auch der Hintergrund dafür, daß in der Wirtschaft der Wiederaufbau gelungen ist. Sie wissen, daß noch bis zum Sommer 1948 der Wiederaufbau der Wirtschaft im westlichen Deutschland, vom östlichen ganz zu schweigen, sehr schwer war, und dies aufgrund der Begrenzungen von außen und von innen, von innen durch organisatorische Dinge.

Ich will sagen, daß es eine Sache gibt, in der Ludwig Erhard Recht hatte, als er sagte: „In dem Moment, in dem wir eine neue Währung haben, müssen bestimmte Begrenzungen, muß die ganze Methode der Ernährungsgrenzen wegfallen". Diese kühne Idee erwies sich als richtig. Ich sage das als jemand, der Erhard gekannt hat, den er in vielen Dingen später nicht besonders geschätzt hat. Aber diese eine große Leistung hat er getan. Und es scheint mir wichtig, auf diesen Vorgang des sich gegenseitigen Ergänzens der Deutschen verschiedener politischer Richtungen in den außerordentlich schweren Problemen dieser ersten Jahre hinzuweisen. Ich glaube, daß dies natürlich nur möglich wurde im Zusammenhang mit der einen großen Tragödie der gleichen Jahre – der Teilung Deutschlands. Was damals geschehen ist, das war auf der einen Seite ein Wiederaufbau, den wir dringend brauchten, und auf der anderen Seite eine Teilung, die wir ganz gewiß nicht wollten. Wenn wir versuchen wollen zu verstehen, wie es dazu gekommen ist, so müssen wir sehen, daß dem kein Plan der Siegermächte vorausging. Die hatten die Zerstückelung Deutschlands diskutiert und hatten dies abgelehnt. Es gab eine gemeinsame Spitze, und es gab die Verwaltung in den einzelnen Regionen. Die ursprüngliche Vorstellung war, daß dies dann irgendwann zu einem gemeinsam geregelten Deutschland führen würde. Es gab viele, die dies glaubten und wollten. Aber es stellte sich heraus, daß eine Einigung nicht zu erreichen war, als der Versuch gemacht wurde, ein gemeinsames Prinzip aufzubauen. Dieser Versuch geschah 1947 in Moskau auf einer Konferenz der Siegermächte. Die Konferenz scheiterte an einer Forderung Stalins, trotz der Zonenteilung eine Region des Westens voll mitregieren zu können. Diese Region war die Ruhr. Stalin wollte auf der Kontrolle der Ruhr bestehen, weil er 1947 überzeugt war, daß er sonst seinen Einfluß nicht weiter nach Westen würde ausdehnen können. Die Verweigerung dieser Forderung führte die Westmächte zum Marshallplan, mit dem der Westen im allgemeinen und Westdeutschland im besonderen aus der Misere herausgebracht werden sollte. Sie schlugen vor, den Marshallplan auch auf die Sowjetunion und auf die Ostblockländer auszudehnen, doch Stalin wies das als eine Einmischung in seine Angelegenheiten radikal zurück. Von dem Moment an war klar, daß der westliche Teil Deutschlands sich nur gemeinsam mit dem Westen weiterentwickeln konnte und daß die Chance der Verständigung vorbei war. Ich sage, es war klar. Es war den Siegermächten klar, es war einigen deutschen Politikern klar, aber es war noch in keiner Weise der ganzen deutschen Bevölkerung klar, die selbstverständlich weiter an der deutschen Einheit hing. Dann entstand gegen Ende 1947 der Vorschlag der Westmächte, zunächst einmal einen Weststaat zu schaffen, der von der großen Mehrheit der Westdeutschen angenommen wurde. Ich glaube, es ist wichtig zu wissen, wodurch dieser Bruch entstanden ist: durch den Willen der Sowjets, weiter vorzudringen, und solange das nicht ging, wenigstens den Staatsaufbau im Westen zu behindern. Dies hat zu der Notwendigkeit geführt, im Westen weiterzukommen, in der Hoffnung auf spätere Wiedervereinigung, aber mit sehr wenig Chancen für die spätere Wiedervereinigung. Ich will hier nicht die endlose Diskussion über Stalins Vorschläge von 1952 wieder beginnen. Ich persönlich glaubte damals, man hätte verhandlungsmäßig mehr darauf eingehen sollen; aber wir wissen heute, daß auch dann nichts dabei herausgekommen wäre, weil Stalin zu wirklichen Konzessionen nicht bereit war. Aber es gab etwas anderes, wozu er auch nicht bereit war: Er war nicht bereit, um die Frage der Grenzen zwischen Ost und West innerhalb Deutschlands und in Europa einen neuen Krieg zu führen. Der Widerstand gegen seinen Versuch, seine Ausdehnung zu vergrößern, konnte erfolgreich sein ohne Kriegsgefahr. Stalin wußte, was der Krieg ihn gekostet hatte. Insofern ist das Resultat besser geworden, als manche Leute befürchtet hatten: Wir haben zwar die bittere Konsequenz der Teilung Deutschlands hinnehmen müssen, die weiter andauert bis zum heutigen Tage; aber wir haben gleichzeitig die Freiheit unseres Teils Deutschlands bekommen.

Lassen Sie mich ein letztes Wort über die spätere Zeit sagen: Was damals entstanden ist, war zunächst eine Zeit des Absurden, wo die Menschen weniger und weniger miteinander Kontakt haben konnten, besonders, nachdem die

Mauer kam. Doch was dann geschehen ist, und was die nächste große Veränderung war, nach all den Jahren, das war die Durchsetzung einer Normalisierung im geteilten Europa und im geteilten Deutschland, in dem Sinne, daß die europäischen Staaten in West und Ost sich als Mächte sahen, die in vielen Punkten miteinander arbeiten mußten, und daß die Deutschen in West und Ost sich als Menschen sahen, die viele Beziehungen zueinander gehabt hatten und wieder haben würden.

Der nächste ganz große Erfolg war so der Erfolg der Jahre 1969 bis 1973, die Normalisierung der Beziehungen mit der DDR und allmählich die Normalisierung der Beziehungen mit den osteuropäischen, kommunistisch regierten Staaten. Es ist ein großer Schritt für die Sache des Friedens gewesen, es ist ein großer Schritt auch für die Sache der Deutschen in beiden Ländern gewesen, deren Leben normaler geworden ist, erträglicher geworden ist, menschlicher geworden ist. Und ich möchte Ihnen als letztes Wort zu diesem Vortrag über die Frühzeit Deutschlands nach Hitlers Krieg und Hitlers Niederlage sagen, es sieht mir nicht so aus, als ob das Deutschland von heute, in dem Europa von heute, in absehbarer Zeit zu einer Wiedervereinigung kommen wird. Aber es sieht mir so aus, als ob es in den letzten Jahren und sogar in den Jahren der zeitweisen Unterbrechung der Versuche der sowjetisch-amerikanischen Verständigung, daß es gerade in diesen Jahren der Unterbrechung und der Krise in der Weltpolitik ein zunehmendes Bewußtsein gemeinsamer Interessen bei den Westeuropäern und den Osteuropäern gibt. Diese gemeinsamen Interessen beruhen nicht auf dem Willen der Westeuropäer, sich von Amerika loszulösen, oder dem der Osteuropäer, sich von der Sowjetunion zu lösen, was sie gar nicht können; aber es gibt einen Willen der Europäer im Westen und Osten, eine zunehmend erkannte Teilgemeinsamkeit innerhalb ihrer jeweiligen Teile Europas wirksam werden zu lassen, um damit, was ihnen allen gemeinsam ist, zu sichern, nämlich den Frieden für alle und die Freiheit – mindestens für uns und vielleicht nicht nur für uns!

Phönix aus der Asche?

Bochum 1945 – 1955. Ein Überblick

von Johannes Volker Wagner

Das Ende des Krieges: Trümmer und Chaos

Als die deutsche Wehrmacht am 7. und 8. Mai 1945 die bedingungslose Kapitulation unterzeichnete, war die totale Niederlage Deutschlands endgültig besiegelt.

Ein geschlagenes Land gab sich auf Gnade und Ungnade in die Hand der Sieger, die das Reichsterritorium besetzten und unter sich aufteilten. Das Bild, das sich ihnen in Deutschland bot – nach zwölf Jahren nationalsozialistischer Herrschaft – war geprägt von Erschütterung und Grauen: Grauen vor dem zerstörten Land, Grauen vor den Menschen, die diese Trümmer, die diesen millionenfachen Tod in Deutschland und in aller Welt verursacht hatten.
Am 5. Juni übernahmen die Siegermächte dann offiziell die oberste Regierungsgewalt in Deutschland und errichteten einen Alliierten Kontrollrat als gemeinsames Lenkungsorgan. Damit konstituierten sie eine treuhänderisch wahrgenommene Regierungsverantwortung über Deutschland als Ganzes, das weiterhin als politische und wirtschaftliche Einheit betrachtet werden sollte.

Die Aufteilung Deutschlands in Besatzungszonen geschah nach den Beschlüssen der Konferenz von Jalta: die östliche Zone, die bis zur Westgrenze Mecklenburgs, Brandenburgs, der Provinz Sachsen und Thüringens reichte, wurde der Sowjetunion zugesprochen, die nordwestliche Zone, die sich von Schleswig-Holstein bis zum heutigen Hessen und in die nördliche Rheinprovinz hinzog, erhielt Großbritannien, die sich anschließende südwestliche Zone fiel an die USA und die kleinere westliche Zone an Frankreich. Berlin wurde in vier Sektoren aufgeteilt und einer gemeinsamen Kommandantur zur Verwaltung unterstellt.

Bochum war bereits seit dem 10. April 1945 in alliierter Hand. Bürgermeister Dr. Franz Geyer, der damals die Verwaltungsgeschäfte führte – der nationalsozialistische Oberbürgermeister Friedrich Hesseldieck hatte sich in letzter Minute ins Sauerland abgesetzt – übergab die Stadt kampflos den einrückenden amerikanischen Truppen. Die das Ruhrgebiet verteidigende Heeresgruppe B unter Generalfeldmarschall Model war nach Süden zurückgewichen. Im Kriegstagebuch des Oberkommandos der Wehrmacht hieß es zwar noch: „Im

Ruhrgebiet schwere Einbrüche zwischen Essen und Dortmund; in Bochum Häuserkämpfe", doch die Besetzung Bochums ging weitgehend friedlich vor sich. Die Bevölkerung sehnte das Ende des Krieges herbei; viele hatten weiße Tücher aus den Fenstern gehängt und begrüßten die Amerikaner als Befreier. Bürgermeister Dr. Geyer schilderte den Vorgang: „Gegen 17.30 Uhr erschienen auf dem Rathausvorplatz drei Kübelwagen mit bewaffneten Amerikanern. Ein Major und ein Dolmetscher baten den Unterzeichneten um eine Unterredung, die im Rathaus in den Räumen des Polizeireviers I stattfand. Es wurde bekanntgegeben, daß das Leben seinen ungehinderten Fortgang nehmen solle, die Lebensmittelkarten weiter in Geltung bleiben würden und die Verwaltung in allen ihren Abteilungen arbeiten könne" (Dokument 14).

Damit war für die Bochumer Bevölkerung der Krieg – und das hieß für sie Bombennächte, Bunkerdasein, Zerstörung und Todesangst – zu Ende, nicht jedoch Leiden, Entbehrungen und mannigfache Not. Gerade in dem dichtbesiedelten Industriezentrum sollten die Folgen der totalen Niederlage besonders spürbar werden.

Schon zwei Tage nach Eroberung der Stadt, am 12. April 1945, richteten sich die Briten in diesem Gebiet ein, das zu ihrer Besatzungszone gehörte; diese umfaßte die ehemals preußischen Provinzen Hannover, die nördliche Rheinprovinz, Schleswig-Holstein und Westfalen, die Länder Braunschweig, Oldenburg, Lippe-Detmold und Schaumburg-Lippe sowie die Hansestadt Hamburg.

In Bochum fanden die Briten eine weitgehend zerstörte Stadt vor. Zahlreiche Luftangriffe, der schwerste war am 4. November 1944, hatten diese Revierstadt, die „kriegswichtige Industrieunternehmungen" in ihren Mauern beherbergte, in ihrem inneren Kern in Schutt und Asche gelegt. Das Zentrum war zu 90% vernichtet. Vier Millionen Kubikmeter Schutt bedeckten das Stadtgebiet: Bochum war ein riesiges Trümmerfeld. Mehr als 4.000 Menschen waren durch die Bomben umgekommen, über 5.000 verletzt worden. Der innerstädtische Verkehr und die Nachrichtenübermittlung waren zusammengebrochen, die Straßen weitgehend unpassierbar, das Gas-, Kanal- und Wasserversorgungsnetz stark in Mitleidenschaft gezogen, die vorhandenen Versorgungsvorräte zerstört oder geplündert, die meisten Betriebe stillgelegt. Ein kaum vorstellbares Bild des Chaos und des Grauens (s. III, Kapitel 1 und 2).

Sieger und Besiegte

Wie sollte es in diesem Chaos weitergehen? Die Siegermächte hatten keine gemeinsame Antwort; sie fanden sie auch nicht auf der Potsdamer Konferenz (17.7. – 2.8.1945), die bereits im Zeichen einseitiger sowjetischer Maßnahmen in Polen und Osteuropa sowie eines spürbaren gegenseitigen Mißtrauens stand.

In politischer Hinsicht einigten sich die Alliierten auf die völlige Abrüstung und Entmilitarisierung Deutschlands, das Verbot der NSDAP und aller nationalsozialistischen und militärischen Organisationen, die Aufhebung nationalsozialistischer Gesetze, die Entfernung aktiver Nationalsozialisten aus ihren Ämtern, die Aburteilung der Kriegsverbrecher, die Wiederherstellung friedlicher Lebensverhältnisse sowie die Zulassung demokratischer Parteien und freier Gewerkschaften.
Die wirtschaftlichen Grundsätze sahen die Kontrolle und Dezentralisierung des deutschen Wirtschaftslebens vor, die Dekartellisierung der Großbetriebe, die Reduzierung der deutschen Wirtschaftskraft auf eine reine Friedenswirtschaft mit agrarwirtschaftlichem Schwerpunkt.
Die von Deutschland zu zahlenden Reparationen, deren Höhe noch nicht endgültig festgelegt wurde, sollten dem deutschen Volk genügend Mittel lassen, um ohne Hilfe von außen zu existieren.
Die verschiedenen Interpretationen, die die Siegermächte alsbald den Bestimmungen des Potsdamer Abkommens gaben, zeigten aber sehr schnell, daß es in Wahrheit keine Gemeinsamkeit der Ziele, ja selbst der Sprache mehr gab. Deshalb verliefen alle Beratungen der Außenminister über einen Friedensvertrag mit Deutschland ergebnislos.

Der britische Oberbefehlshaber, Feldmarschall Montgomery, bezeichnete es in einer ersten persönlichen Botschaft an die Bevölkerung seines Besatzungsgebietes vom 30. Mai 1945 als sein unmittelbares Ziel, für alle „ein einfaches und geregeltes Leben zu schaffen, der Bevölkerung Nahrung und Obdach zu geben und sie von Krankheit freizuhalten“ (Dokument 18).

Zunächst wurde das gesamte öffentliche Leben unter Militärkontrolle gestellt; auf Länder-, Provinz- und Ortsebene wurden Militärverwaltungen eingerichtet. Da der Alliierte Kontrollrat wegen sich verschärfender Differenzen unter den Siegermächten nicht effektiv arbeiten konnte, schaltete und waltete bald jeder Militärgouverneur vollkommen selbständig in seiner Zone; er ließ sich dabei allein von seinem Besatzungsinteresse lenken. Gemeinsame Regelungen über Deutschland als Ganzes kamen nicht mehr zustande. Dadurch setzten in den einzelnen Zonen bald ganz getrennte Entwicklungsprozesse ein, die das einheitliche Gesicht Deutschlands zerstörten. Die Zonen schlossen sich nach innen und außen voneinander ab und erschwerten, ja verhinderten fast jede Kommunikation über die Grenzen hinweg. Es war für Deutsche unmöglich, von einer Zone in die andere zu gelangen, ja selbst innerhalb einer Zone brauchten sie zunächst eine Genehmigung der Militärverwaltung, um von einer Stadt in die andere zu reisen.

In Bochum richtete sich der militärische Befehlshaber, Major Elliot, als Ortskommandant im Rathaus ein. Er hatte die Aufgabe, für Ordnung, Ruhe und Sicherheit zu sorgen, das öffentliche Leben wieder in Gang zu bringen, die Verkehrs- und Versorgungswege notdürftig wiederherzustellen, die Fabriken zu öffnen und die Bevölkerung vor dem Verhungern zu bewahren (s. III, Kapitel 3).

Der britischen Besatzungsmacht war von Anfang an klar, daß das von ihnen besetzte Gebiet nur mit Hilfe deutscher Stellen verwaltet und wieder aufgebaut werden konnte. Deshalb ließen sie die deutschen Verwaltungen unter ihrer Kontrolle weiterarbeiten. Die zunächst ergangenen „Fraternisierungsverbote“ für britische Soldaten im Verkehr mit der deutschen Bevölkerung wurden sehr schnell gelockert und bald ganz aufgehoben.

Allerdings mußten zunächst die NS-Parteigenossen aus Verwaltung und Wirtschaft entfernt werden. Denn die Siegermächte hatten sich in Potsdam nicht nur darauf geeinigt, führende Nationalsozialisten als Kriegsverbrecher im Nürnberger Prozeß abzuurteilen; sie wollten auch die NS-Ideologie aus den deutschen Gehirnen tilgen und das gesamte öffentliche Leben auf breiter Basis „entnazifizieren“. Deshalb wurden exponierte Parteigänger sofort nach Einmarsch der alliierten Truppen verhaftet, interniert, ihr Vermögen beschlagnahmt – wobei es allerdings auch zu Mißgriffen, Irrtümern und Willkürakten kam wie im Falle des kurzfristig verhafteten Bochumer Bürgermeisters Dr. Franz Geyer. Ferner mußte jeder, der ein öffentliches Amt bekleidete oder sich darum bewarb, der eine leitende Position in der Wirtschaft innehatte oder einen Betrieb eröffnen wollte, ein Entnazifizierungsverfahren durchlaufen. Anhand eines ausführlichen Fragebogens hatte er über seine Tätigkeit im „Dritten Reich“ Auskunft zu geben, ehe er in die seit November 1946 festgelegten Kategorien – Hauptschuldige, Belastete (Aktivisten, Militaristen, Nutznießer), Minderbelastete, Mitläufer und Entlastete – eingereiht werden konnte.

Die Entnazifizierungsverfahren wurden nach alliierten Vorschriften von deutschen Spruchkammern durchgeführt. In Bochum nahm der Entnazifizierungs-Ausschuß am 3. April 1946 seine Tätigkeit auf. Bis Ende 1946 wurden insgesamt 14.300 Bochumer Bürger entnazifiziert und im Laufe dieser Verfahren rund 400 städtische Beamte, Angestellte und Arbeiter aus ihren Ämtern entfernt. Im ganzen ist die Entnazifizierung jedoch wenig befriedigend verlaufen. Es stellte sich als sehr schwierig heraus, eine gerechte Trennung von gutgläubigen Mitläufern und überzeugten Nationalsozialisten vorzunehmen und zu Schuldsprüchen zu kommen, die das Maß der individuellen Schuld voll berücksichtigten. Viele Deutsche hatten schnell entlastende Zeugenaussagen, sog. „Persilscheine", zur Hand. Und selbst überzeugte Nationalsozialisten kamen bald wieder in hohe und höchste Positionen, da sie für den schnellen Neuaufbau unentbehrlich schienen. So führte die Entnazifizierung nicht zu einer inneren Bewältigung der faschistischen Vergangenheit und zu der erhofften großen Selbstreinigung des deutschen Volkes. Eine große Chance wurde vertan (s. III, Kapitel 14).

Einübung in die Demokratie

Die Kontrolle des öffentlichen Lebens und die zunächst penibel, dann immer nachlässiger betriebene Bestrafung belasteter Parteigenossen war nur die eine große Aufgabe, die sich die Briten in ihrer Zone gestellt hatten. Wichtiger war ihnen ein anderes Ziel: Die Deutschen wieder zur Demokratie zu erziehen („Reeducation") und ihnen nach und nach die Möglichkeit zu geben, ihr Leben wieder demokratisch zu organisieren: eine Demokratie von Englands Gnaden nach britischem Muster.
Der vorgesehene Demokratisierungsprozeß sollte sich von unten nach oben vollziehen und bei der kleinsten Einheit des Staates, den Gemeinden, einsetzen. Den Kommunen fiel damit eine wichtige politische Aufgabe zu, die sie bis heute weitgehend behalten haben.

Nachdem der amtierende Bochumer Oberbürgermeister Dr. Franz Geyer, der zwar während der gesamten NS-Zeit Dezernent, aber kein Nationalsozialist, sondern Zentrumsmann war, von der Militärregierung nach einem Verhör verhaftet worden war, stellte der Stadtkommandant am 16. April 1945 einen deutschen Verwaltungsfachmann an die Spitze der Stadtverwaltung, den damals dienstältesten Dezernenten, Rechtsrat Dr. Ferdinand Bahlmann; im Juli folgte ihm – nach seiner Haftentlassung – Dr. Franz Geyer und im März 1946 Willi Geldmacher als Oberbürgermeister (s. III, Kapitel 4).

Oberbürgermeister und Verwaltung konnten zunächst nur auf Anordnung des Militärkommandanten tätig werden, sie unterstanden dessen strikter Kontrolle; alles und jedes wurde vorgeschrieben und kontrolliert, jede, auch die kleinste Aktivität der Bürger mußte genehmigt werden.

Dennoch wurde der Oberbürgermeister für die Briten wie für die deutsche Bevölkerung zu einer wichtigen und hochangesehenen Persönlichkeit, in dessen Händen bald alle Fäden zusammenliefen. Die Briten entschlossen sich aber bald, dem Oberbürgermeister Stadtausschüsse an die Seite zu stellen, die ihn bei der Arbeit beraten und unterstützen sollten. Die Mitglieder dieser Ausschüsse wurden aus dem Bereich der neu gegründeten demokratischen Parteien, der Kirchen, der Gewerkschaften und der sonstigen Berufsvertretungen auf Vorschlag des Oberbürgermeisters vom Militärkommandanten ernannt (s. III, Kapitel 6).

Gründung politischer Parteien

Es war überraschend, wie schnell sich in Bochum und andernorts wieder parteipolitisch und gewerkschaftlich aktive Männer und Frauen zu neuer, demokratischer Aufbauarbeit zusammenfanden: Bereits unmittelbar nach Einmarsch der Alliierten meldeten sie sich wieder zu Wort. Politisch erfahrene Männer und Frauen der älteren Generation zumeist, die sich schon in der Weimarer Zeit einen Namen gemacht hatten: Sozialdemokraten, Gewerkschafter, Kommunisten, Zentrumspolitiker, Liberale.

Da die Sowjetunion als erste Besatzungsmacht in ihrer Zone die Bildung demokratischer Parteien zuließ (10. Juni 1945), fanden alle offiziellen Parteigründungen zunächst hier statt. Die Westmächte zögerten einige Zeit, ehe sie im Spätsommer-Herbst 1945 dem sowjetischen Beispiel folgten und ebenfalls Parteien – fürs erste nur auf Orts- und Kreisebene – lizenzierten.

Die *Kommunistische Partei Deutschlands (KPD)* trat am 11. Juni 1945 mit einem taktisch klugen Gründungsaufruf an die Öffentlichkeit: Sie proklamierte einen deutschen Weg zum Sozialismus auf demokratisch-parlamentarischer Grundlage und forderte die Zusammenarbeit aller antifaschistisch-demokratischen Kräfte. Ihr Programm zielte auf ein Zusammengehen aller Arbeiterparteien und auf die Bildung einer sozialistischen Einheitspartei. Allerdings kam es unter Wilhelm Pieck und Walter Ulbricht dann doch zur Gründung einer eigenständigen kommunistischen Partei, die sich in der Sowjetzone mit Hilfe der Besatzungsmacht sehr schnell alle Schlüsselpositionen in Verwaltung und Wirtschaft sichern konnte. Erst danach strebte sie mit allen Mitteln eine Fusion mit der SPD an, die schließlich unter Zwang in der SED zustande kam.

In den westlichen Zonen entstanden auf lokaler Ebene ebenfalls kommunistische Gruppen. Die Bezirksleitung Ruhrgebiet konnte ihre Organisation ab Mai 1945 wieder aufbauen. Wie im Osten, so suchten die KPD-Bezirke auch im Westen eine enge Zusammenarbeit und Aktionsgemeinschaft mit der SPD. Der Aufruf der KPD, Bezirksleitung Ruhrgebiet, vom 15. September 1945 wurde hierin sehr deutlich: „Wir Antifaschisten, die wir gemeinsam in Gefängnissen, Zuchthäusern und Konzentrationslägern gegen die Feinde des Volkes gekämpft haben, stehen auch jetzt wieder gemeinsam bereit, mit allen Werktätigen an Ruhr und Rhein unsere geliebte Heimat aufzubauen" (Dokument 58). Eine Vereinigung kam hier aber nicht zustande, da die Sozialdemokraten nicht bereit waren, den Kommunisten auf diese Weise eine breite Anhängerschaft zu sichern. Trotzdem konnte die KPD bis zu ihrem Verbot im Jahre 1956 einen gewissen Einfluß auf die Arbeiter im Ruhrgebiet ausüben; sie war auch in Bochum zunächst eine wichtige politische Kraft, konnte aber nie mehr an ihre starke Stellung aus der Weimarer Zeit anknüpfen.

Auch die *Sozialdemokratische Partei Deutschlands (SPD)* versuchte sich wieder sehr schnell in ihren alten Formen auf der Basis ihrer bewährten demokratisch-sozialistischen Grundsätze zu reorganisieren. Lange bevor die Westmächte offiziell Parteigründungen zuließen, gründeten ehemalige Funktionäre und Mitglieder der SPD überall Ortsverbände, die zunächst noch keine Möglichkeit hatten, sich überregional zusammenzuschließen oder zu einer einheitlichen Parteiführung zu kommen. Diese fand die SPD in den Westzonen – nach der wichtigen Etappe des ersten „Reichstreffens" in Wennigsen am Deister (5. Oktober 1945) – auf dem Parteitag in Hannover vom 9. bis 11. Mai 1946, auf dem sich Kurt Schumacher als erster Vorsitzender und beherrschende Gestalt der Nachkriegs-SPD durchsetzen konnte.

In Bochum stand die Wiege der neuen SPD offensichtlich beim Bochumer Verein: Hier taten sich schon im April 1945 frühere Sozialdemokraten, Männer wie Willi Geldmacher, Ernst Schlotz, Heinrich Hossiep, Albert Nickel, Wilhelm Nieswandt, Paul Schäfer u. a. zusammen, um die Bochumer SPD wieder ins Leben zu rufen. Die Gründungsversammlung fand am 22. Juni 1945 in der Gaststätte „Haus Fleer" an der Berneckerstraße statt.

Die Versuche der „Union deutscher Sozialisten" unter August Bangel in Bochum die Gründung der „alten" SPD zu verhindern und dafür eine neue sozialistische Einheitspartei zu schaffen, blieben ohne Erfolg. Am 13. August wurde die Vereinigung beider Organisationen unter dem Dach der SPD vollzogen (Dokument 54).

Nach der offiziellen Zulassung politischer Parteien am 11. August 1945 wurden dann am 16. September der vorläufige Vorstand des SPD- Stadtverbandes und der erste Vorsitzende, Willi Geldmacher, gewählt, der für einige Jahre eine entscheidende Figur der Bochumer SPD bleiben sollte.

Die SPD in den Westzonen gab sich im Mai 1946 in Hannover ein neues Programm, das über den traditionellen Weimarer Rahmen hinauszeigte: Sie versuchte sich in größerer weltanschaulicher Offenheit als Volkspartei zu begreifen und den demokratischen Sozialismus als Tagesaufgabe zu definieren: „Es gibt keinen Sozialismus ohne Demokratie, ohne die Freiheit des Erkennens und die Freiheit der Kritik... Wie der Sozialismus ohne Demokratie nicht möglich ist, so ist umgekehrt eine wirkliche Demokratie im Kapitalismus in steter Gefahr... Die deutsche Demokratie muß sozialistisch sein oder die gegenrevolutionären Kräfte werden sie zerstören..." (Dokument 59). Neben dem Ziel, aus der Idee eines humanistischen und demokratischen Sozialismus Deutschland in einen zentralen Einheitsstaat in nationaler Unabhängigkeit wieder aufzubauen, standen als wirtschaftliche Forderungen eine gerechtere Umgestaltung der deutschen Gesellschaft und Wirtschaft; dies konnte nach der Katastrophe von Nationalsozialismus und Krieg nur bedeuten: Verstaatlichung der Großindustrie und der Großfinanz, Bodenreform und Einführung der Planwirtschaft; der Wiederaufbau sollte nicht im Rahmen einer am Profit orientierten kapitalistischen Wirtschaftsordnung erfolgen.

Die *Christlich-Demokratische Union (CDU)* hatte erheblich größere Geburtswehen, ehe sie sich als neue Partei konstituieren konnte. Bürgerliche und christlich orientierte Männer und Frauen beider Bekenntnisse taten sich zusammen, um aus der gemeinsamen Widerstandserfahrung gegen den Nationalsozialismus heraus den Versuch zu wagen, im politischen Raum die Konfessionsschranken zu überwinden und ein neues, einheitliches Willenszentrum christlicher Demokraten für möglichst alle Schichten zu schaffen. „Wir rufen alle, die das öffentliche Leben nach christlichen Grundsätzen geleitet wissen wollen, auf, sich der Bewegung anzuschließen, die als Christlich-Demokratische Partei alle aufbauwilligen, christlichen Kräfte sammeln und einsetzen will" – hieß es in einem frühen Aufruf an die „Männer und Frauen aus Wattenscheid" (Dokument 60).

Solche christlich-demokratischen Gruppierungen entstanden in vielen Städten Deutschlands; sie führten Politiker der unterschiedlichsten Herkunft zusammen: ehemalige Zentrumsleute, nationaldemokratisch und deutschdemokratisch Gesinnte, konservativ-liberale Männer und Frauen, aber auch viele christliche Gewerkschafter und Mitglieder der katholischen Arbeiterbewegung. Als wichtigste Zentren der neuen Partei kristallisierten sich Berlin und Köln heraus. Der Berliner Gründungsaufruf der „Christlich-Demokratischen Union Deutschlands" wurde am 26. Juni 1945 veröffentlicht. Zum selben Zeitpunkt traten die Kölner mit ihren „Leitsätzen" hervor. Entsprechend der verschiedenen politischen Herkunft der Gruppen sah das Gesicht der CDU und ihre Programmatik zu Anfang sehr verschiedenartig aus, wenn auch durchgängig neben dem Bekenntnis zu den Grundsätzen einer christlich fundierten demokratischen Staats- und Gesellschaftsordnung die Hinwendung zum Sozialen und die Forderung nach Verstaatlichung bestimmter Grundstoffindustrien zunächst eine erhebliche Rolle spielten.

Die Vertreter des christlichen Gewerkschaftsflügels wurden jedoch personell und programmatisch bald von den bürgerlichen Gruppierungen zurückgedrängt. Exponent des bürgerlichen Flügels wurde Konrad Adenauer, der im Frühjahr 1946 an die Spitze des rheinischen Landesverbandes und in den Vorsitz der CDU der britischen Zone gelangte. Adenauer war ein entschiedener Gegner aller Sozialisierungsmaßnahmen; er war auch gegen eine Bodenreform und die Bildung von Wirtschaftskammern. Er vertrat vielmehr jene wirtschaftspolitischen Vorstellungen, die Ludwig Erhard später als „freie und soziale Marktwirtschaft" proklamierte: Die freie Entfaltung der Kräfte in der Wirtschaft sollte mit sozialer Gerechtigkeit verbunden werden.

In Bochum fiel am 13. August 1945 nach Verhandlungen mit den Vertretern der ehemaligen Zentrumspartei die Entscheidung über die Gründung einer Christlich-Demokratischen Partei. Am 18. September wurde die Bochumer CDP formell gegründet, führender Kopf und erster Vorsitzender wurde der ehemalige Zentrumspolitiker, Stadtrat a. D. Anton Gilsing. Bereits am 2. September 1945 hatte sich im Bochumer Parkhaus die Christlich-Demokratische Partei für Westfalen konstituiert. Am 30. Dezember wurde die Partei dann in Christlich-Demokratische Union (CDU) umbenannt.

Besonders kompliziert gestaltete sich die Gründung der *Freien Demokratischen Partei (FDP).* Die in Deutschland traditionell zersplitterten liberalen Kräfte ließen sich nur schwer zu einer einheitlichen Parteiorganisation zusammenschließen. Zwar waren liberale Parteigruppierungen – unter den verschiedensten Namen – sehr bald überall entstanden. Die geistigen und personellen Anknüpfungspunkte bildeten dabei die beiden großen liberalen Parteien der Weimarer Republik, die Deutsche Volkspartei und die aus der Deutschen Demokratischen Partei hervorgegangene Staatspartei. In den Ländern der westlichen Zonen, wo sich liberale Gruppierungen auch bereits den Namen FDP gegeben hatten, errang die von Wolfgang Haussmann, Reinhold Maier und Theodor Heuss getragene „Demokratische Volkspartei in Württemberg-Baden", die sich an den sozialpolitischen Ideen Friedrich Naumanns orientierte, besonderes Gewicht. Erst auf dem Parteitag in Heppenheim (Dezember 1948) schlossen sich dann alle liberalen Parteien der Westzonen unter der Bezeichnung

„Freie Demokratische Partei" zu einer einheitlichen Bundespartei unter dem Vorsitz von Theodor Heuss zusammen.

Auch in Bochum gab es schon am 20. Oktober 1945 Ansätze zur Gründung einer Liberal-Demokratischen Partei, der es aber zunächst schwerfiel, genügend Mitglieder zu bekommen. Deshalb wurde die offizielle Gründungsgenehmigung erst am 7. Juni 1946 durch die Militärregierung erteilt. Erster Vorsitzender war zunächst Herbert Kaufmann, seit Anfang 1947 Dr. Bruno Cordys (s. III, Kapitel 6).

Reorganisation demokratischer Gewerkschaften

Noch bevor es zu ersten Parteigründungen gekommen war, hatten die Arbeiter im Bergbau und in der Stahlindustrie Betriebsausschüsse gebildet, Initiativen zur Reorganisation einer Gewerkschaft entfaltet und Überlegungen angestellt, wie die Betriebe weitergeführt werden könnten: „Im zukünftigen Staat wird es auch einen Unternehmer wie bisher nicht geben. Wir müssen uns alle so einstellen und so arbeiten, als wenn die Betriebe unser wären" (Dokument 62).

Die erste Zusammenkunft der Bochumer Betriebsräte fand bereits am 23. April 1945 auf der Zeche Prinz-Regent statt; hier wurde die Gründung einer Einheitsgewerkschaft, eines „Allgemeinen Industriearbeiterverbandes", beschlossen: „Wir an der Ruhr haben früher den Anstoß zur Organisation gegeben und draußen im Reich wird man verstehen, daß wir Bergleute an der Ruhr wieder den Anstoß zum Zusammenschluß geben" (Dokument 62).

Diese Aktivitäten engagierter Arbeiter wurden jedoch von der Besatzungsmacht, die einen zu starken kommunistischen Einfluß auf eine schwierig zu kontrollierende gewerkschaftliche Bewegung befürchtete, schnell wieder gebremst; trotz grundsätzlicher Bereitschaft, auf Orts- und Kreisebene Gewerkschaften zuzulassen (seit August 1945), beschränkten die Briten deren Kompetenzen vorerst auf betriebsinterne Wohlfahrtsangelegenheiten.

Auch die Idee einer Einheitsgewerkschaft mußte schließlich aufgegeben werden. So entstanden im Laufe des Jahres 1946 jeweils getrennte Gewerkschaften für die einzelnen Industrieverbände, die im Frühjahr 1946 im Deutschen Gewerkschaftsbund (DGB) unter Hans Böckler eine lockere Dachorganisation erhielten.

Die inhaltlichen Forderungen der Arbeiter: Neugestaltung der Wirtschaft und Sozialisierung der Grundstoffindustrien, waren ebenfalls nicht von Erfolg gekrönt. Nach einigem Schwanken bestätigte und stabilisierte die Besatzungsmacht die alte Wirtschaftsordnung (s. III, Kapitel 24).

Erste freie Wahlen

Im Zuge des allgemeinen Politisierungsprozesses wurden die Stadtausschüsse nach dem Willen der Militärregierung Anfang 1946 in echte Gemeindevertretungen umgewandelt, die bindende Beschlüsse fassen konnten, an die sich der Oberbürgermeister zu halten hatte. In Bochum fand die erste Sitzung dieses neu ernannten Ausschusses am 28. Januar 1946 im Parkhaus statt. In das Gremium von zunächst 42 Mitgliedern – nach Gründung von FDP, Zentrum und DGB wurde es auf 49 erweitert – hatten SPD, CDU und KPD je 10 Personen entsandt, 12 kamen aus den Berufsverbänden. Der von diesem Stadtausschuß gewählte Oberbürgermeister Tillmann Beckers (CDU) wurde von der Militärregierung allerdings – aus bisher ungeklärten Gründen – nicht bestätigt; die Briten ernannten vielmehr Willi Geldmacher (SPD) zum neuen Bochumer Oberbürgermeister (s. III, Kapitel 6).

Dieser neue Stadtausschuß stellte bereits einen durchaus repräsentativen Querschnitt der Bevölkerung dar, ging aber noch nicht auf allgemeine Wahlen zurück. Die ersten freien Kommunalwahlen fanden am 13. Oktober 1946 statt. In Bochum stellten sich 190 Kandidaten zur Wahl; sie gehörten den fünf von der Militärregierung zugelassenen Parteien CDU, SPD, KPD, FDP und Zentrum an. Bei dieser Wahl entfielen auf die SPD 41,8 % der Stimmen (25 Sitze), auf die CDU 41,7 % (18 Sitze) und auf die KPD 14,3 % (2 Sitze); die FDP und das Zentrum konnten keine Sitze erringen.

Obwohl SPD und CDU fast gleichviel Stimmen erhalten hatten, gab das damals nach englischem Vorbild geltende Mehrheitswahlrecht die absolute Mehrheit der Sitze den Sozialdemokraten, die seit dieser Zeit die beherrschende politische Kraft in Bochum blieben; sie stellten in Willi Geldmacher den nunmehr gewählten Oberbürgermeister. Zu seinem Stellvertreter und damit zum Bürgermeister wurde Josef Schirpenbach (CDU) gewählt. In der politischen Praxis kam es in Bochum von Anfang an zu einer konstruktiven Zusammenarbeit der beiden großen Parteien in allen wichtigen Sachfragen, wobei die Dominanz der SPD allerdings immer größer wurde: Sie erreichte bereits 1956 die absolute Mehrheit und hatte in Fritz Heinemann, der 1952 dem bisherigen Oberbürgermeister Willi Geldmacher im Amt folgte, in dem neuen SPD-Vorsitzenden Heinrich Hossiep (1952 – 1960) und in Oberstadtdirektor Dr. Gerhard Petschelt (1952 – 1976) wichtige Garanten für eine erfolgreiche Kommunalpolitik (s. III, Kapitel 17).

Bei dieser ersten Wahl wurden bereits wichtige konstitutive Elemente unseres heutigen politischen Systems sichtbar: Die Kommunalwahlen standen unter der am 1. April 1946 von der britischen Militärregierung in Kraft gesetzten neuen *Gemeindeordnung,* die nach englischem Vorbild eine Trennung von parteipolitisch neutraler Exekutive (Oberstadtdirektor und Stadtverwaltung) und der Legislative (Oberbürgermeister und Rat) einführte, so daß von diesem Zeitpunkt an der Oberbürgermeister nur noch der Vorsitzende des Rates und der politische Repräsentant der Stadt war.

Wesentlicher war noch, daß bereits bei dieser Wahl – bei einem spürbaren politischen Desinteresse weiter Bevölkerungskreise – die Parteien beherrschend in den Vordergrund traten: Sie konnten sich als die wichtigsten Zentren politischer Willensbildung etablieren – als Sprecher und Sachwalter eines Volkes, dem insgesamt wenig direkte Mitgestaltung verblieb. Sie legten damit den Grundstein für ihre Monopolstellung im politischen Leben der Bundesrepublik Deutschland. Zugleich wurde deutlich, daß in Zukunft vor allem zwei parteipolitische Kräfte miteinander konkurrieren würden: die Christdemokraten und die Sozialdemokraten.

Neugestaltung der britischen Zone

Kurz vor den Kommunalwahlen hatten die Briten ihrer Zone durch die Bildung neuer Länder am 23. August 1946 eine endgültige territoriale Gestalt gegeben: Die ehemals preußische Provinz Schleswig-Holstein wurde zu einem Land verselbständigt; Regierungschef wurde der bisherige Oberpräsident Theodor Steltzer (CDU). Aus der preußischen Provinz Hannover und den Freistaaten Oldenburg, Braunschweig und Schaumburg-Lippe wurde unter dem bisherigen Oberpräsidenten von Hannover Hinrich Wilhelm Kopf (SPD) das Land Niedersachsen geformt. Das neue Land Nordrhein-Westfalen entstand aus der preußischen Provinz Westfalen und der nördlichen Rheinprovinz (Regierungsbezirke Aachen, Köln und Düsseldorf) sowie dem Freistaat Lippe-Detmold. Es war dies die politisch und wirtschaftlich wichtigste Neuschöpfung der Briten, die das bedeutendste Industrierevier Europas mit einem großen agrarischen Hinterland verband. Als erster Ministerpräsident wurde der frühere Oberpräsident von Westfalen Rudolf Amelunxen (Zentrum) bestimmt. Die Hansestadt Hamburg blieb als eigenständiger Stadtstaat unter Leitung von Max Brauer (SPD) erhalten. Das Land Preußen wurde durch Kontrollratsbeschluß im Februar 1947 aufgelöst.

Die Landtagswahlen in der britischen Zone fanden im Frühjahr 1947 statt. In Nordrhein-Westfalen errang am 20. April 1947 die CDU 37,6% der Stimmen, die SPD 32%, die KPD 14%, das Zentrum 9,8%, die FDP 5,9%. Erster gewählter Ministerpräsident wurde Karl Arnold (CDU).

Vor der Aufgliederung ihrer Zone in Länder hatten die Briten bereits gesamtzonale deutsche Einrichtungen geschaffen, die *Zonenzentralämter,* die in ihrer monokratischen Struktur und sachlichen Kompetenz den ehemaligen Reichsministerien entsprachen. Sie sollten für die Gebiete Wirtschaft, Ernährung und Landwirtschaft, Arbeit und Justiz als fachliche Hilfsorgane der britischen Militärregierung fungieren.

Daneben bestand seit dem 6. März 1946 in Hamburg ein *Zonenbeirat,* der die Militärregierung in allen Fragen der zentralen Zonenverwaltung zu beraten hatte. Obwohl dieser Zonenbeirat keinerlei legislative und exekutive Gewalt besaß, übte er doch eine integrierende Wirkung auf die Gesamtzone aus. Er setzte sich zunächst aus 27 von der Militärregierung berufenen deutschen Persönlichkeiten zusammen und wurde seit Juni 1947 zu einer Delegiertenversammlung der Länderparlamente, in der alle bedeutenden politischen Persönlichkeiten der britischen Zone vertreten waren.

Kampf ums Dasein

Während das politische Leben wieder überraschend schnell in Gang kam, schienen die Lebens- und Existenzbedingungen für die Bevölkerung immer bedrückender zu werden. Ein Kampf ums Dasein, ums nackte Überleben setzte ein, ein Kampf, der jeden Tag neu gewonnen werden mußte. Wer kann die Lage beschreiben? Es fehlte an allem, an Kleidern und Schuhen, an Brenn- und Baustoffen, an Nahrungsmitteln. Die Versorgung wurde von Monat zu Monat, von Jahr zu Jahr schlechter, die Ernteerträge gingen von 1945 bis 1948 kontinuierlich zurück. Die Landwirtschaft hatte erhebliche Kriegsschäden erlitten, sie hatte nicht genügend Arbeitskräfte, keinen Dünger, keine Maschinen, kein Saatgut. Deshalb lag die Ernährung der städtischen Bevölkerung bald am Rande des Existenzminimums. Um überhaupt eine Lebensmittelversorgung aufrecht zu erhalten, wurde das bei Kriegsbeginn eingeführte Bewirtschaftungssystem beibehalten, das eine streng rationierte Zuteilung der Lebensmittel vorsah. Direkter Kauf beim Bauern war untersagt; diese durften nur an den Großhandel ihre Produkte abgeben. Um die Verteilung von etwa 1.200 bis 1.500 Kalorien pro Tag sicherzustellen – mindestens 2.500 Kalorien wären für die arbeitende Bevölkerung nötig gewesen -, wurde schließlich eine Unmenge verschiedener Lebensmittel- und Zulagekarten für Verbraucher aller Klassen ausgegeben, für Jugendliche, für Normalarbeiter, für Schwerstarbei-

ter. Die Bergleute im Ruhrgebiet wurden am besten gestellt und deshalb bald zu einem beneidens- und erstrebenswerten Berufsstand.
Wie sollten die Deutschen bei dieser Ernährung – oft wurden sogar nur 1.000 Kalorien pro Tag ausgeteilt – leben und arbeiten? Die Gefahr von Seuchen und Krankheiten war ständig latent, in Bochum-Gerthe und Bochum-Harpen brach 1945 eine Typhusepidemie aus; Tuberkulose und Diphtherieerkrankungen stiegen sprunghaft an.

Im Jahre 1947 erreichte die Versorgungskrise ihren Höhepunkt. Über Monate hinweg konnten nur noch die geringsten Lebensmittel ausgegeben werden, Kartoffeln oft gar nicht mehr. Eine Hungerkatastrophe schien unabwendbar. Das Revier wurde zum Notstandsgebiet erklärt, die Bevölkerung ging protestierend auf die Straße; es kam auch in Bochum zu zahlreichen „Hungerdemonstrationen" und Streiks; Anfang Februar 1948 brach in der gesamten Zone ein Generalstreik aus.

Die befürchtete Katastrophe wäre unweigerlich eingetreten, wenn nicht private ausländische Hilfe, vor allem aus Amerika, mit Schul- und Kinderspeisungen sowie mit Hunderttausenden von Care-Paketen dazu beigetragen hätte, die schlimmste Not zu lindern. In Bochum waren vor allem das Quäkerhilfswerk, die britischen Pfadfinderinnen, die „Girl Guides", und das Schweizer Hilfswerk aktiv (s. III, Kapitel 10 und 12).

Überleben in der „Stunde Null"

Wer in dieser Situation überleben wollte, der war fast gezwungen, sich ein wenig außerhalb der Legalität zu bewegen, der mußte Fähigkeit und Phantasie entwickeln, um sich das Lebensnotwendigste zu „organisieren"; er mußte den Abfall der Besatzer durchsuchen, fahrende Kohlenzüge plündern oder sich auf dem „Schwarzen Markt" versorgen. Zusätzliche Nahrungsmittel und andere lebenswichtige Güter waren trotz harter Strafandrohung schließlich nur noch auf dem „Schwarzen Markt" zu haben, allerdings zu stark überhöhten Preisen. Da das offizielle Geld seinen Wert verloren hatte, bildete sich eine neue „Leitwährung" heraus, die sich am Preis einer amerikanischen Zigarette orientierte; sie schwankte je nach Ort und Zeitpunkt zwischen 5 und 15 RM, was etwa dem Durchschnittstagelohn eines Arbeiters entsprach.

Zumeist jedoch wurden die Geschäfte auf dem „Schwarzen Markt" nur gegen handfeste Kompensationen abgewickelt, Ware gegen Ware. So wurden Schmuck, Wäsche, Uhren, Teppiche, Silberbestecke, Porzellan, Anzüge und vieles mehr in dunklen Straßenecken und auf verbotenen Hamsterfahrten gegen Eßbares eingetauscht, gegen Brot und Eier, Fleisch, Milch und Butter. Dieser „Schwarze Markt“ war zum eigentlichen Umschlagplatz des Warenverkehrs geworden; er wurde aus geplünderten Wehrmachtsbeständen oder Depots der Besatzungsmächte gespeist, deren Truppen sich sehr schnell korrumpieren ließen.

Bald entstanden sogar offizielle Tauschzentralen, die nicht nur für den einzelnen, sondern für ganze Industriebetriebe erhebliche Bedeutung gewannen. Manche Kleinindustrien gingen dazu über, ihre Arbeiter teilweise in Waren zu entlohnen. Im Ruhrgebiet wurde ein Zentner Kartoffeln gegen 15 Zentner Kohlen gehandelt (s. III, Kapitel 18).

Die Hauptlast bei der Nahrungsbeschaffung lag bei den Frauen. Auf ihren Schultern ruhte weitgehend das Überleben der Familien oder besser: der Rumpffamilien, denn die meisten Männer kamen – an Leib und Seele zerstört – erst nach und nach aus der Gefangenschaft wieder nach Hause.

In die Trostlosigkeit, in das Chaos und in die Trümmerwüste strömten allerdings nicht nur die aus Bochum Evakuierten zurück – bis Kriegsende hatten 150.000 Menschen die Stadt verlassen -, sondern auch die Kriegsgefangenen, die Ostflüchtlinge und viele Menschen, die aus den Gebieten jenseits von Oder und Neiße sowie aus den Ländern Mittel- und Osteuropas vertrieben worden waren. Deshalb mußte die britische Besatzungsmacht im Sommer 1945 den Zuzug nach Bochum und in das Ruhrgebiet zeitweise sperren, da die hier Lebenden schon nicht wußten, wo sie unterkriechen, wie sie satt werden, womit sie heizen sollten. Nur ausgesuchte Berufsgruppen – Bergleute, Elektriker, Maurer, Stahlarbeiter – waren zunächst willkommen.

Insgesamt hat die Eingliederung der Flüchtlinge und Heimatvertriebenen, die oft noch lange Jahre in Notquartieren hausen mußten, der Stadt große Anstrengungen abverlangt; zugleich war jedoch der Zustrom vieler arbeitswilliger Menschen auch ein Grund dafür, daß der Wiederaufbau so schnell gelingen konnte (s. III, Kapitel 25).

Eine neue Stadt entsteht

Besser als mit der schwierigen Ernährungslage wurde die Bochumer Bevölkerung mit der Trümmerbeseitigung fertig. Die Alliierten hatten für Männer zwischen 14 und 65 und Frauen zwischen 15 und 50 Jahren eine allgemeine Arbeitspflicht erlassen und so mußte jeder – ob einst Nazi oder nicht – anpacken, um den Schutt des Krieges wegzuräumen; nur dann gab es Essensmarken. Dennoch war es erstaunlich, mit wieviel Aufbaumut und Improvisationsgeschick Männer und Frauen – die Trümmerfrauen wurden geradezu zum Symbol des Wiederaufbaus (s. III, Kapitel 8) – an die Arbeit gingen und neben der Trümmerräumung auch immer zugleich an die Verwertung der Trümmer für den Neuaufbau ihrer Häuser dachten, damit aus dem zerstörten Alten bald wieder eine neue Stadt entstehen konnte (s. III, Kapitel 15).

Vieles jedoch, was zunächst gebaut oder besser: was erstellt wurde, waren Löcher zum Unterkriechen, „Schwarzbauten“ und Behelfsheime (s. III, Kapitel 9). Aber die Stadt setzte alles daran, diese Provisorien bald zu beseitigen. Durch ein frühzeitiges Planungskonzept, durch eine Gestaltungssatzung (1947) und durch Bauberatung sollte das „enge, verwinkelte und verschmutzte Bochum der Vorkriegszeit“ zu einer modernen Industriestadt umgestaltet werden, zu einer Stadt, die von menschlichem Maß geprägt war und in der Grünflächen, Luft und Sonne eine wichtige Rolle spielten.

Bereits am 1. Oktober 1948 wurde ein *Neuordnungsplan* verabschiedet, der durch die Verlegung des Hauptbahnhofs, durch die Anlage eines Umgehungsrings um die Innenstadt und durch ein großes Straßenkreuz im Zentrum, der Stadt ein modernes, großstädtisches und vor allem verkehrsgerechtes Gesicht geben sollte – auch wenn dadurch der (allerdings stark zerstörte) historische Kern auf der Strecke blieb.

In der *Architektur* versuchte die Stadt ebenfalls neue Akzente zu setzen. Zwar konnte der soziale Wohnungsbau zunächst nur einfachste Gebrauchsarchitektur mit verbesserter Ausstattungsqualität (Wohnungen mit Bad und Kochküche) sein – bis Mitte der 50er Jahre wurden immerhin 25.000 Wohnungen neu und die gleiche Anzahl kriegszerstörter Wohnungen wieder errichtet -; aber durch eng gefaßte Planvorschriften und die Ausführung eigener, repräsentativer Bauten versuchte die Stadt doch sehr wesentlich in Formgebung (Rasterfassade und Nierenform), Linienführung (schwingende und lichte Linien), Materialsprache (zumeist Backstein) und Farbgebung neue gestalterische und städtebauliche Normen zu verwirklichen. Richtungsweisend für das Stadtbild sollten die zwischen 1950 und 1957 entstandenen Gebäude der Aral-Hauptverwaltung, das Stadtbad und die Stadtwerke, das Schauspielhaus und der neue Hauptbahnhof werden. Durch sie sollte „demokratische“ Nachkriegsmodernität erreicht und zugleich optimistische Beschwingtheit und Farbigkeit in die einst graue Industriestadt gebracht werden (s. III, Kapitel 29).

Wirtschaftlicher Neubeginn

Die britische Besatzungsmacht hatte das größte Interesse daran, die wirtschaftliche Produktion im Ruhrgebiet so schnell wie möglich wieder in Gang zu bringen; diesem Vorhaben standen jedoch zunächst nicht nur die Zerstörungen der Betriebe und die Versorgungsmängel im Wege, sondern auch die ungeklärten politischen Ziele der Alliierten: Das schwerindustrielle Zentrum an der Ruhr, das strengster Kontrolle sowie umfassenden Dekartellisierungs- und Demontagemaßnahmen unterworfen werden sollte, war zu einem besonderen Spekulationsobjekt der vier Besatzungsmächte geworden, nach dem alle begehrlich die Hand ausstreckten. Unter dieser Situation hatte auch die Bochumer Wirtschaft zu leiden, die vom Bergbau und von der Schwerindustrie lebte.

Bereits wenige Tage nach Besetzung der Stadt verhandelte der britische Ortskommandant, Major Elliot, am 15. April 1945 mit den führenden Herren des Bergbaus, der eisenschaffenden und eisenverarbeitenden Industrie über die baldige Wiederaufnahme der Produktion. Dies sei – so die einhellige Ansicht der deutschen Betriebsführer – trotz aller Kriegsschäden und Materialmängel sehr schnell möglich, wenn die Sicherheit in den Betrieben gewährleistet, die „Plünderungen und Drohungen mit Waffen durch die ausländischen Arbeitskräfte“ (Zwangsarbeiter) sowie die „kommunistischen Umtriebe“ abgestellt werden könnten: „Wir möchten um Schutz bitten, daß wir zunächst den Betrieb mit der alten Betriebsführung aufnehmen können und erst, wenn der Betrieb läuft, in die Wahl der Betriebsführung eingegriffen werden darf“ (Dokument 68). Diese Forderung deutete schon an, was sehr bald bleibende Wirklichkeit werden sollte: die alten Eliten und Funktionsträger wichen nicht von den Schalthebeln der Macht.

Der *Bergbau* konnte dann auch sehr schnell unter der Kontrolle der North German Coal Control (NGCC) mit der Arbeit beginnen, denn Kohle tat not, wie es in vielen Zeitungsaufrufen hieß: „Was Deutschland zum Weiterleben braucht ist Kohle und nochmals Kohle... Deshalb ist das oberste Gebot der Stunde: Jeder Bergmann muß jetzt in die Zeche zurück... Das Werk der Ruhrarbeiter ist der Schlüssel zum Wiederaufbau Deutschlands.“

In Bochum wurde die Arbeit auf einigen Zechen bereits am 15. April 1945 wieder aufgenommen; bis 1948 hatten rund 31.000 Bochumer Bergleute in 19 Zechen mit 14 Schachtanlagen fast wieder die Vorkriegskapazität erreicht, auch wenn die Produktion zunächst noch erheblich unter der schlechten Ernährungslage und dem spürbaren Mangel an qualifizierten Arbeitskräften gelitten hatte; doch durch Werbemaßnahmen (Bergarbeiter: „Aristokratie der Arbeiterschaft“), soziale Vergünstigungen und die vorzeitige Entlassung von Bergleuten aus der Kriegsgefangenschaft war hier Abhilfe geschaffen worden. Bald stieg die Belegschaft im Ruhrbergbau von 267.000 auf 410.000 Mann. Im Jahre 1951 arbeiteten in Bochum 42.000 Erwerbstätige im Bergbau.

Die *Eisen- und Stahlindustrie,* die bald wieder 22.000 Bochumern Arbeit gab, konnte nach und nach ebenfalls wieder in Gang gesetzt werden. Der Bochumer Verein hatte bereits am 12. Oktober 1945 die Erlaubnis zur Wiederaufnahme einer beschränkten Produktion erhalten und mit der Erzeugung von Roheisen im Hochofen und von Rohstahl im Siemens-Martin-Stahlwerk begonnen. In den Walzwerken lief die Erzeugung von Schienen für Eisenbahnen und Straßenbahnen wieder an, ebenso von Halbzeug und Stabeisen, dem Ausgangsmaterial für die eisenverarbeitende Industrie. Stahlgußstücke, Schmiedestücke, Radsätze und Weichen wurden ebenfalls geliefert.
Auch andere Betriebe erhielten für genau festgelegte Gegenstände und Mengen sehr schnell wieder eine Produktionsgenehmigung (Permit) der Besatzungsmacht.

Allerdings lag die Zukunft gerade der eisenschaffenden und -verarbeitenden Industrie lange Zeit im Ungewissen, da die Alliierten eine nur beschränkte Eisen- und Stahlproduktion der einstigen Waffenschmieden zulassen wollten (s. III, Kapitel 7 und 22).
Zudem hing die Drohung der *Demontage* über diesen Betrieben; in Nordrhein-Westfalen waren davon allein 294 Unternehmen betroffen. In Bochum sahen sich neben dem Bochumer Verein sechs weitere Betriebe in ihrer Existenz bedroht. Die Demontage konnte zunächst auch nicht durch gemeinsame Protestaktionen der Unternehmensführungen, der Belegschaften, der Gewerkschaften, der städtischen Vertreter, der Kirchen und der Parteien verhindert oder durch solidarische Demontageverweigerung der mit dem Abbruch beauftragten Unternehmen gestoppt werden. Es zeigte sich aber schon bald, daß die Demontage zur Schädigung der deutschen Wirtschaft unwirksam und für die Alliierten von geringem Nutzen war: Die beschlagnahmten Anlagen wurden mit Hilfe von Demontagekrediten und Marshallplangeldern durch modernere Versionen ersetzt (s. III, Kapitel 23).

Währungsreform und freie Marktwirtschaft

Eine Wende für die deutsche Wirtschaft brachten der *Marshallplan* und die Währungsreform. US-Außenminister Georges Marshall hatte am 5. Juni 1947 angesichts der kommunistischen Machtübernahme in Ost- und Mitteleuropa in seiner berühmten Rede an der Harvard-Universität die Wiederherstellung einer funktionsfähigen Weltwirtschaft als das künftige Ziel amerikanischer Politik proklamiert. Es sollten überall so stabile politische und soziale Verhältnisse geschaffen werden, daß freiheitliche Einrichtungen und demokratische Regierungen eine Chance hätten. Er forderte die Völker Europas auf, ein gegenseitiges Hilfs- und Wiederaufbauprogramm zu beschließen, das die USA mit den notwendigen Geldern unterstützen würde. Die in Paris (27. Juni 1947) einberufene Konferenz der europäischen Länder wurde allerdings von den Ostblockstaaten wieder verlassen, weil diese die Marshallplan-Hilfe als Einmischung in ihre inneren Angelegenheiten ablehnten. So blieb das Hilfsprogramm auf 16 westeuropäische Länder mit Einschluß der deutschen Westzonen beschränkt.

Diese Einbeziehung der Westzonen in die „Konvention für europäische wirtschaftliche Zusammenarbeit" und die Gründung des „Europäischen Wirtschaftsrates" (OEEC) machte auch eine Neuordnung des inflationären deutschen Währungssystems notwendig. Da der Kontrollrat zu keiner Einigung fand, entschlossen sich die Westmächte zu einem separaten Vorgehen und führten am 20. Juni 1948 in ihren Zonen – und einige Tage später auch in Westberlin – eine Währungsreform durch: Jeder Westdeutsche erhielt ein Kopfgeld von 60 DM, wobei 40 DM sofort, die restlichen 20 DM einen Monat später ausgezahlt wurden. Während das Bargeld im Verhältnis 100 : 10, die Bankguthaben im Verhältnis 100 : 6,5 umgestellt wurden und die vielen kleinen Sparer dadurch ganz erhebliche Vermögensverluste erlitten, behielt das Aktienkapital seinen vollen Wert.

Die Sowjetunion ließ drei Tage später ebenfalls eine Währungsreform in ihrer Zone (und in Ostberlin) durchführen. Dadurch zerbrach die Währungseinheit in Deutschland. Der Graben zwischen Ost und West wurde weiter vertieft.

In den Westzonen ging die Reform des Geldsystems mit einer grundsätzlichen Neuorientierung der Wirtschaftspolitik einher. Der Direktor für Wirtschaft der Zweizonen-Verwaltung, Professor Ludwig Erhard, konnte einen Abbau der Preisvorschriften und der Planbewirtschaftung durchsetzen und damit den Prinzipien einer freien Marktwirtschaft zum Durchbruch verhelfen. Gegen den erheblichen Widerstand von Sozialdemokraten, Gewerkschaften und Besatzungsmächten, die bedenkliche sozialpolitische Folgen durch eine privat-kapitalistische „Profit"-Wirtschaft befürchteten, konnte Erhard im Wirtschaftsrat nach tumultartigen Szenen das „Gesetz über die wirtschaftspolitischen Leitsätze nach der Geldreform" durchbringen: Die Bewirtschaftung wurde gelokkert und eine Liberalisierung der Märkte eingeführt.

Die künftige Entwicklung sollte der gewagten Entscheidung Erhards recht geben. Nach anfänglichen Schwierigkeiten und starken Preiserhöhungen, die zu erheblichen Härten für den „kleinen Mann" führten, setzte ein umfassender Konjunkturaufschwung ein, der schließlich ins deutsche „Wirtschaftswunder" führen sollte.

Die freie Marktwirtschaft war nur die logische Konsequenz einer Entwicklung, die sich schon seit einiger Zeit abgezeichnet hatte: Die USA konnte sich eine ökonomische Gesundung Deutschlands und Europas nur in einem privatkapitalistischen Rahmen vorstellen. Deshalb hatten sie allen Sozialisierungshoffnungen von deutscher wie von alliierter Seite eine Absage erteilt. Unter ihrem politischen Druck wurden auch Briten wie Franzosen auf diese Linie gebracht und das Privateigentum in den alten Formen unter den alten Besitzern mit den alten Eliten sanktioniert.
Die Arbeiter und ihre Gewerkschaften, die im Einklang mit der ursprünglichen Forderung der Alliierten die Macht der von den Nationalsozialisten mißbrauchten Großindustrie endgültig brechen und durch Vergesellschaftung eine Demokratisierung in der Wirtschaft einleiten wollten, mußten sich schließlich nach hartem Kampf mit der Montanmitbestimmung und dem Betriebsverfassungsgesetz zufrieden geben (s. III, Kapitel 22).

Neues kulturelles Leben aus Ruinen

Trümmer, Hunger, Not – das war der bedrückende Alltag in Deutschland. Oft gab es nur ein Ziel, die nackte Existenz zu sichern. Doch bald schon ging die Sehnsucht weiter: Man wollte sich ablenken, man wollte sich vergnügen, man wollte wieder Illusionen und schöne Träume haben (s. III, Kapitel 17). Bereits in den ersten Monaten nach der Kapitulation entfaltete sich wieder ein reges kulturelles Leben. Nach zwölf Jahren Hitlerdiktatur und den Entbehrungen des Krieges war das Bedürfnis nach geistiger Nahrung ungeheuer groß.

Die Menschen drängten sich in die Theater, in die Konzerte, in Unterhaltungs- und Filmaufführungen; Vorträge, Ausstellungen, kulturelle Veranstaltungen jeglicher Art waren überfüllt.

Junge, noch unbekannte Literaten meldeten sich zu Wort. Sie wollten auf die „Stunde Null" eine adäquate Antwort in neuer Form geben: durch die „Trümmerliteratur", in der sich die Sehnsucht „nach einem neuen Anfang und nach einer Regeneration des gesamten deutschen gesellschaftlichen Lebens" widerspiegeln sollte – wie der Gründer der „Gruppe 47", H. W. Richter, es einmal formulierte.

„Wir schrieben ... vom Krieg, von der Heimkehr und von dem, was wir im Krieg gesehen hatten und bei der Heimkehr vorfanden: von Trümmern..." Diese Trümmerliteratur war zugleich ein moralisches Anliegen, denn es „wäre grausam und unverantwortlich gewesen, die Zeitgenossen in eine Idylle zu entführen" (Heinrich Böll). Aber wurde nicht schon bald gerade diese Idylle wieder gesucht? Trümmerliteratur, Trümmerfilme und das Nachdenken über die Ursachen dieser Trümmer waren bald passé.
Die ersten Kurzgeschichten von Heinrich Böll und anderer Autoren - die Kurzgeschichte wurde zur adäquaten epischen Form der „Trümmerliteratur" – erschienen 1947/48 in den Zeitungen, die auch in Bochum gelesen wurden. Sie hatten damit ein wichtiges Verbreitungsforum gefunden, denn die *Presse* hatte es zunächst nicht leicht gehabt, zum gewohnten täglichen Informationsorgan zu werden.

Am Anfang gab es nur Maueranschläge und „Amtliche Nachrichten der Stadtverwaltung Bochum"; erst seit Herbst 1945 war es möglich, bei der britischen Militärregierung die Lizenz zur Herausgabe von Zeitungen und anderen Drukkerzeugnissen zu beantragen, so daß bis Ende 1946 – trotz Papiermangel und britischer Zensur – wieder folgende, meist parteipolitisch ausgerichtete Zeitungen erscheinen konnten: Westfälische Rundschau (SPD); Westfalenpost (CDU); Westdeutsches Volks-Echo (KPD); Neue Ruhr-Zeitung (SPD); Rhein-Ruhr-Zeitung (Zentrum); Westdeutsches Tageblatt (FDP); Neuer Westfälischer Kurier (Zentrum).
Am 3. April 1948 wurde Bochum dann Verlags-Sitz der überparteilichen Westdeutschen Allgemeinen Zeitung; ein Jahr später gab es für Bochum eine Bezirksausgabe der in Dortmund erscheinenden „Ruhr-Nachrichten".

Auf vielen Gebieten schien sich ein neuer geistiger Aufbruch abzuzeichnen – auch im *Schulwesen.*

Die ersten Schulen konnten wieder im Herbst 1945 mit dem Unterricht beginnen. Es herrschte allerdings große Raumnot: 39 Gebäude waren im Krieg zerstört worden. So machte die Stadt in der Folgezeit erhebliche Anstrengungen, zunächst Provisorien zu schaffen und sodann zügig neue Schulen zu bauen; bis 1957 gab Bochum hierfür 43 Mio. DM aus und konnte sich bald als führende „Schulstadt" in der Region bezeichnen (s. III, Kapitel 13).

Die *Stadtbücherei,* die die Hälfte ihres Bestandes verloren hatte, das *Stadtarchiv,* das ohne große Verluste über den Krieg gekommen war und die *Volkshochschule,* die nach dem Willen der Besatzungsmacht für eine demokratische Umerziehung des deutschen Volkes eine besonders hohe Bedeutung gewinnen sollte, konnten ebenfalls schon bald – allerdings unter schwierigen und beengten Verhältnissen – ihre Arbeit wieder aufnehmen.

Die 1949 von der britischen Militärregierung gegründete kulturelle Vereinigung *„Die Brücke"* hatte das Ziel, durch gemeinsame Veranstaltungen das Verständnis zwischen Deutschen und Engländern zu verbessern und ein neues Vertrauensverhältnis zwischen den beiden Völkern zu schaffen.

Mitte 1946 konnten auch die in der Stadt wohnenden bildenden Künstler, die sich im *„Bochumer Künstlerbund"* zusammengeschlossen hatten, ihre Werke wieder in Ausstellungen der Öffentlichkeit vorführen, während das Museum Bochum erst 1960 in der umgebauten Villa Marckhoff eröffnet wurde (s. III, Kapitel 26).

Das *Städtische Orchester* hatte bereits am 12. Juli 1945 im unzerstörten Parkhaus mit einem vielbeachteten Beethoven-Konzert einen ersten künstlerischen Akzent gesetzt, während das berühmte *Bochumer Theater,* dessen repräsentativer Bau im Bombenhagel des 4. November 1944 zerstört worden war, am 17. Dezember 1945 ebenfalls im behelfsmäßig hergerichteten Parkhaus mit Grillparzers „Weh' dem, der lügt" einen Neuanfang machte. Im nächsten Jahr – nunmehr unter der Leitung des früheren Intendanten, Saladin Schmitt, der das Bochumer Theater geschaffen und zu Ruhm gebracht hatte –, wurde bereits wieder ein voller Spielplan geboten. Es standen „Sappho", „Iphigenie" und – zur ersten Nachkriegstagung der Deutschen Shakespeare Gesellschaft – „Hamlet" auf dem Programm. Doch Saladin Schmitt, der der klassischen Tradition, dem herkömmlichen Repertoire und dem pathetischen Stil verpflichtet blieb, konnte sich auf einer kleinen Behelfsbühne in einer total veränderten Welt nicht mehr zurechtfinden. Sein Nachfolger wurde 1949 Hans Schalla, der das Theater ausländischen Autoren und jungen, zeitgenössischen Dramatikern öffnete sowie einen neuen, realistischen Inszenierungsstil in Bochum kreierte. Für seine Arbeit am Stadttheater, das in *Schauspielhaus* umbenannt wurde und 1953 einen neuen, wegweisenden Theaterbau der fünfziger Jahre erhielt, konnte er im In- und Ausland hohe Anerkennung finden. Bochum war und blieb eine hervorragende Theaterstadt. Mehr noch: Bochum war auf dem Weg, Hand in Hand mit seiner wirtschaftlichen Aufwärtsentwicklung auch ein neues kulturelles und geistiges Selbstbewußtsein zu finden (s. III, Kapitel 28).

Deutsche Staatsgründungen in West und Ost

Wie war der schnelle Marsch vom Trümmerfeld ins Wirtschaftswunderland möglich geworden? Sicherlich spielte der Fleiß und der Aufbauwille der Bevölkerung eine wichtige Rolle; entscheidender war jedoch die veränderte weltpolitische Situation: Die Westalliierten hatten sich in ihrem „Kalten Krieg" mit der Sowjetunion entschlossen, ihre Besatzungszonen über den Zusammenschluß der amerikanischen und britischen Zone zur Bizone (1. Januar 1947) hinaus staatlich und wirtschaftlich zu konsolidieren und die Bundesrepublik Deutschland als verbündete Macht im Kampf gegen den expandierenden Kommunismus einzusetzen.

Bis es zur Bildung der *Bundesrepublik Deutschland* kam, die sich nach dem Willen der Westmächte einen demokratisch-föderativen Staatsaufbau geben sollte, mußten allerdings noch viele politische und psychologische Hemmnisse überwunden werden. Das schwierigste Problem war die Frage der deutschen Einheit. War es sinnvoll, einen deutschen Weststaat als „vorläufiges demokratisches Notdach" (Carlo Schmid) für das gesamte deutsche Volk zu bilden? Mußte dadurch die Teilung des Landes nicht wesentlich vertieft werden? Aber gab es in Anbetracht der wirtschaftlichen Not und der weltpolitischen Lage überhaupt eine Alternative?

Die Westdeutschen haben sich unter Führung der Ministerpräsidenten der Länder nach einigem Zögern konsequent auf den Weststaat eingelassen: Sie schufen ein Grundgesetz, das bis zur erhofften Wiedervereinigung nur ein Verfassungsprovisorium sein sollte; und sie haben dieses Grundgesetz in funktionierende Staatlichkeit umgesetzt: Aus den ersten bundesweiten Wahlen im September 1949 ging die CDU/ CSU mit knapper Mehrheit vor der SPD (139 : 131 Mandate) als Sieger hervor. Den bürgerlichen Parteien gelang es, die schon im Frankfurter Wirtschaftsrat der Bizone erprobte Koalition zwischen CDU/ CSU, FDP und DP wieder aufleben zu lassen und in Konrad Adenauer den ersten Bundeskanzler zu stellen. Dabei spielten wirtschaftspolitische Gesichtspunkte eine entscheidende Rolle: die nach der Währungsreform eingeführte marktwirtschaftliche Ordnung sollte sich ungestört weiterentwickeln können. Nach den konstituierenden Sitzungen von Bundestag und Bundesrat, der Wahl von Theodor Heuss (FDP) zum ersten Bundespräsidenten und der Vereidigung der ersten Regierung Adenauer war der staatliche Konstituierungsprozeß abgeschlossen. Die Führung der Opposition übernahm Kurt Schumacher. Stellvertretender Vorsitzender der SPD-Fraktion wurde Erich Ollenhauer, der den Bochumer Wahlkreis vertrat (s. III, Kapitel 20).

Die Bundesrepublik konnte damit über ihre inneren Lebensverhältnisse weitgehend selbst bestimmen, ein souveräner Staat war sie aber noch nicht. Durch das Besatzungsstatut behielten sich die Alliierten Hohen Kommissare die Außenpolitik, die Abrüstungs- und Entmilitarisierungsfragen, die Überwachung des Außenhandels sowie ein Vetorecht gegen alle vom Bundestag beschlossenen Gesetze vor. Durch eine „Internationale Ruhrbehörde" wurde die Lenkung und Kontrolle der Kohle- und Stahlproduktion des Ruhrgebiets sichergestellt.

Erst 1955 konnte die Bundesrepublik mit den „Pariser Verträgen“ ihre volle Souveränität erringen. Dies war nur möglich, weil Konrad Adenauer jede Ausweitung der deutschen Selbstbestimmung durch eine verstärkte wirtschaftliche, militärische und politische Verzahnung in ein westeuropäisches und atlantisches Allianzsystem erkaufte und dazu sogar die hart umstrittene Wiederbewaffnung durchsetzte.
Als starkes und gleichberechtigtes Glied einer europäischen Gemeinschaft glaubte die Regierungskoalition unter Bundeskanzler Konrad Adenauer – im Gegensatz zu Kurt Schumacher und der SPD –, auch der Wiedervereinigung am besten dienen zu können. Doch die Hoffnung einer „Politik der Stärke“, die die Sowjetunion zum Einlenken zwingen werde, hat sich nicht erfüllt. In der sowjetisch besetzten Zone entstand ein zweites, kommunistisch geprägtes deutsches Staatsgebilde: die am 7. Oktober 1949 gegründete *Deutsche Demokratische Republik.*

Die „goldenen“ fünfziger Jahre?

Die Mehrheit der Bundesrepublikaner ist ihrem Kanzler Konrad Adenauer mit wachsender Zustimmung auf dem Weg nach Westen gefolgt; es war dies der einzige Weg, der ihnen Freiheit, aber auch Sicherheit und Wohlstand versprach. Denn für viele war zunächst einmal das Wichtigste: sich wieder sattessen zu können – eine „Freßwelle“ erfaßte geradezu die Republik. Die Menschen konnten sich bald auch wieder etwas leisten. Die Bevölkerung geriet in einen Konsumrausch ohnegleichen; sie sehnte sich nach immer mehr materiellen Gütern, nach Bequemlichkeit und modischen Accessoires, nach Weltoffenheit und Reisen in die Ferne: die „goldenen“ 50er Jahre brachen an im „Wirtschaftswunderland“.

Die Kennzeichen des Wohlstands: Cocktailsessel und Nierentische, Musiktruhen, Hausbars und Automobile, immer wieder Automobile. Vom VW „Käfer“, den Luxuslimousinen von Mercedes bis hin zu den skurrilsten Kleinwagen (BMW-Isetta, Messerschmidt-Kabinenroller, „Leukoplastbomber“ von Lloyd) reichte bald das Angebot. Die Westdeutschen wurden zu einem Volk von Autofahrern.

Und immer und überall im äußeren Erscheinungsbild: die charakteristischen Stromlinienformen, die Aufschwung und Optimismus symbolisieren und die schmerzliche Erfahrung der Vergangenheit verdrängen sollten. Dies zeigte sich auch am Kino der fünfziger Jahre, in dem nicht mehr die Trümmer- und Problemfilme dominierten, sondern die Traumpaare auf Zelluloid, die Heimat-, Schlager- und Reisefilme: statt „Trümmer“ nur noch „Träume“ (s. dazu die umfangreiche Dokumentation des Stadtarchivs: Bessen, „Trümmer und Träume“).

Zu einer neuartigen Traumfabrik sollte das Fernsehen werden, das seine erste Sendung am 25. Dezember 1952 ausstrahlte und bald der Deutschen liebstes Unterhaltungskind wurde.

Der Weg vom Trümmerfeld ins Wirtschaftswunderland war durch politische Konsolidierung sowie durch wirtschaftlichen, sozialen und kulturellen Aufschwung geprägt. Daneben machte sich aber schnell wieder das Provinziell-Reaktionäre breit; bald hieß das Schlüsselwort der westdeutschen Gesellschaft: *Restauration,* Restauration auf allen Ebenen. Die Parole „Keine Experimente“ wurde zum wahlsiegsichernden Schlagwort. Gegen den Mief und Muff in Elternhaus und Schule, gegen die fortschreitende Erstarrung der Gesellschaft und die totale Veräußerlichung des Lebens mit scheinbar absoluter Dominanz von Kommerz und Konsum richtete sich der Jugendprotest einer neuen „Rock and Roll-Generation“.

Stadt im Wandel

Waren dies erste Vorboten einer Wende? Auch in Bochum wurde der Wandel spürbar – zunächst allerdings im wirtschaftlichen Bereich. Der Ruhrkohlebergbau, der 1957 noch ein Rekordjahr erreicht hatte, geriet durch die neuen Energieträger Erdöl und Erdgas in die Krise. War den Bochumer Zechen 1951 noch eine Lebensdauer von 29 bis 265 Jahren vorausgesagt worden, so mußte die Zeche Prinz-Regent bereits 1960 ihre Tore schließen. Ab 1973 arbeitete keine Zeche mehr in der alten Revierstadt Bochum. Schwarze Fahnen an der Ruhr: Symbol für den vergeblichen Widerstand und den erfolglosen Protest der Arbeiter, der Gewerkschaften und der Stadt.

So mußte Bochum für rund 42.000 ehemalige Bergleute neue Arbeitsplätze schaffen und zugleich versuchen, den sekundären und tertiären Wirtschaftssektor stärker auszubauen.

Dies ist weitgehend gelungen. Die Ansiedlung der Radio- und Fernsehwerke Graetz KG (1956), vieler mittelständischer Betriebe und Dienstleistungsunternehmen, der Zweigwerke des Automobilherstellers Adam Opel AG (1962) und der Ruhr-Universität Bochum (1965) machen den Strukturwandel deutlich. Bochum hat dabei wiederum ein neues Gesicht erhalten (s. III, Kapitel 30).

Demokratischer Neubeginn in Bochum und Wattenscheid

von Michael Klatt

Amerikanische Truppen hatten am 9. und 10. April 1945 Bochum und Wattenscheid eingenommen und damit die Bevölkerung hier schon einige Wochen vor der bedingungslosen Kapitulation des Deutschen Reichs vom nationalsozialistischen Joch befreit. Die neuen Herren in den beiden Städten wurden allerdings nicht die Amerikaner, sondern die Briten, deren militärische Verwaltungsstäbe sehr schnell auf die vorrückenden Kampfverbände folgten.

In Wattenscheid war es zunächst allerdings noch nicht eindeutig klar, welche britische Behörde für die Stadt und ihre rund 45.000 Einwohner[1] zuständig sein sollte. Zunächst übernahm die amerikanische Sicherheitspolizei zusammen mit einer am Tage der Besetzung gebildeten Stadtwacht die dringendsten ordnungspolitischen Aufgaben. Vor allem der 200 Mann starken Stadtwacht, einer spontan formierten Hilfspolizei, kam im Kampf gegen die bis in den Juni andauernden Plünderungen eine gewisse Bedeutung zu.[2]

Seit dem 19. April wurde Wattenscheid durch das in Gelsenkirchen stationierte britische „113 Military Government Detachment" (Mil.Gov.Det.) mitverwaltet. Eine ortsansässige Militärverwaltung erhielt die Stadt erst im Juli mit dem 717 Mil.Gov.Det.[3] Erster Wattenscheider Stadtkommandant wurde Captain Lindsay, der aber schon im Sommer 1945 von Major Ham abgelöst wurde. Überhaupt ist an der Spitze der britischen Militärregierung ein steter Wechsel festzustellen. Meist wurden die führenden Offiziere schon nach wenigen Monaten zu anderen Aufgaben aus Wattenscheid abkommandiert.[4]

Ähnlich kurz waren die Amtszeiten der Bochumer Stadtkommandanten, als deren erster Major Elliot bereits am 12. April in das schwer zerstörte Rathaus einzog. In Bochum hatte sich unmittelbar nach dem alliierten Einmarsch das 921 Mil.Gov.Det. als örtliche Militärregierung etabliert.[5]

1. Grundzüge der Besatzungsherrschaft: „Indirect rule"

Schon lange vor der Besetzung Deutschlands hatten sich die Alliierten Gedanken über die Form der Besatzungsherrschaft gemacht, etwa auf den Konferenzen von Teheran im November/Dezember 1943 und von Jalta im Februar 1945. Konkrete besatzungspolitische Richtlinien für die anglo-amerikanischen

Truppen wurden in dem bis Juli 1945 bestehenden gemeinsamen Hauptquartier SHAEF (Supreme Headquarter of the Allied Expeditionary Forces) erarbeitet und im „Handbook for Military Government in Germany prior to defeat or surrender" vom Dezember 1944 niedergelegt.

Die Militärverwaltung in der britischen Besatzungszone, zu der Bochum und Wattenscheid gehörten, ging nach dem Prinzip der „indirect rule"[6] (indirekte Herrschaft) vor. Danach sollten die Militärbehörden die deutschen Verwaltungen nicht ersetzen, sondern parallel dazu eingerichtet werden. Die Kommunalverwaltungen mußten sich einer personellen Säuberung unterziehen; die Verhaftung von nationalsozialistischen Beamten und Verwaltungsangestellten wurde anhand einer „automatic arrest list"[7] vorgenommen. Unter der Kontrolle der örtlichen Militärregierung hatten die deutschen Behörden dann für die möglichst schnelle Wiederherstellung des öffentlichen Lebens in den Städten zu sorgen. Vordringlichste Aufgabe war die Versorgung der Bevölkerung mit den nötigsten Dienstleistungen.

Diese indirekte Form der Herrschaftsausübung hatte sich für die Briten schon in ihrem ausgedehnten Empire bewährt. „Mit einem Minimum an 'manpower' und finanziellen Ressourcen, beides am Ende eines unter Einsatz aller Kräfte geführten Krieges knapper denn je zuvor, ließ sich ein Maximum an Einfluß erzielen."[8] Auch hatten bei dieser Konstellation die Briten jederzeit die Möglichkeit, den Unmut der Bevölkerung bei eventuellen Versorgungsengpässen auf die in ihrer Struktur unangetasteten Stadtverwaltungen zu lenken.

Zu den wichtigsten Aufgaben für die britischen Militärs gehörte es daher, die deutschen Kommunalverwaltungen wieder in Gang zu bringen. Eine besondere Rolle als Ansprechpartner sowohl für die Briten als auch für die deutsche Bevölkerung spielten dabei die Verwaltungsleiter. Schon das „Handbook" von 1944 hatte die Einsetzung eines Bürgermeisters neben der Verhaftung von Nazis und verschiedenen Kontrollmaßnahmen (Sperrstunden, Schließung von Behörden, Schulen usw.) als einen der ersten Schritte für die Militärregierungen vorgeschrieben.[9]

2. Einsetzung von Verwaltungsspitzen in Bochum und Wattenscheid

An der Spitze der Bochumer Stadtverwaltung stand beim Einmarsch der Amerikaner Bürgermeister Dr. Franz Geyer. Ihm war vom nationalsozialistischen Oberbürgermeister Hesseldieck am Morgen des 10. April die Leitung der Amtsgeschäfte im Rathaus übertragen worden. Geyer hatte seit 1923 als Bürgermeister und Kämmerer der Stadt wichtige Funktionen der Verwaltung innegehabt, so daß die Bochumer Militärregierung auf die Mitarbeit eines routinierten Experten zurückgreifen konnte.

Geyer verblieb allerdings nur wenige Tage im Amt. Am 15. April wurde er zu einer Vernehmung durch die Besatzungsbehörde in das Polizeipräsidium bestellt, dort sofort verhaftet und in ein Internierungslager nach Rheinberg gebracht. Die Gründe für Geyers Verhaftung sind bis heute unklar. NSDAP-Mitglied ist er jedenfalls nie gewesen; als solches hätte er automatisch auf der „Schwarzen Liste" gestanden.

Als nächsthöherer Beamter wurde der Städtische Rechtsrat Ferdinand Bahlmannn von Major Elliott am 16. April zum Bürgermeister des Stadtkreises Bochum ernannt. Bahlmann führte die Amtsbezeichnung „kommissarischer Oberbürgermeister". Kritik an seiner Tätigkeit erhob sich bald schon in den antifaschistischen Kreisen Bochums. In einem Schreiben an die Militärregierung in Arnsberg beklagten sie Anfang Juni allgemein die Unfähigkeit Bahlmanns zur Bekleidung des wichtigen Postens sowie dessen Weigerung, „demokratische Bevölkerungskreise" an der Verwaltung der Stadt zu beteiligen. Darüber hinaus wurde Bahlmann vorgeworfen, Dezernenten eingestellt zu haben[10], die durch ihre nationalsozialistische Vergangenheit diskreditiert waren. Die abschließende Forderung, den ehemaligen Bürgermeister von Langendreer, Wilhelm Jacobi, als Bochumer Oberbürgermeister einzusetzen, blieb jedoch ohne Resonanz.[11]
Ohnehin konnte sich Bahlmann als Verwaltungschef nur zweieinhalb Monate halten. Am 1. Juli wurde erneut Dr. Geyer, der am 6. Juni aus der Internierung entlassen worden war, von den Briten als leitender Beamter eingesetzt und zugleich zum Oberbürgermeister Bochums ernannt. Er behielt dieses Amt bis zum März 1946. Bahlmann blieb als Bürgermeister zunächst Geyers Stellvertreter, bis er am 15. September auf eigenen Wunsch von sämtlichen Pflichten entbunden wurde.

In Wattenscheid hatten sich die meisten Kommunalbeamten und -angestellten vor den anrückenden Amerikanern in Sicherheit gebracht. „Eine Verwaltung bestand nicht mehr."[12] Die Besetzung der wichtigsten Verwaltungspositionen mit den wenigen noch verbliebenen Fachkräften nahm man hier in eigener Regie vor, denn eine britische Stelle, die einen Verwaltungsleiter hätte legitimieren können, gab es in Wattenscheid vorerst nicht.

In einer Konferenz von Vertretern der früheren bürgerlichen Parteien wurde Stadtamtmann Schmidt am 12. April die vorläufige Leitung der Verwaltung übertragen.[13] Diese Regelung fand freilich nicht die Zustimmung der antifaschistischen Gruppen. Sie erreichten die Ablösung Schmidts und die Einsetzung von Stadtobersekretär Hans Noll zum Oberbürgermeister. Noll war ehemaliges Mitglied der KPD und 1937 aus „Tarnungsgründen“, wie der Militärbehörde gegenüber von kommunistischer Seite versichert wurde, in die NSDAP eingetreten.[14] Am 11. Juli wurde Noll von den Briten nachträglich als Wattenscheider Oberbürgermeister bestätigt.[15] Er war damit der einzige kommunistische Verwaltungsleiter in der gesamten britischen Besatzungszone.

Neben Noll fungierte ab 1. Mai auf Anordnung des Stadtkommandanten zunächst der Studienrat Josef Bideau als zweite Verwaltungsspitze. Er trat jedoch schon nach zwei Wochen von diesem Amt zurück.[16] Als Wattenscheider Bürgermeister folgte ihm ab 1. Juni der Sozialdemokrat Wilhelm Futter.[17]

Während die von den Militärregierungen in Bochum und Wattenscheid berufenen Oberbürgermeister bis in das Jahr 1946 hinein in ihren Positionen verblieben, waren die noch von den US-Militärs eingesetzten Ortsbürgermeister in Höntrop, Langendreer, Dahlhausen, Gerthe und Stiepel nur Episoden. Sie sollten in ihren Bezirken vor allem die grundlegenden Not- und Polizeimaßnahmen organisieren helfen. Sehr schnell wurden sie dann jedoch in die von den Briten anerkannten zentralen Stadtverwaltungen integriert.[18] Immerhin waren diese dezentralen Amtsinhaber Grund genug für den Bochumer Oberbürgermeister Dr. Geyer, die Militärregierung um Aufklärung über die Verteilung der Kompetenzen zu bitten.[19]

3. Vorläufer des Kommunalparlaments: Stadtausschuß und Ortsausschüsse

Neben den zentralen Stadtverwaltungen, die im wesentlichen in ihren alten Strukturen nach dem Krieg fortgeführt wurden, bestanden in Bochum und Wattenscheid mit dem Stadtausschuß und den Ortsausschüssen sehr früh neue Gremien, in denen die Vertreter gesellschaftlicher Gruppen den Oberbürgermeister und dessen Dezernenten bei der Lösung ihrer schwierigen Aufgaben unterstützten. Gerade für die Mitglieder der anfangs noch nicht zugelassenen politischen Parteien und Gewerkschaften boten diese Vorläufer des Stadtparlaments die Gelegenheit, das durch die Militärregierung verhängte Verbot parteipolitischer Aktivitäten durch die Einflußnahme auf die Verwaltung zu kompensieren.

In Bochum wurde ein „kommunalpolitischer Ausschuß“ bereits im Mai 1945 gebildet. In einer Besprechung zwischen Bürgermeister Bahlmann und Vertretern von KPD, SPD, Zentrum und Gewerkschaften am 5. Mai wurden die Aufgaben dieses Ausschusses umrissen: Er sollte als die in allen Fragen der städtischen Verwaltung allein zuständige Körperschaft mit dem Bürgermeister verhandeln.[20]

In der ersten Sitzung des Ausschusses am 8. Mai hatte jede der vier Gruppen zwei Vertreter aufgeboten. Es waren dies der ehemalige Stadtrat Anton Gilsing und Parteisekretär Alex Elfes für das Zentrum, die Sozialdemokraten August Bangel und Paul Witthüser, die KPD- Mitglieder Heinz Pöppe und Josef Wiesmann sowie die Gewerkschafter Friedrich Schürmann und Siegfried Böker.[21]

Die Anerkennung des kommunalpolitischen Ausschusses durch die Militärregierung stand zu diesem Zeitpunkt noch aus. Erst am 30. Mai billigten die Briten diesen Beirat als beratendes Organ. Die Mitgliederliste war da bereits um den Chefredakteur Josef Hasler erweitert worden, und nach dem Willen der Briten sollten noch Vertreter der evangelischen Bevölkerung und der jüdischen Gemeinde hinzugezogen werden. Bürgermeister Bahlmann als Vorsitzender dieses Stadtausschusses fungierte als Vermittlungsinstanz zwischen Ausschuß und Stadtkommandant.[22]

Die Mißachtung eben dieses Instanzenweges durch einige Ausschußmitglieder führte am 20. Juni bereits wieder zur Auflösung durch die Militärregierung. Böker, Schürmann und Witthüser hatten sich eigenmächtig und unter Umgehung des Stadtkommandanten an den Regierungspräsidenten in Arnsberg gewandt und ihm die Umbesetzung der Bochumer Verwaltungsspitze vorgeschlagen. Die Reaktion der Briten erfolgte unmittelbar und heftig.[23]

Nach der Wiedereinsetzung Dr. Geyers zum Bochumer Oberbürgermeister wurde mit dem Stadtausschuß ein zweiter Anlauf gewagt. Die am 28. Juli vorgelegte und elf Mitglieder umfassende Liste wurde knapp einen Monat später, am 24. August, von der Militärregierung bestätigt.[24] Ende des Jahres bestand der Bochumer Stadtausschuß aus zwölf Mitgliedern, und zwar aus 4 SPD-Vertretern, 2 Kommunisten, 2 Zentrums-/CDU-Angehörigen, 2 Pfarrern und 2 Wirtschaftsvertretern. Es waren dies im einzelnen:

1. August Bangel, Geschäftsführer
2. Alex Elfes, Arbeitersekretär
3. Bernhard Flieger, Bergmann
4. Heinrich Fortmann, Superintendent
5. Willi Geldmacher, Dreher
6. Anton Gilsing, Stadtrat a. D.
7. Ludwig Greve, Pfarrer
8. Friedrich Hallemeier, Prokurist
9. Heinz Pöppe, Parteisekretär (bald ersetzt durch Karl Kunold)
10. Ernst Proff, Arbeitersekretär

11. Heinrich Schrader, Bauunternehmer
12. Philipp Sommerlad, Redakteur.

Nach der von ihm selbst gegebenen vorläufigen Geschäftsordnung hatte der Stadtausschuß das Recht, die grundlegenden Richtlinien der Verwaltung zu bestimmen, über Verwaltungshandlungen vom Oberbürgermeister Auskunft zu verlangen und Beschwerden zu verfolgen. Zu besonders wichtigen Angelegenheiten mußte er gehört werden: Festsetzung des Haushalts- und des Stellenplans, Festsetzung von Abgaben und Tarifen, Verfügung über das Gemeindevermögen, Aufnahme von Darlehen und Bewilligung von über- und außerplanmäßigen Ausgaben.[25] Mit der Einführung der ernannten Bochumer Stadtvertretung beendete der Stadtausschuß Ende Januar 1946 seine Tätigkeit.

In Wattenscheid wurden in den ersten Wochen nach der Besetzung zunächst die Mitglieder der antifaschistischen „Kontrollkommission“ sowie die Angehörigen der Stadtwacht zu Inhabern der exekutiven Gewalt.[26] Sie füllten damit das Machtvakuum, das durch das Fehlen einer intakten deutschen Verwaltung und einer britischen Militärbehörde in der Stadt entstanden war. Ihr Hauptinteresse galt zum einen der Aufrechterhaltung von Ruhe und Ordnung (u. a. Bekämpfung von Plünderern), zum andern der Entfernung von Nationalsozialisten aus den wichtigen öffentlichen Ämtern. Der größte Erfolg der Wattenscheider Antifaschisten in dieser Beziehung lag sicherlich in der Durchsetzung des Kommunisten Hans Noll als Oberbürgermeister.

Allerdings führten diese „Aktionsausschüsse“ in Wattenscheid nicht zu neuen Formen lokaler Politik. Mitte 1945 war auch hier die herkömmliche Verwaltungsstruktur mit Oberbürgermeister, Bürgermeister und Fachdezernenten wiederhergestellt.[27] „Der Oberbürgermeister begann die Kommunalverwaltung ganz nach dem Herkommen zu führen; und auch die 'Stadtwacht' mühte sich intensiv, zu normaler Polizei zu werden.“[28]

Eine Einflußmöglichkeit auf die Verwaltung bot sich den politischen Gruppen auch hier mit der Einrichtung eines Stadtausschusses. Im Herbst 1945 setzte er sich aus 4 KPD-, 4 Zentrums-/CDU-Vertretern, 2 SPD-Mitgliedern und 2 Stadtverwaltungsbeamten als Stellvertreter zusammen.[29] Wie in Bochum kam auch dem Wattenscheider Ausschuß hauptsächlich die Aufgabe zu, den Oberbürgermeister bei der Erledigung der Verwaltungsgeschäfte zu unterstützen.

Neben dem Stadtausschuß bestanden in Bochum ab Dezember 1945 vier Ortsausschüsse. Sie wurden für folgende Stadtbezirke eingerichtet: Gerthe-Harpen-Hiltrop-Bergen (ab 5. Dezember) Langendreer-Werne (ab 11. Dezember) Linden-Dahlhausen (ab 15. Dezember) Stiepel-Querenburg-Laer (ab 17. Dezember). Die Ortsausschüsse hatten, je nach Größe des Zuständigkeitsbereichs, neun bis zwölf Mitglieder, die dem Oberbürgermeister ab Mitte Oktober 1945 von Parteien, Kirchen, Industrie, Handel und Gewerbe vorgeschlagen wurden und letztlich von der Militärregierung bestätigt werden mußten. Die Aufgaben dieser Ausschüsse wurden in den jeweiligen Einführungsreden des Stadtkommandanten und des Oberbürgermeisters umrissen[30] und in der „vorläufigen Geschäftsordnung" festgeschrieben, die wegen der langwierigen Überprüfung durch die Militärregierung allerdings erst im Februar 1946 an die Ortsausschüsse übersandt wurde.[31] Danach konnten die Ortsausschüsse im Bereich der örtlichen Verwaltungsstellen tätig werden, und zwar in Sachen Wohlfahrt, Wohnungswesen und Ernährungswirtschaft.

Erst mit Beginn des Jahres 1946 begannen die Ortsausschüsse ihre Beratungen. Nach der Ernennung der Bochumer Stadtvertretung und der Bildung der Fachausschüsse wurden sie aber schon wieder überflüssig und daher Anfang April 1946 aufgelöst.

4. Parteien in Bochum und Wattenscheid: Reorganisation und Neugründung

Lange Zeit hatte die britische Militärregierung eine parteipolitische Tätigkeit strikt untersagt. Erst im August 1945 war es dann der SPD, der KPD und dem Zentrum erlaubt, politische Versammlungen abzuhalten, die jeweils von der Militärregierung genehmigt werden mußten.[32] Die Briten wollten vorher auch genau informiert werden über Zeit und Ort der Versammlung sowie über das Thema des Vortrags und den Namen des Referenten. So war es ihnen ohne weiteres möglich, mißliebige Veranstaltungen jederzeit zu verhindern.

Mit der Verordnung Nr. 12, die am 15. September 1945 in Kraft trat, wurde die Bildung von politischen Parteien auf Kreisebene gestattet. Bereits im Frühjahr 1945 jedoch gab es im Bochumer Raum Bestrebungen zur Wieder- und Neugründung politischer Parteien. Dabei hatten die traditionellen antifaschistischen Parteien aus der Weimarer Republik, SPD und KPD, einen Startvorsprung. Zwar waren ihre alten Organisationen durch den NS-Terror und die Kriegswirren weitgehend zerstört worden, doch bestand häufig genug noch persönlicher Kontakt zwischen den ehemaligen Parteifunktionären, die ihre ganze Erfahrung nun in den Neuaufbau des Apparates steckten.

Kontakte am Arbeitsplatz bildeten die Grundlage für den Wiederaufbau der Bochumer SPD. Besonders wichtig wurde dabei die Entwicklung beim größten Arbeitgeber der Stadt, dem „Bochumer Verein". Viele alte Sozialdemokraten waren während des Krieges als Facharbeiter bei diesem Unternehmen beschäftigt: Ernst Schlotz, Willi Geldmacher, Ernst Proff, Willi Braumann, Albert Nikkel, Wilhelm Nieswandt, Heinrich Hossiep, Willi Graumann, Heinrich Schomburg und Paul Schäfer (BV-Verwaltung).[33] Gemeinsam mit einigen Kommunisten bildeten sie am 12. April 1945 den Betriebsausschuß des Bochumer Vereins und organisierten in der Folgezeit erste gewerkschaftliche Aktivitäten.[34]

Auch ohne offizielle britische Genehmigung wurde der Parteiaufbau parallel dazu vorangetrieben. Man suchte Kontakte zu Sozialdemokraten in den einzelnen Stadtteilen. Eine erste zentrale Versammlung für den Stadtverband Bochum hielt die SPD dann am 22. Juni 1945 in der Gaststätte „Haus Fleer“ an der Berneckerstraße ab; Albert Nickel wurde von den etwa 50 Teilnehmern zum informellen Vorsitzenden der Bochumer SPD gewählt.[35]

Außer dem Stadtverband waren auch andere traditionelle Parteigliederungen schon vor der offiziellen Zulassung der SPD gebildet worden. Der Unterbezirk Bochum umfaßte die Stadtverbände Herne, Wanne-Eickel, Wattenscheid, Witten und Bochum, hatte seinen Sitz in Bochum und wurde von Karl Hölkeskamp aus Herne geleitet. Fritz Henßler aus Dortmund trat an die Spitze des SPD-Bezirks Westliches Westfalen. Er sprach auf der ersten Kundgebung der Bochumer SPD im Parkhaus am 2. September 1945. Dem ersten Bezirksvorstand vom Mai/Juni 1945 gehörte auch der Bochumer Paul Schäfer an.[36]

Nach dem 11. August 1945, der offiziellen Zulassung der Parteien, wurde der Aufbau der SPD in Bochum verstärkt fortgesetzt, die Mitgliederwerbung lief an. Bis zum Januar 1946 verzeichnete die Bochumer SPD 3117 Mitglieder. Damit hatte sie fast wieder ihre Stärke während der Weimarer Republik erreicht.[37] Auch die systematische Ausformung der Ortsgruppen und Stadtbezirke wurde jetzt in Angriff genommen.

Am 16. September trafen sämtliche Bochumer Ortsgruppenvorsitzende zusammen, um den vorläufigen Vorstand des Stadtverbandes zu wählen. Erster Vorsitzender wurde nun Willi Geldmacher.[38] Er wurde auf der ersten Generalversammlung des Stadtverbandes am 10. Februar 1946 in seinem Amt bestätigt und war damit endgültig für die Führungsposition in der Bochumer SPD legitimiert.[39]

Ohne Erfolg blieben die Bemühungen der „Union Deutscher Sozialisten“ unter August Bangel, die Reorganisation der Bochumer SPD zu verhindern und stattdessen eine sozialistische Einheitspartei zu schaffen. Bei der „Union“ handelte es sich um eine Sammlung von Vertretern sozialistischer Splitterparteien, besonders von Anhängern des Internationalen Sozialistischen Kampfbundes (ISK), die in Bochum während des Krieges im Widerstand aktiv waren.[40] Mit einem Aufruf „An alle“ versuchte die „Union“ Ende Juli, Anhänger für den Aufbau einer „von allen Fehlern gereinigten sozialistischen Einheitspartei“ zu finden.[41] Welche Fehler es auszumerzen galt, wurde in einem an die SPD-Mitglieder gerichteten Schreiben vom 22. Juli deutlich. Hier wurde vor einer Spaltung der sozialistischen Bewegung gewarnt und noch einmal an die fatale Entwicklung vor 1933 erinnert: „Wir hatten damals zwar eine große Arbeiterbewegung, – aber sie war nur zahlenmäßig stark. Sie hatte nicht Kraft und Elan genug, die kapitalistische Gesellschaft hinwegzufegen, sie war nicht imstande, den Marsch des Faschismus aufzuhalten.[42]

Die SPD wurde kritisiert als Partei „ohne neues Programm, mit den alten Methoden und ihren alten Funktionären“, ohne jede Bereitschaft, „aus der Niederlage zu lernen“.[43] Sich selbst betrachtete die „Union Deutscher Sozialisten“ als gemeinsamen Boden für den Aufbau der neuen Einheitspartei.

Gegen die mittlerweile wiederbelebten alten Strukturen der SPD konnten sich die Bochumer Unionisten freilich nicht mehr durchsetzen. Im August kam es zwar zu Vereinigungsverhandlungen mit der SPD und am 13. August wurde die Vereinigung beider Organisationen vollzogen, nun aber nach Maßgabe der Sozialdemokraten: Die SPD behielt ihren Namen, alle Anhänger der „Union“ wurden in die SPD übernommen.[44] „Damit war der Versuch der Bochumer 'Union', eine sozialistische Partei unter neuem Namen zu gründen, in den Rahmen der alten Sozialdemokratischen Partei zurückgeführt worden.“[45] Manche der ehemaligen ISK- bzw. „Union“-Aktivisten und -Sympathisanten, wie etwa August Bangel, Josef Kappius, Fritz Heinemann und Fritz Claus, übernahmen dann später wichtige Funktionen in der Bochumer SPD und wurden führende Kommunalpolitiker dieser Stadt.[46]

Die Wattenscheider SPD wurde 1945 ebenfalls von einem gestandenen alten Funktionär, Andreas Rausch, geführt. Nach der Zulassung der Parteien setzte auch hier eine rege Mitgliederwerbung ein. Die SPD-Versammlungen, die mit einer Veranstaltung am 28. September 1945 zum Thema „Was will die SPD?“ eingeleitet wurden, waren teilweise überfüllt.[47] Ende August 1946 meldete der Stadtverband immerhin 1622 Mitglieder.[48] Für die von Pietsch aufgestellte Behauptung, die SPD sei 1946 die mitgliederstärkste Partei in Wattenscheid geworden, lassen sich indessen keine Belege anführen.[49] Ein weiterer wichtiger Repräsentant der Wattenscheider SPD wurde auch Kurt Kötzsch, der spätere Oberbürgermeister und Landtagsabgeordnete.[50]

Ähnlich wie die SPD reaktivierte auch die KPD nach dem Krieg schnell ihre alten Parteistrukturen. Zur Gründung der Bezirksleitung Ruhrgebiet kam es in Essen bereits im Mai 1945; die provisorische Leitung übernahmen Adolf Prinz, Walter Jarreck und Jupp Ledwohn.[51] Nach der offiziellen Zulassung der Partei wurde dieses Triumvirat Anfang September vom ehemaligen KZ-Häftling und Altkommunisten Max Reimann in der Führungsarbeit abgelöst.[52]

Von Essen aus wurde die Besetzung der Positionen in den Orts- und Unterbezirksorganisationen gelenkt. Als Kreissekretär der Bochumer KPD wirkte Hans Weyers, 1902 geboren, Kämpfer im spanischen Bürgerkrieg und von den Nazis verfolgt. Die Wattenscheider KPD führte dagegen ein Veteran, der 1878 geborene und seit 1920 zur Partei gehörende Ludwig Jäger.[53] In Wattenscheid dauerte es aber noch bis zum Dezember 1945, bis die KPD nach einem umständlichen Lizenzierungsverfahren von der Militärregierung formell anerkannt wurde. KPD-Veranstaltungen hatten da allerdings schon stattgefunden, etwa als Ende August Walter Jarreck in der Stadt sprach.[54] Über mangelndes Interesse an ihren Kundgebungen hatte die KPD ebenfalls nicht zu klagen.[55] Im Mai 1946 gab es in Bochum 3200 KPD-Mitglieder, in Wattenscheid 750.[56] In Wattenscheid stieg diese Zahl bis Ende August des Jahres auf 925.[57]

Im Bemühen um den Aufbau eines demokratischen politischen und wirtschaftlichen Systems im Nachkriegsdeutschland suchte die KPD in der Folgezeit immer wieder die Zusammenarbeit mit den anderen Parteien. So rief die Bezirksleitung Ruhrgebiet am 15. September mit ihrem Flugblatt „Schaffendes Volk an Ruhr und Rhein" zur Bildung eines „antifaschistischen Blocks der zugelassenen Parteien" auf.[58] Man folgte damit den Forderungen des Berliner Zentralkomitees vom 11. Juni.

Bei der SPD, dem Hauptadressaten dieses Aufrufs, setzte sich jedoch immer stärker der streng antikommunistische Kurs ihres Vorsitzenden Kurt Schumacher durch, der seit der ersten großen SPD-Parteikonferenz der westlichen Besatzungszonen in Wennigsen am 5. und 6. Oktober 1945 auch von den westfälischen Sozialdemokraten gestützt wurde.[59] Die KPD wurde von der SPD von nun an auf allen politischen Ebenen zunehmend isoliert. So scheiterten die im Frühjahr 1947 unternommenen Versuche der Ruhrgebiets-KPD, nach dem Muster der sowjetzonalen Verschmelzung von SPD und KPD zur SED eine Einheitsfront zu bilden. In Bochum gab es zwar für kurze Zeit ein SED-Gründungskomitee, doch darüber hinaus entwickelten sich keine gemeinsamen Aktionen von Sozialdemokraten und Kommunisten mehr.[60]

Nur im Rahmen der sogenannten „Antifa" kam es in Bochum und Wattenscheid in den ersten Wochen nach der Besetzung zur Kooperation zwischen Kommunisten, linken Sozialdemokraten und Gewerkschaftern, unabhängig von der Reorganisation der jeweiligen Funktionärsapparate. Leiter der Bochumer Antifa war ein schon vor 1933 bekannter Kommunist, Heinz Pöppe.[61] Die Antifa versuchte über Parteigrenzen hinweg, die Besetzung der kommunalen

Verwaltung in ihrem Sinne zu beeinflussen, was ihr in Einzelfällen auch gelang, wie die Entwicklung in Wattenscheid zeigt. Dagegen glückte es nicht, die im Neuaufbau befindlichen politischen Gruppen in der Antifa aufgehen zu lassen. Lediglich unter KPD-Anhängern schien es die Neigung gegeben zu haben, die Antifa als überparteiliche Massenbewegung neben den Parteien, aber nicht an Stelle der Parteien, zu gründen.[62]

Das Einschreiten der Militärregierung machte der Bochumer Antifa schnell ein Ende. Der „Antifaschistischen Freiheits-Partei" wurde am 28. Mai 1945 die Anerkennung verweigert[63], Heinz Pöppe wurde im Juni verhaftet.[64] Kurze Zeit später jedoch tauchte er wieder auf der politischen Szene auf, dann jedoch als Vertreter der KPD.[65] Von der Bochumer Antifa war nach Pöppes Verhaftung keine Rede mehr.

Für die christlich-bürgerlichen Politiker erhob sich nach dem Zusammenbruch von Anfang an die Frage, ob die alte Zentrumspartei wiederzubeleben sei oder ob nicht vielmehr eine neue christliche Partei gegründet werden sollte, in der, anders als im Zentrum, auch Evangelische eine politische Heimat finden konnten. Diese Diskussion beherrschte gleich die erste überörtliche Zusammenkunft von Mitarbeitern der Katholischen Arbeitnehmerbewegung, ehemaligen christlichen Gewerkschaftern und früheren Zentrumsmitgliedern am 3. Juni 1945 im Essener Kolpinghaus. Aus Bochum und Wattenscheid nahmen mit Anton Gilsing, Alex Elfes, Josef Bideau und Wilhelm Düsenberg Männer an dieser ersten Standortbestimmung teil, die in der Zentrumspartei als örtliche Vorsitzende oder Stellvertreter hohe Posten bekleidet hatten.[66]

Eine Entscheidung der Frage „Zentrum oder neue Partei?" fiel in Essen nicht. Man einigte sich aber darauf, in Wattenscheid weitere Besprechungen abzuhalten. In diesem „Wattenscheider Kreis" genannten Diskussionszirkel, als dessen Vorsitzender Gilsing fungierte, fiel dann nach mehreren Sitzungen und nach zähen Verhandlungen zwischen den Anhängern des alten Zentrums und den Befürwortern der Idee einer christlichen Sammelpartei am 13. August die Entscheidung. Mit 75 zu 11 Stimmen votierte man für die Gründung der Christlich- Demokratischen Partei.[67] Die meisten der Zentrums-Befürworter gaben daraufhin ihren Widerstand auf und erklärten sich bereit, beim Aufbau der neuen Partei mitzuarbeiten.[68]

Es kam im Oktober zwar trotzdem in Westfalen zur Gründung des Zentrums und auch in Bochum und Wattenscheid gab es 1946/47 Kreisorganisationen. Doch machten diese Ortsvereine, abgesehen von vereinzelten Versammlungsankündigungen in Zeitungen, nicht viel von sich reden.[69] In beiden Städten errang das Zentrum nie mehr als vier Prozent der Wählerstimmen und blieb ohne politischen Einfluß.[70]

Die ehemaligen Bochumer Zentrumsführer engagierten sich vorbehaltlos für die neue Partei, vor allem Anton Gilsing, der sich zusammen mit Lambert Lensing, einem Dortmunder Verleger, zum Führungsgespann der westfälischen CDP entwickelte. Am 2. September 1945 wurde im Bochumer Parkhaus die Christlich-Demokratische Partei für Westfalen gegründet, parallel zur Gründungsversammlung der rheinischen CDP in Köln.[71] Am 30. Dezember wurde die Partei in allen Zonen in Christlich-Demokratische Union (CDU) umbenannt.[72]

Nach dem überregionalen Gründungsakt konstituierten sich rasch die einzelnen CDP-Kreisverbände. In Bochum hatte es schon am 31. August „die erste größere Fühlungnahme zwischen Vertretern des katholischen und evangelischen Volksteils"[73] gegeben. Am 18. September 1945 wurde die Bochumer CDU dann formell gegründet. Vorsitzender war zunächst Albert Finke. Als Angehöriger des öffentlichen Dienstes war ihm jedoch laut Militärregierungserlaß politische Führungstätigkeit untersagt. Er wurde deshalb nach kurzer Zeit von Anton Gilsing abgelöst.[74]

Im Organisationsausschuß, der den Vorstand unterstützen sollte, saßen Tilmann Beckers, Pfarrer Paul Bischof, Verleger Friedrich Klagges, Ingenieur Paul Meuß, Pfarrer Ostendorf, der Bauunternehmer Heinrich Schrader, Hugo Sturm und der Bergmann Franz Volpers. Wichtige Aufgaben übernahmen in der Bochumer CDU Friedrich Eikholt (stellvertretender Vorsitzender), Alex Elfes (Schriftführer) sowie Alfred Bentlage (Kassierer).[75] Mitte Oktober wurde die Partei von der Militärregierung genehmigt; am 27. Oktober erlebte das Parkhaus die erste öffentliche CDU-Kundgebung in der Stadt.[76]

Die treibenden Kräfte bei der Gründung der Wattenscheider CDU waren Josef Bideau und Wilhelm Düsenberg, die beide schon an den Beratungen im „Wattenscheider Kreis" teilgenommen hatten. Düsenberg kam als Kreisverbandsvorsitzender allerdings nicht in Frage, da er als Schulrat politisch nicht tätig werden durfte. In der offiziellen Gründungsversammlung am 15. Oktober 1945, sie fand im Lokal Freienstein an der Hochstraße statt, wurde der Rechtsanwalt Dr. Bernhard Seier von den etwa 50 Anwesenden zum Wattenscheider CDU-Chef gewählt.[77] Sein Stellvertreter wurde der evangelische Markscheider Tiemann, Schriftführer der katholische Angestellte Josef Hassemeier, Kassierer der katholische Straßenbahner und Gewerkschafter Josef Bungert. Zur Führungsspitze zählte ferner der katholische Bergmann Bernhard Loges, der 1947, freilich erfolglos, für den Landtag kandidierte.[78]

Als unterste Parteiebene bildeten sich die Ortsverbände der CDU in Bochum und Wattenscheid in den Jahren 1946/47.[79] In der Mitgliederwerbung konnte die CDU in beiden Städten anfangs Erfolge vorweisen, sie vermeldete erheblich größere Zuwächse als SPD und KPD. Ende 1946 zählte die CDU in Wattenscheid 2286 Mitglieder, in Bochum, das während der Weimarer Zeit eine starke Zentrumsbastion gewesen war, sogar 7800.[80] Es ist aber anzunehmen, daß diese Quoten nicht die tatsächliche Anhängerschaft wiedergeben. „Oft hat man einfach die gesamten Familien eingeschrieben, oft auch nichtzahlende Mitglieder geführt. Und viele sogenannte Mitglieder haben einfach ihren Namen hergegeben, um leichter eine der knappen Zeitungen beziehen zu können."[81] Nach der Währungsreform 1948 ist die Mitgliederstärke der CDU rapide abgesunken. Ende 1949 gab es in Wattenscheid nur noch 700, in Bochum 4100 eingeschriebene Christdemokraten.[82]

Erst mit erheblicher Verzögerung konnte sich die FDP in Bochum und Wattenscheid etablieren, denn wie überall stieß auch hier die Gründung liberaler Gruppen auf große Schwierigkeiten. Die Organisationsstrukturen und Informationskanäle der Weimarer liberalen Parteien waren im Dritten Reich und durch das Nachkriegschaos weitgehend zerstört. Gerade im Ruhrgebiet fehlte auch das den liberalen Traditionen verpflichtete Führungspersonal, das eine schnelle Reorganisation hätte in die Wege leiten können. Zudem war das Bürgertum als traditionelle soziale Basis der Liberalen durch seine Verbindung mit dem Nationalsozialismus kompromittiert.[83]

In Bochum bildete sich am 20. Oktober 1945 immerhin der Stadtverband der Liberal-Demokratischen Partei.[84] Vorsitzender war zunächst Herbert Kauffmann, sein Stellvertreter der Diplomingenieur August Hausdorf.[85] Über die Gründungsaktivitäten der Bochumer Liberalen liegen kaum schriftliche Quellen vor, doch folgt man den Erinnerungen einiger damals Beteiligter, dann rekrutierten sich die ersten Mitglieder meist aus den Anhängern der ehemaligen Wirtschaftspartei.[86] Zahlreich waren sie freilich nicht. „Mehr als zwölf Mann bekamen wir am Anfang nie zusammen."[87] Schwierigkeiten bereitete besonders der „Papierkrieg", den die zahlreichen Anfragen und Gesuche an die örtliche Militärregierung mit sich brachten.[88]

Nach der Zonenverbandsgründung der FDP am 16. Januar 1946 in Opladen und der Gründung der regionalen Parteiorganisationen (Landesverbände Rheinland und Westfalen) firmierten auch die Bochumer Liberalen unter diesem neuen Namen. Zu ihrem ersten öffentlichen Auftreten kam es am 14. April 1946. Die Kundgebung im Langendreerer Capitol-Kino hatte das Thema „Was will die FDP?".[89]

War diese erste Versammlung von den Briten noch erlaubt worden, so wurden drei weitere geplante Veranstaltungen der Bochumer FDP Ende April/Mitte

Mai nicht genehmigt. Zu diesem Zeitpunkt war der Stadtverband an sich noch nicht einmal offiziell zugelassen.[90] Kauffmann wandte sich daher am 23. Mai mit einem Schreiben an die Militärregierung, in dem er sich über die außerordentliche Benachteiligung gegenüber anderen Parteien beklagte und mit Nachdruck um die Genehmigung des FDP-Stadtverbandes bat.[91] Diese wurde dann endlich am 7. Juni 1946 erteilt. Auf welch schwachen Füßen die Bochumer Liberalen da noch standen, zeigt die Mitgliederzahl recht deutlich: Ganze 23 Personen bekannten sich zum Liberalismus.[92]

Auf der Mitgliederversammlung im Lokal Kortländer am 23. Januar 1947 kam es im Bochumer FDP-Kreisverband zu einem umfangreichen Revirement. Vorsitzender wurde Dr. Bruno Cordys, sein Stellvertreter war Karl Aretz. Wichtige Funktionen übernahmen auch Walter Richter als Organisationsleiter, Alfred Gierusch als Schriftführer, Johann Kötzer als Kassierer, Otto Hoffmann und Frau Cordys als Beisitzer sowie als Pressewart Franz Imheuser.[93]

In Wattenscheid hatte sich gegen Ende 1945 ein liberaler Kreis um den Diplom-Volkswirt Adolf Oelschläger gebildet, der wie viele Bochumer Initiatoren der FDP vor 1933 gleichfalls der Wirtschaftspartei angehört hatte.[94] Im Februar 1946 wurde die Genehmigung der Wattenscheider FDP durch die Militärregierung noch von einer Umbesetzung innerhalb der Parteiführung abhängig gemacht.[95] Im Frühjahr des Jahres trat die FDP dann verstärkt mit Werbeversammlungen in Erscheinung. Sehr viel Zulauf konnten die Liberalen freilich auch hier nicht verzeichnen. Im August/September 1947 besaßen erst 13 Wattenscheider das FDP-Parteibuch.[96] Wie in Bochum blieb die FDP auch in Wattenscheid eher eine kommunalpolitische Randgruppe.[97]

Splitterparteien wie die Radikal-Soziale Freiheitspartei (RSF) oder die Deutsche Konservative Partei spielten in der Bochumer und Wattenscheider Kommunalpolitik nach 1945 keine Rolle. Aber auch die parteipolitischen Aktivitäten von SPD, KPD, CDU und FDP waren für den überwiegenden Teil der Bevölkerung in der ersten Nachkriegszeit bestenfalls von zweitrangiger Bedeutung, auch wenn der gute Besuch der Kundgebungen ein gewisses politisches Interesse vermuten läßt. Zu groß waren die Alltagssorgen der Bochumer und Wattenscheider, zu abschreckend aber auch die Erfahrungen im Dritten Reich, als daß sich allgemein ein starkes politisches Engagement hätte einstellen können. „Das Volk zeigt kein großes Interesse für Parteipolitik. Der Druck der verflossenen 12 Jahre Naziherrschaft ist der Grund, weshalb man im Volk immer noch eine gewisse Scheu gegenüber der Politik findet.“, wurde die Stimmung in Wattenscheid im Dezember 1945 beschrieben.[98] Politisches Desinteresse auch in Bochum. Hier wurde im April 1946 konstatiert, daß die Bereitschaft zur demokratischen Mitwirkung abgeschwächt sei, nicht zuletzt aufgrund der Tatsache, daß die Erschwerung der Lebenslage nicht allein der Militärregierung, sondern auch den Kommunalbeamten und Parteiführern angelastet werde.[99]

Erst im Vorfeld der ersten demokratischen Wahl im Oktober 1946 begannen die Menschen, stärkeren Anteil am politischen Wohl und Wehe ihrer Städte zu nehmen.

5. Arbeitervertretung mit beschränkter Kompetenz: Betriebsräte und Gewerkschaften unter britischer Kontrolle

Wie alle nationalsozialistischen Organisationen wurde mit der Besetzung Deutschlands durch die Alliierten auch die Deutsche Arbeitsfront (DAF) aufgelöst. Die DAF war an die Stelle der 1933 zerschlagenen freien Gewerkschaften getreten; sie hatte vorgegeben, die Interessen der Arbeiter zu vertreten, sich in Wahrheit aber als ein Instrument zur Disziplinierung der Arbeiter im Sinne des NS-Regimes bewährt.

Unmittelbar nach der Besetzung ergriffen die Werktätigen die Initiative, einerseits zur Regelung der innerbetrieblichen Verhältnisse, andererseits zur Organisation der Gewerkschaftsbewegung. Vor allem im Bochumer Bergbau gab es früh Ansätze zur Reorganisation der Gewerkschaften. Spontan bildeten sich auf den Zechen und in den Betrieben Betriebsausschüsse, die von Kommunisten und Sozialdemokraten beherrscht wurden und als eine der ersten Maßnahmen auf die Entfernung von nationalsozialistischen Vorgesetzten drängten. Der Betriebsausschuß des Bochumer Vereins unter Willi Geldmacher war eines der frühesten Beispiele für gewerkschaftliche Aktionen in der Zeit zwischen Kapitulation und Besatzungsherrschaft.

Zu einer ersten überbetrieblichen Zusammenkunft der Bochumer Betriebsräte kam es am 23. April 1945 auf der Zeche Prinz-Regent. Fünf Tage zuvor war eine Zusammenfassung aller Betriebsausschüsse in einer „Arbeitsgemeinschaft der Betriebsausschüsse" noch am Versammlungsverbot der Militärregierung gescheitert.[100] Trotzdem war an jenem 18. April ein Aufruf verbreitet worden, in dem als wichtigstes Ziel die „Bildung einer Einheitsgewerkschaft aller Werktätigen, der Arbeiter, Angestellten und Beamten" genannt wurde.[101]

Die gleiche Marschrichtung schlug man auch bei der Konferenz auf Prinz-Regent ein, die Vertreter von zehn Bochumer Schachtanlagen, einen Repräsentanten der Metallarbeiter und einen Knappschaftsverteter zusammenführte. Nach kurzen Berichten über die auf den Zechen getroffenen Maßnahmen gegen die Betriebsführer, die man im Dahlhauser Tiefbau „gerade stehen" ließ, und nach der Behandlung von Knappschaftsfragen wurde auf Vorschlag des Obmanns der Zeche Prinz-Regent, Friedrich Schürmann, die Bildung einer Einheitsgewerkschaft namens „Allgemeiner Industriearbeiterverband“ beschlossen.[102]

Die Führung der Gruppe Bergbau übernahm der Sozialdemokrat Schürmann; Leiter der Gruppe Metall wurde der „Union“-Anhänger und spätere Sozialdemokrat Siegfried Böker.[103] Beide gehörten dem einstimmig gewählten Vorstand der neuen Gewerkschaft an, der drei Sozialdemokraten und zwei Kommunisten umfaßte und damit ein ziemlich genaues Spiegelbild der politischen Ausrichtung in der Bochumer Gewerkschaftsbewegung abgab. Wie groß die Hoffnungen auf eine Neugestaltung der wirtschaftlichen Kräfteverhältnisse war, zeigten die pathetischen Schlußworte Schürmanns an diesem 23. April: „Im zukünftigen Staat wird es auch einen Unternehmer wie bisher nicht geben. Wir müssen uns alle so einstellen und so arbeiten, als wenn die Betriebe unser wären. Hoch die klassenbewußte Arbeiterschaft! Hoch die rote Armee!“[104]

In Wattenscheid kam es unmittelbar nach der Besetzung zwar nicht zu einer zentralen Versammlung wie in Bochum, doch entwickelten die Betriebsräte der Zechen, zum Beispiel auf Centrum, Holland oder Fröhliche Morgensonne, ähnlich rege Aktionen zur Regelung der innerbetrieblichen Machtverteilung.[105] Auch fehlte hier die Forderung nach Bildung einer einheitlichen Arbeiterorganisation nicht.[106]

Dem reformerischen Elan auf deutscher Seite stand jedoch die repressive Haltung der britischen Militärregierung gegenüber, die vor allem die von den Kommunisten getragenen Betriebsräte argwöhnisch beobachtete. Hier wirkten sich die bei den Militärs vorherrschende Furcht vor dem Kommunismus[107] und massive Bedenken gegen schwierig zu kontrollierende Massenbewegungen voll aus. Zu einer Sanktionierung gewerkschaftlicher Tätigkeit konnte man sich auf britischer Seite daher nur äußerst zögernd entschließen. Und auch dann noch blieben die den Arbeitnehmervertretern zugestandenen Kompetenzen weit hinter deren allgemeinpolitischem Anspruch zurück.

So wurde auch der Versuch der Bochumer Einheitsgewerkschaft schnell gebremst. Am 9. Mai 1945 erschien ein Aushang auf den Bochumer Zechen, mit dem wegen der offenbar unterschiedlichen Auslegung der bereits bestehenden alliierten Vorschriften noch einmal ausdrücklich auf die Bedingungen für die Bildung von Gewerkschaften hingewiesen wurde.[108] Gerade die klassischen gewerkschaftlichen Aufgaben, nämlich die Verhandlungen über Arbeitszeit, Löhne und ähnliche Fragen, blieben in diesem acht Punkte umfassenden Schreiben ausdrücklich der Militärregierung vorbehalten. Die Gewerkschafter durften sich nur um betriebsinterne Wohlfahrtsangelegenheiten (Ernährung, Wohnung, Bekleidung, Bade-Möglichkeiten) kümmern. Die Zulassung von Gewerkschaftsfunktionären war danach außerdem vom „guten zivilen Betragen“ und somit vollkommen vom Wohlwollen der britischen Militärs abhängig.

Auch als dann im August, nach erneuten Unklarheiten wegen der verschiedenen britischen Bekanntmachungen über die Gewerkschaftsfrage, Gewerkschaften auf Kreisebene zugelassen waren, ergab sich daraus kaum eine Verbesserung ihrer Situation. Die Kompetenzen blieben äußerst beschränkt. So instruierte die Militärregierung den Wattenscheider Oberbürgermeister: „[...] 2. Es dürfen jetzt Gewerkschaften auf der Grundlage eines Kreises gebildet und entwickelt werden, vorausgesetzt, daß a) die Vertreter von der in Frage kommenden Arbeitergruppe frei gewählt werden, b) die Vertreter politisch tragbar sind, c) die Organisation vollständig unpolitisch ist. 3. Verhandlungen über Arbeitsbedingungen mit Ausnahme von Lohn- und Arbeitszeitänderungen sind in der Form von freien Diskussionen zwischen Arbeitnehmern und Arbeitgebern innerhalb der Einzelbetriebe gestattet, und Arbeiterversammlungen zwecks Wahl von Vertretern und Sprechern sind erlaubt.“[109]

Die Gewerkschaftsgründung und die Erlaubnis von Versammlungen wurden aber einem umständlichen und umfangreichen Lizenzierungsverfahren unterworfen, das den Briten jederzeit die Kontrolle über die gewerkschaftliche Entwicklung ermöglichte.

Unter diesen Bedingungen der Besatzungsherrschaft ging der Aufbau des Industriearbeiterverbandes in Bochum nur schleppend vor sich. Für die Gruppe Metall wurden zwar schon am 24. Mai 1945 „Richtlinien für die Betriebsausschüsse für den Gewerkschaftsaufbau des Industriearbeiterverbandes“[110] herausgegeben, in denen u. a. die Freiwilligkeit des Beitritts betont, die Beiträge (Aufnahmegebühr 1,-- RM, Beitrag 2,-- RM monatlich) geregelt und Mitglieder der „NSDAP, SA, SS, NSKK und NSFK“ vorläufig von der Aufnahme ausgeschlossen wurden. Über mehr als solche internen Organisationsmaßnahmen kamen die Bochumer Gewerkschafter in den ersten Monaten aber nicht hinaus.[111] Erst im September/Oktober 1945 kam es auf den Zechen und in den Metallbetrieben zu Betriebsratswahlen, die selbstverständlich auch unter der strengen Aufsicht der britischen Militärregierung standen.[112]

Das Ende für die Einheitsgewerkschaft, und zwar nicht nur für die Bochumer Bemühungen, kam noch im Jahre 1945. Die rheinischen Gewerkschafter um Hans Böckler rückten nach dem Besuch einer britischen Gewerkschaftsdelegation im November von der Einheitskonzeption ab. „Auf einer Konferenz am 7.

Dezember in Düsseldorf gaben die Gewerkschafter des Rhein-Ruhrgebietes dem vielfältigen Druck nach und beschlossen, nunmehr 14 Industrieverbände zu gründen, wenngleich die Hoffnung, künftig doch noch zum Zusammenschluß in einer Einheitsgewerkschaft zu kommen, nicht aufgegeben wurde."[113] Eine trügerische Hoffnung, wie sich zeigen sollte. Vom Industrieverbandsprinzip führte kein Weg mehr zurück.

Die Bochumer Einheitsbewegung wurde auf Druck der Militärregierung Anfang Dezember aufgelöst. Nach der Aufgabe der Einheitsgewerkschaft zugunsten des Industrieverbandsprinzips lockerten die Briten langsam, aber sicher ihre Haltung gegenüber den Gewerkschaften. Im Februar 1946 konstituierte sich der IV Bergbau für den Bezirk Bochum; der Zusammenschluß des IV Bergbau in der britischen Zone erfolgte am 8./9. Dezember 1946.[114] Der Bochumer Bezirk des IV Metall wurde am 24. März 1946 gegründet und umfaßte die Städte Bochum, Wattenscheid, Herne, Wanne-Eickel und Recklinghausen.[115]

Der Deutsche Gewerkschaftsbund für die britische Zone bestand dann ab Frühjahr 1947 als Dachorganisation für die Einzelgewerkschaften. Den Vorsitz übernahm Hans Böckler, der auch den im Oktober 1949 gegründeten Bundes-DGB anführte und nach seinem Tod 1951 von Christian Fette abgelöst wurde.

6. Ernannte Stadträte und Revision der Gemeindeordnung: Weitere Schritte zur Demokratisierung

„Ich möchte einen Stadtrat als Vertreter der Bevölkerung einrichten, der nur solche Personen umfassen soll, die fähig und bereit sind, für das Wohl ihrer Mitbürger zu arbeiten."[116] Mit diesen Zeilen an Oberbürgermeister Dr. Geyer gab die britische Militärregierung Mitte Dezember 1945 das Startsignal für eine neue Phase auf dem Weg zur Demokratisierung des Lebens in Bochum, für die weitere Entwicklung hin zur kommunalen Selbstverwaltung der Stadt.

Der von der Militärregierung ernannte Stadtrat, der die vorläufigen Vertretungsorgane Stadtausschuß und Ortsausschüsse ablösen sollte, bot als lokales Parlament der Bevölkerung die Möglichkeit zur Einübung demokratischer Verhaltensnormen. Auch sollte, so die britische Konzeption, die städtische Verwaltung mehr und mehr der Kontrolle des Gemeindeparlaments unterstellt werden.
Auf der Suche nach geeigneten Mitgliedern für den neuen Stadtrat wandte man sich an die zugelassenen Parteien, Wirtschaftskreise und andere bedeutende gesellschaftliche Gruppen. Ausdrücklich ausgeschlossen von der Mit-

wirkung im Stadtrat waren selbstverständlich Nationalsozialisten, aber auch Angehörige der Stadtverwaltung, denn das Berufsbeamtentum hatte nach britischer Auffassung vollständig unpolitisch zu sein.

Bis Mitte Januar 1946 lagen die Vorschlagslisten den Briten zur Entscheidung vor. Am 28. Januar fand die erste Sitzung des ernannten Stadtrates im Bochumer Parkhaus statt. Oberbürgermeister Dr. Geyer führte den Vorsitz bei dieser öffentlichen Versammlung. Die Bedeutung, die auch die Briten diesem Ereignis beimaßen, unterstrich die Tatsache, daß nicht nur der Bochumer Stadtkommandant Oberstleutnant Newton, sondern auch Bezirkskommandant Oberst Stirling und Regierungspräsident Fries aus Arnsberg teilnahmen.

Der Bochumer Stadtrat umfaßte nun 42 Mitglieder. Je 10 stellten die Parteien SPD, CDU und KPD; 12 Räte waren als Vertreter der Stände in das Parkhaus eingezogen.[117] Alle Stadtverordneten, von denen viele bereits im Stadt- oder Ortsausschuß kommunalpolitische Praxis erworben hatten, wurden von Dr. Geyer durch Handschlag verpflichtet. Oberst Stirling eröffnete die Bochumer Stadtvertretung offiziell. In seiner Ansprache bezeichnete er die von der Militärregierung forcierte Demokratisierung als Möglichkeit, eine von Deutschland ausgehende Kriegsgefahr künftig zu bannen. Jeder deutsche Mann und jede deutsche Frau müsse sich einer persönlichen Verantwortung für die Handlungen ihrer Regierung bewußt sein. Stirling machte den neuen Stadtverordneten auch klar, daß es sich bei den ernannten Räten nur um eine Übergangslösung handele. „Sie sind noch eine ausgewählte, nicht aber eine gewählte Versammlung. Das ist jedoch nur eine vorläufige Maßnahme. Sehr bald werden Wahlen abgehalten und Sie werden sich dann allmählich aus einer auserwählten in eine gewählte Versammlung konstituieren.“[118]

Nach der Zulassung von Zentrum, FDP und DGB wurde der Bochumer Stadtrat am 26. Juli 1946 noch einmal erweitert. Die beiden Parteien entsandten je zwei, die Gewerkschaften drei Vertreter.[119]

In Wattenscheid war die von der Militärregierung ernannte Stadtvertretung schon am 18. Dezember 1945 vereidigt worden. Ihre erste Sitzung wurde im feierlich hergerichteten Saal des Kolpinghauses abgehalten. Stadtkommandant Oberstleutnant Hickson und Oberbürgermeister Noll, der den Ratsvorsitz übernahm, waren hier die prominentesten Zeugen dieser historischen Stunde.

Die 36 Ratssitze teilten sich die Parteien SPD, CDP und KPD (je 10), Wirtschaftsvertreter (5) und ein Vertreter der jüdischen Gemeinde. Im Anschluß an die Rede des Stadtkommandanten, in der ebenfalls baldige freie Wahlen angekündigt wurden, schritt man in Wattenscheid schon zur Tagesordnung und wählte einen sechsköpfigen Exekutivausschuß, der sich mit den laufenden Ratsgeschäften zu befassen hatte. Ihm gehörten für die Parteien Dr. Seier (CDP), Gustav Hermann (SPD) und Ludwig Jäger (KPD) sowie drei Verwaltungsvertreter an.[120]

Die Stadträte als Kernstück der britischen Reformpläne hatten sich konstituiert, die gesetzliche Regelung der kommunalen Selbstverwaltung stand indes noch aus. Noch immer nämlich hatte die Deutsche Gemeindeordnung von 1935 Bestand; sie war von den zahlreichen britischen Anordnungen, mit denen den deutschen Behörden seit Herbst 1945 die Grundzüge der Verwaltungsneuordnung vertraut gemacht wurden[121], nicht für ungültig erklärt worden.

Das holte man mit der Revision der Deutschen Gemeindeordnung, die am 1. April 1946 in Kraft trat, nach.[122] Mit der neuen Gemeindeordnung versuchte die britische Militärregierung, den demokratischen Einfluß der Bürger auf Entscheidungen im kommunalen Bereich zu stärken. Das Führerprinzip wurde, so legte es die Präambel fest, durch das Prinzip gemeinschaftlicher Verantwortung ersetzt. Die Befugnisse der öffentlichen Verwaltung, die bisher in einer Einzelperson, dem Bürgermeister, vereinigt waren, gingen nun auf die Ratsmitglieder als den Vertretern der Bevölkerungsinteressen über. Die Verwaltung sollte nicht länger nur subalternes Vollzugsorgan einer Zentralregierung sein und dementsprechend autoritär im kommunalen Bereich auftreten, sondern sich nach den Weisungen des Gemeinderates richten und somit der Stadtbevölkerung dienen.

Dem Rat als legislatives und einzig verfassungsmäßiges Organ oblag voll und ausschließlich die Verwaltung der Gemeinde (§ 32, I GO). Ihm unterstanden nun sämtliche Verwaltungsbeamte, auch der Oberstadtdirektor, der nach der am britischen Vorbild orientierten Trennung der kommunalpolitischen Organe in Legislative und Exekutive jetzt an der Spitze der Verwaltung stand. Der Vorsitzende des Rates trug nun die Bezeichnung „Bürgermeister" bzw. „Oberbürgermeister". Diese Amtsbezeichnung hatte bisher der Verwaltungschef geführt.

In der zweiten Sitzung des Bochumer Stadtrates am 1. März 1946 wurde die neue Gemeindeordnung bereits in die Tat umgesetzt. Der bisherige Oberbürgermeister Dr. Geyer führte jetzt die Amtsbezeichnung „Oberstadtdirektor". Zum Oberbürgermeister neuer Prägung wurde aus den Reihen der Stadtverordneten Tilman Beckers (CDU) gewählt. Dieses Votum fand jedoch, aus bis heute ungeklärten Gründen, nicht die Zustimmung der Militärregierung. Eine Woche später, am 8. März, wurden die Stadtverordneten zu einer dringenden

Sitzung zusammengerufen, auf der ihnen Oberstleutnant Newton folgendes bekanntgab:
„Meine Damen und Herren!
Ich habe Ihnen heute drei Bekanntmachungen zu übermitteln:
1. Auf Anordnung der Militärregierung ist die Ernennung des Herrn Beckers zum Oberbürgermeister nicht genehmigt worden.
2. Auf Anordnung der Militärregierung ist Herr Geldmacher zum Oberbürgermeister ernannt worden.
3. Auf Anordnung der Militärregierung ist Herr Dr. Geyer nicht mehr Oberstadtdirektor.“[123]

Dr. Geyer trat noch am gleichen Tag nach 23jähriger Dienstzeit in den Ruhestand. Das Amt des Oberstadtdirektors übernahm am 22. März Dr. Franz Schmidt, der seit Januar des Jahres bereits als Stadtkämmerer fungiert hatte. Schmidts Stellvertreter und damit Stadtdirektor wurde Wilhelm Bergmann, der bereits seit September 1945 als Bürgermeister amtiert hatte.[124]

Ohne Komplikationen verlief die Vergabe der Spitzenpositionen in Wattenscheid. Die Wahl von Gustav Hermann (SPD) in das Ehrenamt des Oberbürgermeisters am 27. März wurde ebensowenig von den Briten beanstandet wie die Ernennung Ludwig Jägers (KPD) zum Bürgermeister im April. Hans Noll blieb als Oberstadtdirektor an der Spitze der Wattenscheider Verwaltung.

Die Stadträte bildeten eine Anzahl von Fachausschüssen und erlangten so schnell größere politische Handlungsfähigkeit und konnten die zahlreichen Probleme des Wiederaufbaus sach- und zielgerechter angehen. Mit dem Beschluß einer Hauptsatzung – in Bochum erfolgte er in der Ratssitzung vom 31. Mai 1946 – verliehen sich die Städte eine Gemeindeverfassung, in der die Grundzüge der revidierten Gemeindeordnung konkretisiert wurden.
Die Gemeindeordnung wurde durch zwei Änderungsgesetze vom 24. November 1949 und 24. November 1950 ergänzt.[125] Am 29. Juli 1952 beschloß der nordrhein-westfälische Landtag eine neue Gemeindeordnung, die am 9. November des Jahres, nach der britischen Zustimmung zur Aufhebung der revidierten Deutschen Gemeindeordnung, in Kraft trat.[126]

Dieses deutschen Verhältnissen besser entsprechende Gemeindeverfassungsrecht[127] übernahm, teils leicht geändert, zahlreiche Vorschriften aus der alten Gemeindeordnung von 1935. An der Allzuständigkeit des Gemeinderates, der jetzt wieder die überkommene Bezeichnung „Stadtverordnetenversammlung“ führte[128], wurde jedoch nicht gerüttelt.

7. Wahlen in Bochum und Wattenscheid

In der konstituierenden Sitzung der ernannten Stadträte waren freie Wahlen als letzte Stufe zur Demokratisierung des politischen Lebens bereits von den Vertretern der britischen Militärregierung angekündigt worden. Genaue Fristen konnten zu diesem Zeitpunkt noch nicht genannt werden. Im April und Mai 1946 erließ die Militärregierung die grundlegenden Wahlverordnungen, und in einer von ihnen, der Verordnung Nr. 31, wurde als Tag der ersten demokratischen Wahlen seit 1933 in den Städten Bochum und Wattenscheid der 13. Oktober 1946 festgelegt.

Bis dahin galt es eine Menge Vorbereitungsarbeit zu leisten. Wahlurnen und Wahlkabinen mußten beschafft werden, ein bei der herrschenden Materialknappheit nicht eben kleines Problem. Wahllokale wurden bestimmt, und in seitenlangen Dienstanweisungen wurde das Wahlpersonal mit den Bestimmungen und Formalitäten des Wahlgangs vertraut gemacht. Und natürlich wurde auch der Wähler selbst über das Procedere einer freien und geheimen Wahl nicht im unklaren gelassen. Im „Bochumer Amtsblatt“ wurde drei Wochen vor dem Wahltag von der Militärregierung auf die große Bedeutung dieser Wahl hingewiesen. „Wählen ist die erste Bürgerpflicht“ hieß es in der Überschrift, und nach der Erläuterung des Wann, Wie und Wer wurde diese nachdrückliche Aufforderung folgendermaßen begründet: „Die Wahlen im Herbst werden die erste Stufe für die Herstellung einer vom Volk gewählten Regierung auf starker Grundlage sein. [...] Die Stärke der Demokratie liegt bei den Gemeinden mit ihren deutschen Männern und Frauen. Es ist mit den Wahlen der erste Schritt in der Richtung getan, um Herr im eigenen Hause zu werden. Das Interesse, das die Deutschen nunmehr beim Ausnutzen des [...] zurückgegebenen Wahlrechts in den örtlichen Wahlen zeigen werden, wird Wertmesser dafür sein, inwieweit die Deutschen bereit sind, sich selbst zu regieren.“[129] Das vor allem in der ersten Nachkriegsphase herrschende politische Desinteresse in der Bevölkerung ließ eine derartige Ermahnung wohl angebracht erscheinen.

Nicht jeder allerdings durfte wählen oder gewählt werden. Nach den Vorschriften der Besatzungsbehörden waren Angehörige der NSDAP und anderer nationalsozialistischer Organisationen ausgeschlossen.[130]

Wahlberechtigt waren nur diejenigen, die in die Wählerlisten eingetragen waren. Vom 10. bis 20. Juli lagen diese Listen in Bochum aus. Jeder konnte während dieser Zeit die Eintragung seines Namens beantragen oder auch die Streichung einer Person aus dem Register fordern. Insgesamt gab es 860 Einsprüche und 577 Einwände. Letztere wurden zumeist wegen der NSDAP-Zugehörigkeit oder wegen der Beteiligung des Betroffenen an Nazi-Verbrechen geäußert.

Die Parteien bestritten den Wahlkampf mit den klassischen Mitteln: Mit Plakaten, Flugblättern und Wahlkundgebungen, die in den Zeitungen angekündigt wurden, warben sie um Stimmen in den beiden Städten.

Am 13. Oktober 1946 waren genau 160.668 Bochumer wahlberechtigt.
Die Wahlbeteiligung bei dieser Kommunalwahl betrug 86,3 Prozent.

Die Ergebnisse lauteten:
SPD 41,8% (25 Sitze)
CDU 41,7% (18 Sitze)
KPD 14,3% (2 Sitze).

Oberbürgermeister blieb Willi Geldmacher (SPD); zu seinem Stellvertreter und damit zum Bürgermeister wurde Josef Schirpenbach (CDU) gewählt, und zwar auf der Stadtverordnetensitzung vom 30. Oktober.[131]

In Wattenscheid gaben 86 Prozent der Wahlberechtigten ihre Stimme ab. Die Parteien schnitten wie folgt ab:
CDU 42,6% (18 Sitze)
SPD 41,6% (11 Sitze)
KPD 15,6% (1 Sitz).

Die CDU stellte hier mit Hugo Bungenberg und Josef Bungert sowohl Oberbürgermeister als auch Bürgermeister. Ende des Jahres 1946 kam es zudem zu einem Wechsel in der Wattenscheider Verwaltungsspitze. Hans Noll legte im November 1946 sein Amt als Oberstadtdirektor nieder.[132] Sein Nachfolger wurde Georg Hollenkamp. Er trat sein Amt im Februar 1947 an und verblieb dort bis zum Februar 1959.

Die trotz des knappen Wahlausgangs absolute Sitzmehrheit der stärksten Parteien erklärt sich aus dem 1946 gültigen Wahlrecht, einem am britischen Vorbild orientierten Mehrheitswahlrecht.

In der von der Militärregierung gesetzten Wahlordnung von 1946 war ab 1947 jährlich der Rücktritt von jeweils einem Drittel der Gemeinderäte vorgesehen. Am 11. Juli 1947 beschloß jedoch der Verfassungsausschuß des nordrhein-westfälischen Landtages, die fälligen Ergänzungswahlen im Herbst 1947 nicht durchzuführen. Er beauftragte die Landesregierung stattdessen mit der Aufstellung eines neuen Gemeindewahlgesetzes. Dieses wurde vom Landtag am 6. April 1948 in dritter Lesung angenommen und bildete die Grundlage für die am 17. Oktober 1948 stattgefundenen zweiten Kommunalwahlen in Nordrhein-Westfalen.

Das Ergebnis in Bochum lautete:
SPD 42,5% (17 Sitze) CDU 34,8% (14 Sitze)
KPD 9,7% (4 Sitze).

Die FDP, 1946 mit 0,3 Prozent der Stimmen aus dem Bochumer Stadtrat ausgeschieden, schaffte mit 4,2 Prozent den Wiedereinzug nicht. Oberbürgermeister blieb weiterhin Willi Geldmacher (SPD), Bürgermeister war weiterhin Josef Schirpenbach, der aber am 23. Mai 1952 aus beruflichen Gründen sein Amt abgeben mußte. Ihm folgte ab 24. Juli 1952 mit Josef Calderoni ein weiterer Christdemokrat. Änderungen aus beruflichen Gründen ergaben sich 1951/52 auch an der Bochumer Verwaltungsspitze. Oberstadtdirektor Dr. Schmidt, der die Stadtverwaltung seit dem 22. März 1946 geleitet hatte, wurde Erster Direktor beim Nordwestdeutschen Rundfunk. Sein Nachfolger wurde Stadtdirektor Dr. Gerhard Petschelt, den die Stadtvertretung am 24. Januar 1952 zum Oberstadtdirektor wählte. In der gleichen Sitzung wurde Dr. Schmitz zum Stadtdirektor und Stadtkämmerer gewählt.[133]

Für Wattenscheid erbrachte die Kommunalwahl 1948 einen Machtwechsel, die SPD konnte nun auch hier die führende Position erringen:
SPD 49,8% (16 Sitze)
CDU 35,6% (11 Sitze)
KPD 12,0% (4 Sitze).

Als Fraktion mit der absoluten Sitzmehrheit stellte die SPD nun auch den Wattenscheider Oberbürgermeister. Es war Kurt Kötzsch, der im November dieses Amt antrat, es freilich im Dezember 1949 wieder abgab. Als sein Nachfolger amtierte ab Januar 1950 der Sozialdemokrat Hermann Sievers. Mit Josef Haumann stellte die SPD auch den Bürgermeister.[134] Bei dieser Kommunalwahl kandidierten CDU und FDP in Wattenscheid gemeinsam; die FDP forderte ihre Wähler auf, CDU zu wählen.[135] Zwei der elf CDU-Mandate waren deshalb mit FDP-Politikern besetzt (Albert Gerritzen, Anton Krings).[136]

In Bochum blieb die SPD auch bei den Kommunalwahlen am 9. November 1952 führend. Sie erreichte mit 47 Prozent der Stimmen ihr bestes Wahlergebnis und stellte 26 der 54 Stadtverordneten. Willi Geldmachers dritte Amtszeit als Oberbürgermeister verhinderte seine Tätigkeit als Arbeitsdirektor beim Bochumer Verein. Neuer Oberbürgermeister wurde Fritz Heinemann (SPD), Bürgermeister blieb Josef Calderoni (CDU). Die CDU konnte mit 32,4 Prozent der Stimmen (18 Sitze) ihre Stellung als zweitstärkste Fraktion behaupten. Erstmals wurde die Bochumer FDP in die Stadtverordnetenversammlung gewählt. Sie erreichte 10,9 Prozent der Stimmen, sandte 6 Stadtverordnete in das Rathaus und konnte die KPD (5,9%; 4 Sitze) als drittstärkste Partei verdrängen.

Bochumer und Wattenscheider Politiker wirkten auch durch ihre Mitarbeit im Landtag und Bundestag am demokratischen Wiederaufbau Nordrhein-Westfalens und der Bundesrepublik Deutschland mit. Die ersten demokratischen Landtagswahlen fanden am 20. April 1947 statt. Das Land Nordrhein-Westfalen selbst war am 23. August 1946 durch die Verordnung Nr. 46 der britischen Militärregierung gegründet worden. Landtag und Landesregierung, an der Spitze Ministerpräsident Rudolf Amelunxen, waren zunächst ernannt, die vom Landtag verabschiedeten Gesetze mußten von den Briten genehmigt werden.

Aus den ersten Landtagswahlen ging die CDU mit 37,6 Prozent als stärkste Partei hervor, gefolgt von SPD (32%), KPD (14%), Zentrum (9,8%) und FDP (5,9%). Bis auf die Liberalen traten alle Parteien in eine Koalitionsregierung unter Ministerpräsident Karl Arnold (CDU) ein, aus der die KPD 1948 bereits wieder ausschied.

Landtagsabgeordnete aus Bochum waren damals Willi Geldmacher (SPD), Josef Schirpenbach (CDU) und Wilhelm Bette (CDU). Für Wattenscheid zog Kurt Kötzsch (SPD) in das Düsseldorfer Parlament ein.

Auch im ersten Bonner Bundestag, nach der Bundestagswahl vom 14. August 1949 gebildet, war mit dem SPD-Politiker Erich Ollenhauer ein Bochumer Delegierter vertreten. Zwar wohnte Ollenhauer in Hannover, kandidierte aber im Bochumer Wahlkreis und errang dort für die SPD ein Direktmandat.

Anmerkungen

1 Verwaltungsbericht der Stadt Wattenscheid 1938 – 1945, S. 6
2 Verwaltungsbericht der Stadt Wattenscheid 1945 – 1950, S. 6
3 Pietsch, Hartmut, Militärregierung, Bürokratie und Sozialisierung. Zur Entwicklung des politischen Systems in den Städten des Ruhrgebiets 1945 – 1948. Duisburg 1978. S. 24 (=Duisburger Forschungen, Bd. 26) (künftig zitiert: Pietsch 1978)
4 Diese Vermutung legen die Unterschriften des jeweils amtierenden „Kreis Resident Officer" unter den zahlreichen Anordnungen nahe. Allein anhand dieser Namenszüge lassen sich bis Oktober 1947 sechs Wattenscheider Stadtkommandanten ausmachen. Akten StdtA Bochum, Best. WAT C-Besatz
5 Pietsch 1978, S. 24
6 über „indirect rule": Pietsch 1978, S. 21 f. und S. 44
7 Schneider, Ullrich, Nach dem Sieg: Besatzungspolitik und Militärregierung 1945. in: Foschepoth, Josef und Steininger, Rolf (Hrsg.), Die britische Deutschland- und Besatzungspolitik 1945 – 1949. Paderborn 1985, S. 47 – 64, hier: S. 59. (künftig zitiert: Schneider)
8 Kettenacker, Lothar, Die alliierte Kontrolle Deutschlands als Exempel britischer Herrschaftsausübung. in: Herbst, Ludolf (Hrsg.), Westdeutschland 1945 – 1955. Unterwerfung, Kontrolle, Integration. München 1986, S. 51 – 63, hier: S. 57 (=Schriftenreihe der Vierteljahreshefte für Zeitgeschichte: Sondernummer)
9 Pietsch 1978, S. 25
10 Schreiben August Bangel u. a. an MR Arnsberg vom 04.06.1945. StdtA Bochum, Best. NL Bangel, Nr. 89
11 Eine Antwort der Briten ist nicht überliefert. Jacobi wurde später Oberbürgermeister von Wanne-Eickel. Pietsch 1978, S. 315

12 Verwaltungsbericht der Stadt Wattenscheid 1945 – 1950, S. 4
13 ebda., S. 6
14 Pietsch 1978, S. 47
15 StdtA Bochum, Best. WAT C-Besatz, Nr. 2 und WAT C-10, Nr. 16
16 Verwaltungsbericht der Stadt Wattenscheid 1945 – 1950, S. 6, auch Pietsch 1978, S. 61
17 StdtA Bochum, Best. WAT C-Besatz, Nr. 2
18 Pietsch 1978, S. 53 f.
19 Schreiben Geyer an Elliot vom 13.04.1945 und Antwort vom 24.04.1945. StdtA Bochum, Best. BO 324, Nr. 1
20 Schreiben Siegfried Böker an Bangel vom 05.05.1945. StdtA Bochum, Best. NL Bangel, Nr. 84
21 Schreiben kommunalpolitischer Ausschuß an Bahlmann vom 10.05.1945. StdtA Bochum, Best. BO 10, Nr. 200
22 Schreiben vom 01.06.1945. StdtA Bochum, Best. BO 10, Nr. 200
23 Schreiben Bahlmann vom 20.06.1945. StdtA Bochum, Best. BO 10, Nr. 200 s. auch Protokoll der Sitzung des kommunalpolitischen Ausschusses vom 20.07.1945. StdtA Bochum, Best. NL Bangel, Nr. 85
24 StdtA Bochum, Best. BO 10, Nr. 200
25 Verwaltungsbericht der Stadt Bochum 1938 – 1948, S. 20
26 Pietsch 1978, S. 60 f.
27 Organisationsplan der Wattenscheider Stadtverwaltung vom September 1945. StdtA Bochum, Best. WAT C-Besatz, Nr. 2
28 Pietsch 1978, S. 61
29 ebda., S. 65
30 Einführungsrede für den Ortsausschuß in Gerthe. StdtA Bochum, Best. BO 10, Nr. 201
31 StdtA Bochum, Best. BO 10, Nr. 201
32 Schreiben MR an OB WAT vom 07.08.1945. StdtA Bochum, Best. WAT C-Besatz, Nr. 1
33 Hurlin, Haimo, Der Wiederaufbau der Bochumer SPD nach dem Zweiten Weltkrieg. (Diplomarbeit). Bochum o. J., S. 17 – 20 (künftig zitiert: Hurlin)
34 ebda., S. 20 f.
35 ebda., S. 24
36 ebda.
37 Pietsch 1978, S. 206
38 Hurlin, S. 57
39 ebda., S. 62 und 109
40 Zur Geschichte des ISK und zur Bochumer ISK-Gruppe s. ebda., S. 25 – 32
41 Aufruf „An Alle", behandelt auf der Sitzung des „Ausschusses der Union" am 25.7.1945. StdtA Bochum, Best. NL Bangel, Nr. 27
42 Schreiben an die Mitglieder der SPD, behandelt auf der Sitzung des „Ausschusses der Union" am 25.07.1945. StdtA Bochum, Best. NL Bangel, Nr. 27
43 ebda.
44 Protokoll der Organisationsvereinigung von SPD und Union vom 13.08.1945. StdtA Bochum, Best. Bangel, Nr. 35; s. a. Dokument Nr. 54
45 Pietsch 1978, S. 149
46 Hurlin, S. 42
47 Genehmigungsgesuch SPD an Stadtkommandanten WAT vom 18.09.1945. StdtA Bochum, Best. WAT C-Besatz, Nr. 26 Zur Publikumsresonanz Stimmungsbericht Polizei-Verwaltung an Stadtamt 00/3 vom 29.11.1945. StdtA Bochum, Best. WAT C-10, Nr. 4
48 OB WAT an Stadtkommandanten vom 27.08.1946. StdtA Bochum, Best. WAT C-10, Nr. 9
49 Pietsch 1978, S. 206
50 ebda., S. 319
51 ebda., S. 126
52 ebda., S. 132
53 ebda., S. 133
54 ebda., S. 132 f.
55 Stimmungsbericht Polizei-Verwaltung an Stadtamt 00/3 vom 29.11.1945. StdtA Bochum, Best. WAT C-10, Nr. 4
56 Pietsch 1978, S. 244
57 Schreiben OB WAT an Stadtkommandanten vom 27.08.1946. StdtA Bochum, Best. WAT C-10, Nr. 9
58 Aufruf der Kommunistischen Partei Deutschlands, Bezirksleitung Ruhrgebiet: „Schaffendes Volk an Ruhr und Rhein!" Archiv DKP Bochum; s. a. Dokument Nr. 58
59 Pietsch 1978, S. 160
60 ebda., S. 248 f.
61 ebda., S. 115
62 ebda.
63 Schreiben MilGovDet 921 (Brit) an OB BO vom 28.05.1945. StdtA Bochum, Best OB, Nr. 9 b
64 Pietsch 1978, S. 115
65 ebda.
66 Kreuzer, Clemens, Union in Bochum. Ein Beitrag zur politischen Geschichte dieser Stadt. Hrsg. v. Kreisverband Bochum der CDU. Bochum 1985, S. 5 f. (künftig zitiert: Kreuzer) Vertreter der Bochumer und Wattenscheider Geistlichkeit in Essen waren Pfarrer Ostendorf, Pfarrer Thiemeyer und Propst Hellmich.

67 ebda., S. 7
68 ebda.
69 Pietsch 1978, S. 262
70 ebda., S. 264
71 ebda., S. 176
72 Gründungsprotokoll der CDU Bochum vom 01.01.1946 Faksimile bei Kreuzer, S. 4
73 ebda.
74 Kreuzer, S. 13 f.
75 ebda., S. 13
76 ebda., S. 14
77 ebda., S. 15
78 Pietsch 1978, S. 323
79 Kreuzer, S. 18 – 23
80 Pietsch 1978, S. 224
81 ebda.
82 ebda., S. 224 f.
83 ebda., S. 183
84 ebda., S. 185 Bei der Namensgebung folgten die westfälischen Liberalen zunächst der LDP in der sowjetischen Besatzungszone unter
Dr. Külz. ebda., S. 186
85 ebda., S. 253, Anm. 11 s. auch die Liste der Vorstandsmitglieder vom 14.11.1945. HStA Düsseldorf, Best. RWN 103
86 25 Jahre F.D.P. in Bochum. in: Bochumer Informationen, 9. Jg., Nr. 5 (27.09.1971), S. 1 (künftig zitiert: 25 Jahre FDP)
87 ebda.
88 ebda.
89 ebda., S. 4
90 ebda.
91 Schreiben FDP-Stadtverband Bochum an MR vom 23.05.1946. HStA Düsseldorf, Best. RWN 103
92 25 Jahre FDP, S. 5
93 ebda.
94 Pietsch 1978, S. 185
95 Schreiben MR an Oelschläger vom 07.02.1946. StdtA Bochum, Best. WAT C-Besatz, Nr. 1
96 Pietsch 1978, S. 252
97 ebda., S. 257
98 Kripo-Bericht vom 05.12.1945. StdtA Bochum, Best. WAT C-10, Nr. 4
99 Bericht an RP Arnsberg vom 09.04.1946. StdtA Bochum, Best. BO 10, Nr. 108
100 Pietsch 1978, S. 185
101 Arbeitsgemeinschaft der Betriebsausschüsse Bochum. Aufruf vom 18.04.1945. StdtA Bochum, Best. NL Bangel, Nr. 55
102 Protokoll der Konferenz vom 23.04.1945 in der Anlernwerkstatt der Zeche Prinz-Regent, Bochum, IGBE-Archiv, NL Weeke; s. a. Dokument Nr. 62
103 Wannöffel, Manfred, Gewerkschaftlicher Neubeginn und Gewerkschaftspolitik in Bochum nach dem Zweiten Weltkrieg, (Diplomarbeit). Bochum 1982, S. 79. (künftig zitiert: Wannöffel)
104 Protokoll der Konferenz vom 23.04.1945; s. Anm. 102
105 Pietsch 1978, S. 87 s. auch Polizeibericht vom 05. und 07.05.1945. StdtA Bochum, Best. WAT C-Besatz, Nr. 7
106 Pietsch 1978, S. 87
107 Schneider, S. 52
108 Aushang Zeche Carolinenglück vom 09.05.1945. StdtA Bochum, Best. NL Bangel, Nr. 56
109 Schreiben 717/MG/LAB/1 (2) an OB WAT vom 09.08.1945. StdtA Bochum, Best. WAT C-Besatz, Nr. 1
110 StdtA Bochum, Best. NL Bangel, Nr. 57
111 Pietsch 1978, S. 89
112 ebda., S. 103
113 ebda., S. 101
114 ebda., S. 273. Erster Vorsitzender war August Schmidt.
115 Wannöffel, S. 106 f.
116 Schreiben MilGovDet 921 (Brit) an OB BO vom 18.12.1945. StdtA Bochum, Best. BO 10, Nr. 200
117 Verwaltungsbericht der Stadt Bochum 1938 – 1948, S. 20 f.
118 Amtliche Bekanntmachungen, Nr. 24 vom 02.02.1946
119 Verwaltungsbericht der Stadt Bochum 1938 – 1948, S. 21
120 Zur Sitzverteilung s. Anlage zum Schreiben 917/A&LG/26/1 vom 30.04.1946. StdtA Bochum, Best. WAT C-Besatz, Nr. 3. Zur Funktion des Exekutivausschusses s. Schreiben Hickson an OB WAT vom 13.12.1945. StdtA Bochum, Best. WAT C-10, Nr. 9
121 Als ein Beispiel sei die im Regierungsbezirk Arnsberg veröffentlichte Broschüre „Wie eine (allgemeine) örtliche Verwaltung einzusetzen ist“ genannt.

122 Verordnung Nr. 21 „Abänderung der Deutschen Gemeindeordnung". in: Amtsblatt der Militärregierung Deutschland, Britisches Kontrollgebiet, Nr. 7
123 Verwaltungsbericht der Stadt Bochum 1938 – 1948, S. 21
124 ebda., S. 25
125 Verwaltungsbericht der Stadt Wattenscheid 1945 – 1950, S. 11
126 Verwaltungsbericht der Stadt Bochum 1948 – 1952, S. 10
127 ebda.
128 ebda., S. 11
129 Bochumer Amtsblatt vom 21.09.1946
130 Verordnungen Nr. 31 und 43
131 Schreiben OStD BO an MR vom 22.11.1946. Darin wird um die Bestätigung der Wahl von Oberbürger meister und Stellvertreter gebeten. StdtA Bochum, Best. BO 11, Nr. 91
132 Schreiben MR an OB WAT vom 03.08. und 03.10.1946. StdtA Bochum, Best. WAT C-10, Nr. 9 s. auch Schreiben MR an OB WAT vom 19.11.1946. StdtA Bochum, Best. WAT C-Besatz, Nr. 3
133 Verwaltungsbericht der Stadt Bochum 1948 – 1952, S. 16
134 Verwaltungsbericht der Stadt Wattenscheid 1945 – 1950, S. 12 ff.
135 ebda., S. 13
136 Pietsch 1978, S. 257

Stadtplanung und Architektur in Bochum nach 1945

von Hans H. Hanke und Joachim Petsch

Hinter dem Aufbau und der Neuplanung der Bochumer Innenstadt stand das politische Ziel, eine Neuorientierung der montanbestimmten Gewerbestruktur Bochums zu erreichen, um so künftig wirtschaftliche und politische Krisen besser meistern zu können. Die gegenüber der Vorkriegszeit radikale Änderung des Stadtbildes sollte durch eine gesteigerte Attraktivität und deutliche Modernität diesen politischen Willen symbolisieren bzw. werbewirksam öffentlich machen. Bochum unterscheidet sich hier z. B. von Münster, das durch rekonstruktiven, traditionalistischen Wiederaufbau seine beherrschende Stellung als „Provinzialhauptstadt" wiederzuerlangen suchte.

Der Bochumer Neuordnungsplan beruhte aber auch auf sehr alten Stadtentwicklungsproblemen: Bochum besaß seit 1874 zwei „Hauptbahnhöfe" zweier Eisenbahngesellschaften. Dies führte dazu, daß die unmittelbare Innenstadt von drei Bahnkörpern vollständig umschlossen wurde (Gleisdreieck). Diese Umschließung zu sprengen und gleichzeitig einen verkehrstechnisch sowie städtebaulich günstigeren Zentralbahnhof zu erhalten, bemühte man sich in Bochum seit ca. 1910.

Problematisch waren aber auch die Wohn- und Straßenverhältnisse in diesem von der Industrialisierung überrollten ehemaligen Ackerbürgerstädtchen. Schon 1852 klagte man, daß die engen und steilen Gassen „den Verkehr nicht mehr zu fassen vermögen", daß „Postwagen sich schwer festfahren", Deichseln durch Hauswände stoßen, Haustreppen von Fuhrwerken „weggeschoben" und die wenigen Laternen der Stadt durch Fahrzeuge „zertrümmert" werden. Alle Klagen mündeten bereits damals in den Antrag auf eine Umgehungsstraße. Doch die grundlegende Misere – die Stadtplanung konnte den tatsächlichen Erfordernissen der rasch expandierenden Industriestadt nicht schnell genug nachkommen – bestand auch in den folgenden Jahrzehnten trotz mehrerer Stadterweiterungen unverändert fort.

Mit den ab 1942 immer stärker werdenden Bombardierungen sah man in der Bochumer Bauverwaltung die Gelegenheit gekommen, die angesprochenen Verhältnisse grundlegend zu sanieren. Die ersten Planungen standen noch sehr unter dem Vorzeichen nationalsozialistischer Ausgestaltungsabsichten für die damalige Gauhauptstadt Bochum. Vorrang hatte eine etwa 6 km lange „Aufmarschstraße", die vom außerhalb gelegenen Gauforum durch die Innenstadt zu einer „Großsportanlage" führen sollte. In der Innenstadt sollten an

diese bis zu 44 m breite Achse alle größeren Verwaltungs- und Geschäftsbauten verlegt werden. 1944 wurde aber von Reichsminister Albert Speer im Rahmen allgemeiner Friedensvorbereitungen auch für Bochum eine entmonumentalisierte Wiederaufbauplanung in Auftrag gegeben, die aber erst im November 1945 fertiggestellt war und in Bochum vorgelegt wurde. Das Ende des Krieges hatte den Fortgang dieser Planung nicht beeinträchtigen können. Planverfasser war Karl Elkart, der 1912 – 1918 Stadtbaurat in Bochum gewesen war und dieses Amt 1925 bis 1945 in Hannover ausübte, wo er auch einen Lehrstuhl an der Technischen Hochschule innehatte. Den Auftrag für die Wiederaufbauplanung führte er in seiner Funktion als Mitglied des Speer'schen „Arbeitsstabes Wiederaufbauplanung zerstörter Städte“ durch.
Seinen Wiederaufbauplan legte Elkart dem 1946 neu zum Stadtbaurat berufenen, 37jährigen ehemaligen Schüler Hans Poelzigs, Clemens Massenberg, vor. Der ließ Elkarts Plan aber weitgehend unbeachtet und beauftragte sein städtisches Planungsteam mit einer von Grund auf neuen Planung. Die aus dieser Planung hervorgehenden 11 unterschiedlichen Wiederaufbaupläne führten zu dem am 1. Oktober 1948 von der Bochumer Stadtverordnetenversammlung verabschiedeten Neuordnungsplan.

Initiatoren des Wiederaufbaus waren damit weniger die einzelnen Architekten und Bauherren, als die koordinierend wirkende Baubehörde. Leitend tätig waren hier der Baudezernent Clemens Massenberg, der aber 1954 im Alter von 44 Jahren starb, und der Leiter des Planungsamtes Josef Hellrung. Berater blieb bis 1948 Karl Elkart.

Bemerkenswerterweise kommt der Neuordnungsplan trotz aller Abgrenzung zum Elkart-Plan im Stadtgrundriß zu nahezu gleichen Ergebnissen: Erstes Planungsziel war die Einrichtung eines Zentralbahnhofes. An ihm ausgerichtet entstand ein Straßenring und ein Straßenkreuz. Die Führung dieser neu konzipierten Verkehrswege orientierte sich aus Gründen der Kosteneinsparung an alten Straßenzügen, die von durchschnittlich 12 auf 32 m verbreitert werden sollten.
Die Ähnlichkeit der Planungen von 1944 und 1948 – unter gegensätzlichem politischen Anspruch – beschränkt sich aber auf den Stadtgrundriß und ist von daher nicht weiter erstaunlich, denn beide Planungen resultieren aus den jahrzehntealten Erkenntnissen über Fehler in der Stadtentwicklung.

Der wesenseigene Unterschied zwischen der Planung des Dritten Reiches und der Nachkriegszeit ist stärker in der Architektur nachweisbar. Die Formen der Nachkriegsarchitektur sind das eigentlich Innovative, Unverwechselbare des Wiederaufbaus. Der damit verbundene Gesinnungswandel – weg von der nationalsozialistisch durchorganisierten Gauhauptstadt, hin zu einem nach bürgerlichen Idealvorstellungen geformten Ort sozialen Friedens und kulturellen Miteinanders – zeigt sich deutlich in einer Rede Massenbergs aus dem Jahr 1947. Er führte aus, die „Grundidee“ der Gestaltung Bochums müsse sein: „Ausgleich von schwerster Arbeit und Kultur, Brücke vom Werktag zum Sonntag des menschlichen Lebens, Versöhnung und Heiligung des modernen werktätigen Arbeitsmenschen. Der Werktätige findet in den Tempeln der Bühne, der Plastik und Malerei, der Musik, der musealen Sammlungen, der wissenschaftlichen Vorträge, der religiösen Andacht seinen Hunger nach Erkenntnis, Wahrheit und Schönheit gestillt“. Die Stadt müsse ein „Gemeinschaftskunstwerk“ darstellen. Unter Bezug auf Goethes Orpheus, der durch sein Leierspiel Steine zwingt, sich zu harmonischen Massen zu fügen, fuhr Massenberg fort: „Die Bürger einer solchen Stadt wandeln zwischen ewigen Melodien, sie fühlen sich am gemeinsten Tag in einem idealen Zustand“.

Konkret bedeutete dieses so verstandene „demokratische Bauen“ für die Architektur, daß sie – im bewußten Gegensatz zum gestalterischen Chaos in der Vorkriegsstadt – im Gesamtbild einheitlich und rhythmisch werden sollte. Unter dem Motto: „An's Ganze gebunden, im Eigenen frei“ wurden die Architekten und Bauherren durch eine stringente städtische Bauberatung, die jeden Entwurf prüfte, auf Formen verwiesen, deren Gesamtwirkung auf einer allgemeinen Anwendung des vorkragenden Flachdachs, hochrechteckiger Fassadenformen und regelmäßiger Anordnung von Risalitbauten in den Straßenwänden beruhte.

Sehr schnell kam man in diesem Zusammenhang von anfänglich propagierten „Behelfsheimen“ ab, da „nichts so hartnäckig und störend ist, wie Provisorien“. Statt solcher und anderer Notlösungen versuchte man von vornherein, ein ganzheitliches Planungsdenken durchzusetzen. Es kam ab 1947 zur Propagierung der „Sternstadt mit Trabanten“, die der Modellvorstellung für die Neuordnung des gesamten Stadtgebietes Ausdruck verlieh. Als „Sternstadt“ wurde die Stadtmitte bezeichnet, deren dichte Bebauung entlang der Hauptausfallstraßen zu einem sternförmigen Grundriß geführt habe. Die „Trabanten“ wurden von den umliegenden Siedlungs-, Industrie- und Gewerbegebieten gebildet. „Sternstadt“ und „Trabanten“ sollten untereinander durch weite Grünflächen getrennt sein.

Das Sternstadt-Modell war damit die Versinnbildlichung einer Stadtentwicklungs- und Wiederaufbaupolitik, die eben Provisorien vermied und von der ersten Trümmerräumung bis hin zur Form der einzelnen Fassaden ein geschlossenes Konzept umzusetzen versuchte.

Das „enge, verwinkelte und verschmutzte Bochum der Vorkriegszeit“ sollte nach menschlichen Richtlinien und nicht nach Vorgaben aus Industrie, Politik oder Handel neu erstehen. So forderten die Planer eine neue Stadt, in der Sonne, Luft und Grün eine wesentliche Rolle spielen sollten. Das hieß z. B., daß es möglich werden sollte, auf breiten bequemen Bürgersteigen durch Grünanlagen aus der Innenstadt bis an die Ruhr zu laufen, oder aber auf Radwegen diese Strecke zu fahren. Die Bürgersteige sind zum Teil erhalten, das umfangreiche Radwegnetz der Innenstadt wurde ab 1959 zu Parkstreifen umgewidmet, die vorgesehenen Grünanlagen in Innenhöfen, an Straßen und Plätzen blieben weitgehend Planung.

Autos waren nicht vorrangiges Thema des Wiederaufbaus. Man setzte mehr auf die Straßenbahn und die Bundesbahn. Zur zügigen Verbindung zwischen Außenbezirken und Innenstadt wurde der Straßenbahn ein eigener Raum reserviert. Alle Haltestellen der Innenstadt wurden so gelegt, daß kein Punkt weiter als 3 bis 6 Minuten zu Fuß davon entfernt war. Der neue Hauptbahnhof sollte die Verknüpfung aller Verkehrsarten miteinander ermöglichen. Bundesbahn, Straßenbahn, Autos und später selbst Hubschrauber sollten hier jedermann ein Umsteigen ermöglichen. Diese Funktionen konnten am alten Bahnhofsstandort nicht erfüllt werden. Darum wurden zwischen 1946 und 1947 elf mögliche Bahnhöfe im Innenstadtgebiet geprüft und schließlich der heutige neue Standort gewählt. Erst nach Klärung dieser Fragen wurde auch der Autoverkehr berücksichtigt. Daß er stärker werden würde als 1948, lag auf der Hand. So versuchte man ihn – im Gegensatz zu allen anderen Verkehrsarten – in seinen „Gebietsansprüchen“ einzugrenzen. Über den Ring sollte der Durchgangsverkehr um die Stadt herumgeleitet werden. Der in die Innenstadt ziehende Verkehr sollte möglichst auf die zwei sich am Rathaus kreuzenden Straßenzüge beschränkt werden, die heutige Massenberg-, Bongard- und Alleestraße sowie die Viktoria- und die Hans-Böckler- Straße.

Hier wurde jeweils eine Richtungsfahrspur für das Be- und Entladen vorgesehen, eine weitere blieb für den rollenden Autoverkehr übrig. Kleinere Nebenstraßen wie die alte Hattinger und die Große Beckstraße sollten durch Treppenanlagen für Autos ganz gesperrt werden, die Kortumstraße war bereits 1948 als Fußgängerzone vorgesehen.

Zu diesem Verkehrskonzept der Wiederaufbauzeit kam das neue Konzept für die Architektur. Die Gründerzeitfassaden wurden allgemein als verabscheuenswerter Kitsch angesehen, die wenigen erhaltenen Fachwerkhäuser galten als menschenunwürdig. Die Architektur der Zwanziger, die „Moderne“, galt als überholt, weil „die Idee von der Ästhetik der rein materiellen Zweckmäßigkeit überholt“ sei; vermißt wurde hier „die glückliche Beseelung“. Entstehen sollten Häuser mit lebenswerten Wohnungen und klaren, ruhigen Fassaden. Unter dieser Zielsetzung entstand die heute als so langweilig empfundene „Rasterarchitektur“ der 50er Jahre. Sie war als „wohltuender Gleichklang“ gemeint, der nur vereinzelt besondere und aufwendiger gestaltete Gebäude zuließ. Die „Rasterarchitektur“ war das Ergebnis einer 1945 beginnenden Suche nach einer Architektur, die sich deutlich von NS-Bauformen unterscheiden mußte. In Bochum gibt es sechs wichtige Gebäude, an denen sich die Suche nach einer neuen Architektur ablesen läßt.

Das Gebäude der Ruhrknappschaft, 1946 bis 1952 nach Entwürfen des Architekten Hans Landgrebe entstanden, ist im Sinn eines sehr strengen Klassizismus des 18./19. Jahrhunderts entstanden und beruft sich damit auf Ideen des deutschen Humanismus. Da der Bau dennoch Ähnlichkeiten mit dem NS-Monumentalismus aufweist, setzte sich dieser Stil nicht durch. Erfolgreicher war hier der Architekt Wilhelm Seidensticker. Er orientierte sich an Fabrikbauten und entwarf 1949 die Aral-Verwaltung an der Wittener Straße. Mit dem sehr strengen Raster zeigte dieses Gebäude den Stil, der repräsentativ wirkte, ohne an die NS-Zeit zu erinnern. Der auf der Sichtbarkeit des Betonskeletts basierende „neue Baustil“ setzte sich durch. Er wurde mit dem Stadtbad und den Stadtwerken erstmals in der dichter bebauten Innenstadt erprobt.

Diese zwischen 1950 und 1955 errichteten Gebäude sollten auch einen Großversuch einleiten, der durch ein Wechselspiel der Höhen und durch unterschiedliche bunte Farben Orientierungspunkte und freundliche Farbigkeit in das „graue Einerlei des Ruhrgebiets“ zu bringen versuchte: Das Stadtbad wurde beige, die Stadtwerke grün, die Berufsschulen gelb und der Bahnhof rot gehalten.

Das Schauspielhaus, 1951 bis 1953 nach Entwürfen des Architekten Prof. Gerhard Graubner errichtet, brachte erstmals die „Nierenform“ in Bochum auf, ein weiteres typisches Merkmal des Stils der fünfziger Jahre. In allen Teilen des Grundrisses „schwingen“ die Formen vor und zurück. Beispielgebend für die Bundesrepublik wurden im Schauspielhaus erstmals „Tulpenlampen“ aufgehängt.

Die Zusammenführung von „Rasterarchitektur“ und „Nierenform“ ist besonders am 1957 fertiggestellten Hauptbahnhof gelungen: Der Strenge des Rasters am Hauptgebäude gibt die Vorhalle in der sogenannten „Schmetterlingsform“ einen elegant geschwungenen Charakter. Kein Gebäude hatte bis dahin eine so ausgeprägte Farbsymbolik. Das ging von den „starken Farbkontrasten“ in der „lauten Vorhalle“ bis hin zu den „ruhigen Farben“ in den Hotelzimmern und schloß die – heute noch vorhandenen – Farben blau und weiß auf den Bahnsteigen als Farben Bochums mit ein.

Ähnlichen Gesetzmäßigkeiten wie die in der Innenstadt entstehende Architektur folgten auch die beiden anderen beherrschenden Bauaufgaben der Nachkriegszeit: der Siedlungs- und der Kirchenbau. Von 1946 bis 1956 entstanden ca. 20.000 Neubauwohnungen in Bochum. Zusätzlich wurden ca. 20.000 kriegszerstörte Wohnungen wiederhergestellt. Es waren dies fast ausschließlich Wohnungen des sozialen Wohnungsbaus: eine enorme Zahl und sicherlich die größte Leistung des Wiederaufbaus. Im Gegensatz zu den mehrgeschossigen, flach gedeckten Wohnbauten der Innenstadt bevorzugte man in den Vororten das „Eigenheim" mit Satteldach. Die erste Bergarbeitersiedlung im Nachkriegsdeutschland wurde 1947/48 um die Zeche Klosterbusch in Querenburg gebaut; bei der Siedlung Fuldastraße fanden erstmalig vorgefertigte Bauelemente (Stahlgleitschalung) Verwendung. Ab 1954 entstand mit Mitteln des Marshall-Plans eine erste Siedlung in Gerthe. Durch eine Festlegung des Ausstattungsstandards wurde eine wesentliche Steigerung der Wohnqualität erreicht. Erstmals waren alle Wohnungen mit einem Bad ausgestattet. Die Ablösung der Wohnküche durch Kochküche und Wohnzimmer brachte eine Veränderung der typischen Wohn- und Lebensweise der Arbeiterfamilien mit sich.

Der Kirchenbau nahm im Rahmen des Wiederaufbaus der zerstörten Städte einen hohen städtebaulichen Stellenwert ein. Hierbei war zwischen dem Wiederaufbau zerstörter Kirchen und Kirchenneubauten zu unterscheiden. Zu den rekonstruierten Kirchengebäuden zählte u. a. die Propsteikirche. Im Kirchenneubau entwickelte sich nach Vorbildern aus den Zwanziger Jahren ein einheitlicher Bautyp: Das schlichte Kirchenschiff orientierte sich an der altchristlichen Basilika oder an der frühromanischen Halle, die zwei Hauptöffnungen – Chor und Fensterrose – wurden nach gotischem Vorbild in Bunt- oder Weißglas ausgeführt. Der Kirchenturm war – häufig freistehend – seitlich angefügt (Kampanile). Eines der besten Beispiele war hier die Kirche St. Nikolaus von Flüe, die auch durch ihre reiche Bauausstattung überzeugte. Die Christuskirche stellte durch die Erhaltung ihres alten Turmes eine Sondererscheinung dar; in ihrer Grundkonzeption entsprach sie aber den anderen Kirchenneubauten. Die formale Erscheinung der Christuskirche könnte auf einen Einfluß durch die Wiederaufbauplanung für die Kathedrale von Coventry schließen lassen, die 1940 durch die deutsche Luftwaffe zerstört worden war.

III
Bochum 1945–1955: Dokumente in Bild und Schrift

1. Der gescheiterte „Endsieg"

Hitlers Überfall auf Polen löste am 1. September 1939 den II. Weltkrieg aus. Nach anfänglich großen Erfolgen der deutschen Truppen und der Eroberung weiter Teile Europas brachte der Angriff auf die Sowjetunion und die Niederlage bei Stalingrad (Februar 1943) die Wende. Am 6. Juni 1944 landeten die Amerikaner und Briten in der Normandie und rückten von Westen her gegen die deutschen Grenzen vor. Ende 1944 überrollte die Rote Armee die deutsche Ostgrenze.

Nicht nur an den zahlreichen Fronten verbluteten die deutschen Soldaten, auch in der Heimat nahm die Zivilbevölkerung die schwersten Opfer auf sich. Die Luftangriffe der Anglo-Amerikaner brachten seit 1942/43 Tod und Verderben über die deutschen Städte.

Bei insgesamt 12 Großangriffen auf Bochum – die schwersten fanden am 14. Mai 1943 und am 4. November 1944 statt – sowie 135 Luftangriffen mittlerer Stärke wurden 420 Minenbomben, 22.000 Spreng- und rund 531.000 Brandbomben abgeworfen. 4.095 Menschen wurden bei Luftangriffen getötet, mehr als 5.000 verletzt. Die Stadt wurde zu einer Trümmerwüste.

Bald konnten sich die Überlebenden fast nur noch in Bunkern und Kellern aufhalten; die Sirenen heulten Tag und Nacht.
Die Lage an der Front und in der Heimat wurde immer hoffnungsloser. Und dennoch verbot das Nazi-Regime, das Wort „Katastrophe" in den Mund zu nehmen. Die Propaganda verbreitete weiter Hoffnungen auf einen „Endsieg". Wer diesen Glauben nicht teilte, wurde als Defätist und Wehrkraftzersetzer mit dem Tode bestraft.

1

Die Siedlung Stahlhausen und das Werk Stahlindustrie des Bochumer Vereins (heute: Krupp Stahl AG) zwischen Alleestraße, Kohlenstraße und Reichsbahnstrecke Bochum – Essen

Foto der britischen Luftaufklärung, 23.02.1944

11 1 Bochum, den 10. Januar 1944

Betrifft: Wunsch des Reichsmarschalls auf Beseitigung des Wortes "Katastrophe"

Abschrift erhalten alle
Herren Dezernenten, Hilfsdezernenten, Stadtamtsvorsteher und Verwaltungsstellenleiter
zur Kenntnisnahme und Beachtung.

Der Oberbürgermeister
H e s s e l d i e c k

.-.-.-.-.-.-.-

Der Reichsminister des Innern
I 6020/43

Berlin, den 18. Dezember 1943
N. 7, Unter den Linden 72

Abschrift

Reichsministerium
für Volksaufklärung und Propaganda
Interministerieller Luftkriegsschäden-ausschuß
Aktenzeichen: 2595/8.12.43/82-13 1

LK-Mitteilung Nr. 70

Betrifft: Wunsch des Reichsmarschalls auf Beseitigung des Wortes "Katastrophe"

Das Wort "Katastrophe" hat sich im Zusammenhang mit Luftangriffen und der Beseitigung der Folgen der Luftangriffe insbesondere für den Sondereinsatz der Wehrmacht und der Parteigliederungen eingebürgert. Ebenso war es bisher üblich, die zur Durchführung von Hilfsmaßnahmen eingesetzten entwinkelten Fahrzeuge mit einem Schild "Katastropheneinsatz" kenntlich zu machen.

Ich bitte, dafür zu sorgen, daß aus allen Organisationsplänen, Erlassen und Verordnungen und aus dem gesamten Sprachgebrauch das Wort "Katastrophe" ausgemerzt wird, da es sich psychologisch und politisch unerfreulich auswirkt. Ich empfehle anstelle des Wortes "Katastropheneinsatz" einheitlich die Verwendung des Wortes "Soforthilfe".

Heil Hitler !
gez. Dr. Goebbels

An alle Gauleiter pp.

Abschrift zur Kenntnis und Beachtung.
In Vertretung
des Staatssekretärs
Unterschrift

An Regierungspräsident Arnsberg pp.

Der Regierungspräsident
R.V.Nr.1540/43

Arnsberg (Westf.), den 3. Januar 1944

Abschrift übersende ich zur Kenntnis und Beachtung
In Vertretung: gezw Dr. Stier

3

Die Situation in einem Wohngebiet nach einem Bombenangriff: Die Häuser im Vordergrund sind durch Treffer vollständig zerstört. Den Hilfsmannschaften bleibt nur die Aufgabe, die Fahrbahn notdürftig von Trümmern zu räumen.

Foto, Juli 1942

2

◀ Psychologische Kriegsführung contra Realität: Reichsmarschall Göring wünscht, das Wort Katastrophe bei Luftangriffen auf deutsche Städte zu beseitigen.

Verfügung des Oberbürgermeisters Hesseldieck vom 10.01.1944 mit Bezugserlaß des Regierungspräsidenten vom 03.01.1944

Bochumer Nachrichten Nr. 1

Evakuierung der Bochumer Bevölkerung!

Die Evakuierung der Bochumer Bevölkerung wird fortgesetzt. Die Mütter mit Kindern und alte Männer und Frauen finden sich an den Sammelstellen ein, von wo aus die dort ankommenden Omnibusse zu den ins Sauerland gehenden Zügen fahren.

Die Abfahrt beginnt um 8.30 Uhr. Die Autobusse fahren solange, bis die an den Sammelstellen Wartenden abtransportiert sind.

An der Verladerampe in Witten werden Verpflegung sowie Milch für Kinder ausgegeben. Säuglingsschwestern sind anwesend.

Volksgenossen, die nicht im Besitz von Abreisebescheinigungen und Fliegergeschädigten-Ausweisen sind, können trotzdem abfahren. Am Ankunftsort ist den örtlichen Dienststellen hiervon Mitteilung zu machen, damit jeder zu den erforderlichen Ausweisen kommt.

Sammelstellen sind:

Ortsgruppe Ehrenfeld:
Sammelstelle Gauleitung, Königsallee-Ecke Waldring

Ortsgruppen Altenbochum, Altstadt-Süd, Altstadt-Nord, Felsenburg und Wiemelhausen:
Sammelstelle Straßenbahndepot, Wiemelhauser Straße

Ortsgruppen Stadtpark, Grumme-Vöde u. Hofstede-Riemke:
Sammelstelle Polizeipräsidium

Ortsgruppen Hamme, Hordel, Marmelshagen:
Sammelstelle Haus Overdyck

Ortsgruppen Weitmar-Nord und Griesenbruch:
Sammelstelle Kohlenstraße-Ecke Alleestraße u. Bunker Moltkemarkt

Ortsgruppe Weitmar-Mitte:
Sammelstelle Kohlenstraße-Ecke Hattinger Straße

Aufforderung an alle Kraftfahrer!

Die Kraftfahrer, die das Stadtgebiet verlassen, haben jede nur denkbare Transportmöglichkeit den Bochum verlassenden Volksgenossen zur Verfügung zu stellen. Es wird erwartet, daß jeder Kraftfahrer dieser Aufforderung selbstverständlich Folge leistet.

Wichtig für alle Volksgenossen!

Bei Sirenenstörung wird durch Flakschüsse Fliegerwarnung gegeben.

Wenn die Flak zweimal schießt, bedeutet das Vorwarnung. Bei vier Schüssen ist Fliegeralarm.

5

In der zerstörten Marienstraße suchen Anwohner noch brauchbare Habseligkeiten aus den Trümmern.

Foto, 1944/45

4

◀ Die Bochumer Bevölkerung, vor allem Mütter mit Kindern, alte Männer und Frauen, sollen ins Sauerland evakuiert werden.

Aufruf der NSDAP-Kreisleitung Bochum, undatiert (ca. November 1944)

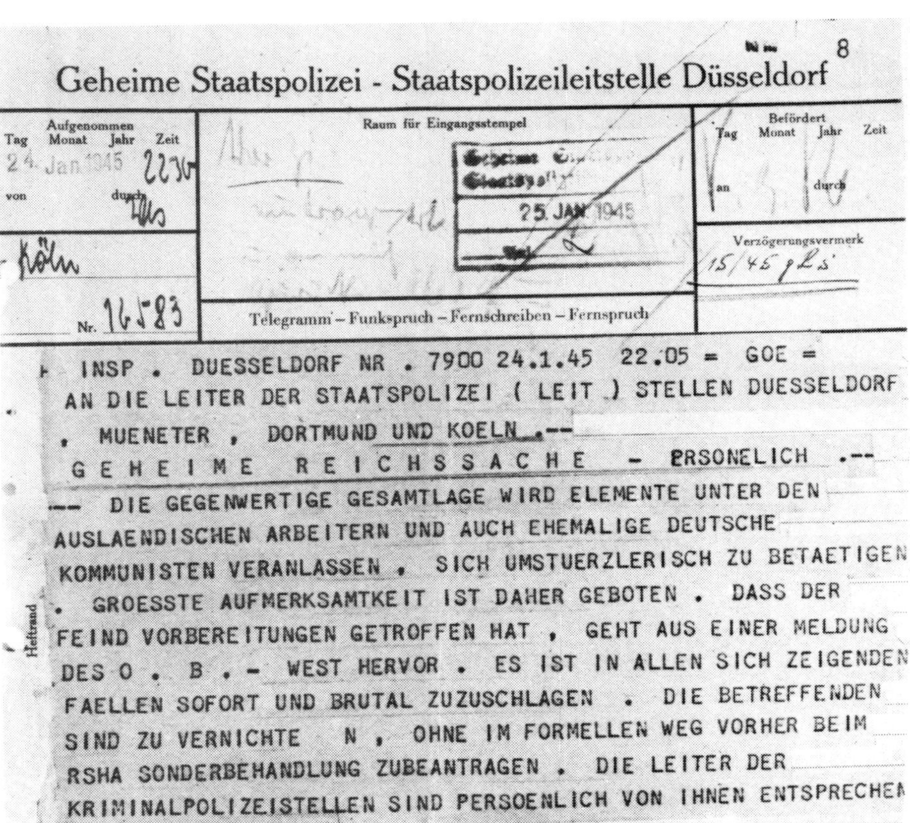

Nr. 8

Geheime Staatspolizei - Staatspolizeileitstelle Düsseldorf

Aufgenommen Tag Monat Jahr Zeit	Raum für Eingangsstempel	Befördert Tag Monat Jahr Zeit
24. Jan. 1945 2230	25. JAN. 1945	
von durch		an durch
Köln		Verzögerungsvermerk 15/45
Nr. 16583	Telegramm – Funkspruch – Fernschreiben – Fernspruch	

INSP . DUESSELDORF NR . 7900 24.1.45 22.05 = GOE =
AN DIE LEITER DER STAATSPOLIZEI (LEIT) STELLEN DUESSELDORF
, MUENETER , DORTMUND UND KOELN .--
G E H E I M E R E I C H S S A C H E - PRSONELICH .--
--- DIE GEGENWERTIGE GESAMTLAGE WIRD ELEMENTE UNTER DEN
AUSLAENDISCHEN ARBEITERN UND AUCH EHEMALIGE DEUTSCHE
KOMMUNISTEN VERANLASSEN , SICH UMSTUERZLERISCH ZU BETAETIGEN
. GROESSTE AUFMERKSAMTKEIT IST DAHER GEBOTEN . DASS DER
FEIND VORBEREITUNGEN GETROFFEN HAT , GEHT AUS EINER MELDUNG
DES O . B . - WEST HERVOR . ES IST IN ALLEN SICH ZEIGENDEN
FAELLEN SOFORT UND BRUTAL ZUZUSCHLAGEN . DIE BETREFFENDEN
SIND ZU VERNICHTE N , OHNE IM FORMELLEN WEG VORHER BEIM
RSHA SONDERBEHANDLUNG ZUBEANTRAGEN . DIE LEITER DER
KRIMINALPOLIZEISTELLEN SIND PERSOENLICH VON IHNEN ENTSPRECHEN
ZU INFORMIEREN .--
DIE STADT - UND LANDWACHT IET AUFGELOEST . AN IHRE STELLE

6

Die örtlichen Gestapo-Dienststellen werden angewiesen, bei Widerstand oder Ungehorsam Fremdarbeiter und ehemalige KPD-Mitglieder zu ermorden.

Befehl des Inspekteurs der Sicherheitspolizei und des SD in Düsseldorf (Wehrkreis VI) an die Gestapo(leit)stellen in Düsseldorf, Münster, Dortmund und Köln, 24.01.1945

7

Hochbunker am Springerplatz inmitten zerstörter Häuser. Gegen Ende des Krieges gibt es in Bochum 15 Großbunker mit insgesamt 74.000 Plätzen. Diese Kapazität reicht bei weitem nicht aus. Die Bevölkerung gräbt sich daher ein: Überall im Stadtgebiet werden in Nachbarschaftshilfe Deckungsgräben und Luftschutzstollen errichtet.

Foto, ca. 1945

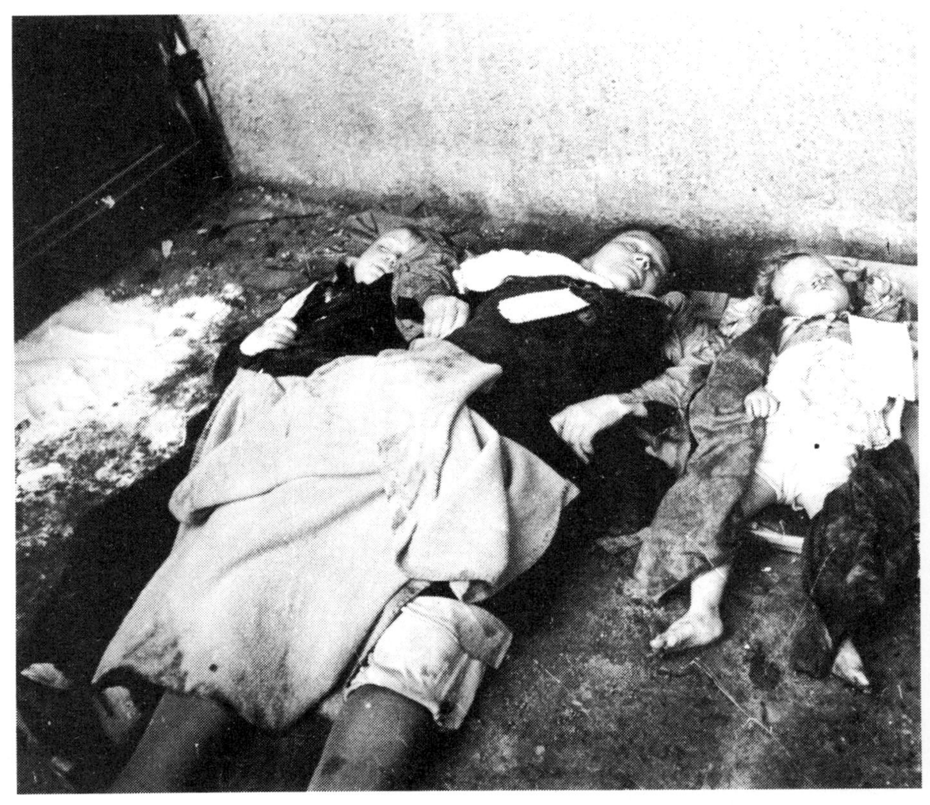

8

Ziviltote in Bochum. Infolge der Luftangriffe verlieren 4.095 Einwohner ihr Leben; über 7.000 Bochumer sterben als Soldaten an den Fronten.

Foto, undatiert

2. Das Ende des Krieges an Rhein und Ruhr

Ende März 1945 eroberten die alliierten Truppen unter General Eisenhower das Rheinland und stießen in schnellem Vormarsch auf das Ruhrgebiet vor, „die Waffenschmiede des Reichs". Die Heeresgruppe B unter Generalfeldmarschall Model konnte den Ruhrkessel nicht lange verteidigen und mußte sich nach Süden zurückziehen. Im Kriegstagebuch des Oberkommandos der Wehrmacht hieß es dazu: „Im Ruhrgebiet schwere Einbrüche zwischen Essen und Dortmund, in Bochum Häuserkämpfe." Wenige Tage später war das gesamte Ruhrgebiet von alliierten Truppen besetzt.

Am 9. April standen amerikanische Soldaten an der Bochumer Stadtgrenze und besetzten das Amtshaus in Gerthe. Ohne großen Widerstand zu erfahren, rückten sie anderntags in die Bochumer Innenstadt vor. Die Bevölkerung begrüßte sie insgeheim als Befreier. Denn obwohl es bei Todesstrafe verboten war, hatten viele Bochumer weiße Tücher aus ihren Fenstern gehängt, zum Zeichen der Kapitulation.

Am Morgen des 10. April 1945, kurz vor dem Einmarsch der Amerikaner in Bochum, übergab der nationalsozialistische Oberbürgermeister Friedrich Hesseldieck die Leitung der Stadtverwaltung an seinen Stellvertreter Dr. Franz Geyer. Mit anderen Nazi-Größen setzte er sich ins Sauerland ab, um sich an der Aufstellung eines „Freikorps Sauerland" zu beteiligen, das nach der Kapitulation der Wehrmacht den Kampf gegen Engländer und Amerikaner fortsetzen sollte. Er konnte jedoch bald verhaftet und zur Rechenschaft gezogen werden.

Gegen 14 Uhr des gleichen Tages wurde das Bochumer Rathaus kampflos übergeben, die Verwaltung der Stadt alliierter Kontrolle unterstellt.

Wattenscheid war von den amerikanischen Truppen, die von Gelsenkirchen her anrückten, bereits in den frühen Morgenstunden des 10. April besetzt worden.

Damit war für die Bevölkerung im Bochumer Raum der Zweite Weltkrieg zu Ende. Im übrigen Deutschland wurde noch weiter gekämpft. Hier endete der Krieg erst am 8. Mai 1945 mit der bedingungslosen Kapitulation der deutschen Wehrmacht. Die totale Niederlage Nazi-Deutschlands war damit besiegelt.

Gemäß den Absprachen der Alliierten wurde Deutschland in vier Besatzungszonen aufgeteilt, in die russische, amerikanische, britische und französische Zone.
Bochum und Wattenscheid gehörten fortan zur britischen Besatzungszone.

Obwohl amerikanische Soldaten noch bis Juni 1945 in Bochum blieben, übernahmen die Briten bereits am 12. April 1945 die Militärverwaltung in Bochum.

Der militärische Befehlshaber, Major Elliott, der sich als Ortskommandant im Rathaus einrichtete, hatte eine schwere Aufgabe übernommen: Er mußte mit Hilfe deutscher Verwaltungsstellen Ordnung in das totale Chaos bringen, das öffentliche Leben wieder in Gang setzen, Verkehrswege und Versorgungsleitungen wieder herstellen, mit der Trümmerbeseitigung beginnen.

Nicht minder schwierig war die Aufgabe des ersten britischen Stadtkommandanten in Wattenscheid, Capitän Lindsay.

Nach einer persönlichen Botschaft des britischen Oberbefehlshabers, Feldmarschall Montgomery, an die Bevölkerung seines Besatzungsgebietes vom 30. Mai 1945 war es das unmittelbare Ziel der Briten, für alle „ein einfaches und geregeltes Leben zu schaffen“, der Bevölkerung Nahrung und Obdach zu geben und sie von Krankheit freizuhalten. „Das deutsche Volk wird unter meinen Befehlen arbeiten, um das, was zum Leben der Volksgemeinschaft notwendig ist, zu schaffen und um das wirtschaftliche Leben der Landes wieder aufzubauen.“

MILITARY GOVERNMENT–GERMANY
SUPREME COMMANDER'S AREA OF CONTROL

PROCLAMATION No. I

TO THE PEOPLE OF GERMANY:

I, General Dwight D. Eisenhower, Supreme Commander, Allied Expeditionary Force, do hereby proclaim as follows:—

I.

The Allied Forces serving under my command have now entered Germany. We come as conquerors, but not as oppressors. In the area of Germany occupied by the forces under my command, we shall obliterate Nazi-ism and German Militarism. We shall overthrow the Nazi rule, dissolve the Nazi Party and abolish the cruel, oppressive and discriminatory laws and institutions which the Party has created. We shall eradicate that German Militarism which has so often disrupted the peace of the world. Military and Party leaders, the Gestapo and others suspected of crimes and atrocities will be tried and, if guilty, punished as they deserve.

II.

Supreme legislative, judicial and executive authority and powers within the occupied territory are vested in me as Supreme Commander of the Allied Forces and as Military Governor, and the Military Government is established to exercise these powers under my direction. All persons in the occupied territory will obey immediately and without question all the enactments and orders of the Military Government. Military Government Courts will be established for the punishment of offenders. Resistance to the Allied Forces will be ruthlessly stamped out. Other serious offences will be dealt with severely.

III.

All German courts and educational institutions within the occupied territory are suspended. The Volksgerichtshof, the Sondergerichte, the SS Police Courts and other special courts are deprived of authority throughout the occupied territory. Re-opening of the criminal and civil courts and educational institutions will be authorized when conditions permit.

IV.

All officials are charged with the duty of remaining at their posts until further orders, and obeying and enforcing all orders or directions of Military Government or the Allied Authorities addressed to the German Government or the German people. This applies also to officials, employees and workers of all public undertakings and utilities and to all other persons engaged in essential work.

DWIGHT D. EISENHOWER,
General,
Supreme Commander,
Allied Expeditionary Force.

MILITÄRREGIERUNG–DEUTSCHLAND
KONTROLLGEBIET DES OBERSTEN BEFEHLSHABERS

PROKLAMATION Nr. I

AN DAS DEUTSCHE VOLK:

Ich, General Dwight D. Eisenhower, Oberster Befehlshaber der Alliierten Streitkräfte gebe hiermit Folgendes bekannt:

I.

Die Alliierten Streitkräfte, die unter meinem Oberbefehl stehen, haben jetzt deutschen Boden betreten. Wir kommen als ein siegreiches Heer; jedoch nicht als Unterdrücker. In dem deutschen Gebiet, das von Streitkräften unter meinem Oberbefehl besetzt ist, werden wir den Nationalsozialismus und den deutschen Militarismus vernichten, die Herrschaft der Nationalsozialistischen Deutschen Arbeiter Partei beseitigen, die NSDAP auflösen sowie die grausamen, harten und ungerechten Rechtsätze und Einrichtungen, die von der NSDAP geschaffen worden sind, aufheben. Den deutschen Militarismus, der so oft den Frieden der Welt gestört hat, werden wir endgültig beseitigen. Führer der Wehrmacht und der NSDAP, Mitglieder der Geheimen Staats-Polizei und andere Personen, die verdächtigt sind, Verbrechen und Grausamkeiten begangen zu haben, werden gerichtlich angeklagt und, falls für schuldig befunden, ihrer gerechten Bestrafung zugeführt.

II.

Die höchste gesetzgebende, rechtsprechende und vollziehende Machtbefugnis und Gewalt in dem besetzten Gebiet ist in meiner Person als Oberster Befehlshaber der Alliierten Streitkräfte und als Militär-Gouverneur vereinigt. Die Militärregierung ist eingesetzt, um diese Gewalten unter meinem Befehl auszuüben. Alle Personen in dem besetzten Gebiet haben unverzüglich und widerspruchslos alle Befehle und Veröffentlichungen der Militärregierung zu befolgen. Gerichte der Militärregierung werden eingesetzt, um Rechtsbrecher zu verurteilen. Widerstand gegen die Alliierten Streitkräfte wird unnachsichtlich gebrochen. Andere schwere strafbare Handlungen werden schärfstens geahndet.

III.

Alle deutschen Gerichte, Unterrichts-und Erziehungsanstalten innerhalb des besetzten Gebietes werden bis auf Weiteres geschlossen. Dem Volksgerichtshof, den Sondergerichten, den SS Polizei-Gerichten und anderen ausserordentlichen Gerichten wird überall im besetzten Gebiet die Gerichtsbarkeit entzogen. Die Wiederaufnahme der Tätigkeit der Straf-und Zivilgerichte und die Wiedereröffnung der Unterrichts- und Erziehungsanstalten wird genehmigt, sobald die Zustände es zulassen.

IV.

Alle Beamte sind verpflichtet, bis auf Weiteres auf ihren Posten zu verbleiben und alle Befehle und Anordnungen der Militärregierung oder der Alliierten Behörden, die an die deutsche Regierung oder an das deutsche Volk gerichtet sind, zu befolgen und auszuführen. Dies gilt auch für die Beamten, Arbeiter und Angestellten sämtlicher öffentlichen und gemeinwirtschaftlichen Betriebe, sowie für sonstige Personen, die notwendige Tätigkeiten verrichten.

DWIGHT D. EISENHOWER
General
Oberster Befehlshaber
Alliierte Streitkräfte

CA/GI 19d.

9

Die Sieger übernehmen die Verwaltung des besetzten deutschen Gebietes: Die Zerschlagung der NSDAP wird angekündigt, erste Anordnungen für die Zivilbevölkerung getroffen.

Proklamation des Oberbefehlshabers der westalliierten Streitkräfte, Dwight D. Eisenhower, an das deutsche Volk, undatiert (März 1945)

Bekanntmachung!

Bochumer!

Mit der Besetzung unserer Stadt muß stündlich gerechnet werden. In diesem Falle arbeitet die Stadtverwaltung in allen Dienst-, Betriebs- Verwaltungs- und Kassenstellen ohne Unterbrechung und unverändert zum Schutz und Nutzen der Bevölkerung weiter. Die Ämter sind während der bekannten Dienst- und Kassenstunden geöffnet.

Die Geschäfte sind während der angeordneten Verkaufszeiten offen zu halten, sodaß die Bevölkerung in der Lage ist, sich mit den notwendigsten Lebensmitteln und Bedarfsgütern zu versorgen.

Der Verkauf an die Bevölkerung darf nur auf Lebensmittelkarten und Bezugsausweise nach den amtlichen Anordnungen des Ernährungsamtes und Wirtschaftsamtes erfolgen. Diese Anordnungen werden jeweils durch die Tageszeitungen und durch Aushang in den Verwaltungsstellen sowie den Außenstellen des Ernährungs- und Wirtschaftsamtes bekanntgemacht. Der Aushang ist nur mit dem Dienstsiegel der Stadt Bochum gültig.

Volksgenossen, ich vertraue in diesen schweren Stunden unserer Stadt auf Eure Einsicht und Unterstützung.

Bochum, den 10. April 1945

In Vertretung des Oberbürgermeisters

Dr. Geyer

Bürgermeister

11

Amerikanische Soldaten auf einem britischen Panzer bei Dorsten

Foto, 28.03.1945

10

◀ Kriegsende in Bochum: Bürgermeister Geyer informiert die Bürger über die Situation und gibt Verhaltensmaßregeln.

Bekanntmachung der Stadt Bochum, 10.04.1945

Bochum, den 12. April 1945

Herrn Bürgermeister

Am Montag ist nach etwa fünftägigen Kämpfen das Amtshaus in Gerthe durch amerikanisches Militär ganz plötzlich besetzt worden. Wir wurden zunächst alle in Haft genommen, nach einem Verhör aber wieder entlassen. Man ordnete an, daß ich die Bürgermeistergeschäfte in Gerthe ausführte und die Geschäfte mit dem Personal weiterführte, bis der Zivilgouverneur in Gerthe eingetroffen sei. Ich habe es abgelehnt, einen Bürgermeisterposten in Gerthe zu bekleiden, weil wir zur Stadt Bochum gehörten und dort einen Oberbürgermeister hätten, dem ich unterstellt sei und auf dessen Anweisung ich zu handeln habe. Darauf wurde ich beauftragt, vorläufig unter allen Umständen für Ruhe und Ordnung zu sorgen und der Bevölkerung zu helfen. Wir haben heute den Dienst wieder aufgenommen. In Gerthe treiben sich die ganzen Ausländer aus den Lägern herum und plündern. Ein Bauer ist bereits erstochen. Auf einem Bauernhof hat man das Vieh schon abgeschlachtet. Wenn ich keine gegenteilige Verfügung erhalten, führe ich die Geschäfte in der bisherigen Weise weiter.

[illegible signature]

[illegible] 12.4.

[illegible]:

1. Geschäfte sind in bisheriger Weise weiterzuführen. Die Verwaltung arbeitet in allen Dienststellen in den bisherigen Dienststunden.

2. [illegible]

3. [illegible]

13

Einmarsch amerikanischer Truppen im Norden Bochums

Foto, 10.04.1945

12

◀ Amerikanisches Militär besetzt das Amtshaus in Gerthe.

Bericht des Leiters der Verwaltungsstelle Gerthe an Bürgermeister Geyer vom 12.04.1945 mit handschriftlichen Verfügungen Geyers

Bochum, den 10. April 1945

1. Am 10. April 1945 vormittags übernahm ich nach Abrücken des Oberbürgermeisters Hesseldieck zum Volkssturm die Führung der Verwaltungsgeschäfte.

An diesem Tage wurden folgendes erledigt:

a) Schreiben an die Bochumer Geschäftsleute, ihre Geschäfte trotz Feindbedrohung während der angeordneten Geschäftsstunden für die Bevölkerung offen zu halten. Lebensmittel und andere bewirtschaftete Waren dürfen nur nach Aufruf durch das Ernährungs- und Wirtschaftsamt gegen Marken abgegeben werden. Eigenmächtiges Schließen von Geschäften ist nicht gestattet.

b) Bekanntmachung an die Bevölkerung, daß die Stadtverwaltung auch bei Feindbesetzung in allen Dienst-, Betriebs- und Verwaltungsstellen ordnungsmäßig und ohne Unterbrechung weiter arbeitet im Interesse der Volksgenossen.

c) Rücksprache mit dem Vertreter des Kommandeurs des Lu-Abschnitts I, Oberleutnant Hoffmann, über den polizeilichen Schutz der Bevölkerung während des Übergangs zur Besetzung der Stadt. Die Lebensmittelläger sind von den Revieren aus gesichert. Ansammlungen in Straßen werden durch Patrouillen überwacht. Der polizeiliche Schutz scheint mit den vorhandenen Kräften gewährleistet. Der Unterzeichnete ließ dem Kommandeur mitteilen, daß er auf laufende Verbindung mit den Lu-Abschnitten besonderen Wert lege. Gegebenenfalls wird die Stadtverwaltung Kräfte zur Verstärkung der Mannschaften für den Lu-Abschnitt namhaft machen.

d) Gegen 17,30 Uhr erschienen auf dem Rathausvorplatz 3 Kübelwagen mit bewaffneten Amerikanern. Ein Major und ein Dolmetscher baten den Unterzeichneten um eine Unterredung, die im Rathaus in den Räumen des Pol. Rev. I stattfand. Es wurde bekannt gegeben, daß das Leben seinen ungehinderten Fortgang nehmen solle, die Lebensmittelkarten weiter in Geltung bleiben würden und die Verwaltung in allen ihren Abteilungen arbeiten könne. Die Mitteilung wurde zur Kenntnis genommen.

Ferner wurden 3 Maueranschläge übergeben mit dem Auftrag, sie sofort am Rathaus anzubringen. Die Anschläge wurden entgegen genommen. Danach erklärte der Major, daß morgen - 11. 4. - vormittag 9 Uhr eine weitere Besprechung stattfinden solle, zu der wahrscheinlich sein

15

Amerikanische Patrouille vor einem der zahlreichen Torhäuser des Bochumer Vereins

Standfoto aus dem Film eines US-Kriegsberichterstatters, April 1945

14

◀ Besetzung Bochums durch US-Truppen aus der Sicht von Bürgermeister Dr. Franz Geyer

Aktenvermerk des Bürgermeisters Geyer, 10.04.1945 (siehe weiter IV Anhang Nr. 1)

Bekanntmachung

Nr. 4/V

Waffenstillstand

Die Militärregierung hat mitgeteilt, daß die Feindseligkeiten in Europa aufgehört haben.

Die erlassenen Militärgesetze bleiben jedoch in voller Kraft.

Alle Verdunkelungsvorschriften sind aufgehoben.

Bochum, den 8. Mai 1945

Bahlmann
Bürgermeister

16

Bekanntmachung der Stadt Bochum, 08.05.1945

3. Die neuen Herren – Besatzer und Besiegte

Nach der bedingungslosen militärischen Kapitulation übernahmen die alliierten Siegermächte am 5. Juni 1945 die oberste Regierungsgewalt in Deutschland. Als höchstes gemeinsames Lenkungsorgan wurde ein Alliierter Kontrollrat eingerichtet, während in den jeweiligen Zonen die Oberbefehlshaber der Besatzungstruppen die unumschränkte Macht ausübten.

Auf einer Konferenz in Potsdam berieten die Siegermächte über ihr weiteres Vorgehen in Deutschland. Allerdings kam das „Potsdamer Abkommen" vom 2. August 1945 erst nach mühsamen Verhandlungen zustande. Die Westmächte stimmten schließlich unter anderem einer Übergabe der deutschen Gebiete östlich der Oder und Neiße an Polen – bis zu einer endgültigen Friedensregelung – ebenso zu wie der deutschen Bevölkerungsteile aus Polen, der Tschechoslowakei und Ungarn. Außerdem wurde eine Reihe politischer und wirtschaftlicher Grundsätze verabschiedet. Tenor dieser Vereinbarungen war die Entmilitarisierung, das Verbot der NSDAP und aller nationalsozialistischen Organisationen und Rechtsvorschriften, die Aburteilung führender Nationalsozialisten, die Herstellung einer demokratischen Grundordnung und Verwaltung sowie die Kontrolle der Wirtschaft und die Zahlung von Reparationen.

Die unterschiedlichen Interpretationen des Potsdamer Abkommens durch die Siegermächte zeigten sehr schnell, daß es unter den Alliierten keine Gemeinsamkeit mehr gab. So verliefen in der Folgezeit alle Beratungen der Siegermächte über einen Friedensvertrag mit Deutschland ergebnislos.

Wie sollten sich die Beziehungen zwischen Siegern und Besiegten vor Ort, im alltäglichen Leben gestalten? Viele Deutsche sahen in den Alliierten vor allem die Befreier vom nationalsozialistischen Terrorsystem, während die Siegermächte zunächst das gesamte Volk für die Verbrechen der Nationalsozialisten verantwortlich machten. So hieß es in der ersten grundsätzlichen Direktive der amerikanischen Regierung vom 26. April 1945 an ihren Oberbefehlshaber: „Deutschland wird nicht besetzt zum Zwecke seiner Befreiung, sondern als ein besiegter Feindstaat." Jede Verbrüderung mit der deutschen Bevölkerung sei streng zu unterbinden.

Die Briten nahmen dieses „Fraternisierungsverbot" nicht ganz so ernst. Privatbesuche wurden zwar nicht gestattet, jedoch das absolute Sprechverbot für seine Soldaten hob Feldmarschall Montgomery am 14. Juni 1945 wieder auf.

Kontakte der englischen Soldaten mit der weiblichen Bevölkerung in Bochum ließen sich durch derartige Vorschriften ohnehin nicht verhindern. Schon im Juli 1946 sah sich die britische Besatzungsmacht gezwungen, ihren Angehörigen die Heirat mit Deutschen zu erlauben.

17

Das Bochumer Stadtzentrum in Trümmern. Blick vom Turm der Propsteikirche in Richtung Kortumstraße und Rathaus

Foto, 1944/1945

Persönliche Botschaft

des Britischen Oberbefehlshabers

(an die Bevölkerung des britischen Besatzungsgebietes in Deutschland).

1. Ich bin von der britischen Regierung mit der Befehlsgewalt und Kontrolle des britischen Besatzungsgebietes in Deutschland betraut worden.
In diesem Gebiet waltet zunächst eine Militärregierung unter meinem Befehl.

2. Mein unmittelbares Ziel ist es, für Alle ein einfaches und geregeltes Leben zu schaffen.

In erster Hinsicht ist dafür zu sorgen, daß die Bevölkerung folgendes hat:

a) Nahrung,
b) Obdach,
c) Freisein von Krankheit.

Die Ernte muß eingebracht werden.
Das Verkehrswesen muß neu aufgebaut werden.
Das Postwesen muß in Gang gebracht werden.
Gewisse Industrien müssen wieder die Arbeit aufnehmen.
Dieses wird für Jedermann viel schwere Arbeit bedeuten.

3. Diejenigen, die nach internationalem Recht Kriegsverbrechen begangen haben, werden gesetzmäßig abgeurteilt und bestraft werden.
Das deutsche Volk wird unter meinen Befehlen arbeiten, um das, was zum Leben der Volksgemeinschaft notwendig ist, zu schaffen und um das wirtschaftliche Leben des Landes wieder aufzubauen.

4. In dem britischen Besatzungsgebiete sind viele deutsche Soldaten, Flieger und Matrosen. Sie werden zur Zeit in besonderen Gebieten versammelt.
Die deutsche Wehrmacht, sowie alle anderen bewaffneten Verbände, werden entwaffnet und aufgelöst.
Alle deutschen Soldaten, Flieger und Matrosen werden nach ihren Handwerken und Berufen gemustert. In wenigen Tagen wird damit angefangen werden, sie von der Wehrmacht zu verabschieden, damit sie mit der Arbeit beginnen können.
Vorrecht in der Dringlichkeit hat die Ernte; darum werden Landarbeiter zuerst entlassen. Die Entlassung von Männern in anderen Handwerken und Berufen erfolgt, sobald es praktisch möglich ist.

5. Ich werde dafür sorgen, daß alle deutschen Soldaten und Zivilisten mittels Rundfunk und Presse über den Fortgang der Arbeit auf dem Laufenden gehalten werden. Der Bevölkerung wird aufgetragen, was zu tun ist.
Ich erwarte, daß sie es bereitwillig und wirksam tut.

Gez. B. L. Montgomery
Feldmarschall
Oberbefehlshaber des britischen Besatzungsgebietes

Deutschland, 30. Mai 1945.

19

Erst Sieger – dann Besatzer. Feldmarschall Montgomery, erster Leiter der Militärregierung in der Britischen Zone

Foto, 06.11.1948

18

◀ Sofortmaßnahmen der Militärregierung: „Nahrung, Obdach, Freisein von Krankheit"

Persönliche Botschaft des Oberbefehlshabers des britischen Besatzungsgebietes, Feldmarschall Montgomery, 30.05.1945

MILITARY GOVERNMENT
921 (Brit)

921 MG Det Ref No/12

BOCHUM, Germany.
18th April, 1945.

To
The Burgermeister
Bochum.

As from today, 18th April, 1945, correspondence between Military Govt., and German Authorities will be in English.

Von heute, 18. 4. 1945, an muß der Briefwechsel zwischen der Militärregierung und der Deutschen Behörde in englischer Sprache geführt werden.

F. C. Elliott
Major
C.C. 921 Mil Gov Det (Brit)

20

Englisch wird Amtssprache im Verkehr zwischen Stadtverwaltung und Militärregierung.

Verfügung der britischen Militärregierung an den Bürgermeister der Stadt Bochum, 18.04.1945

Betr.: Grusspflicht im besetzten Deutschland

717/MG/70(2)
23. Juli 1945

An
den Herrn Oberbürgermeister

Wattenscheid

1. Die Militärregierung ordnet folgendes an.

Grusspflicht im besetzten Deutschland

1) Die folgenden Anordnungen über die Grusspflicht von britischen und deutschen Militärpersonen ist allen Dienstgraden und allen deutschen Militär- und Zivilpersonen zur sofortigen Beachtung bekannt zu machen:

a) Deutsche Offiziere grüssen die britischen Offiziere gleichen oder höheren Ranges aller Dienstzweige.

b) Sonstige Angehörige der deutschen Armee und Polizei grüssen die britischen Offiziere aller Dienstzweige.

c) Britische Offiziere und Mannschaften grüssen deutsche Offiziere nicht zuerst, werden jedoch den Gruss der Deutschen höflich erwidern.

d) Wird bei Feiern die Nationalhymne gespielt, haben alle deutschen Männer stramm zu stehen und den Hut abzunehmen.

-) Alle Militärpersonen erweisen den ~~den~~ üblichen Gruss.

e) Alle deutschen Männer grüssen bei offiziellen Anlässen die britische Flagge.

f) Deutsche National- oder Parteihymnen dürfen in der Öffentlichkeit nicht gespielt oder gesungen werden.

2. Alle früheren Anordnungen hierüber, die von der obigen Verfügung abweichen, werden hiermit aufgehoben.

Wattenscheid,
gez. Noll

Auf Anordnung der Militärregierung
gez. Unterschrift

21

Vorschriften über die Grußpflicht bei offiziellen und sonstigen Anlässen

Anordnung der britischen Militärregierung für den Oberbürgermeister von Wattenscheid, 23.07.1945

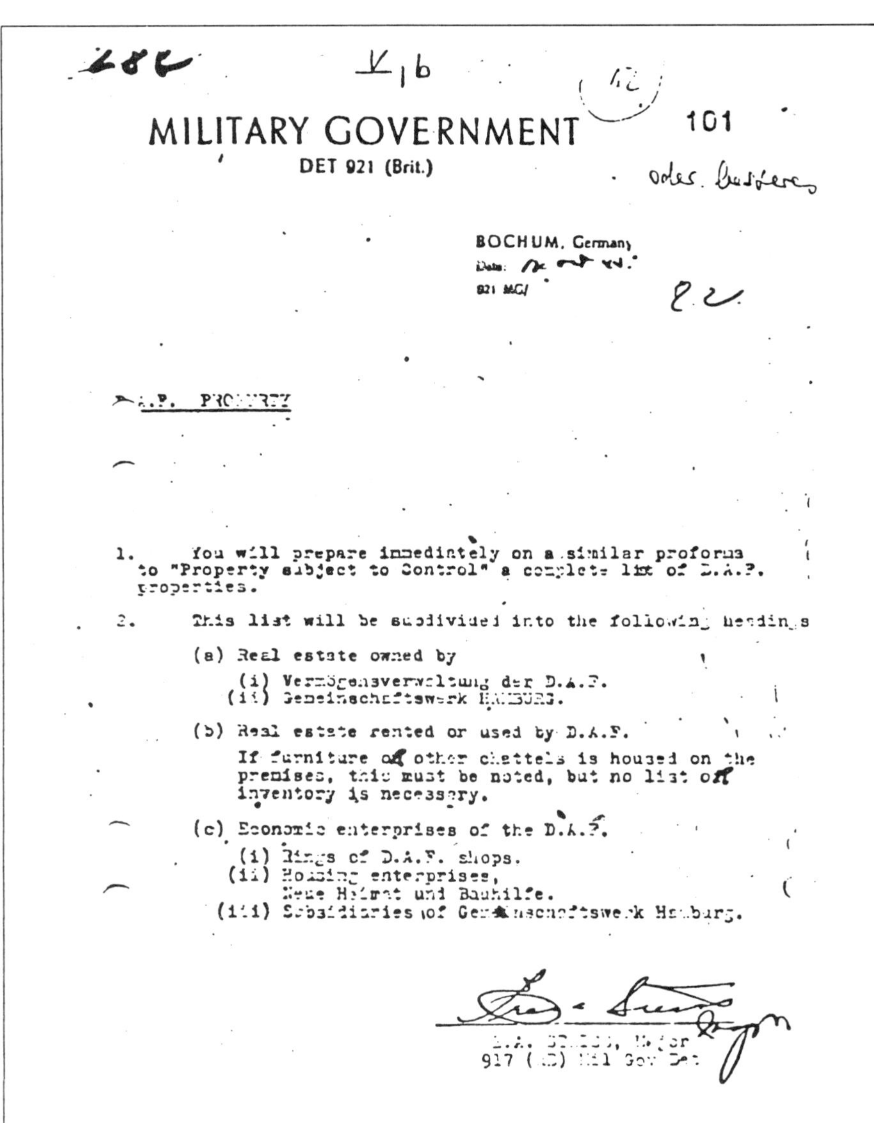

MILITARY GOVERNMENT

DET 921 (Brit.)

BOCHUM, Germany

Date: 12 Oct 45.

921 MG/

D.A.F. PROPERTY

1. You will prepare immediately on a similar proforma to "Property subject to Control" a complete list of D.A.F. properties.

2. This list will be subdivided into the following headings

(a) Real estate owned by

(i) Vermögensverwaltung der D.A.F.
(ii) Gemeinschaftswerk HAMBURG.

(b) Real estate rented or used by D.A.F.

If furniture or other chattels is housed on the premises, this must be noted, but no list of inventory is necessary.

(c) Economic enterprises of the D.A.F.

(i) Rings of D.A.F. shops.
(ii) Housing enterprises, Neue Heimat und Bauhilfe.
(iii) Subsidiaries of Gemeinschaftswerk Hamburg.

D.A. [illegible], Major
917 (LD) Mil Gov Det

22

Anordnung über die Auflistung des Vermögens der „Deutschen Arbeitsfront" (DAF)

Verfügung der britischen Militärregierung, Bochum, 12.10.1945

23
Informationsbesuch von Sir Sholto Douglas, britischer Luftwaffengeneral, bei der Militärregierung in Düsseldorf

Foto, 15.05.1946

No W.163.

Military Government of Germany

Date issued 9.5.1945 Date of expiry 31.5.1945

Name Hans N o l l , Bürgermeister

address Wattenscheid, Vorwärtsstr. 4

Identity Card Type Dienstausweis No 5

signature Hans Noll

This exemption is not transferable and can only be used in conjunction with holder's identity card and is for travel during permitted hours only.

Particulars of exemption

Tours between the towns of Dortmund, and Duisburg.

Reasons

Negotiations with the magistracies between the towns of Dortmund, and Duisburg with respect to the government of the town of Wattenscheid.

Der Bürgermeister:
I.A.:
signature (of issuing person)

J.H. Lindsay
Capt.

Bekanntmachung

Nr. 19/VII

Ausgehbeschränkung

Die Militärregierung hat ab 15. Juli 1945, abends, die Ausgehbeschränkungszeiten wie folgt festgesetzt:

	Anfang	Ende
15. Juli —28. Juli	22.00	4.45
29. Juli — 11. Aug.	21.45	5.15
12. Aug.—25. Aug.	21.30	5.30
26. Aug.— 7. Sept.	21.00	6.00

Bochum, den 12. Juli 1945

Dr. Geyer
Oberbürgermeister

25

Die Militärregierung setzt Ausgehbeschränkungen für die Nachtstunden fest.

Bekanntmachung des Bochumer Oberbürgermeisters Dr. Geyer, 12.07.1945

24

◀ Kontaktaufnahme über die Stadtgrenze. Oberbürgermeister Hans Noll darf zu Verhandlungen nach Dortmund und Duisburg reisen.

Passierschein der britischen Militärregierung für den 09.-31.05.1945

Bekanntmachung

Nr. 43/VIII

Strafen, die durch das Militärgericht verhängt worden sind

Die folgenden Rechtsfälle wurden während der Woche, die mit dem 27. Juli endet, vor dem Einfachen Militärgericht Bochum verhandelt; dabei wurde auf folgende Strafen erkannt:

Name	Vergehen	Strafe
Warm, Gustav	Uebertretung des Ausgehverbots (Aufenthalt auf der Straße um 22.30 Uhr)	28 Tage Gefängnis
Radajewski, Georg	Uebertretung des Ausgehverbots unter erschwerenden Umständen (Aufenthalt auf der Straße um 4.30 Uhr)	6 Monate Gefängnis
)roege, Emil	Unerlaubter Besitz von Tabak, der Eigentum eines Angehörigen der Alliierten Streitmacht war	6 Monate Gefängnis

Im Auftrage der Militärregierung

Clagges, Bochum

27

Hauptquartier der Militärregierung für die Provinz Nordrhein in Düsseldorf

Foto, 22.05.1948

26

◀ Wer gegen die Anordnungen der Militärregierung verstößt, landet im Gefängnis.

Bekanntmachung der Militärregierung, undatiert

28

Militärangehörige fraternisieren mit deutschen „Fräulein".

Foto, 22.05.1948

29

Freundschaft zu Kindern ist nie verboten! Englischer Corporal mit der kleinen Tochter seiner ▶
deutschen Quartiergeber

Foto, undatiert

30

Die britische Regierung hebt das Eheverbot zwischen Militärangehörigen und Deutschen auf – ▶
noch zwei Monate früher als nach dem 1. Weltkrieg.

Zeitungsmeldung, 02.08.1946

Eheverbot wird aufgehoben

London, 31. Juli. (DPD) Der Beschluß der britischen Regierung, das bestehende Eheverbot zwischen britischen Soldaten und Angehörigen der ehemaligen Feindländer, mit Ausnahme von Japan, aufzuheben in Fällen, wo die Ehe gut begründet werden kann und keine Sicherheitseinwände erhoben werden, wurde von dem Unterstaatssekretär im britischen Kriegsministerium, Lord Nathan, am Mittwoch im Oberhaus bekanntgegeben.

Die Aufhebung des Verbotes 15 Monate nach Beendigung der Feindseligkeiten erfolgt zwei Monate früher als nach dem ersten Weltkrieg.

L.L.Armstrong
106,Morgan Hss.
Hessel Street,
Commercial Rd.
London,E.1.

11.August 1946.

Sehr geehrter Herr Noll,

Als erstes Lebenszeichen hiermit meinen ersten Brief.Ich hoffe dass dieser Brief Sie,sowie Ihre werte Familie bei bester Gesundheit antrifft.

Mir persoenlich geht es so weit danke.Ich habe bereits in meinem Zivil Beruf angefangen,bin jedoch zur Zeit auf Urlaub.Wie Sie sich wohl denken koennen ist es ganz nett wieder einmal zu Hause zu sein.Es ist jedenfalls eine nette Abwechslung nach [illegible] Jahren.

Viel habe ich jetzt natuerlich noch nicht zu schreiben,dazu bin ich noch nicht lange genug hier. Eigentlich schreibe ich bloss um 1.mein Versprechen zu schreiben einzuloesen,und 2.um nicht in Vergessenheit zu geraten.

Jedenfalls moechte ich Sie herzlichst bitten alle meine Bekannten in Wattenscheid von mir gruessen zu lassen.Sie sind Ihnen ja alle bekannt.Vor allem die Winkelmaenner,van Dickens,Herrn Erdmann und die Leute von der Mil Reg und der Stadtverwaltung.Wie Sie sich ausmalen koennen kann ich nicht allen schreiben.Dazu wuerde ich etwas zu lange brauchen.

Ich hoffe jedenfalls von Ihnen gelegentlich zu hören.Mittlerweile verbleibe ich mit besten Gruessen an Ihre werte Familie und Sie,

Ihr
Louis L. Armstrong

31

Freundschaftliche Bande zwischen Besatzern und Besiegten: Louis L. Armstrong läßt seine Bekannten in Wattenscheid grüßen.

Schreiben von L. L. Armstrong, ehemaliger Offizier der brit. Milirärregierung, an Oberbürgermeister Hans Noll, 11.08.1946

32

Louis L. Armstrong, Dolmetscher: „Herrn Noll in dankbarer Anerkennung und zur Erinnerung an einjährige Zusammenarbeit"

Foto, 05.07.1945

33
Auch die Straßenbahn fährt zweisprachig. Englische Beschriftung auf einem Straßenbahnwagen von Bochum nach Blankenstein.

Foto, undatiert

4. Männer und Frauen der ersten Stunde

Die britische Militärregierung bestellte am 15. April 1945 den amtierenden Oberbürgermeister Dr. Franz Geyer zur Vernehmung in das Polizeipräsidium. Obwohl Dr. Geyer, der sich als Dezernent während der gesamten NS-Zeit im Amt hatte halten können, kein Nationalsozialist, sondern Zentrumsmann gewesen war, wurde er – wohl aus Versehen – bei diesem Verhör verhaftet und nach Rheinberg gebracht, in das Internierungslager für nationalsozialistische Funktionäre.

Als dienstältester Dezernent wurde daraufhin der Städtische Rechtsrat Ferdinand Bahlmann am 16. April zum Bürgermeister ernannt.
Nach seiner Haftentlassung (6. Juni 1945) übernahm Dr. Geyer – nunmehr von der Militärregierung zum Oberbürgermeister bestimmt – wieder die Leitung der Verwaltung (1. Juli 1945). Ferdinand Bahlmann blieb zunächst noch Bürgermeister, bevor er am 15. September auf eigenen Wunsch von seinen Amtspflichten entbunden wurde.

In Wattenscheid übernahm zunächst Stadtamtmann Schmidt die Leitung der Verwaltung, bevor am 18.4.1945 von den Briten der Stadtobersekretär Hans Noll (KPD) als Oberbürgermeister eingesetzt wurde. Er amtierte bis Anfang 1946 und wurde dann Oberstadtdirektor.

Während die Männer die formalen politischen Machtfunktionen unter sich aufteilten, kümmerten sich die Frauen um den Fortgang des alltäglichen Lebens. Arbeit, Nahrung und Wohnung waren es, die die Menschen vor allem benötigten. Frieda Nickel, bereits 1919 Mitbegründerin der Arbeiterwohlfahrt in Bochum und bis 1933 Stadtverordnete der SPD, ging sofort wieder daran, die AWO neu aufzubauen und Kinder, Alte und Kranke zu versorgen. Luise Parteike, ebenfalls Mitarbeiterin der AWO, die sich besonders der Heimatlosen und Entwurzelten annahm, erwarb sich den Ehrentitel der „Bunkermutter von Stahlhausen". Martha Günther, langjährige Leiterin des Stadtparkrestaurants, organisierte eine Volksküche, in der täglich 500 Essensportionen ausgegeben wurden. Tatkräftig ging Else Baltz daran, das zerstörte Bochumer Textilhaus Moritz Baltz wieder aufzubauen. Die Unternehmerin Margot von Linsingen bemühte sich um die Wiederaufnahme der Produktion in der Bochumer Eisenhütte und um Wohnungen für ihre Werksangehörigen. Aber auch auf dem eigentlichen politischen Feld waren die Frauen nicht untätig. Elisabeth Adamski gehörte zu den Mitbegründerinnen der CDU in Bochum. Wie auch Maria Goerdt zählte sie bereits 1946 zu den ersten gewählten Volksvertreterinnen im Bochumer Stadtparlament. Christine Schröder, 1948 – 1956 Stadtverordnete der KPD, gehörte zu den wenigen Frauen im Kreissonderhilfsausschuß – eine Institution, die sich in den Nachkriegsjahren um erste Hilfsmaßnahmen für Verfolgte des Naziregimes kümmerte.

34

Dr. Franz Geyer, seit 1923 Erster Beigeordneter und Kämmerer der Stadt Bochum. Am 10.April 1945 übernahm er die Amtsgeschäfte des geflohenen NS-Oberbürgermeisters Hesseldieck; im März 1946 wird Geyer zum Oberstadtdirektor gewählt.

Foto in Feuerwehruniform anläßlich der Feier zum 1. Mai 1933

Richtlinien für den Bürgermeister.

1. **Das Verlassen der Stadt ist verboten.** 161

2. **Ausgang zwischen den Stunden von Uhr** .... **bis Uhr** .... **ist strengstens verboten.**

3. **Verdunkelung muss eingehalten werden.**

4. **Alle Deserteure der deutschen Armee haben sich auf dem Rathaus zu melden. Die von der Militär-Regierung eingesetzte Polizei ist dafür verantwortlich, dass sich alle Deserteure sofort melden.**

Diejenigen, die dieser Aufforderung nicht Folge leisten, werden strengstens bestraft.

5. Der Bürgermeister hat der CIC eine vollständige Liste folgender Personen zu übergeben (zusammen mit deren Adresse und gegenwärtigem Aufenthalt):

a) Aller Personen, die eine Stellung oder einen Rang in der NSDAP, NSKK, NSFK, SA, SS, RAD, HJ, BDM, Frauenschaft, Opferring und anderen Parteiorganisationen haben.

b) Aller Stadtbeamten, Polizei, Gendarmerie, Schutzpolizei, Sicherheitsdienst, Gestapo, Geheime Feldgendarmerie, Kriminalpolizei, Ordnungspolizei (einschl. deren Rang) und Lehrer der Volks- und Höheren Schulen.

Auf diesen Listen muss ersichtlich sein, ob sich diese Personen gegenwärtig in der Stadt aufhalten.

6. Die Postämter und alle Parteihäuser müssen geschlossen und während der Tagesstunden bewacht werden.

7. Der Bürgermeister muss der CIC ein Gefängnis zur Verfügung stellen und ist für dessen Bewachung verantwortlich. Keine kriminelle oder politische Gefangene, die sich gegenwärtig in den Gefängnissen befinden, können ohne Zustimmung der CIC oder der Militär-Regierung entlassen werden.

8. **An die Aussenseite des Tores eines jeden Hauses muss der Eigentümer oder Bewohner ein Plakat anbringen. Dieses muss die Namen der Bewohner des Hauses enthalten, deren Alter und deren Beruf.**

9. Alle in Fettdruck gehaltenen Absätze dieser Richtlinien müssen der Bevölkerung sofort bekannt gegeben werden.

10. **Jeder Verstoss gegen diese Bestimmungen wird strengstens bestraft.**

Durch Befehl der amerikanischen Behörden

36

Kortumstraße, am Bahnhof (heute: Konrad-Adenauer-Platz). Im Bereich des Hauptbahnhofs und in der Kortumstraße – Bochums Hauptgeschäftsstraße – waren alle Gebäude bis auf wenige Ausnahmen zwischen 70% und 100% zerstört.

Foto, undatiert

35

◀ „Erfassung" der deutschen Bevölkerung: Deserteure, NS-Angehörige. An jedem Haus ist die Liste der Einwohner anzubringen.

Richtlinien für den Bürgermeister. Befehl der amerikanischen Militärbehörden, 1945

Wattenscheid,d.13.6.1945

Die polizeilichen Dienststellen werden ersucht, dem durch diese Urkunde ausgewiesenen

Oberbürgermeister
Hans Noll

der bei der Stadt Wattenscheid beschäftigt ist, in der Erledigung seiner Dienstgeschäfte bei Absperrungen ungehindert Durchlaß und nötigenfalls Schutz und Hilfe zu gewähren.

Der Ausweis gilt nur für die Person des Inhabers.

Der Oberbürgermeister
I. A.

Lichtbild des Inhabers:

(Eigenhändige Unterschrift des Inhabers)

Quittung.

Ich, der Unterzeichnete, Bürgermeister von *Bochum* (Karten-Angabe ....) bescheinige, daß ich mir meiner Verantwortlichkeit dafür bewußt bin, daß die Bevölkerung unter mir die Befehle und Bekanntmachungen der alliierten Militärregierung, die mir gegeben worden sind, befolgt und besonders die Punkte, die in der Bekanntmachung, von welcher ein Abdruck in meinen Händen ist, ausdrücklich betont werden.

Unterschrift

Unterschrift des Offiziers, d. die Bekanntm. vorlegt

Regt. *59 Med. Regt. RA.*

Datum *23. 7. 45.*

F. W. BECKER ARNSBERG 11262

Letter of Appointment

Johannes N o l l , senior secretary,

has been appointed

Oberbürgermeister of the town of Wattenscheid.

Validity from 12. April 1945

Wattenscheid, 12. July 1945

By order of the Military Government

German translation on the reverse.

39

Hans Noll, Stadtobersekretär, wird von der britischen Militärregierung zum Oberbürgermeister von Wattenscheid ernannt.

Ernennungsurkunde (Letter of appointment) in englischer Sprache, 12.07.1945

37

◀ Dienstausweis für Oberbürgermeister Hans Noll, um ihm die Dienstgeschäfte zu erleichtern.

38

◀ Der deutsche Bürgermeister muß sich als Sprachrohr und Erfüllungsgehilfe der Militärregierung verpflichten.

Erklärung („Quittung") des Bochumer Bürgermeisters Ferdinand Bahlmann, 23.07.1945

40

Else Baltz (1901 – 1986) mußte nach dem frühen Tod ihres Mannes 1942 die Leitung des traditionsreichen Bochumer Textilhauses M. Baltz übernehmen. Nach dem Krieg veranlaßte sie den Wiederaufbau des zerstörten Gebäudes und führte die Firma mit Tatkraft, Umsicht und Weitblick in die Spitzengruppe Bochumer Unternehmen. Daneben gehörte ihr besonderes Interesse der Kunst und Kultur. Mit der Verleihung des Ehrenringes der Stadt Bochum und des Bundesverdienstkreuzes 1. Klasse wurden ihre großen Verdienste anerkannt.

Foto, 1952

41

Luise Parteike (1897 – 1984), Mitbegründerin der Arbeiterwohlfahrt in Bochum, leistete in den Nachkriegsjahren unermüdliche soziale Hilfe. Von 1946 bis 1956 betreute sie im Stahlhausener Bunker am Baareplatz Heimatlose, Nichtseßhafte und durch den Krieg Entwurzelte. Die „Bunkermutter von Stahlhausen" wurde sie deswegen genannt. 1973 erhielt sie in später Anerkennung ihrer Verdienste den Ehrenring der Stadt Bochum.

Foto, 1982

42

Margot von Linsingen (1893 – 1970), Enkelin des Firmengründers Egmont Heintzmann, übernahm 1935 nach dem Unfalltod ihres Vetters die Leitung der Bochumer Eisenhütte. Nach den Zerstörungen des Krieges nahm sie tatkräftig den Wiederaufbau in die Hand. Es gelang ihr, die Bochumer Eisenhütte zu einer der führenden Firmen auf dem Gebiet des Grubenausbaues im In- und Ausland zu machen. Daneben kümmerte sie sich besonders um soziale Einrichtungen für ihre Mitarbeiter und förderte den Wohnungsbau. Wegen ihrer Leistungen beim Wiederaufbau Bochums wurde sie 1958 mit dem Bundesverdienstkreuz 1. Klasse ausgezeichnet.

Foto mit den Mitgliedern der Geschäftsleitung, undatiert

43

Nur der Jungbrunnen blieb heil. Trümmerschutt im Innenhof des Bochumer Rathauses ▶

Foto, ca. 1944

5. Überleben im Nachkriegsbochum

Für die meisten Bochumer war das Leben in der Stadt zu einem Leben in Ruinen, in einem Trümmerfeld geworden. Dennoch, man versuchte, sich einzurichten: die Keller zerstörter Häuser wurden ausgebaut, Räume in Ruinen notdürftig hergerichtet und mit primitiven Mitteln winterfest gemacht. Die Lage der Bevölkerung verschlechterte sich allerdings von Tag zu Tag, da Evakuierte zurückkehrten und Heimatvertriebene und Flüchtlinge auf Arbeitssuche ins Ruhrgebiet drängten. Die Folge: Zuzugsverbote mußten verhängt werden.

Der Aufenthalt gestaltete sich im zerstörten Bochum wie in den übrigen Ruhrgebietsstädten zu einem täglichen Kampf ums Überleben. Die offiziellen Zuteilungen lagen unterhalb des Existenzminimums: hatte der Völkerbund im Jahre 1936 eine Mindestkalorienmenge für einen Erwachsenen mit 3.000 kcal/Tag bei achtstündiger Arbeit und mit 1.600 kcal/Tag bei vollständiger Ruhe errechnet, so betrug der Tagessatz in Bochum im Juni 1945 zeitweise nur 964 kcal. Die tatsächlichen Zuteilungen waren oft noch niedriger. Die Beschaffung von Nahrungsmitteln, einfachen Gegenständen des täglichen Lebens und Heizmaterial wurde daher zum zentralen, für viele zum existentiellen Problem. Private Initiativen wie die Anlage von Kleingärten und Beeten zwischen den Ruinen, in denen Kartoffeln und Gemüse, vielfach auch Tabakpflanzen angebaut wurden, konnten die Versorgungsprobleme nicht wirksam bekämpfen.

Die Menschen waren dauernd unterwegs: sie standen in Läden an und holten ihre Lebensmittelzuteilungen ab, sie „organisierten", tätigten Kompensationsgeschäfte, versuchten dringend benötigte Waren auf dem Schwarzmarkt zu erstehen, unternahmen Hamsterfahrten. Das alles kostete sehr viel Zeit, da Verkehrsmittel kaum zur Verfügung standen. Bei Kriegsende waren noch ganze 18 Reichsbahnzüge einsatzbereit; in der Britischen Besatzungszone waren 1.300 Eisenbahn- und 1.500 Straßenbrücken zerstört. Die Situation in Bochum war nicht wesentlich anders: 146 der 284 km Straßenbahnnetz waren zerstört; die verbliebenen Kapazitäten reichten nicht aus für den Berufsverkehr und für den Strom der Menschen, die auf der Suche nach Lebensmitteln von einem Stadtteil in den anderen, von Stadt zu Stadt fuhren.

Die unzureichende Versorgung mit Nahrungsmitteln sowie die schwierige hygienische Situation – die Trinkwasser- und Kanalisationsleitungen waren größtenteils zerstört – führten zu einem sprunghaften Ansteigen der Infektionskrankheiten. So brach im Mai 1945 in den Stadtteilen Gerthe und Harpen eine Typhusepidemie aus, in deren Verlauf über 100.000 Bochumer eine

Schutzimpfung erhielten. Die Zahl der an Typhus Erkrankten lag mit 866 um das Dreihundertfache über den Werten des Jahres 1939; 109 Einwohner erlagen schließlich dieser Infektion.

Die ständige Unterernährung der Bochumer führte zu zahlreichen Mangelkrankheiten: Hungerödeme und Tuberkulose waren weit verbreitet.

Obwohl die Menschen – von Krankheiten bedroht – am Rande des Existenzminimums lebten, hatten sie ein Bedürfnis nach Ablenkung in ihrer knappen Freizeit. Diesem Wunsch trugen die britischen Besatzer unter anderem durch die Wiedereröffnung von 400 Kinos in Westfalen und in der nördlichen Rheinprovinz Ende Juli 1945 Rechnung. Da die Lichtspielhäuser in der Innenstadt weitgehend zerstört waren, mußten die Bochumer auf die Vororte ausweichen: in fünf Kinos wurde vom 30. Juli an jeweils ein deutscher Spielfilm vorgeführt, der zuvor von der Militärregierung zensiert wurde. Der Run der Bochumer auf die Lichtspielhäuser war groß; Anfang 1946 gab es in der Stadt bereits acht Kinobetriebe, die Einrichtung von neun weiteren war geplant.

44

Auf den Trümmern des „1000-jährigen Reiches“: Aufräumungsarbeiten in der Nähe der Zeche Hannover-Hannibal in Hordel

Foto, undatiert

Bekanntmachung

1. Verbot des Verkaufs und Ausschanks von Bier, Wein und Spirituosen

Auf Anordnung der Besatzungsbehörde ist bis auf weiteres jeder Verkauf und Ausschank von Bier, Wein und Spirituosen in Gaststätten, Bars und anderen Verbrauchsstellen verboten. Verabfolgt werden dürfen Speisen und alkoholfreie Getränke.
Gestattet ist ferner der Verkauf von Flaschenbier über die Straße.

2. Sauberhaltung der Straßen und Plätze

Auf Anordnung der Besatzungsbehörde hat jeder Eigentümer, Verwalter oder Mieter eines bewohnten Gebäudes oder eines sonst genutzten Grundstücks die Pflicht, sofort etwaige Verkehrshindernisse zu beseitigen, den Bürgersteig, Rinnstein und Straßendamm von Staub, Geröll und Unrat zu säubern und in Zukunft sauber zu halten.

Bochum, den 27. April 1945

Bahlmann
Bürgermeister

45
Beginn der Enttrümmerung in Bochum

Ausschnitt aus einer Bekanntmachung von Bürgermeister Bahlmann, 27.04.1945

46
Zuzug ins Ruhrgebiet verboten! Nur bestimmten Kategorien von Arbeitern, die für den Wiederaufbau besonders wichtig sind, ist die Rückkehr erlaubt. ▶

Bekanntmachung der Militärregierung Deutschland, britisches Hoheitsgebiet, Herbst 1945

MILITÄRREGIERUNG - DEUTSCHLAND

BRITISCHES HOHEITSGEBIET

Bekanntmachung

EINSCHRÄNKUNGEN DER RÜCKKEHR NACH DEM RUHRGEBIET

1. Die Lebensbedingungen im Ruhrgebiet geben Anlass zu sehr ernsten Besorgnissen. Tausende von Häusern sind vollständig zerstört oder doch unbewohnbar. Die Wasserleitungs- und Kanalisationsanlagen haben ausgedehnte Schäden erlitten.
2. Alle Deutschen — mit Ausnahme der im Absatz 5 erwähnten — die sich nach dem Ruhrgebiet begeben, finden weder Heim noch Nahrung noch Brennstoffe vor.
3. Mit dem Herannahen des Winters taucht die Gefahr des Ausbruchs von Epidemien auf, denn der vorhandene Wohnraum ist bereits in hohem Masse überbeansprucht und Wiederherstellungs- und Wiederaufbaumassnahmen können wenig dazu beitragen, in den noch verbleibenden Monaten die Lage wesentlich zu bessern.
4. Die wahrhaft knappen Mengen an Brennstoffen und Nahrungsmitteln und der äusserst knappe Wohnraum, soweit überhaupt vorhanden, sind bereits lebenswichtigen Arbeitern zugeteilt worden. Kommen nicht-lebenswichtige Arbeiter zurück, so werden zwangsläufig Engpässe eintreten und die gesamte Wiederaufbauarbeit wird darunter leiden. Diese aber ist für das Fortbestehen und die künftige Gestaltung Deutschlands von ausschlaggebender Bedeutung.
5. Die Arbeiter der folgenden Kategorien, soweit sie im Ruhrgebiet ansässig sind, sollen aber sofort zurückkehren:
   - Bergleute
   - Eisenbahnpersonal
   - Elektrotechniker (für Instandhaltungen)
   - Elektrizitätswerkspersonal
   - Mechaniker für landwirtschaftliche Maschinen
   - Maurer
   - Reichspostpersonal
   - Stahlarbeiter.
6. Dies ist eine erschöpfende Liste jener Leute, deren Rückkehr dringend geboten ist. Alle anderen, die sich nach Hause begeben, erschweren die Aufgaben der Behörden und werden bestimmt ohne Dach und Nahrung dastehen.
7. Daher, kehre nicht nach dem Ruhrgebiet zurück!

Bekanntmachung

Nr. 18/V

In den Ortsteilen Gerthe, Hiltrop, Bergen und Harpen hat der Typhus eine ziemlich erhebliche Verbreitung erlangt. Die Krankheit ist sehr ansteckend. Sie ist auch sehr schwer. Deshalb muß sich jeder Kranke in ein Krankenhaus aufnehmen lassen.

Die Angehörigen und die Mitbewohner im Hause sichern sich gegen die Ansteckung mit Typhus am besten durch die

Typhus - Schutzimpfung

Sie wird unentgeltlich ausgeführt und ist nicht gefährlich.

Die Bevölkerung wird ersucht, die Impfungen, die in den Häusern und in den Fürsorgestellen der Stadtteile vorgenommen werden, durch bereitwilliges Entgegenkommen verständnisvoll zu unterstützen. Nur so wird der Typhus in Kürze bekämpft werden können.

Eßt auch kein ungekochtes Gemüse und Fleisch, trinkt keine ungekochte Milch und kein ungekochtes Wasser!

Bochum, den 28. Mai 1945

Der Bürgermeister

In Vertretung

Dr. med. Wendenburg

Stadtrat – Amtsarzt

47

Aufruf zur Typhusschutzimpfung und Warnung vor ungekochten Nahrungsmitteln.

Bekanntmachung Nr. 18, 28.05.1945

48

Essener Straße, im Bereich der Kolonie Bochumer Verein. Während die an die Innenstadt grenzenden Werkshallen des Bochumer Vereins weitestgehend zerstört sind, beträgt der Schadensgrad an Werkshallen und Siedlungen im Bereich Essener Straße/Gahlensche Straße zwischen 10% und 50%.

VI Ges. chart

zu II

I n f o r m a t i o n c o n c e r n i n g
P o p u l a t i o n
for the year 1946

serial No.	V. C a u s e s o f D e a t h s	Number of the cases of death: total	among them: resident Germans	among them: non - resident persons, foreigners, Jews
1	typhoid fever and para-typhus	2	1	1
2	scarlet fever	-	-	-
3	hooping - cough	1	1	-
4	diphteria	8	7	1
5	a) tuberculosis of the respiratory organs	60	60	-
	b) tuberculosis of the meningesses and of the central nerve system	4	4	-
	c) tuberculosis of other organs and miliar tuberculosis	4	3	1
	tuberculosis together	68	67	1
6	syphilis under 1 year	-	-	-
7	a) influensa with sickness of the lungs	-	-	-
	b) influensa without a statement of sickness of the lungs	-	-	-
8	measles	1	1	-
9	infectious brain-fever (encephalitis lethargica sive epidemica)	4	3	1
10	infectious cerebro-spinal meningitis	-	-	-
11	cancer and other virulent tumours	79	78	1
12	acute feverish artisular rheumatism	4	4	-
13	diabetesb	8	6	2
14	bleeding of the brain and other injuries of the brain resulting from the vessels	42	39	3
1	hearts-diseases	85	79	6
16	bronchitis	14	14	-
17	inflammation of the lungs	63	61	2
1[illegible]	catarrh of the bowels under 1 year	2	2	-
19	appendicitis	1	1	[illegible]
20	nephritis	10	8	2
21	puerperal fever at abortion	1	1	-
22	puerperal fever at births which must be notified at the registrar's - office	2	2	-
23	other contingencies of the pregnancy and the childbed	4	3	1
24	premature birth	17	16	1
25	congenital deformities under 1 year, weakness of life, consequences of the birth with new-born children	28	28	-
26	weakness of old age	51	50	1
27	a) suicide	3	3	-
	b) murder and homicide	2	2	-
	c) accidents	24	20	[illegible] 4
28	sudden death and causes not or inexactly stated	12	11	1
29	all other causes of death (without stillborn children)	47	44	3
	1 - 29 together	585	554	31

soldiers 427

[signature]

Elisabeth-Krankenhaus Bochum

Chirurgische Abteilung
Chefarzt Prof. Dr. A. Reich
Fernruf 61451—53

Herrn
Oberbürgermeister

B o c h u m

Stadt Bochum
21 SEP 46 65565
Nr. 388

Stadtwerke Bochum
24. SEP. 1946
Abtlg.: ...

Ihr Zeichen | Ihr Schreiben | Mein Zeichen | Datum 19. 9. 46

Betr.: ...

Das Elisabeth-Krankenhaus, Bochum, verfügt zur Zeit über 200 Krankenbetten. Diese Zahl wird vor Jahresschluss sich wesentlich erhöhen. Im Betriebe des Krankenhauses macht sich der Mangel an Gas äusserst nachteilig bemerkbar. Die Sterilisatoren für Instrumente und Wäsche sind auf Gas eingerichtet. In den Teeküchen wurde bisher ausschliesslich Gas gebraucht. Auch die Waschküche ist nach ihrer Einrichtung weitgehend auf Gasgebrauch abgestellt. Es gelingt nur sehr ungenügend und mit starken Zeitverlusten das Gas durch elektrische Kraft zu ersetzen, zumal die Stromverhältnisse bei weitem noch nicht normal sind. Es ist daher ein dringendes Bedürfnis, dass das Krankenhaus wieder Gaszufuhr erhält. Wie ich höre, soll demnächst die Gaszufuhr über die Bergstrasse zur Versorgung der Augusta Krankenanstalt und des Josefs-Hospitals wieder ausgebaut werden. Vielleicht ist es möglich, im Zusammenhang damit auch dem Elisabeth Hospital wieder Gas zuzuführen.

Ich bitte daher dringend, vorstehendem Antrag so bald als möglich entsprechen zu wollen.

Der leitende Arzt des Elisabeth-Kraneknhauses.

Prof. H. C. Reich.

49

◀ Todesursachen im Jahr 1946: Tuberkulose, Infektionen, Lungenentzündung, Kindbettfieber

Bericht des Gesundheitsamtes Wattenscheid an die Militärregierung über den Zustand der Bevölkerung, Febr./März 1947

50

◀ Das Elisabeth-Krankenhaus soll wieder mit Gas versorgt werden.

Schreiben des leitenden Arztes Prof. Reich an den Oberbürgermeister, 19.09.1946

51

Die erste Fronleichnamsprozession der Pfarrei St. Joseph nach dem Krieg ▶

Foto, 20.06.1946

6. Erste Schritte in die Demokratie

Die britische Militäradministration ging nach dem Prinzip der „indirekten Herrschaft" (indirect rule) vor. Dies äußerte sich in einer Flut von Anordnungen, mit denen das öffentliche Leben gelenkt werden sollte: Alles und jedes wird vorgeschrieben und kontrolliert, jede, auch die kleinste Aktivität der Bürger mußte zunächst bewilligt und lizenziert werden.

Die Briten wußten jedoch, daß sie ihr Besatzungsgebiet nur mit Hilfe deutscher Stellen verwalten und wieder instandsetzen konnten. Deshalb sorgten sie dafür, daß die deutschen Verwaltungen funktionsfähig blieben; allerdings unterstanden Oberbürgermeister und Verwaltung der strikten Kontrolle des Militärkommandanten. Ein erster Schritt auf dem Weg zur Selbstverwaltung war die Einsetzung von Stadtausschüssen, die den Oberbürgermeister bei der Arbeit beraten und unterstützen sollten. Die Mitglieder dieser Stadtausschüsse wurden aus dem Bereich der neu gegründeten demokratischen Parteien, der Kirchen, der Gewerkschaft und der sonstigen Berufsvertretungen auf Vorschlag des Oberbürgermeisters vom Militärkommandanten ernannt. Der Stadtausschuß nahm bereits im Mai 1945 seine Tätigkeit auf.

Die Stadtausschüsse wandelten sich mit fortschreitender Demokratisierung des Lebens Anfang des Jahres 1946 zu echten Gemeindevertretungen, die bindende Beschlüsse fassen konnten, an die sich der Oberbürgermeister zu halten hatte. Diese Gemeindevertretung stellte bereits einen repräsentativen Querschnitt der Bevölkerung dar, ging aber noch nicht auf allgemeine Wahlen zurück.
Die erste Sitzung der neu ernannten Stadtverordnetenversammlung fand in Bochum am 29. Januar 1946 im Parkhaus statt. In Wattenscheid tagte dieser Vorläufer des heutigen Stadtparlaments bereits am 18. Dezember 1945. Allerdings bestimmten die Engländer nach wie vor die Grundlinien der Kommunalpolitik: Die Wahl des CDU-Mitglieds Beckers zum Bochumer Oberbürgermeister wurde von ihnen annulliert, Willi Geldmacher (SPD) in dieses Amt eingesetzt.

Es ist überraschend, wie schnell sich auch in Bochum wieder politisch aktive Männer und Frauen zusammenfanden, um in demokratischer Verantwortung am Neuaufbau der Stadt mitzuwirken und Parteien zu gründen.

Die KPD baute im April/Mai 1945 die Bezirksleitung für das Ruhrgebiet wieder auf.

Nach eher losen Kontakten unter den Sozialdemokraten in verschiedenen Betrieben und Stadtteilen fand die informelle Gründungsversammlung des SPD-Stadtverbandes Bochum am 22. Juni 1945 statt.
Mit der Zulassung der demokratischen Parteien am 11. August 1945 und nach Vereinigung mit der in Bochum einflußreichen „Union Deutscher Sozialisten", die eine sozialistische Einheitspartei schaffen wollten, setzte der systematische Organisationsaufbau der Bochumer SPD ein. Willi Geldmacher wurde zum ersten provisorischen Vorsitzenden gewählt.

Auch im Lager bürgerlicher Gruppierungen kam es schon im Mai zu parteipolitischen Willensbekundungen, die schließlich Anfang September 1945 zur Neugründung einer Partei führten, die die Konfessionsschranken überwinden wollte.

Am 2. September 1945 wurde auf einer Versammlung im Bochumer Parkhaus die Christlich Demokratische Partei (CDP) für Westfalen gegründet. 16 Tage später bildete sich die CDP für Bochum; ihr 1. Vorsitzender wurde Anton Gilsing. Die Umbenennung der Partei in CDU erfolgte am 30. Dezember 1945.

Eine örtliche liberale Gruppierung genehmigte die Militärregierung formell am 16. August 1945, doch fehlten dem am 20. Oktober gegründeten Bochmer Stadtverband noch die Mitglieder. So wurde die Bildung des FDP-Kreisverbands Bochum erst am 7. Juni 1946 erlaubt.

Am 23. April 1945 fand auf der Zeche Prinz-Regent die erste Zusammenkunft der Bochumer Betriebsausschüsse statt. Ergebnis der Versammlung war die Gründung einer Einheitsgewerkschaft. Auf Druck der Militärregierung wurde diese Bochumer Einheitsgewerkschaft Anfang Dezember 1945 zugunsten der Industrieverbände Bergbau und Metall aufgelöst. Mehr als lokale Zusammenschlüsse ließen die westlichen Alliierten zunächst nicht zu.

52

Bochums „gute Stube": das Restaurant im Stadtpark. 1945 – 1953 diente einer seiner umgebauten Säle als Spielstätte für das Schauspielhaus. Zeitweise tagten hier in den ersten Nachkriegsjahren die Bochumer Gerichte.

Foto, 1925

53

Zur Mitwirkung am politischen Leben bereit: Bochums Arbeiter sind christlich gesinnt und brauchen Vertreter aus christlichen Gewerkschaften! ▶

Schreiben von Stadtrat Anton Gilsing an die britische Militärregierung in Bochum, 01.05.1945

54

SPD und Union deutscher Sozialisten sollen zu einer gemeinsamen sozialistischen Partei verschmolzen werden. ▶

Protokoll über eine gemeinsame Sitzung von SPD und Union, 1. Seite, 13.08.1945 (siehe weiter IV Anhang Nr. 5)

Betrifft
Christliche Gewerk-
schaften im Bezirk
Bochum.

Bochum, d. 1. Mai 1945
Schillerstr. 9

An das

Englische Militär Gouvernement

Bochum

Der Unterzeichnete erlaubt sich, folgendes zu erklären.

Der weitaus größte Teil der Bochumer Bevölkerung, auch der Arbeiterschaft, bekennt sich zur christlichen Weltanschauung.

Es bestanden, bis zur gewaltsamen Machtübernahme der NSDAP, neben dem sozialistischen freien Gewerkschaften, auch in Bochum christliche Gewerkschaften aller Berufe.

Soweit das Gouvernement Vertreter der Arbeiterschaft zu notwendigen Maßnahmen heranzieht, ersuche ich, auch Vertreter der christlichen Gewerkschaften zu berufen.

Der Unterzeichnete ist Mitbegründer der christlichen Gewerkschaften und stets Vertrauensperson der christlichen Arbeiterbewegung gewesen.

Ich bin gerne bereit, auf Wunsch nähere Mitteilungen zu machen.

gez. [Unterschrift]
Stadtrat a. D.

Protokoll.

Tag: 13.August 1945.

Ort: Bochum.

Zweck: Organisationsvereinigung von SPD und Union.

Anwesende: die Genossen Nickel, Proff, Braumann und Schäfer von der SPD,

die Genossen Volkmann, Bangel, Heinemann, Kaimaier, Kappius und die Genossin Kappius von der Union.

Der Genosse Bangel eröffnete und nannte noch einmal den Zweck der Zusammenkunft: Herbeiführung der Einigung. Angesichts der Tatsache, so führte er aus, dass die Militärregierung die alten Parteien zunächst einmal zulässt, wir unsererseits die Arbeiterbewegung nicht spalten wollen, nehmen wir davon Abstand, eine zweite sozialistische Partei anzumelden und bemühen uns statt dessen, die angemeldete SPD zu einer Einheitspartei zu machen. Die heutige Sitzung soll die Voraussetzungen einer einheitlichen Organisation in Bochum schaff da es sich nicht einfach um die organisatorische Zusammenlegung der beiden Gruppen handeln kann, die neugebildete SPD vielmehr gewisse Züge aufweisen muss, wenn sie zu einem Sammelbecken für alle Sozialisten, kurz zu einer wirklichen Einheitspartei werden soll. Der Genoss Bangel gab seiner Zuversicht Ausdruck, dass die Sitzung mit einem positiven Ergebnis enden werde. Der Genosse Nickel unterstrich in seine Antwort die Notwendigkeit einer Einheitspartei für die soz. Bewegung. Er begrüsste unsere Absicht, die Einheitspartei nunmehr zu bilden, de Anschluss müsse aber an die SPD erfolgen, - Er sei zu keinen Konzessionen bereit. Es sei im übrigen selbstverständlich, dass die neue SPD eine neue Partei nach Geist und Arbeit sein werde in dem von Genossen Bangel gekennzeichneten Sinne.

Als erster Punkt wurde die Frage des Namens der neuen Partei besproch Von Seiten der Vertreter der UNION wurde die Notwendigkeit dargelegt, auch nach aussen hin, also im Firmenschild, von vornherein zu erkenne zu geben, dass es sich hier um eine neue, regenerierte Partei handelt um allen denen Schwung und Antrieb zu geben, die früher enttäuscht oder misstrauisch abseits gestanden haben. Von Seiten der SPD wurde geltend gemacht, dass wir ja nicht örtlich den Namen der Partei bestimmen könnten, da diese sich ja über den ganzen Bezirk ausdehnt. Der Vorschlag des Namens müsse also von oben und für alle Ortsgruppen gemacht werden. Sie hielten nicht unbedingt an dem alten Namen fest, müssten aber vorläufig als SPD auftreten, bis eine Entscheidung von oben festliegt. Von der UNIONs-Seite wurde die Frage der Einigung auc nicht vom Namen abhängig gemacht. Es sei zwar ausserordentlich wünschenswert, dass die Partei einen neuen Namen bekommt,- entscheidend sei aber der neue Inhalt, der neue Geist der Partei.

Jeder Einzelne der Anwesenden erklärte sich sodann damit einverstande dass für die Namensgebung auf Vorschläge von der Bezirksleitung gewartet werden soll, dass jedenfalls die Einigung nicht am Namen schei tern soll.

Als zweiter Punkt wurde die Frage des Programms besprochen. Der Genos Nickel lehnte es ab, darüber zu verhandeln. Es sei in diesen Tagen keine Zeit dazu, über Programme zu diskutieren. Von Seiten der UNION wurde darauf bestanden, das Programm sei aber gerade dasjenige, woraus der neue Geist der Partei zu ersehen ist, und somit die entschei dende Grundlage für eine Einigung. Da aber ein neues Programm der SPD noch nicht vorliegt, erklärte Genosse Schäfer, dass am letzten Sonnta in Dortmund eine Sitzung des erweiterten Bezirksvorstandes stattge-

177

Gesuch um Erlaubnis der Militärregierung, eine politische Versammlung abzuhalten.

Application for a Military Government Permit to hold a Political Meeting.

Dieses Formular muß wenigstens sieben volle Tage vor der genannten politischen Versammlung ausgefüllt und an die zuständige Militärregierung eingereicht werden.

This form must be completed and sent to the local Military Government Detachment at least seven clear days before the date on which it is proposed to hold the meeting.

(a) Name und Adresse derjenigen Personen, die die Versammlung leiten und die Bezeichnung der bürgenden politischen Organisation

The names and addresses of the persons actually organising the meeting, and the title of any political organisation sponsoring it.

1. DR. jur. Bernhard Seier, Wattenscheid, Oststr. 35
   Barrister " " " " "
2. ~~Markscheider Wilh. Tiemann, " , Graf Adolfstr. 16~~
   Surveror " " " " " "
3.
4. Christian Demokratic Party (Chrisꞏlich Demokratische Partei

(b) Ort, Tag und Zeit der vorgesehenen Versammlung:

Place, date, and time at which it is desired to hold the meeting.

Wattenscheid, Sonntag, den 14. Okt. 1945, Kolpinghaus, Oststr.

" , Sunday, 14 th Oct. " " , "

(c) Name und Adresse der ~~Teilnehmer~~ Personen, die bei der Versammlung sprechen

Names and addresses of persons who are to address the meeting.

1. Chefredakteur Jos. Hassler, Bochum, Vidumestr. 6
2. Chiefeditor " " , " , " "
3.
4.

(d) Grund der Versammlung:

Precise objects of the meeting:

Gründung der Christlich Demokratischen Partei
Foundation of the Christian Democratic Party

(e) Die Höchstzahl der zugelassenen Personen beträgt:

The maximum number of people to be permitted to attend:

35o Personen
35o Persons

Betr. Politisches.

717/MG/P (1)

7 August 1945

An den

Herrn Oberbürgermeister

Wattenscheid.

Die Militärregierung ordnet an:

1.) Folgende Parteien dürfen von jetzt an politische Versammlungen mit freier Aussprache abhalten:

a) Sozialdemokraten
b) Zentrum
c) Kommunisten.

2.) Die Versammlungen müssen öffentlich sein. Jeder, der teilnehmen will, muss ohne Einschränkung zugelassen werden.

3.) Keine Versammlung darf ohne vorherige Erlaubnis der Militärregierung stattfinden.

4.) Anträge an die Militärregierung wegen politischer Versammlungen sind auf beigefügtem Vordruck "A" einzureichen.

5.) Das ausgefüllte Formular wollen Sie der Mil.Reg. 72 Stunden vor der beabsichtigten Versammlung übergeben.

6.) Kriegslieder oder Militärmusik sind bei diesen Versammlungen verboten.

Wattenscheid

Auf Anordnung der Militärregierung

Stempel 7 August 1945

gez. Ham
Major.

55

Gründung einer Christlich Demokratischen Partei in Wattenscheid am 14. Oktober 1945 ▶

Gesuch von Dr. Bernhard Seier und Markscheider Wilhelm Tieme, Wattenscheid, an die britische Militärregierung, 09.10.1945

56

Sozialdemokraten, Zentrum und Kommunisten dürfen öffentliche politische Versammlungen abhalten. ▶

Schreiben von Major Ham, britische Militärregierung, an den Oberbürgermeister von Wattenscheid, 07.08.1945

MILITARY GOVERNMENT

DET 921 (Brit.)

56

BOCHUM, Germany

Date: 18 Dec.45

921 MG/ 1536/1

Subject: Town Council.

To/ Oberbürgermeister.

I wish to form a city council representative of the people of Bochum and containing only those who have the capacity and the desire to work for the good of their fellow citizens. For this purpose I would be glad to know as soon as possible the names and addresses of persons you can recommend.- The only restrictions I place on nominees are that they must not have been Nazis and that they must not be employees of the city administration.

Lt. Col.Comd.
921 Mil. Gov.Det.
(D.I. [illegible])

Betr. Stadtrat

An den Herrn Oberbürgermeister

Ich möchte einen Stadtrat als Vertretung der Bevölkerung einrichten, der nur solche Personen umfassen soll, die fähig und bereit sind, für das Wohl ihrer Mitbürger zu arbeiten. Zu diesem Zweck hätte ich gern von Ihnen Namen und Anschriften von Personen, die Sie empfehlen können. Die einzige Einschränkung, die ich für die zu Ernennenden mache, ist, daß sie keine Nazis gewesen sind und nicht bei der Stadtverwaltung beschäftigt sein dürfen.

13

Bochum, den 1. Juni 1945

1.) Jm Einvernehmen mit der Militärregierung ist bei der Stadtverwaltung ein Stadtausschuß als beratendes Organ gebildet worden. Nach der Anweisung des Chefs der Militärregierung soll der Ausschuß bestehen aus je 2 Vertretern des Zentrums, der SPD., KPD. und des evangelischen Volksteils, aus Vertretern der Gewerkschaften und 1 Vertreter der kleineren evangelischen Gemeinden, evtl. 1 Vertreter der jüdischen Bevölkerung.

Jn den Ausschuß sind von mir folgende Bürger berufen worden:

Chefredakteur Josef Hasler Stadtrat a.D. Anton Gilsing und Arbeitersekretär Elfes	als Vertreter des Zentrums und der christl. Gewerkschaften
Geschäftsführer August Bangel und Stadtinspektor a.D. Paul Witthüser	als Vertreter der SPD.
Heinz P ö p p e und ~~Peter~~ Fritz Wiesmann	als Vertreter der KPD.
Angestellter Siegfried Böker und Bergmann Friedrich Schürmann	als Vertreter der Einheitsgewerkschaften.

2.) Superintendent Pfarrer Fortmann ist gebeten worden, 2 Vertreter der evangelischen Bevölkerung zu benennen.

3.) Pfarrer Greve ist gebeten worden, 1 Vertreter der kleineren evangelischen Gemeinden zu benennen.

4.) Ein Vertreter der jüdischen Bevölkerung kommt z.Zt. nicht in Frage, da in Bochum nur 4 Juden ansässig sind.

5.) Nach seiner Sitzung vom 30.5.1945 sind die Mitglieder, die an dieser Sitzung teilgenommen haben (s.Anwesenheitsliste), dem Kommandanten der Militärregierung vorgestellt worden. Bei dieser Gelegenheit wies dieser darauf hin, daß Anregungen und Wünsche der Ausschußmitglieder nur durch den Bürgermeister an ihn zu richten seien, wie er auch seine Anweisungen an die Mitglieder durch den Bürgermeister geben werde.

b.w.

Ferner wies der Kommandant mit Nachdruck darauf hin, daß die Parteien sich jeder Tätigkeit, vor allem in der Werbung von Mitgliedern, zu enthalten hätten, und daß Parteibüros unter keinen Umständen geduldet würden. Abzeichen von politischen Parteien dürften nicht getragen werden.

6.) W.v. 10.6.1945.

57

Der erste Schritt zur kommunalen Selbstverwaltung: Die Briten initiieren die Einrichtung eines Stadtrates.

Ankündigungsschreiben der britischen Militärregierung, 18.12.1945

AUFRUF

der

Kommunistischen Partei Deutschlands

Bezirksleitung Ruhrgebiet

Schaffendes Volk an Ruhr und Rhein! Männer, Frauen und Jugend! Bauern Westfalens!

Der Hitler-Faschismus hat das Ruhrgebiet vernichtet. Unsere Ruhrstädte sind grauenvoll zerstört. Von Duisburg nach Essen, von Bielefeld bis Münster zieht sich ein Wall von Ruinen. Weit mehr als die Hälfte des Wohnraumes ist vernichtet. Die Wirtschaft ist desorganisiert. Auf dem Lande fehlt es an Maschinen. Eisenbahnen und Wasserwege sind noch im letzten Augenblick durch verbrecherische Sprengungen gebrauchsunfähig gemacht worden. Der Winter steht drohend vor der Tür und mit ihm das Gespenst der Obdachlosigkeit, der Kälte, des Hungers und der Seuchen.

Wer trägt die Schuld daran?

Hitler und die Ruhr-Kapitalisten, gegen die unsere Partei und die Arbeiterklasse immer gekämpft haben. Besonders unsere Ruhrpartei hat seit dem Jahre 1933 einen zähen illegalen Kampf gegen Hitler geführt, in dem unsere Besten — Albert Funk, Julius Adler, Mathis Thesen und viele andere — ermordet wurden. Wir fühlen uns eins mit unseren sozialdemokratischen Freunden und besonders mit den Bergarbeitern, die im gemeinsamen Kampf gegen Hitler, den Führer des Bergarbeiter-Verbandes, Fritz Husemann, verloren haben.

Das Ruhrgebiet war das Zentrum der deutschen Schwer- und Rüstungsindustrie. Es war der Großindustrielle Thyssen, der Hitler in die Ruhrindustrie eingeführt hat. Im Stahlhaus in Düsseldorf nahmen schon im Jahre 1932 Hitler, Göring und Himmler die Aufträge des Finanzkapitals, vertreten durch Thyssen, Krupp, Poensgen, die Generaldirektoren der I. G. Farbenindustrie, des Stahltrustes, des Kohlensyndikates und der Banken, entgegen, die Arbeiterschaft niederzuschlagen und den Raubkrieg vorzubereiten. Die Besprechungen der Naziverbrecher mit Krupp von Bohlen und Halbach, der jetzt seiner Aburteilung als Kriegsverbrecher entgegen sieht, in der Villa Hügel in Essen, dienten der Organisierung und Durchführung dieses Krieges. Im Jahre 1944 erklärte der Stahltrust durch seinen Vertreter Roland:

„Die modernen Tanks dieses Krieges haben wir schon im Jahre 1928 konstruiert."

Die Großindustriellen des Rhein- und Ruhrgebietes sind Schuld an diesem Krieg und seine Folgen. Sie haben die Nazis finanziert und in den Sattel gehoben. Sie halfen an der Ausplünderung der anderen Staaten. Sie lieferten die Waffen. Sie beuteten die Milionen Kriegsgefangenen aus und verschleppten ausländische Arbeiter. Sie waren die Auftraggeber der Gestapo zur Organisierung von Arbeitserziehungslägern und Konzentrationslägern.

Der Gauleiter Terboven, der Henker von Norwegen, Dr. Meier aus Münster, Hoffmann von Bochum, schlugen mit Hilfe ihrer Gestapo-Banditen Kassebau, Tennold, Läufge und Klann die Antifaschisten nieder. Sie terrorisierten ausländische und deutsche Zwangsarbeiter. Sie waren die Organisatoren des wahnsinnigen Widerstandes. Sie waren die Einpeitscher der letzten „Rettungsbrigaden" Deutschlands, des Volkssturms.

Diese Naziverbrecher trieben durch ihre Justizbeamten, mit Bergmann und Semmler an der Spitze, Antifaschisten zu Tausenden in die Moorläger, Gefängnisse, Zuchthäuser, Konzentrationsläger und in den Tod. Sie organisierten durch Scheppmann die vertierten Banden der SA und SS zum Terror gegen jede Regung des Widerstandes, zur Niederbrennung der Synagogen und zur Ausrottung des Judentums. Sie schufen durch Rundfunk und Presse, mit Graf Schwerin von der „National-Zeitung" an der Spitze, jene unheilvolle Rassenüberheblichkeit, die den Haß aller Demokratischen Völker gegen Deutschland hervorrief.

Die Bevölkerung an Ruhr und Rhein folgte zum großen Teil diesen Banditen. Sie schufteten an Werk- und Sonntagen, lieferten die Waffen zum Ueberfall, lebten von den aus Frankreich, Belgien, Holland und Norwegen geraubten Lebensmitteln und lehnte sich nicht gegen den Terror auf. Die Warnrufe einer kleinen, todesmutig kämpfenden, antifaschistischen Schar an der Ruhr blieben von der Masse ungehört, sodaß die Freiheit der Ruhrbevölkerung erst durch das Blut der besten Söhne der Alliierten erkämpft wurde.

Der Krieg ist zu Ende. Seine großen Folgen sind uns geblieben. Aber in den Beschlüssen der Berliner Konferenz heißt es:

„Die Alliierten sind nicht gewillt, das deutsche Volk zu vernichten oder in die Sklaverei zu stürzen. Die Alliierten haben vor, dem deutschen Volke eine

Arbeiter, Bauern und Bürger!
Männer und Frauen!
Deutsche Jugend!

[illegible] Abgrund der Vernichtung versunken! Er hat das deutsche Volk in tiefster seelischer Qual, in einer [illegible] Not [illegible]! Das Gefühl für [illegible] ist gelähmt! Die nackte Not grinst dem Volke aus den Ruinen vernichteter Wohnungen und geborstener Fabriken entgegen. Hitlers [illegible] hat die [illegible] verblendeten Armeen ausgenutzt und damit die militaristische Raubgier des deutschen Imperialismus für alle Zeiten vernichtet.

Das deutsche Volk muß die Kosten der faschistischen Hochstapelei bezahlen!

[illegible] Machtpolitikaster haben den Namen des deutschen Volkes in der ganzen Welt geschändet und entehrt.

Schweigend und voll Ergriffenheit senken wir unsere Fahnen vor unseren Johannes Stelling, Rudolf Breitscheid, Julius Leber, Wilhelm Leuschner und vor den [illegible] Opfern aus allen Parteien, Konfessionen und Gesellschaftsschichten des deutschen Volkes, die der blutgierige Faschismus verschlungen hat. Aber all diese Opfer an Gesundheit und Blut, Hab und Gut in der illegalen Arbeit haben es leider nicht vermocht, die satanische Organisation der Unterdrückung zu beseitigen.

Das deutsche Volk wird nicht verzweifeln!

[illegible] Unglück! Mit seinen letzten Kräften wird es sich aufraffen, denn **es will, wird und muß weiterleben!**

Die Geschichte [illegible] dem deutschen Volk die [illegible] Lehre, sich auf seinem dornenvollen Opfergang, trotz Hunger und Elend, durch unermüdliche Arbeit und eigenen Willen die Achtung aller friedlichen, freiheitliebenden Völker zu erwerben.

[illegible] soll das deutsche Volk je wieder als vertrauensseliges Opfer gewissenloser politischer Abenteurer mißbraucht werden. Der politische Weg des deutschen Volkes in eine bessere Zukunft ist damit klar vorgezeichnet:

Demokratie in Staat und Gemeinde, Sozialismus in Wirtschaft und Gesellschaft!

Wir sind bereit und entschlossen, hierbei mit allen gleichgesinnten Menschen und Parteien zusammen zu arbeiten. Wir begrüßen daher auf das wärmste den Aufruf des Zentral-Komitees der Kommunistischen Partei Deutschlands vom 11. Juni 1945, der zutreffend davon ausgeht, daß der Weg für den Neubau Deutschlands von den gegenwärtigen Entwicklungsbedingungen Deutschlands abhängig ist, und daß die entscheidenden Interessen des deutschen Volkes in der gegenwärtigen Lage die Aufrichtung eines [illegible] demokratischen Regimes und einer parlamentarisch-demokratischen Republik mit allen demokratischen Rechten und Freiheiten für das Volk erfordern.

In dieser entscheidenden Stunde ist es wiederum die geschichtliche Aufgabe der deutschen Arbeiterklasse, Trägerin des Staatsgedankens zu sein

einer neuen antifaschistisch-demokratischen Republik!

Jeder [illegible] Parteiengezänk, wie es das politische Schlachtfeld der Weimarer Republik erfüllte, muß im Keime erstickt werden. In einer antifaschistisch-demokratischen Republik können demokratische Freiheiten nur denen gewährt werden, die sie vorbehaltlos anerkennen. Demokratische Freiheiten sind aber denen zu versagen, die sie nur [illegible] wollen, um die Demokratie zu schwächen und zu zerschlagen.

Das elementarste Lebensgesetz des neuen Staates

[illegible] die völlige Beseitigung aller Reste der faschistischen Gewaltherrschaft. Ebenso muß der Militarismus aus den Köpfen und Herzen getilgt werden. Die durch den Faschismus geistig entwurzelte Jugend muß wieder zu freien und kritisch denkenden Menschen erzogen werden.

Der neue Staat muß wieder gutmachen, was an den Opfern des Faschismus gesündigt wurde; er muß wieder gutmachen, was faschistische Raubgier an den Völkern Europas verbrochen hat. Dieser Staat muß zuerst und vor allem dem deutschen Volk die wirtschaftliche und moralische Kraft geben, diese [illegible] zu erfüllen.

Deshalb fordert die Sozialdemokratische Partei Deutschlands:

1. **Restlose Vernichtung aller Spuren des Hitlerregimes** in Gesetzgebung, Rechtsprechung und Verwaltung. Einen sauberen Staat der Rechtlichkeit und Gerechtigkeit. Haftpflicht der Mitglieder der NSDAP und ihrer Gliederungen für die durch das Naziregime verursachten Schäden.
2. **Sicherung der Ernährung.** Bereitstellung von Arbeitskräften und genossenschaftlicher Zusammenschluß in der Landwirtschaft. Verbreiterung der Fettgrundlage durch Einfuhr von Rohstoffen, Futtermitteln und Vieh. Förderung der Verbrauchergenossenschaften und Neuregelung des Kleinhandels.
3. **Sicherung des lebensnotwendigen Bedarfs** der breiten Volksmassen an Wohnung, Kleidung und Heizung mit Hilfe der kommunalen Selbstverwaltung.
4. **Wiederaufbau der Wirtschaft** unter Mitwirkung der kommunalen Selbstverwaltung und der Gewerkschaften. Beschleunigte Wiederherstellung der Verkehrsmittel. Beschaffung von Rohstoffen. Beseitigung aller Hemmungen der privaten Unternehmerinitiative unter Wahrung der sozialen Interessen. Beseitigung der nazistischen Überorganisation in der Wirtschaft. Klarer und einfacher Neuaufbau ehrenamtlich verwalteter Wirtschaftsverbände. Neuaufbau des Geldwesens. Sicherung der Währung. Kommunale Kredite für Industrie, Handwerk und Handel. Belebung des bargeldlosen Zahlungsverkehrs. Vereinfachung des Steuerwesens durch straffste Zusammenfassung der Steuerarten. Stärkere Berücksichtigung der sozialen Lage bei der Bemessung der Steuern.
5. **Volkstümlicher Kulturaufbau.** Erziehung der Jugend im demokratischen, sozialistischen Geiste. Förderung von Kunst und Wissenschaft.
6. **Neuregelung des Sozialrechtes.** Freiheitliche und demokratische Gestaltung des Arbeitsrechtes. Einbau der Betriebsräte in die Wirtschaft. Mitwirkung der Gewerkschaften und Verbrauchergenossenschaften bei den Organisationen der Wirtschaft. Ausbau der Sozialversicherung zur Sozialversorgung für Kranke, Wöchnerinnen und Mütter, Invalide und Unfallverletzte, Witwen, Waisen, Kriegsversehrte und Arbeitslose. Einbeziehung aller arbeitenden Menschen in die Sozialversorgung.
7. **Förderung der Wohnungsfürsorge und des Siedlungswesens.** Kommunale Wohnungsaufsicht. Anpassung der Mieten und Hypotheken an die durch die Kriegsfolge geschaffene Wirtschaftslage. Aufteilung des Großgrundbesitzes zur Beschaffung von Grund und Boden für umsiedlungsbereite Großstädter. Verpflanzung von mittel- und kleinindustriellen Betrieben in wirtschaftlich günstig gelegene Landbezirke.
8. **Verstaatlichung der Banken,** Versicherungsunternehmungen und der Bodenschätze. Verstaatlichung der Bergwerke und der Energiewirtschaft. Erfassung des Großgrundbesitzes und der lebensfähigen Großindustrie und aller Kriegsgewinne für die Zwecke des Wiederaufbaus. Beseitigung des arbeitslosen Einkommens aus Grund und Boden und Miethäusern. Scharfe Begrenzung der Verzinsung aus mobilem Kapital. Verpflichtung der Unternehmer zur treuhänderischen Leitung der ihnen von der deutschen Volkswirtschaft anvertrauten Betriebe. Beschränkung des Erbrechtes auf die unmittelbaren Verwandten.
9. **Anpassung des Rechtes an die antifaschistisch-demokratische Staatsauffassung.** Staatlicher Schutz der Person. Freiheit der Meinungsäußerung in Wort, Bild und Schrift unter Wahrung der Interessen des Staates und der Achtung des einzelnen Staatsbürgers. Gesinnungsfreiheit und Religionsfreiheit. Strafrechtlicher Schutz gegen Rassenverhetzung.

Unser armes und gequältes Volk muß durch die Schuld Hitlers durch unsägliches Elend und ein tiefes Tal des Leides gehen! Wir wollen mithelfen, es wieder emporzuführen zu den Höhen einer menschenwürdigen Kultur, zu der Freundschaft mit allen Völkern der Welt.

Wir wollen vor allem den **Kampf um die Neugestaltung auf dem Boden der organisatorischen Einheit der deutschen Arbeiterklasse** führen! Wir [illegible] eine moralische Wiedergutmachung politischer Fehler der Vergangenheit, um der jungen Generation eine einheitliche politische Kampforganisation in die Hand [illegible]. Die Fahne der Einheit muß als leuchtendes Symbol in der politischen Aktion des werktätigen Volkes vorangetragen werden. Wir bieten unsere Bruderhand allen, deren [illegible]

Kampf gegen den Faschismus, für die Freiheit des Volkes, für Demokratie, für Sozialismus!

Darum rufen wir alle unsere Freunde, Genossinnen und Genossen in Stadt und Land auf, mit der alten Hingabe und neuem Mut **sofort mit dem Aufbau der Organisation zu beginnen.**

Vorwärts! An die Arbeit!

Berlin, den 15. Juni 1945

Zentralausschuß der Sozialdemokratischen Partei Deutschlands

Max Fechner · Erich W. Gniffke · Otto Grotewohl · Gustav Dahrendorf · Karl Germer · Bernhard Göring · Hermann Harnisch
Helmuth Lehmann · Karl Litke · Otto Meier · Fritz Neubecker · Josef Orlopp · Hermann Schlimme · Richard Weimann

SPD

[illegible] St. Trabalski, R. Roth, [illegible]
[illegible], Europahaus [illegible]

58

◀ Wie die KPD sich die Zukunft Deutschlands vorstellt.

Aufruf der Kommunistischen Partei Deutschlands, Bezirksleitung Ruhrgebiet, 15. Sept. 1945 (1. Seite, siehe weiter IV Anhang Nr. 6)

59

◀ So soll das künftige Deutschland aussehen: Demokratie in Staat und Gemeinde, Sozialismus in Wirtschaft und Gesellschaft.

Aufruf des Zentralausschusses der SPD, Berlin, 15.07.1945

60

Unser deutsches Volk muß ein christliches Volk werden! ▶

Aufruf der Christlich Demokratischen Partei an die Männer und Frauen aus Wattenscheid, Oktober 1945

daß das öffentliche Leben und die gesamte Wirtschaft von unzuverlässigen Elementen gesäubert werden,

daß Haß, Verleumdung und Fanatismus aus der Innen- und Außenpolitik verschwinden. Versöhnlichkeit, Ehrlichkeit und guter Wille haben die Triebfedern in der politischen Arbeit zu sein,

daß die Außenpolitik sich auszeichnet durch die Achtung fremden Volkstums und treue Erfüllung der geschlossenen Verträge.

Männer und Frauen aus Wattenscheid!

Das sind einige der Grundforderungen der Christlich-Demokratischen Partei Deutschlands.

Wer sich zu diesen Forderungen bekennt, der komme zu uns!

Unser Ruf ergeht an alle, besonders an die Jugend!

Hinein in unsere Reihen!

Kämpft mit uns für Wahrheit, Freiheit und Gerechtigkeit, für eine bessere Zukunft!

Rechtsanwalt Dr. Seier
Wattenscheid, Oststraße

Markscheider Tiemann
Wattenscheid, Graf-Adolf-Straße

Bergmann Bernhard Loges
Wattenscheid, Hellweg

Unser deutsches Volk muß ein christliches Volk werden oder es wird untergehen.

Demokratie heißt:
Mitwirkung des Volkes an seinem Schicksal.

Wer in der Christlich-Demokratischen Partei mitarbeitet, hilft bei der Überwindung der Not und beim Wiederaufbau unseres zerstörten Vaterlandes.

Schaffende des Regie

Wie ist unsere Lage?

In der ernstesten Stunde unserer Geschichte, da eine Leidenszeit hinter uns und eine dunkle Zukunft vor uns liegt, wo wir umgeben sind von den Trümmern unserer Häuser und den Ruinen unserer Fabriken, wo vieltausendfacher Schmerz die Seelen durchzittert, wo die Mütter weinen um die Millionen Gefallener und die Väter bangen um die Söhne, die noch fern der Heimat sind, wende ich mich an Euch, als Euer Regierungspräsident. Eine große Verantwortung ist mir aufgebürdet worden, sodaß ich verzagen würde, wüßte ich nicht hinter mir die Schar derjenigen, die mit mir bereit ist, alles zu tun, um zu retten, was zu retten ist. Eine noch schlimmere Zeit als der Weltkriegsausgang sie mit sich brachte, steht uns bevor. Ein noch schlimmeres Erbe ist uns hinterlassen als 1918. Haß und Überheblichkeit wurden gesät, Blut und Tränen wurden geerntet. Und das alles im Namen eines „Deutschtums", dessen Triebfeder Ichsucht und Herrschsucht, dessen Methoden Lüge, Verleumdung, Brutalität und Bestialität waren. Nazismus hat nichts mit wahrem Deutschtum zu tun. Das erkennen nun die Millionen, die ihn, der einem satanischen Gehirn entsprungen war, vordem angebetet hatten. Zusammengebrochen ist ein System, das sich gottähnlich wähnte. Mit ihm aber brach auch ein deutsches Vaterland zusammen, das aus der Arteigenheit seiner Menschen und den Gaben, die ihm Gott gab, der Kulturwelt so unendlich große Werte schenkte. Ich denke dabei besonders an den größten Wertfaktor, den unser Volk aufzuweisen hat: seine Arbeitskraft und seinen Fleiß! Sie allein sind uns in dem Riesentrümmerfeld geblieben.

Was brachten uns die Nazis in den Betrieben?

Es ist, als umrausche uns noch ihre Propagandawelle mit all dem Gefasel von Freiheit und Ausrichtung, von Arbeitsrechten und sozialer Fürsorge, von Betriebsgemeinschaft und Schönheit der Arbeit. Sagt selbst, meine Freunde in den Betrieben und Werkstätten, hat es je eine Zeit gegeben, in der die Arbeiterschaft unfreier war, als in der des Nazitums? Sagt selbst, ihr Beamten in den Behörden und ihr Angestellten in den Büros, hat es jemals eine niederträchtigere Geistesknebelung gegeben, als beim Hitlerismus? Wurde nicht alles zerschlagen, was in mühevoller, jahrelanger Arbeit aufgebaut worden war?

Wirtschaftliche und persönliche Freiheit versprachen die Verbrecher. Wo war sie zu finden? Etwa in der Zwangsjacke, in die jeder gesteckt wurde? Etwa in dem Verbot der Freizügigkeit oder in dem des Arbeitsplatzwechsels? Ein System, das sich nur auf „Verboten" gründet, kann keinen Bestand haben, es mußte zerbrechen. Maulkörbe und Gasmasken, das waren die Symbole der vergangenen Zeit. Hinter jedem Mann, der ein offenes Wort sagte, stand der Spitzel der Gestapo. Hinter jedem aufrechten Deutschen, der sich zu seiner Gesinnung bekannte, stand der Tod als Weggenosse oder der SS-Mann als Wegweiser in die Gefängnisse und Konzentrationslager. Lüge die Phrasen von der wirtschaftlichen Freiheit, Heuchelei das Getue mit der geistigen Freiheit. Von „Gleichschaltung der Geister" redete man, eine „Ausschaltung des Geistes" aber war die furchtbare Wirklichkeit. Die „Deutsche Arbeitsfront" war niemals eine Arbeitervertretung, sie war die Dirne dieser teuflischen Einrichtung. Die „Schönheit der Arbeit" war nur der „Sprit", an dem sich ein Doktor Ley berauschen konnte; in den Betrieben und Werkstätten und Büros aber erkannte man bald, das alles nur Täuschung war. „Beseitigung der Arbeitslosigkeit" schrie man als Forderung ins Volk und brachte auch das „Kunststück" fertig. Zu spät erkannte das deutsche Volk, daß auch dieses „Wunderwerk" von jedem fertig gebracht worden wäre, der nur die Verantwortung für die schwere Kriegsschuld auf sich genommen hätte. „Beseitigung der Arbeitslosigkeit". Jawohl, sie gelang im Aufbau der Kriegsindustrie, im geheimen und offenen Rüsten. Sie war die Grundlage zum Krieg.

F. W. Becker, Arnsberg 11188

ungsbezirks Arnsberg!

Was bringt uns die Zukunft?

Ich habe vor 1933 im Landtag und im Lande immer wieder betont: Hitlerismus bedeutet Krieg! Das ist schreckliche Wahrheit geworden. Eine ganze Welt, nicht nur wir Deutschen allein, leiden nnter dem, was sein verbrecherischer Wille anrichtete. Wir Deutschen aber sind diejenigen, die nun zu dem verlorenen Krieg noch das Verlieren unserer Ehre zu buchen haben.

Nun erhebe ich in dieser ernsten Stunde, da die Hungersnot wie ein Gespenst an den Türen unseres Rumpf-Vaterlandes steht und auch in unseren Regierungsbezirk eindringen will, wo die Arbeitslosigkeit die Geißel zu erheben versucht, meine warnende Stimme:

Erkennt den Ernst der Situation! Gebt Euch keiner Täuschung hin! Denkt nicht, daß andere, außer der englischen Militärregierung, uns helfen!

Wir sind sonst nur auf uns selbst angewiesen!

Ich wende mich an Euch alle, die ihr den Pflug führt oder den Hammer schwingt, die ihr in den Büros arbeitet oder die Kohle und das Erz aus der Erde holt, die ihr die Verkehrsmittel in Ordnung bringt oder hinter den Ladentheken steht. An Euch wende ich mich, Ihr Arbeiter und Angestellten, an Euch Beamte und Handwerker und Geschäftsleute und Bauern! **Ihr seid die Verwalter der einzigen Vermögenswerte, die wir noch haben: der Arbeitskraft und des Fleißes!** Diese allein können in den Zeiten, denen wir entgegengehen, noch Tauschwert besitzen. Nichts anderes mehr.

Das wollen wir erkennen! Leider aber muß ich feststellen, daß viele Hände noch ruhen, anstatt daß sie mutig zupacken. Die Fäuste müssen die Hämmer umschlingen, wenn wir leben wollen. Die Pflüge müssen die Erde aufwühlen, soll Gott seinen Segen der Ernte geben. Wir haben die ersehnte Freiheit durch die englischen und amerikanischen Truppen wiedererlangt, wir können wieder das sagen, was wir denken, wir sind befreit von Maulkorb und Gasmaske, Des wollen wir uns würdig erweisen und in freigewählter Entschlußkraft zuversichtlich der Gefahr begegnen, die unserem Volke dräut. **Keiner feiere krank, der es nicht wirklich ist.** Ihr schädigt Euch selbst, denn die Krankenkasse ist ja Eure Einrichtung, die, wenn sie weiter so unberechtigt beansprucht wird, wie das jetzt der Fall ist, unhaltbar ist. Pünktlichkeit sei die Grundlage, Fleiß die Richtschnur. Das ist nicht nur eine Forderung von mir, sondern ein unabwendbares Gebot, dem jeder erliegen wird, der sich ihm entgegenstemmt.

Ich kann keine Versprechungen machen wie die Nazi-Verbrecher, die Brot versprachen und Tränen schenkten. Ich weiß nur eines: **Wenn wir jetzt nicht arbeiten, sind wir verloren, wenn wir jetzt nicht Leistungen vollbringen, stürzen wir in einen Abgrund, aus dem es kein Entrinnen gibt.** Helft mit, eine Katastrophe im letzten Augenblick abzuwenden. Ich habe in einem Wort an die heimkehrenden Soldaten gesagt: „Ihr habt den Mut zum Sterben aufgebracht, bringt nun auch die Kraft zum Leben auf!" Ich sage es auch Euch. Der eine überbiete den anderen, nicht, weil er gezwungen wird, sondern weil es seinem eigenen Entschluß entspricht. Der eine stütze den anderen, so wie es aufrechter Gesinnung Art ist. Mich werdet Ihr, meine Freunde, immer an Eurer Seite finden, so wie ich immer bei Euch war: einer aus Euern Reihen, der nur für Euch arbeitet. Gemeinsam soll die Arbeit sein, die wir leisten, gemeinsam wollen wir den schweren Weg gehen, den wir gehen müssen, gemeinsam aber wollen wir auch die Genugtuung haben, mitgeholfen zu haben, unser Volk über die schwierigste Zeit die noch kommt, hinwegzubringen.

Euer Regierungspräsident

Fritz Fries

P r o t o k o l l

der Konferenz vom 23. April 194
in der Anlernwerkstatt d. Zeche Prinz Regent, Bochum (...)

Tagesordnung:

1. Bericht über die allgemeine u. betriebliche Lage
2. Knappschaftsfragen
3. Allgemeines
   a) Stellungnahme zur Organisation
   b) Wahl eines Vorstandes
   c) Arbeitszeit
   d) Verschiedenes

Die Konferenz wurde von dem Obmann der Schachtanlage Prinz Regent, S c h ü r m a n n, um 11 Uhr mit dem Bergmannsgruss "Glückauf, Kameraden!" und einem herzlichen Willkommen für die Gäste eröffnet.

Er gedachte zunächst der Toten, die während der zwölfjährigen Naziherrschaft ihr Leben lassen mussten, - die in Konzentrationslagern ermordet, erschlagen und erschossen wurden, die man verhungern liess, die gequält wurden und umgekommen sind. Im Namen aller seien nur zwei genannt: Der frühere Vorsitzende des Bergarbeiter-Verbandes Fritz Husemann und der Funktionär der KPD Karl Springer. Die Anwesenden erhoben sich zu Ehren der Toten von ihren Plätzen.

Zu Punkt 1 der Tagesordnung führte Kamerad Schürmann ungefähr Folgendes aus:

Jetzt, nach dem Zusammenbruch der Naziherrschaft, wo alles drunter und drüber geht, wo keine Behörde mehr vorhanden ist, wo keiner noch aus und ein weiss, haben sich in den Betrieben die alten Funktionäre der Gewerkschaften wieder in die Bresche geworfen, um zu retten, was noch zu retten ist. Sie sind teilweise durch Zuruf ernannt oder auch gewählt worden. Wir von Prinz Regent als die stärkste Anlage haben es für notwendig gehalten, die heutige Konferenz einzuberufen, um innerhalb der Gruppe Bochum der G.B.A.G. und ihrer näheren Umgebung auf einer einheitlichen Grundlage vorzugehen und nach einheitlichen Richtlinien zu arbeiten. Ich bitte, dass nach meinen Ausführungen die einzelnen Kollegen der Schachtanlagen Bericht darüber geben, wie es bei ihnen aussieht. Wir sind nicht nur Betriebsfunktionäre, sondern man kommt mit allen möglichen Fragen zu uns und will, dass geholfen wird, will Auskunft haben, da ja jede Behörde dafür fehlt. Wir müssen uns um die notleidende Bevölkerung kümmern. Die Ernährung für die Arbeiter unserer Schachtanlagen muss sichergestellt werden. Im Einvernehmen mit der Besatzungsmacht wollen wir alles tun, um diese schwere Übergangszeit reibungslos zu überwinden. Besonders im Bergbau kommt es darauf an, dass zusammen gearbeitet wird. Die Stromversorgung muss sichergestellt werden. Es dürfen keine Pütte versaufen. Von uns aus haben wir als Notstandsmaßnahme am ersten Sonntag nach der Besetzung eine Pflichtschicht eingelegt, damit die Bäcker Strom hatten, um Brot backen zu können und auch nicht eine Anzahl Zechen zum Erliegen kam. Unsere Direktion arbeitet mit uns so ziemlich Hand in Hand. Mit ihrer Zustimmung haben wir einige Entlassungen vorgenommen. Wir müssen im Bergbau alle an einem Strick ziehen. Auch um die Polizei müssen wir uns kümmern. Von uns aus müssen wir der Besatzungsbehörde Leute nennen, auf die wir uns verlassen können und die

Betriebsausschuß
Bochumer Verein AG.

d. 24.4.1945

An die Belegschaft des Bochumer Vereins !

Der bisherige Vertrauensrat ist in seiner Gesamtheit aufgelöst.
Mit sofortiger Wirkung übernehmen folgende Kollegen die Interessenvertretung der Belegschaft des Bochumer Vereins.

Siegfried Böker	(Vors. d. Ausschußes)
Wilh. Geldmacher	(Stellvertreter)
Paul Schäfer	(kaufm. Angestellten)
Heinr. Schomberg	(techn. Angestellten)
August Siebert	(Stahlindustrie)
Konrad Köthe	(Werk Weitmar)
Willi Schulte	(Werk Höntrop)
Konrad Himmelmann	(altes Werk)
Wilh. Graumann	(" ")
Johann Hempel	(" ")
Ernst Schlotz	(" ")
Fritz Löffler	(Werk Stahlhausen)
Jos. Pillatzke	(Hochofen-Betriebe)

Die täglichen Sprechstunden des Betriebsausschußes sind morgens von 8,00 - 10,00 Uhr, Zimmer 107, Eingang Tor I.

Betriebsausschuß Bochumer Verein AG.

Böker Geldmacher

63

Zusammensetzung des Betriebsausschusses beim Bochumer Verein

Mitteilung des Betriebsausschusses an die Belegschaft, 24.04.1945 (siehe IV Anhang Nr. 16)

61

◀ Bilanz des Hitlerismus und Aufruf zur gemeinsamen Neugestaltung der Zukunft

Aufruf des Regierungspräsidenten von Arnsberg, Fritz Fries, (Mai 1945)

62

◀ Gründung eines „Allgemeinen Industriearbeiterverbandes“

Protokoll einer Konferenz der Obleute Bochumer Zechen in der Anlernwerkstatt der Zeche Prinz Regent, 23.04.1945 (1. Seite (Auszug), siehe weiter IV Anhang Nr. 15)

64

Willi Geldmacher, 1946 – 1952 Oberbürgermeister der Stadt Bochum

Foto, undatiert

Bekanntmachungen der Militärregierung in einer dringenden Stadtverordnetensitzung

Die Stadtverordneten wurden am 8. März 194[illegible] durch den Kommandanten der Militärregierung zu einer dringenden Sitzung einberufen. Oberstleutnant Newton gab den anwesenden Stadtverordneten folgendes bekannt:

Meine Damen und Herren!

Ich habe Ihnen heute drei Bekanntmachungen zu übermitteln.

1. Auf Anordnung der Militärregierung ist die Ernennung des Herrn Beckers zum Oberbürgermeister nicht genehmigt worden.

2. Auf Anordnung der Militärregierung ist Herr Geldmacher zum Oberbürgermeister ernannt worden.

3. Auf Anordnung der Militärregierung ist Herr Dr. Geyer nicht mehr Oberstadtdirektor.

65

Die Militärregierung bestimmt! Tilman Beckers wird nicht als Oberbürgermeister bestätigt. Willi Geldmacher wird neuer Oberbürgermeister. Dr. Franz Geyer ist nicht mehr Oberstadtdirektor.

Bekanntmachung der Militärregierung

66

Colonel Craddok, engl. Stadtkommandant von Wattenscheid (1947 – 1951) mit Oberstadtdirektor Hollenkamp (links)

Foto, undatiert

7. Bochums Wirtschaft in der „Stunde Null“

Bochum – traditionell die Stadt der Kohle und des Stahls – war bis April 1945 das Ziel zahlloser alliierter Bombenangriffe. Während die Innenstadt und zahlreiche Wohngebiete in Schutt und Asche fielen und viele Infrastruktureinrichtungen zerstört wurden, hielten sich die Schäden an Zechen, Hochöfen, Stahlwerken und Fabrikanlagen in Grenzen.

Unmittelbar nach Besetzung der Stadt durch alliierte Truppen trafen sich die Spitzen von Wirtschaft und Verwaltung mit der britischen Militärregierung. Ziel der Verhandlungen: die Wiederherstellung der öffentlichen Sicherheit und Ordnung sowie die Wiederaufnahme von Förderung und Produktion.

Eine Schlüsselrolle fiel dabei dem Bergbau zu: Steinkohle war der einzige Energieträger; ihre Verfügbarkeit war die Voraussetzung für den Produktionsbeginn in allen Branchen, ja für das Überleben in der Trümmerlandschaft überhaupt. Deshalb hieß es in diesen Tagen immer wieder in Aufrufen: „Was Deutschland zum Weiterleben braucht, ist Kohle und nochmals Kohle. Ob die Eisenbahnen fahren, die Hochöfen brennen, ob das Brot auf den Tisch kommt, ob die Fischdampfer ausfahren können, alles hängt davon ab, daß genug Kohle da ist. Deshalb ist das oberste Gebot der Stunde: Jeder Bergmann muß jetzt in die Zechen zurück... Das Werk der Bergarbeiter ist der Schlüssel zum Wiederaufbau Deutschlands.“

Noch im Mai 1945 wurde mit der North German Coal Control (NGCC) eine bis Ende 1947 dauernde alliierte Kontrolle des Bergbaus an Rhein und Ruhr realisiert. Die NGCC hatte neben Aufsichtsfunktionen auch die Aufgabe, die Kohleförderung zu sichern. Dazu gehörten unter anderem die dirigistische Lenkung des Arbeitsmarktes und die Verpflichtung von Arbeitskräften für den Bergbau.

Schwieriger gestalteten sich die Probleme in der eisenschaffenden und -verarbeitenden Industrie. Die Bochumer Betriebe hatten, wie anderswo auch, während des Krieges ihre Produktion weitgehend auf Kriegsmaterial umstellen müssen; sie waren zu Waffenschmieden geworden. Nach der Besetzung verboten die Alliierten deshalb zunächst den Betrieben die weitere Produktion. Doch alsbald zeigte sich, daß Eisen und Stahl für den Wiederaufbau unabdingbar waren. Für die Bauindustrie wurde gleichermaßen Stahl benötigt wie für die Reparatur von Eisenbahnlinien und Brücken.

Die Besatzungsbehörden paßten sich dieser Situation an: Sie erteilten

Genehmigungen (Permits) zur Wiedereröffnung und zur Herstellung detailliert beschriebener Gegenstände in exakt vorgegebenen Mengen.

Dennoch, von einem geregelten Wirtschaftsablauf konnte in dieser Zeit nicht gesprochen werden. Vieles funktionierte nur auf dem Wege des direkten Güteraustausches; Störungen in der Energieversorgung, Transport- und Beschaffungsprobleme zwangen immer wieder zu Improvisationen oder führten zum Betriebsstillstand.
So mußte der Bochumer Verein, der erst im Sommer 1945 mit einigen Abteilungen die Produktion wieder aufgenommen hatte, im September 1945 vorübergehend stillgelegt werden: Die verfügbare Strommenge wurde dringend von den benachbarten Zechen benötigt, um die Grubenwasser abzupumpen und ein Absaufen der Schächte zu verhindern.

67

Auf den Trümmern der einst florierenden Montanindustrie. Die Zerstörungen auf Schachtanlagen und in Betrieben sind dennoch geringer, als von den Alliierten angenommen.

Foto (undatiert), Zeche Hannibal

Unter dem Vorsitz von Herrn Major Elliot als Chef der Militärregierung fand heute eine Zusammenkunft der Betriebsführer der Bochumer Großbetriebe statt. Anwesend waren u.a. die Vertreter des Bergbaues, der eisenschaffenden sowie der eisenverarbeitenden Industrie. Nach den Ausführungen von Herrn Major Elliot soll durch die Aussprache ein Überblick über die augenblickliche Lage in den Großbetrieben und Werken gewonnen werden, um durch entsprechende Maßnahmen unter Mitarbeit der Betriebsführer wieder den normalen Arbeitsablauf zu erreichen.

Auf die Bergbauprobleme eingehend, bat Herr Major Elliot zunächst um Bericht über die augenblicklichen Arbeitsverhältnisse bezw. um Vorschläge zur Wiederingangsetzung der Bergbaubetriebe.

Von den anwesenden Vertretern des Bergbaues wurde im einzelnen berichtet:

Bergassessor Schulze-Höing (Harpener Bergbau):

„Ich spreche im Namen des Bergbaues im Kreise Bochum – der Gelsenkirchener Bergwerks-Gesellschaft, der Krupp'schen Verwaltung Zechen Hannover/Hannibal, des Harpener Bergbaues, der Zeche Constantin d.Gr. sowie der Zeche Mansfeld –.

Die meisten Zechen liegen still, weil die Rohrwasserleitungen durch Kriegseinwirkung beschädigt und die Stromzuführungen zerstört sind. Die Folge davon ist, daß ein Teil der Sohlen versäuft. Wohl

69

Das Ende einer Rüstungsschmiede: Werkhalle des Bochumer Vereins bei Kriegsende

Foto, undatiert

68

◀ Bereits wenige Tage nach der Besetzung Bochums bemühen sich die Unternehmer in Abstimmung mit der Militärregierung um die Wiederaufnahme der Produktion.

Niederschrift einer Besprechung zwischen der Militärregierung und den Direktoren der Bochumer Schachtanlagen und Großbetriebe, 16.04.1945 (Auszug, siehe weiter IV Anhang Nr. 17)

B e s p r e c h u n g

mit den leitenden Herren der Großindustrie
und des Bergbaues
am 9.7.1945, 16 Uhr,
Zimmer 105

Anwesenheitsliste

1.	Bochumer Verein	Direktor Dr. Schenk	[illegible]
2.	Hochfrequenz-Tiegelstahl G.m.b.H.	Direktor Dr. Pölzguter	Pölzguter
3.	Maschinenfabrik Eickhoff	Fabrikbesitzer Eickhoff jun.	[illegible]
4.	Westfalia-Dinnendahl-Gröppel A.G.	Generaldirektor Möllenberg	Möllenberg
5.	Eisen- und Hüttenwerke	Direktor Krause	[illegible]
6.	Dr. C. Otto G.m.b.H.	Direktor Kleinhols	
7.	Maschinenbau Balcke	Direktor Kleinebekel	[illegible]
8.	Zahnräderfabrik Alfons Jahnel	Direktor Kestermann	[illegible]

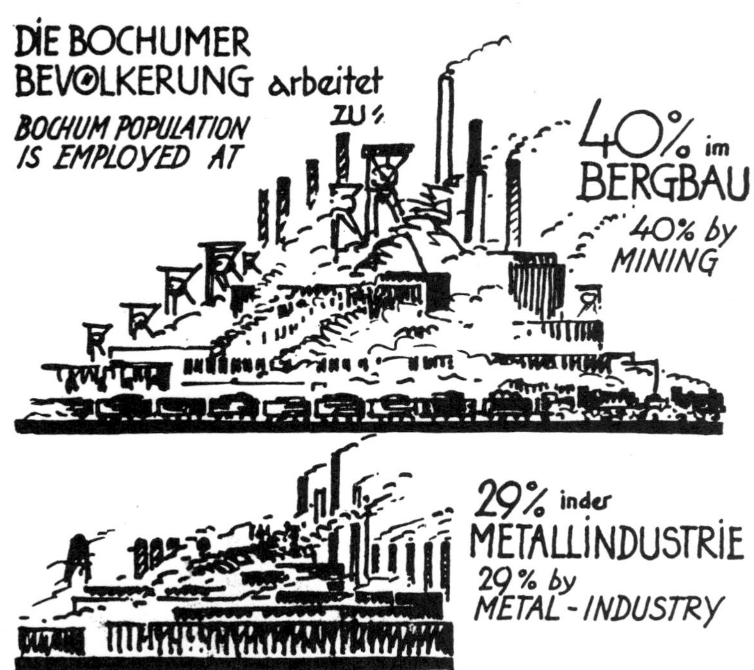

14% BAUGEWERBE u. SONSTIGE HANDWERKE
14% by BUILDING- and other TRADE

9% HANDEL u. VERKEHR
9% by COMMERCE and TRAFFIC

6,5% ÖFFENTLICHE DIENSTE
6·5% by PUBLIC SERVICE

1,5% LANDWIRTSCHAFT
1·5% by AGRICULTURE

Abb. ill. 1

-7. Aug. 1947

Versorgungszentrale des Deutschen Bergbaus, Essen

Postschließfach 279 • Postscheck: Essen 26738 • Bank: Deutsche Bank, Filiale Essen • Ruf: Essen *41241

An den
Herrn Oberbürgermeister der
Stadt Bochum

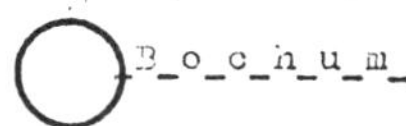
B_o_c_h_u_m_

Ihre Zeichen	Ihre Nachricht vom	Unsere Zeichen	(22a) Essen-Heisingen, Nottekampsbank
		DI 944	4. August 1947

Betrifft:
Durchgangslager Bochum-Hiltrop.

Um die durch die auswärtigen Arbeitsämter für den Ruhrkohlenbergbau angeworbenen Arbeitskräfte von einer Zentralstelle auf die einzelnen Zechen verteilen zu können, haben wir im Einvernehmen mit der North German Coal Control und dem Arbeitsminister des Landes Nordrhein-Westfalen auf dem Gelände der Gewerkschaft Constantin der Grosse in Bochum-Hiltrop ein Bergbau-Durchgangslager eingerichtet.

Vor der Weitervermittlung der in diesem Lager eintreffenden Arbeitskräfte zu den Zechen erfolgt eine nochmalige knappschaftsärztliche Untersuchung, damit nur solche Arbeitskräfte den Zechen zugewiesen werden, die auch tatsächlich körperlich in der Lage sind, im unterirdischen Grubenbetrieb zu arbeiten. Die vom Knappschaftsarzt als bergbauuntauglich befundenen Arbeitskräfte werden aus dem Durchgangslager wieder entlassen mit der Weisung, sich bei dem Heimatarbeitsamt zu melden, um entweder ihre frühere Tätigkeit wieder aufzunehmen oder bei Arbeiten eingesetzt zu werden, die besonders vordringlich sind.

Der Anteil der Bergbauuntauglichen beträgt nach den Erfahrungen der letzten Monate etwa 10 – 15 % der im Durchgangslager eintreffenden Personen. Soweit es sich bei den Bergbauuntauglichen um Arbeitskräfte handelt, die aufgrund einer regelrechten Zuweisung durch ein Arbeitsamt zum Durchgangslager kommen, erhalten sie für die Rückfahrt von der im Durchgangslager befindlichen Dienststelle der Arbeitsverwaltung eine freie Rückfahrkarte.

Ausser den durch die Arbeitsämter offiziell zugewiesenen Arbeitskräften melden sich im Durchgangslager aber auch in nicht unbeträchtlicher Zahl Bergbauwillige, die nicht im Besitze eines solchen Zuweisungsbescheides sind. In der Mehrzahl der Fälle handelt es sich bei diesen Personen um Flüchtlinge aus der russischen Zone, die jedoch nur dann im Durchgangslager aufgenommen und zu den Zechen weitervermittelt werden, wenn sie neben der Bergbautauglichkeit über ausreichende Personalausweise verfügen.

UNSERE TOTEN
MAHNEN ZUR
EINHEIT
Gebt
Kriegsgefangenen
AUFBAU
frei!

74

Neben den Industriebetrieben gilt es, die Geschäfte in der Bochumer Innenstadt wieder aufzubauen.

Foto (undatiert), Blick auf die zerstörte Innenstadt; im Hintergrund das Textilkaufhaus Baltz

70

◀ Die Unternehmer ziehen Bilanz. Bergbau und Montanindustrie in den ersten Monaten nach Kriegsende

Protokoll einer Besprechung zwischen Oberbürgermeister Dr. Geyer und den Direktoren der Bochumer Schachtanlagen und Großbetriebe, 09.07.1945 (1. Seite, siehe weiter Anhang Nr. 18)

71

◀ Auch im Wiederaufbau dominiert die Montanindustrie. Sieben von zehn Bochumer Arbeitnehmern sind im Bergbau oder in der Metallindustrie beschäftigt.

Schaubild

72

◀ Arbeitsplätze im Bergbau müssen besetzt werden. Um Arbeitskräfte für den Bergbau zu interessieren, werden Werbekampagnen durchgeführt; Kriegsgefangene, die sich zur Arbeit im Bergbau verpflichten, werden bevorzugt freigelassen.

Schreiben der Versorgungszentrale des Deutschen Bergbaus an den Oberbürgermeister, 04.08.1947 (1. Seite, siehe weiter IV Anhang)

73

◀ Die Freilassung der Kriegsgefangenen für den Wiederaufbau ist die Forderung aller Parteien, so auch der KPD.

Foto einer Kundgebung mit Wilhelm Pieck und Otto Grotewohl in Essen, 20.07.1946

8. Trümmerfrauen

Frauen im Baugewerbe waren immer verpönt. Als jedoch nach Beendigung des Krieges männliche Arbeitskräfte fehlten, ließ die Militärregierung auch die Beschäftigung von Frauen bei Bau-, Wiederaufbau- und Aufräumarbeiten zu. So waren es im wesentlichen die Frauen, die mithalfen, das von den Männern angerichtete Chaos des Krieges wieder in Ordnung zu bringen und die Zerstörungen zu beseitigen.

Um Baumaterial in ausreichender Menge zu gewinnen, begann man, aus den Trümmern zerstörter Bauwerke die noch brauchbaren Ziegel herauszulösen, sie von Schutt- und Zementresten zu befreien und wiederzuverwenden. Es war die Arbeit von Frauen und Mädchen schlechthin. Die „Trümmerfrau" wurde so zum Symbol im Nachkriegsdeutschland.

Aber auch in anderen Männerberufen waren die Frauen nach 1945 zu finden. Beim Bochumer Verein, dem bedeutendsten Betrieb der Schwerindustrie und einstigen Rüstungsschmiede des Dritten Reiches, wurden Frauen noch in den 50er Jahren beschäftigt, und beim Transportunternehmen der Firma Libhöfer war es selbstverständlich, daß auch die Tochter des Hauses, genau wie ihre Brüder, hinter dem Lenkrad eines schweren Lastautos saß.

75

Hausfrauen demontieren in Bochum eine Panzersperre nach Einnahme der Stadt durch die Amerikaner.

Foto, April 1945

Allied Control Authority
Control Council

Law No. 32

Employment of Women on Building and Reconstruction Work

In view of the shortage of able-bodied men in certain parts of Germany, the Control Council enacts as follows: —

ARTICLE I

The appropriate German authorities may employ, or authorise the employment of female labour on building and reconstruction work, including rubble clearance.

ARTICLE II

The provisions of the Ordinance concerning working hours (Arbeitszeitordnung) of 30th April, 1938 (RGBl 1938 I/447) and all other enactments inconsistent with this Law are repealed or amended in accordance with this Law.

ARTICLE III

This law shall come into force on the date of publication.

V. Sokolovsky
Marshal of the Soviet Union

Joseph T. McNarney
General

Sholto Douglas
Marshal of the Royal Air Force

P. Koenig
Général de Corps d'Armée

Done at Berlin the 10th day of July, 1946

76

Beschäftigung von Frauen bei Bau- und Wiederaufbauarbeiten „in Anbetracht des großen Mangels an tauglichen männlichen Arbeitskräften"

Gesetz Nr. 32 des alliierten Kontrollrates, 10.07.1946

77
Frauen am Ausleseband einer Trümmerverwertungsanlage

Foto, 15.04.1948

AM LESEBAND IM GESCHÜTZTEN RAUM
AT THE PICKING-BELT IN A SHELTERED ROOM
Leisten täglich
10 FRAUEN
24000 STEINE
10 WOMEN GAIN 24000 BRICKS PER DAY
AUS DEN TRÜMMERN, JEDER WITTERUNG AUSGESETZT
FROM THE RUBBLE, OBJECT TO EVERY WEATHER
Gewinnen täglich
20 FRAUEN
8000 STEINE
20 WOMEN GAIN 8000 BRICKS PER DAY
46

Abb. ill. 8

„Wetterfeste" Frauen enttrümmern noch immer

Schwere, aber lohnende Arbeit – Abbruchfirmen: Frauen sind geschickter

Fast 90 Prozent der bebauten Fläche des Bochumer Stadtgebietes sind während des Krieges zerstört worden. Erinnert man sich an diese Zahl, dann wird es verständlich, daß noch immer — sieben Jahre nach dem Kriege — Frauen als Ziegelsteinputzerinnen eingestellt werden. Gerade jetzt mit den wärmer werdenden Tagen tauchen sie wieder im Straßenbild auf. In manchem Trümmergrundstück — wie jetzt an der Lichtburg — sieht man sie; in alter verstaubter Arbeitskleidung, mit langen Hosen, einer großen Schürze und einem Kopftuch über den Haaren sitzen sie dort auf selbst aus Steinen zusammengebauten Hockern und putzen unendlich viele Ziegelsteine.

Stein auf Stein . . . *(Aufn.: Gregor)*

Geschickt und sorgfältig

Das ist nun wirklich keine ausgesprochene weibliche Tätigkeit, aber von den Baugeschäften und Abbruchfirmen hört man immer wieder, daß gerade für diese Arbeit Frauen bevorzugt werden. Es hat sich erwiesen, daß sie dabei besonders wendig, geschickt und sorgfältig sind. Und es gibt noch genug junge Frauen und Mädchen, die diese Arbeit übernehmen und sei es meistens auch nur für vorübergehende Zeit. Indessen: bei dem Problem der Frauenarbeit in unserem Schwerindustriegebiet bietet sich hier eine Möglichkeit zum Geldverdienen. Besonders für junge Mädchen, die noch nichts gelernt haben, ist hier im Verhältnis der Verdienst sehr hoch.

Schwer und anstrengend

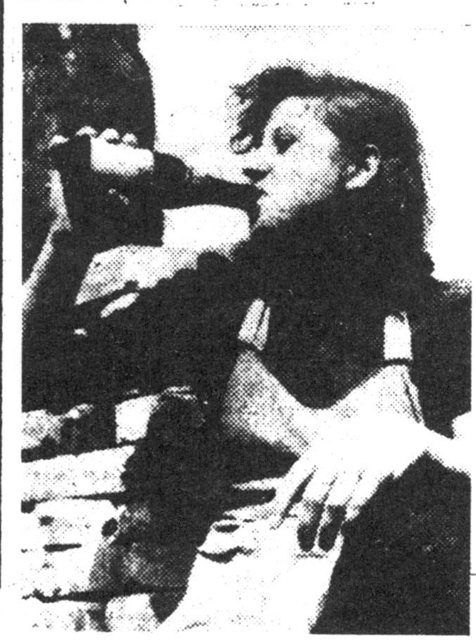

Gewissenhaftigkeit erfordert die Arbeit der Blockzeichnerin. Gisela Dicke (27) im Stahlwerk Höntrop bei ihrer Arbeit.

Emma Juschka (40) macht Tag für Tag die Lehmsteine für die Glockenkerne der Glockengießerei im Werk Weitmar.

80/81/82

Frauen in der Schwerindustrie: Kranführerin, Blockzeichnerin, Formerin beim Bochumer Verein

Zeitschriftenbericht, Januar 1953

78

Enttrümmerung am Fließband: Die Wirtschaftlichkeit von Maschinen zur Trümmeraufbereitung und -verarbeitung

Schaubild 1947/48

79

Frauen „stehen ihren Mann". Trümmerbeseitigung ist körperliche Schwerarbeit.

Zeitungsbericht, 08.05.1952

549 Frauen arbeiten beim BV

Leichtere Arbeitsplätze sind in der Schwerindustrie nicht sehr zahlreich. Schwerbeschädigte und Frauen kämpfen um diese Arbeiten. Und doch beschäftigt der Bochumer Verein 549 Frauen als Arbeiterinnen. Der typische Beruf für die Frau beim BV ist der der Kranführerin. In den nachstehenden Zeilen und Bildern sollen einige Gespräche mit Frauen und auch ein paar Zahlen etwas über Frauen beim BV berichten und gleichzeitig um Verständnis für die Frau am Arbeitsplatz werben.

Kranführerin Erna Salewski (32) steigt hier zur Kranbühne im Weichenbau II empor. Das ist ihr täglicher Anmarschweg.

83

Hilde Libhöfer mit ihren Brüdern Rudolf und Willi vor dem einzigen über den Krieg geretteten Lastwagen der Firma, mit dem sie im Auftrag der Stadt die von amerikanischen Quäkern zur Verfügung gestellten Lebensmittel transportierte.

Foto, 1946

9. Notlösungen

Notbauten, „Schwarzbauten", Übergangslösungen und „Bauen in Abschnitten" bestimmten die Bautätigkeit und prägten das Stadtbild der unmittelbaren Nachkriegszeit.

Die allgegenwärtige Wohnungsnot zwang die Menschen zur Improvisation: Keller ausgebombter Häuser wurden als Wohnungen benutzt; Hausruinen mit dem wenigen vorhandenen Baumaterial ausgebaut und notdürftig wetter- und winterfest gemacht.

Auf architektonische und städtebauliche Gesichtspunkte wurde keine Rücksicht genommen: Schließlich konnten und wollten Industrieunternehmen, Haus- und Grundbesitzer sowie andere private Bauwillige nicht auf „ein Dach über dem Kopf" warten, bis die Vorstellungen des Planungsamtes verwirklicht wurden.

Daneben gab es auch städtische Initiativen zur sofortigen Bekämpfung der Elendsquartiere: Es wurde die Errichtung von Nissenhütten und anderen Behelfsheimen gefördert.

Ab 1945 wurde in Bochum-Riemke ein ehemaliges Munitionslager ohne Baugenehmigung in Selbsthilfe zu Wohnungen umgebaut.

84

Leben im Kellerloch. Familie Krüsemann hat sich im Keller eines Trümmerhauses eingerichtet.

Foto, undatiert

Military-Government of Germany

Notice to Householders

1. The owner or tenant of any building or part of a building used as a place of residence by such owner or tenant or by members of his or her family shall post on the main door of such building or part of it a list containing the names and trade or profession of all the persons at the time residing in such building or part of it.

2. Any person who by the 18th April 1945 has not complied with paragraph 1 of this notice will be punished by a Military Government Court.

By Order of Military Government

Militärregierung von Deutschland

Bekanntmachung an alle Hausbesitzer

1. **Die Eigentümer oder Mieter von Gebäuden oder Teilen von Gebäuden, die von dem Eigentümer oder Mieter oder Mitgliedern seiner oder ihrer Familie als Wohnungen benutzt werden, müssen an der Haustür eines solchen Gebäudes oder Teiles davon eine Liste anbringen, die die Namen, Gewerbe oder Berufe all der Personen enthält, die gegenwärtig in dem Gebäude oder Teil davon wohnen.**

2. **Jeder, der bis zum 18. April 1945 den Paragrahen 1 nicht erfüllt hat, wird von einem Militärregierungsgericht bestraft werden.**

Auf Befehl der Militärregierung.

86

Von der Wohnbebauung zwischen Innenstadt und Griesenbruch bleibt nur eine Trümmerwüste (hier: Roonstr. 36/38, Nibelungenstr. 3). Der Zerstörungsgrad beträgt fast überall mehr als 70%.

Foto, September 1946

85

◀ Eigentümer und Mieter müssen am Gebäude Listen mit den Namen und Berufen aller Bewohner anbringen.

Bekanntmachung der Militärregierung, (vor 18.) April 1945

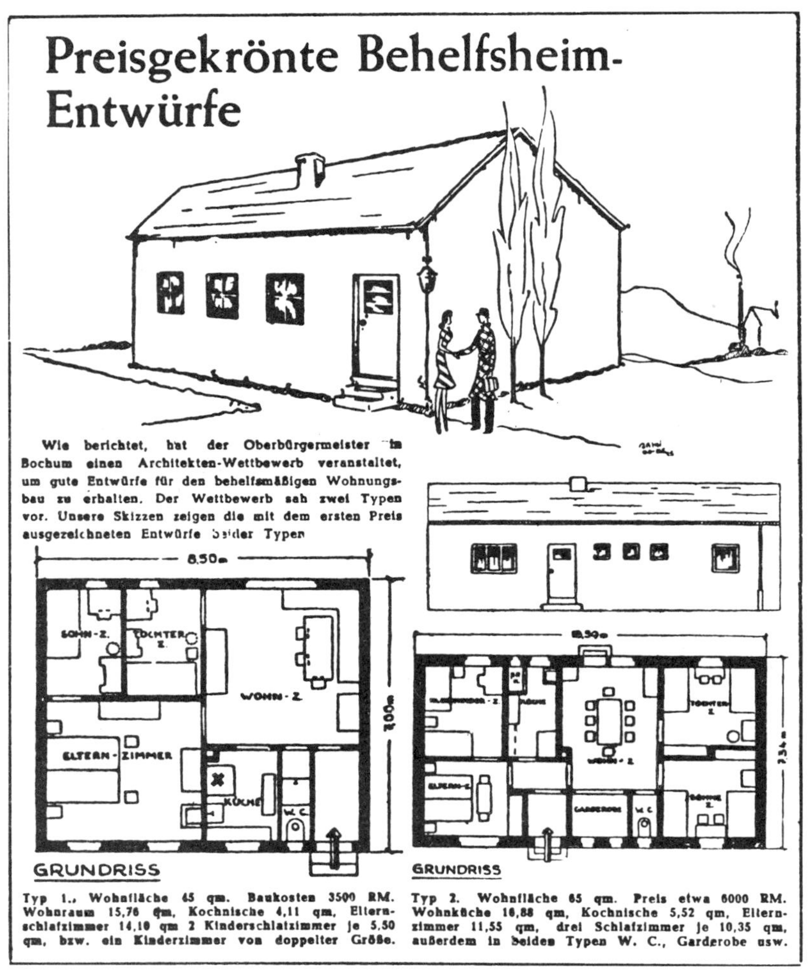

Preisgekrönte Behelfsheim-Entwürfe

Wie berichtet, hat der Oberbürgermeister in Bochum einen Architekten-Wettbewerb veranstaltet, um gute Entwürfe für den behelfsmäßigen Wohnungsbau zu erhalten. Der Wettbewerb sah zwei Typen vor. Unsere Skizzen zeigen die mit dem ersten Preis ausgezeichneten Entwürfe beider Typen

Typ 1., Wohnfläche 45 qm. Baukosten 3500 RM. Wohnraum 15,76 qm, Kochnische 4,11 qm, Elternschlafzimmer 14,10 qm 2 Kinderschlafzimmer je 5,50 qm, bzw. ein Kinderzimmer von doppelter Größe.

Typ 2. Wohnfläche 65 qm. Preis etwa 6000 RM. Wohnküche 16,88 qm, Kochnische 5,52 qm, Elternzimmer 11,55 qm, drei Schlafzimmer je 10,35 qm, außerdem in beiden Typen W. C., Garderobe usw.

87

Entwürfe preisgekrönter Behelfsheime, Ergebnisse eines Architektenwettbewerbs, ausgeschrieben vom Oberbürgermeister in Bochum

Zeitungsbericht, 27.10.1945

88

Nissenhütten in Bochum, Fuldastraße

Foto, undatiert

89

Das wiederaufgebaute Haus der Firma Träger, Schützenbahn 12

Foto, undatiert

90

Die Militärregierung genehmigt den Wiederaufbau des Hauses Träger. ▶

Baulizenz, 02.07.1947

.12

Military Government: Control of Building and Civil Engineering Works
Militärregierung: Ueberwachung von Hoch- und Tiefbauten

Building Control, Building Industries Section, Westfalen Region
Abteilung Bauwirtschaft Provinz Westfalen — Bauüberwachung

BUILDING LICENCE FOR MINOR WORKS: Serial No. 45007/31
Baugenehmigung für Kleinbauvorhaben: Lfd. Nr.

Serial Number of Master Licence: 45007
Lfd. Nr. der Hauptgenehmigung:

To (Name of Building Owner): Träger, Fritz
An (Name des Bauherrn):

of (Address of Building Owner): Bochum, Schützenbahn 12
(Anschrift des Bauherrn):

Kreis Bochum R. B. Arnsberg
Reg.-Bez.

Subject to conditions here and hereafter set out licence is hereby granted
Die Genehmigung wird unter diesen und den nachfolgenden Bedingungen erteilt.

Instandsetzungsarbeiten zur Gewinnung von ru. 260,- qm Wohnfläche.

at Bochum, Schützenbahn 12
Zu

at a total cost not exceeding ---------------- [illegible].000,- marks
bis zum Höchstbetrage von RM.

Stamp of Licensing Authority
Stempel der Baubehörde

Signature:
Unterschrift: (König)

Appointment: Reg.-Baurat
Dienststellung:

Date of issue: 2. 5. 1947
Tag der Ausstellung:

CONDITIONS
Bedingungen

1. Special conditions and limitations
Besondere Bedingungen und Beschränkungen
Die Bedingungen des Bauaufsichtsamtes sind zu beachten. Genehmigung endet am 31.10.47. Die Meld. gem. Ziff. 8 der Rückseite ist rechtzeitig zu erstatten. Die noch notwendigen Baustoffe sind mit Beginn der Arbeiten schriftl. hier anzufordern.

For further conditions see back of this form.
Weitere Bedingungen siehe umseitig.

12/5. [illegible] [illegible] vorgängig
1/ Baugenehmigung bereits erteilt
2/ Original an Bauherrn absenden [illegible] 8/5 47
3/ W. vorl. am 8/6. [illegible]

Einwohner- und Wohnraumbestand Stadtbezirk Bochum

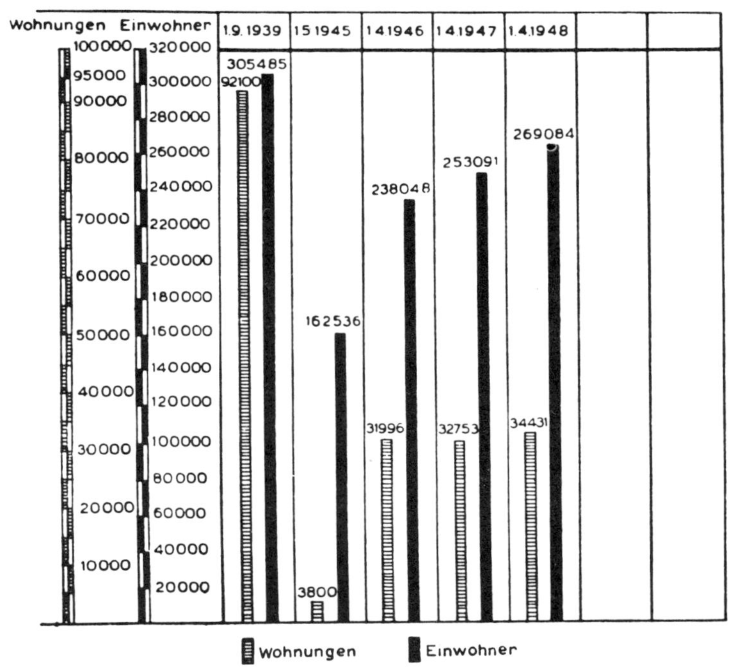

Wohnraumbestand:

1939 *23 000* Häuser mit *92 100* Wohnungen

davon wurden beschädigt:

5000 Häuser	mit 20 000 Wohnungen	total	.....	(100 %)
4500 „	„ 18 000 „	schwer	....	(75 %)
5300 „	„ 21 100 „	mittelschwer	.	(50 %)
7200 „	„ 29 000 „	leicht	.....	(25 %)
1000 „	„ 3 800 „	unbeschädigt		

23 000 Häuser mit *92 100* Wohnungen

Instandsetzungen:

Unbeschädigt vorhanden:	3 800 Wohnungen
durch Winterfestmachung bis 31. 3. 46 instandgesetzt	28 196 „
durch Instandsetzung unbewohnbaren Wohnraums	
vom 1. 4. 46 — 31. 3. 47	757 „
vom 1. 4. 47 — 31. 3. 48	1 678 „
Insgesamt vorhanden:	*34 431* Wohnungen

91

Einwohner- und Wohnraumbestand im Stadtbezirk Bochum 1939 – 1948

Diagramm

10. Ernährungslage

Die Versorgung der Bevölkerung mit Nahrungsmitteln wurde von Jahr zu Jahr schlechter. Die Ernteerträge gingen von 1945 bis 1948 kontinuierlich zurück; die Landwirtschaft hatte erhebliche Kriegsschäden erlitten und verfügte nicht über ausreichende Arbeitskräfte; zudem zeigten die Bauern wenig Neigung, bei dem herrschenden Zwangsbewirtschaftungssystem, das für sie keine Gewinne einbrachte, die Erträge zu steigern. So fehlte es der Bochumer Bevölkerung an allem. Die Lage nahm geradezu lebensbedrohliche Formen an.

Um überhaupt eine Lebensmittelversorgung aufrecht erhalten zu können, übernahmen die Behörden das seit 1939 bestehende Bewirtschaftungssystem und gaben Lebensmittel, Kleidung und viele Gegenstände des täglichen Bedarfs nur gegen Bezugsmarken aus. Für jede Zuteilungsperiode wurde die Nahrungsmittelration genau festgelegt. Jeder Einwohner bekam pro Zuteilungsperiode eine Karte, die genaue Angaben über Menge und Art der von ihm zu beanspruchenden Lebensmittel enthielt. Je nach den zur Verfügung stehenden Vorräten wurden dann bestimmte Abschnitte der Karte aufgerufen.
Im Mai 1945 mußte ein erwachsener Normalverbraucher einen Monat lang mit 4.500 g Brot, 300 g Nährmitteln, 400 g Fleisch oder Fisch und 310 g Fett auskommen. Die tatsächlichen Lieferungen blieben meist noch hinter diesen Minimalrationen zurück, und nicht selten kehrten Bochumer nach stundenlangem Warten vor den Geschäften mit leeren Händen in ihre Trümmerbehausung zurück.

Seit 1946 versuchten ausländische Wohlfahrtsorganisationen, durch Schul- und Kinderspeisungen zumindest bei den Heranwachsenden die Folgen der katastrophalen Ernährungslage zu mildern. In Bochum wurden diese Aktionen bis Ende 1948 vor allem vom britischen Quäkerhilfswerk, von den britischen „Girl Guides" (Pfadfinderinnen) und vom Schweizer Hilfswerk durchgeführt. CARE-Pakete halfen, auch bei der übrigen Bevölkerung den schlimmsten Hunger zu lindern.

Bergleute hatten die besten Aussichten, einigermaßen satt zu werden. Ihre Arbeitskraft wurde zur Sicherung der Kohleförderung dringend benötigt. Deshalb erhielten sie durch CARE-Pakete und Schwerarbeiterzulagen ein Zubrot, von dem andere nur träumen konnten: Speck, Bohnenkaffee oder Zigaretten sollten die Förderleistungen der Kumpel steigern. Die Bergleute wurden dadurch fast zu einer privilegierten Schicht; sie waren deshalb auch als Ehepartner sehr gefragt.

92

Das Innere einer Notwohnung. Ein Herd zum Kochen und Wärmen ist die Hauptsache.

Foto, undatiert

Bekanntmachung

Ausgabe der Lebensmittelkarten

Die Lebensmittelkarten für die 76. Zuteilungsperiode vom 28. 5. bis 24. 6. 1945 werden am Freitag und Samstag, dem 25. und 26. 5. 1945, von 8 bis 15 Uhr und am Sonntag, dem 27. 5. 1945, von 8 bis 13 Uhr in den Außenstellen des Ernährungs- und des Wirtschaftsamtes ausgegeben. Selbstversorger erhalten die Lebensmittelkarten am Freitag, dem 25. 5. 1945, im Rathaus, Zimmer 124, oder in den zuständigen Außenstellen.

Zur Durchführung der Ziffer 4 der Bekanntmachung Nr. 2 des Neuen Arbeitsamtes Bochum vom 7. Mai 1945 hat die Alliierte Militärregierung weiterhin angeordnet, daß die **Lebensmittelkarten für den 76. Versorgungszeitraum an alle männlichen arbeitsbuchpflichtigen Personen von 14 bis 65 Jahren nur gegen Vorlage einer Bescheinigung des Neuen Arbeitsamtes Bochum** von den zuständigen Außenstellen verabfolgt werden dürfen. Ausgenommen hiervon sind Jungen bis zu 14 Jahren, die Männer über 65 Jahre, sowie sämtliche weibliche Personen.

Jeder arbeitsbuchpflichtige männliche Werktätige von 14 bis 65 Jahren wird daher aufgefordert, sich die vorgeschriebene Bescheinigung bis zum Beginn der Lebensmittelkartenausgabe am Freitag, dem 25. Mai 1945, beim **Neuen Arbeitsamt, Wilhelmstraße,** zu besorgen und diese bei der Abholung seiner Lebensmittelkarten der Kartenstelle vorzulegen

Bochum, den 23. Mai 1945

Bahlmann
Bürgermeister

94

Die Geschäfte werden wieder eröffnet. Käuferinnenschlange vor dem provisorischen Lebensmittelgeschäft von Moritz Steffen

Foto, undatiert

93

◀ Nur wer arbeitet, soll auch essen. Lebensmittelkarten werden für männliche arbeitsbuchpflichtige Personen von 14 bis 65 Jahren nur gegen eine Bescheinigung des Arbeitsamtes ausgegeben.

Bekanntmachung von Bürgermeister Bahlmann, 23.05.1945

-1. März 1947

An dem
Oberbürgermeister der
Stadt Bochum

B o c h u m

Bochum, den 27.[illegible].1947.

Trotz der vorgeschrittenen Jahreszeit ist ein Grossteil unserer Ueber- und Untertagearbeiter noch immer nicht mit dem zweiten Zentner Einkellerungskartoffeln beliefert worden. Die vielen Proteste der Bergarbeiter zwingen uns, an Sie, Herr Oberbürgermeister heranzutreten, damit Sie Sorge für unverzügliche Abhilfe tragen. Die Beunruhigungen der Belegschaft könnten sonst ernste Folgen für die Aufrechterhaltung des Arbeitsfriedens haben.
Die Zahl der noch nicht mit dem 2. Ztr. Einkellerungskartoffeln Belieferten, es handelt sich in den meisten Fällen um Familienväter, beläuft sich auf 367 mit insgesamt 1700 Familienangehörigen.
An diesen Zahlen ersehen Sie Herr Oberbürgermeister, wie dringend Ihre Hilfe für die Beschaffung der versprochenen Einkellerungskartoffeln ist.
In Erwartung Ihrer Hilfe

der Betriebsrat
der Schachtanlage Carolinenglück

Betriebsobmann
Zeche
Carolinenglück

- 27 -

Bochum, den 6. März 1947

1.) Abgabenachricht erteilt.

2. Dem
Kartoffelwirtschafts -Verband
U n n a - Königsborn
zuständigkeitshalber abgegeben.
Ich bitte um eine Durchschrift des Bescheides an den Betriebsrat der Zeche Carolinenglück.

Der Oberbürgermeister

Resolution

Die ca. 9000 Mann starke Belegschaft der Bochumer Verein für Gußstahlfabrikation A.G. ist entrüstet und empört über die von Woche zu Woche absinkende Ernährung. Sie ist jetzt an einem Punkt angelangt, an dem die ihre Arbeit nicht mehr verrichten kann. Erfolgt nicht schnell eine Besserung, so ist sie gezwungen, aus Unvermögen ihre Arbeit ganz einzustellen. Zweifel- und Hoffnunslosigkeit machen sich breit. Man glaubt niemand. Alle Meldungen der Presse, des Rundfunks und der amtlichen Stellen finden keinen Glauben.

Die Belegschaft des Bochumer Vereins verlangt von den Gewerkschaften, Parteien und amtlichen Stellen, daß alles versucht wird, um die Bevölkerung des Ruhrgebietes aus dieser Katastrophe zu retten.

Sie verlangt, daß der Schwarzmarkt scharf überwacht, Kompensationsgeschäfte verhindert und die eigene Landwirtschaft zur Höchstablieferungen verpflichtet werden. Weiterhin ist dafür Sorge zu tragen, daß fachkundige Vertreter der Gewerkschaften in die Kontrolle der Ernährungswirtschaft eingebaut werden.

Bochum, den 22. März 1947

Betriebsrat
Bochumer Verein
für Gußstahlfabrikation AG.
Mette

96

Der Betriebsrat des Bochumer Vereins fordert Maßnahmen zur Behebung der Lebensmittelkatastrophe und droht mit Arbeitsniederlegung.

Resolution vom 22.03.1947 (siehe weiter IV Anhang Nr. 3)

95

◀ Kartoffeln für die Bergarbeiter. Der Betriebsrat der Schachtanlage Carolinenglück bittet um Beschaffung der versprochenen Einkellerungskartoffeln für den Winter.

Schreiben des Betriebsobmanns an Oberbürgermeister Geldmacher, 27.02.1947

Der Oberstadtdirektor
der Stadt Wattenscheid

Fernruf:	Postschließfach	Stadtkasse	Reichsbank	Stadtsparkasse	Postscheck
S.-Nr. 1561	47 und 48	Wattenscheid	Gelsenkirchen 341/164	Konto 13	Dortmund 10890

An den

Herrn Stadtkommandanten

h i e r .

Bin
152 23.3.

Ihr Zeichen   Ihr Schreiben vom   Mein Zeichen   Tag 28.3.1947

Betr.:

Herr Polizeirat Erdmann hat mich wissen lassen, daß dem Vernehmen nach die Gewerkschaft beabsichtigt, am 1.4.1947 wegen der schwierigen Verhältnisse in der Ernährungslage einen einige Stunden dauernden Streik durchzuführen. Die Bergarbeiter sollen in diesen Streik nicht einbezogen werden.

gez. Hollenkamp
Beglaubigt:

[Unterschrift]

Stadtamtmann

Grauthoff 7. 46. 20000

B.t.o.

98

Hungerdemonstration im Ruhrgebiet.

Foto, 03.04.1947

97

Streik der Gewerkschaft wegen unzureichender Ernährung. [Auf der Rückseite des Dokumentes ein handschriftlicher Kommentar des britischen Stadtkommandanten: „Wie verrückt, es sich unnötig unbequem zu machen. Einsichtige Menschen müssen begreifen, daß es eine weltweite Lebensmittelknappheit ist, die wir alle zu überwinden suchen."]

Schreiben des Oberstadtdirektors von Wattenscheid an den Stadtkommandanten, 28.03.1947

99

Essensausgabe in einer Gemeinschaftsküche

Foto, undatiert

11. Kultureller Neubeginn

Der Spielbetrieb des Bochumer Stadttheaters war aufgrund einer Anordnung Görings Anfang September 1944 eingestellt worden: „Alle Schauspieler, Musiker und Arbeitskräfte der kaufmännischen und technischen Betriebe stehen für eine kriegswichtige Beschäftigung zur Verfügung". Am 4. November 1944, bei einem Großangriff alliierter Flieger auf Bochum, sank der Theaterbau an der Königsallee in Schutt und Asche.

Schon im Sommer 1945 sammelten sich die wenigen verbliebenen Künstler um Willi Busch, der seit den Anfängen im Jahre 1919 dem Ensemble als Mittelpunktschauspieler angehörte, um auf der engen Bühne des Parkhauses wieder die ersten Stücke einzustudieren.

Diesem Unternehmen gingen zähe Verhandlungen mit der britischen Militärregierung voraus. Letztlich war jedoch die jahrzehntelange Shakespeare-Tradition in Bochum ausschlaggebend, daß hier vor allen anderen Bühnen des Ruhrgebiets wieder Theater gespielt werden durfte. Dennoch wachte Mr. Ashley Dukes, der Sonderbeauftragte für alle kulturellen Angelegenheiten der britischen Zone, sorgfältig über Programmgestaltung und Sonderzuteilungen. Die ersten Proben konnten am 3. September 1945 beginnen. Am 17. Dezember war Neuanfang mit der Premiere „Weh'dem, der lügt".

Saladin Schmitt, der Bochumer Theatergründer, kehrte wegen Krankheit erst im Frühjahr 1946 aus der Evakuierung zurück und übernahm wieder die Intendanzgeschäfte. Zu Schmitts ersten Nachkriegsinszenierungen gehörten „Sappho" und „Iphigenie". Als Präsident der Deutschen Shakespeare-Gesellschaft gelang es ihm, die erste Tagung in Bochum zu organisieren. Dafür studierte er 1946 mit dem neu verpflichteten Walter Uttendörfer den „Hamlet" ein. Sein Held aus früheren Tagen, Horst Caspar, spielte inzwischen an allen großen deutschsprachigen Bühnen, doch kehrte er ihm zu Ehren oft nach Bochum zurück.

Schmitts Spielbedingungen auf der kleinen Parkhausbühne waren der Zeit entsprechend äußerst primitiv. Einige Schauspieler waren gerade aus der Gefangenschaft heimgekehrt und mußten sich die Garderobe für ihre Auftritte in Salonstücken auf dubiose Weise beschaffen. Die Techniker kämpften jeden Tag gegen die Materialknappheit an, um immer neue Probleme lösen zu können. Die Zuschauer hüllten sich in dem unbeheizten Saal in Wolldecken ein.

Das heißt, es fehlte der für Schmitt notwendige große Rahmen, um das gewohnte festliche, heraldisch verzierte und von klassischem Geist erfüllte Theater zu verwirklichen. Auch blieb sein Spielplan mit wenigen Ausnahmen in der Konvention stecken. Seine Versuche mußten schließlich scheitern, denn allein feierliches Pathos und große Gebärden vermochten ein desillusioniertes Nachkriegspublikum nicht mehr in den Bann zu ziehen.

Am 25. Juni 1949 verabschiedete sich Saladin Schmitt mit einer Inszenierung von Shakespeare's „Cymbeline". Damit ging eine 30jährige Ära zu Ende, die Bochums Theaterruhm begründet hatte. Schmitt starb am 14. März 1951.

Bereits am 12. Juli 1945 hatte das Städtische Orchester mit einem Beethoven-Konzert seine Konzerttätigkeit wieder aufgenommen, zunächst unter der kommissarischen Leitung von Emil Peeters, dem Bühnenkapellmeister und langjährigen Vertrauten von Saladin Schmitt. 1947 übernahm dann der aus Duisburg stammende Hermann Meißner, der schon während des Krieges oft in letzter Minute als Gastdirigent eingesprungen war, die künstlerische Oberleitung. In der Spielzeit 1948/49 besuchten über 39.000 Zuhörer die 112 Konzerte.

100

Ashley Dukes, Sonderbeauftragter für kulturelle Angelegenheiten in der britischen Zone

Foto, 1946

DIE BÜHNE

DER STADT BOCHUM

PARKTHEATER

Leitung: Prof. Dr. S. Schmitt — Spielzeit 1945/1946

Di 25. Dezember 1. Weihnachtstag 17 bis gegen 19.45 Uhr	**Weh dem, der lügt!** Lustspiel in 5 Aufzügen (9 Bildern) von Franz Grillparzer Inszenierung: Willi Busch · Bühnenbilder: Reinhold Schaefer Mitwirkende u. a.: Brand, Busch, Höckmann, Holthuysen, Kalthauser, Lehmbrock, Roland, Siemers, Schneider, Schmidt	Preise I Vorverkauf ab Samstag, den 22. Dezember
Mi 26. Dezember 2. Weihnachtstag	13.30 bis gegen 15.30 Uhr / Märchenpreise **Schneeweißchen und Rosenrot** Märchenspiel in 1 Vorspiel u. 9 Bildern nach Gebr. Grimm von Hermann Stelter Inszenierung: Dr. Horst Onekow · Bühnenbilder: Reinhold Schaefer Mitwirkende u. a.: Alin, Brand, Kolbch-Boretti, Reichardt, Höckmann, Horn, Lehmbrock, Roland, Siemers, Schneider, Schmidt 17 bis gegen 19.30 Uhr / Preise I **Dr. med. Hiob Prätorius** Ein Stück von Curt Goetz Inszenierung: Dr. Horst Onekow — Bühnenb.: Reinh. Schaefer Mitwirk.: Alex, Brand, v. Hagen, Kolbch-Boretti, Reichardt, Busch, Höckmann, Holthuysen, Kalthauser, Roland, Siemers, Schneider	Vorverkauf ab Samstag, den 22. Dezember
Do 27. Dezember	Geschlossene Vorstellung Bochumer Verein 13.30 bis gegen 15.30 Uhr **Schneeweißchen und Rosenrot** 16.30 bis gegen 18.30 Uhr **Schneeweißchen und Rosenrot** Märchenspiel in einem Vorspiel und 9 Bildern nach Gebrüder Grimm von Hermann Stelter Inszenierung: Dr. Horst Onekow · Bühnenbilder: Reinhold Schaefer	Märchenpreise Vorverkauf ab Montag, den 24. Dezember
Fr 28. Dezember	**Keine Vorstellung**	
Sa 29. Dezember 17 bis gegen 19.45 Uhr	**Weh dem, der lügt!** Lustspiel in 5 Aufzügen (9 Bildern) von Franz Grillparzer · Inszenierung: Willi Busch · Bühnenbilder: Reinhold Schaefer	Preise I Vorverkauf ab Donnerstag, den 27. Dezember
So 30. Dezember	13.30 bis gegen 15.30 Uhr / Märchenpreise **Schneeweißchen und Rosenrot** Märchenspiel in 1 Vorspiel u. 9 Bildern nach Gebr. Grimm von Hermann Stelter Inszenierung: Dr. Horst Onekow · Bühnenbilder: Reinhold Schaefer 17 bis gegen 19.30 Uhr / Preise I **Dr. med. Hiob Prätorius** Ein Stück von Curt Goetz Inszenierung: Dr. Horst Onekow / Bühnenb.: Reinh. Schaefer	Vorverkauf ab Freitag, den 28. Dezember
Mo 31. Dezember Silvester 17.30 bis gegen 20 Uhr	**Charleys Tante** — In neuer Inszenierung Schwank von Brandon Thomas Inszenierung: Willi Busch · Bühnenbilder: Reinhold Schaefer Mitwirkende: Brand, Dohna, v. Hagen, Kolbch-Boretti, Höckmann, Holthuysen, Lehmbrock, Roland, Siemers, Schneider	Preise I Vorverkauf ab Samstag, den 29. Dezember
Di 1. Januar Neujahr	13.30 bis gegen 15.30 Uhr / Märchenpreise **Schneeweißchen und Rosenrot** Märchenspiel in 1 Vorspiel u. 9 Bildern nach Gebr. Grimm von Hermann Stelter Inszenierung: Dr. Horst Onekow · Bühnenbilder: Reinhold Schaefer 17 bis gegen 19.30 Uhr / Preise I **Charleys Tante** Schwank von Brandon Thomas Inszenierung: Willi Busch / Bühnenb.: Reinh. Schaefer	Vorverkauf ab Samstag, den 29. Dezember

Eintrittspreise (einschl. Kleidergebühr und [illegible]):

Platzbezeichnung	Preise I	Preise II	Märchenpreise
Saalreihen 1—7 Mitte	4,10 RM.	3,10 RM.	2,10 RM.
Saalreihen 8—12 Mitte	3,10 RM.	2,60 RM.	1,60 RM.
Saalreihen 1—12 Seite	2,10 RM.	1,60 RM.	1,10 RM.
Saalreihen 13—19 Mitte	1,60 RM.	1,10 RM.	0,75 RM.

Die Theaterkasse (Königsallee 15) ist geöffnet werktags von 10—13 Uhr, sonntags von 11—12 Uhr, ferner eine Stunde vor jeder Veranstaltung im Parkhaus

Schürmann & Klagges, Bochum — Gen. 921 MO 132/2

102

Kultur in Trümmern – die Ruine des Stadttheaters an der Königsallee

Foto, 1946

101

◀ Die Nachkriegsinszenierungen finden im Parktheater statt, dem notdürftig hergerichteten Stadtparkrestaurant.

Plakat der Städtischen Bühne Bochum, Spielzeit 1945/46

Prof.Dr.Saladin Schmitt
Iburg b. Osnabrück
Haus Waidmannsruh

Iburg,d. 20. November 1945

Herrn
Kapellmeister Emil Peeters

B o c h u m
Overhofstr. 10

Lieber Meister!

Nehmen Sie für alles, was Sie für mich tun konnten,nochmals herzlichsten Dank. Der junge Witteler hat mich in etwas über 2 Stunden hierher gefahren. Wir atmeten auf, als wir Herne hinter uns hatten.

Wenn Sie mir bei dem Suchen nach einer Wohnung behilflich sein können, so versäumen Sie nichts; ich hörte, daß Roderich Schäfer beim Wohnungsamt tätig ist, vielleicht kann man durch ihn etwas erreichen. Ich hörte auch, das ein gewisser Herr Salomon bei der Gestellung von Wohnungen eine wichtige Rolle spielt; möglicherweise kann man ihn gewinnen, wenn er erfährt, daß ich bis zu Beginn des Krieges unter der Hand meinen ehemaligen jüdischen MitarbeiternDr. Buxbaum, van Löwen,ebenso mir verbundenen jüdischen Kaufleuten wie beispielsweise Kaminsky in jeder Weise behülflich war. Antisemitismus ist ja ein Begriff, der mir völlig fremd ist. Als geborener Süddeutscher wußte ich gar nichts von einer antijüdischen Bewegung. Zum ersten Male hörte ich von diesen bornierten Dingen etwas als Bonner Student. Dann verspürte ich in der Industriegegend mit ihrem stark deutsch-nationalen Einschlag den Antisemitismus sehr stark; ich erinnere mich noch, daß ich die ehemalige Gesellschaft Harmonie ostentativ verließ, als die entmenschten Mitglieder sich anschickten, die Ermordung von Rosa Luxenburg und ihrem Freunde feierlich zu "begießen". Hier kam schon so etwas heraus, wie die grauenhaften Dinge, die späterhin das 3. Reich dem notwendigen Untergange weihen mußten.

Ihnen, lieber Meister Peeters, lege ich meine Angelegenheiten nochmals ans Herz; ich wäre sehr gern wieder in Bochum tätig, muß es aber unter menschenmöglichen Umständen tun können. Mit Ihrer Wiedereinsetzung in den ehemaligen Beruf des Schauspiel-Kapellmeisters rechne ich bestimmt. Bin ich erst dort, so kann ich in ganz anderer Weise das betreiben als brieflich von hier aus. Auch wenn Sie dann im Orchester mitspielen wollen, so könnten Sie sich wirtschaftlich ganz anders stehen ,wie als Primgeiger im städtischen Orchester. Sie könnten auch Ihre ungewöhnlichen Eigenschaften als Komponist besser zeigen, wenn Sie wieder mit der Bühne verbunden sind. Sie wissen ja wohl, daß seinerzeit der gesamte Vorstand des allgemeinen deutschen Musikvereins die Musik Ihrer Oper "Troerinnen" als die wertvollste erklärte, die wir im Rahmen der Duisburger Opernfestwoche bieten konnten. Dass Sie sich an einen Text machten, der eine allgemeine Aufnahme der Oper an anderen Bühnen erschwerte, verhehle ich Ihnen nicht. Sollte ich wieder in Bochum sein, so könnten wir(wenn Sie etwas anderes für die Bühne arbeiten) ebenso zusammenhalten, wie wir bei der Faustmusik, bei der Musik zum Sommernachtstraum usw. zusammengehalten haben. Vorläufig brauchte ich, wenn ich den König Ödipus oder aber die Phädra inszenieren sollte,Musik; ich muß Ihnen persönlich auseinandersetzen, wie ich mir das alles denke.

Behandeln Sie bitte die Angelegenheiten meines Briefes streng vertraulich. Die Menschen sind nur einmal zu dumm, um uns in dem, was uns durch den Kopf geht, zu verstehen.

Ob es Zweck hätte, die Militärregierung auf mich aufmerksam zu machen ? Ich bin ja nun einmal der einzige Mensch, der die gesammten Königsdramen Shakespeares in zyklischer Form geboten hat und von dem Riesenwerk Shakespeares sicherlich 2/3 der Dramen und Lustspiele gebracht hat. Auch dürfte es einer Militärregierung interessant sein zu hören, daß ich Präsident der deutschen Shakespeare Gesellschaft in Weimar bin. Die Militärregierung unterstützt mich dann möglicherweise bei dem Suchen nach einer Wohnung. Vielleicht bedeutet Sie auch der Stadtverwaltung, daß mir für die wöchentliche Regiesitzung(die von mir aus an einem Sonntag sein könnte) ein Wagen zur Verfügung gestellt werden muß. Es ist ja absurd, daß jeder höhere Mittelbeamte mit einem Wagen losfährt, und der Intendant der Bochumer Bühne die größten Schwierigkeiten hat , wenn er um einen Wagen bittet.

Mit herzlichem Dank für Ihre Gastfreundschaft und herzlichen Grüßen für Sie und die Ihrigen bin ich

Ihr

Prof.Dr.Saladin Schmitt
Iburg b. Osnabrück
Haus Waidmannsruh

103

Obdach und Wohnung – auch der Wunsch des Bochumer Theaterintendanten

Schreiben von Prof. Dr. Saladin Schmitt an Kapellmeister Emil Peeters, 20.11.1945

WESTFÄLISCHE RUNDSCHAU

Die Beraubung des Bochumer Theaterfundus

10 Ballen Kostümstoffe gestohlen / Ein Unschuldiger in Haft / Mildes Urteil

Der Theaterdiebstahl, der in Bochum soviel Aufsehen hervorgerufen hat, stand vor dem Bochumer Amtsgericht zur Aburteilung. In der Anklagebank saßen die beiden Schauspieler Friedrich Siemers und Peter Lehmbrock, während Paul Gerlach flüchtig ist. Die beiden Angeschuldigten erbrachen in den Abendstunden des 9. Februar mit einem Eisen die Tür zur Kleiderwerkstatt und drückten hier einen Schrank ein in der Hoffnung, auf Stoffe zu stoßen. Sie fanden aber nur einen Schlüsselbund. Mit diesem verschafften sie sich Zugang zum Magazin und erbrachen hier zwei Schränke. Aus diesen stahlen sie 9 Ballen Velvet in verschiedenen Farben und einen Ballen Schleierstoff, die für Neuinszenierungen von Shakespeare-Aufführungen bestimmt waren.

Es waren insgesamt 342,50 Meter Stoff und hatten einen Wert von 3000 Mark.

Zum Verräter wurde ein Mantelknopf, der aufgefunden worden war. In der Garderobe stellte man dann fest, daß er an dem Mantel des Gerlach fehlte. Damit war der Diebstahl aufgedeckt. Am 8. März wurden die Täter in Untersuchungshaft genommen. Bis dahin hatte der Wächter, auf den der erste Verdacht gefallen war, im Gefängnis gesessen. Er wurde natürlich sofort entlassen und wird von der Stadt eine Entschädigung erhalten.

In der Verhandlung erfuhr man, daß beide Angeklagten 3—4000 Mark Schulden hatten, die sie durch den Erlös aus dem Verkauf des Stoffe aus der Welt schaffen wollten. Sie waren ziemlich abgerissen aus der Gefangenschaft zurückgekehrt und mußten sich nun Garderobe für das Auftreten in Salonstücken beschaffen, auch hatten sie sich Zusätzliches schwarz besorgt.

Seit September 1946 bezogen beide eine Gage von 700 Mark,

sodaß sie 480 Mark ausbezahlt erhielten. Man hörte weiter, daß Lehmbrock vorbestraft war. Gerlach, der rauschgiftsüchtig ist, war im Februar mit dem Ansinnen an ihn herangetreten, ihm Rezepte über „Dolantin-Ampullen" auszustellen. Zu diesem Zweck übergab G. ihm Blankorezepte mit einem Stempelaufdruck. L. tat ihm den Willen und füllte die Rezepte aus und unterschrieb sie.

Befremdend wirkte das Verhalten des Intendanten, der als Zeuge seine Schützlinge über Gebühr verteidigte, ihre Handlungen zu bagatellisieren versuchte, von der „lächerlichen" Gage sprach und sich zu der Behauptung verstieg, daß der Ausfall der Beiden für die deutsche Kunst einen unersetzlichen Verlust bedeute. Auch forderte er, daß ein Künstler vor Gericht anders behandelt und beurteilt werden müßte. Demgegenüber ist festzustellen, daß es verwerflich war, einen Unschuldigen so lange leiden zu lassen, und daß es nicht minder charakterlos war, den Arbeitgeber zu bestehlen, der ihnen nur Gutes erwiesen hatte.

Die Angeklagten fanden einen milden Richter, der über Siemers eine Gefängnisstrafe von 5 Monaten und über Lehmbrock 9 Monate verhängte.

104

Stoffe sind eine begehrte Handelsware, wie die Beraubung des Theaterfundus beweist.

Pressebericht, 17.05.1947

105
Die Nachkriegspremiere des Bochumer Stadttheaters am 17.12.1945 – eine Inszenierung von Grillparzers „Weh dem, der lügt“

Szenenfoto mit Willi Busch als Bischof (li.) und Peter Lehmbrock als Leon

Städtisches Orchester Bochum

Donnerstag, den 2. Mai 1946, 18,30 Uhr, im Parkhaus

FÜNFTES ORCHESTER-KONZERT

Leitung und einführender Vortrag: Emil Peeters

Wolfgang Amadeus Mozart:

Ouvertüre zur Oper „Don Giovanni"

Georges Bizet:

L'Arlésienne-Suite Nr. 1

Ouvertüre
Minuetto
Adagietto
Carillon

Joseph Haydn:

Symphonie Nr. 6 in D-dur – Le Matin –

Adagio — Allegro
Adagio
Menuetto
Finale

Nächste Veranstaltung:

Donnerstag, den 9. und Freitag, den 10. Mai 1946, 18,30 Uhr, im Parkhaus

11. HAUPT-KONZERT

Werke von Berlioz, Schumann und Tschaikowsky
Solist: Professor Karl Hermann Pillney (Klavier)
Leitung: Hermann Meißner

106
Das Städtische Orchester. Seine Konzertreihen sind fester Bestandteil des kulturellen Lebens im Nachkriegs-Bochum.

Plakat, Mai 1946

12. Hilfsorganisationen

„Zum Leben zu wenig – zum Sterben zu viel". Diese Erfahrung machten Millionen Deutsche, die bei einer täglichen Zuteilung von 1.000 kcal in den ersten Nachkriegsjahren ums Überleben kämpften. Fast jeder war unterernährt; die Kindersterblichkeit erreichte einen erschreckend hohen Stand.

Kritische Stimmen über die menschenunwürdige Situation in Deutschland wurden selbst in Großbritannien und in den USA laut: Nach einer Reise durch die westlichen Besatzungszonen initiierte Ex-Präsident Hoover 1946 die Gründung der „Cooperative for American Remittances to Europe" (CARE). Der in New York ansässige CARE-Verband, ein Zusammenschluß von 22 US-Wohlfahrtsorganisationen, verschickte für amerikanische Bürger Lebensmittelpakete an Verwandte und Bekannte in Deutschland gegen Bezahlung von 15 US-Dollar.

Später wurden die CARE-Pakete auch an Bergarbeiter ausgegeben: Die Aktion war allerdings nicht unumstritten, da nur Zechenbelegschaften Pakete erhielten, die eine erhebliche Steigerung der Kohleförderung erreichten. Dieses Prämiensystem führte gleichzeitig zu einem signifikanten Anstieg der Unfallzahlen unter Tage.

Bei einer zweiten Deutschland-Reise im Jahre 1947 informierte sich Hoover detailliert über die Situation der deutschen Kinder. Nach seiner Rückkehr in die USA erreichte er dort die Freigabe von 40.000 Tonnen hochwertiger Armeeverpflegung, die ursprünglich für Kampfeinheiten in Fernost bestimmt waren und nun als sogenannte Pazifik-Päckchen nach Deutschland gelangten. Diese Armeeverpflegung bildete eine Grundlage für die bereits Ende 1945 von der Militärregierung für die britische Besatzungszone angeordneten „Schulspeisungen": Millionen Kinder bekamen so an sechs Tagen in der Woche eine zusätzliche warme Mahlzeit von 350 kcal. Gekocht und verteilt wurden diese Mahlzeiten unter der Regie zahlreicher Hilfsorganisationen: Das britische Rote Kreuz war ebenso beteiligt wie zahlreiche private englische Hilfsorganisationen und das schwedische Rote Kreuz.

Mit großem Engagement versuchten auch die Kirchen in der Schweiz die Not im Industriegebiet an Rhein und Ruhr zu mildern. Organisiert von der evangelischen Basler Kirche, führte die „Schweizerspende" Kinderspeisungen durch und verteilte dringend benötigte Medikamente. Sie versorgte darüber hinaus die Bevölkerung mit Kleidung, Werkzeugen und Baustoffen.

107

Das Hilfswerk „Schweizer Spende" verteilt Lebensmittel im Ruhrgebiet.

Foto, 1947

Von: **FRIENDS AMBULANCE UNIT**
RELIEF SECTION 133
att. 821. MIL. GOV. DET.
B.A.O.R. BOCHUM

An: Landrat, UNNA

Betrifft: Esstrager und Kochkessel.

Für die freiwillige Speisungsaktion in Bochum werden benötigt:

	Kochkessel (300 ltr.)	Esstrager (25 ltr)
Volksküche	-	10
G.I.S. (internationaler Dienst d. Girl Guides)	2	20
Schweizer Hilfswerk	6	60
Versorgungsstelle für Flüchtlinge	2	10
Pazifik Päckchen	5	100
Insgesamt:	15	200

Nachfolgend eine kurze Zusammenfassung der Arbeit, die geleistet wird, so dass Sie den Bedarf selber beurteilen können.

Die Volksküche erhöht ihre Teilnehmerzahl auf 500 alte Leute und besonders bedürftige Fälle. Gleichzeitig wird dort für 50 Kinder, die nicht durch die offizielle Kakaoverteilung betreut werden, Kakao zubereitet. Die Nahrung muss an 14 verschiedene Verteilungsstellen verteilt werden.

Der internationale Dienst der Guides speist täglich ungefähr 400 Kinder, die in und um Bunker wohnen und ebenfalls solche aus Riemke. Man hofft, diese Aktion auch auf andere Stadtgebiete wie Langendreer und Dahlhausen auszudehnen. Man nimmt an, dass man für 900 Kinder insgesamt Lebensmittel einkaufen kann. Die Kinder sind alle unter 6 oder über 10 Jahre und erhalten bei der offiziellen Verteilung keinen Kakao.

Das Schweizer Hilfswerk plant, 3000 Kinder unter 6 Jahren zu speisen, die zu den Unterernährtesten gehören. und durch deutsche Wohlfahrts Organisationen ausgesucht wurden.

Pläne für die Eröffnung einer Versorgungsstelle für Flüchtlinge sind aufgestelltworden, die alle Flüchtlinge, die in Bochum ankommen oder durchreisen betreut. Heisse Nahrung wird zu allen Tageszeiten zur Verfügung stehen müssen.

Pazifik Päckchen. Wir erhielten eine besondere Zuteilung an Lebensmitteln aus britischen Militär-Quellen, mit denen wir eine Aktion starten wollen, die die Speisung von 3000 - 4000 Kinder von 2 - 6 Jahren vorsieht. Dies wird die Einrichtung von einer oder mehreren Zentralküchen erfordern, von wo aus die Nahrung an jeden Vorort verteilt werden muss.

Ich habe diese Bestellung an die Firma Winkelmann geschickt, die annimmt, für die Lieferung sorgen zu können. Aber da die Stadtverwaltung für die Finanzierung all dieser öffentlichen Wohlfahrtsaktionen verantwortlich ist, richte ich diese Mitteilung an Sie.

Herr Korte vom Schulamt, der die offizielle Schulspeisungsaktion in Bochum durchführt, teilte mir mit, dass weitere 600 Esstrager (25 ltr) angefordert werden, damit die ganze Aktion laufen kann.

In ähnlicher Weise wurde mir von Herrn Dusenfeld, Schulrat in Wattenscheid mitgeteilt, dass 160 Esstrager (25 ltr.) nötig sind, bevor alle Kinder dort eine Kakaospeisung erhalten können.

Würden Sie bitte diese Mitteilung mit meiner Empfehlung an die massgeblichen Stellen weiterleiten und mich über die Aussichten [illegible] Lieferungen vor dem 1. April unterrichten. Was Wattenscheid anbet[illegible] so werden die 5500 RM, die für die Bezahlung der Esstrager zur [illegible]gelegt waren, nicht länger als bis zum 1. April zur Verfügung ste[illegible] Ich würde mich freuen, wenn Sie alles, was in Ihrer Macht steht, einsetzen würden, um die Vorbereitungen zu beschleunigen.

25. März 1946

Friends' Ambulance Unit
Relief Section 133

109

Kinder bei der Schulspeisung

Foto, Sommer 1947

108

◀ Bedarf an Eßträgern und Kochkesseln für freiwillige Speisungsaktionen in Bochum

Schreiben der Friends Ambulance Unit Relief Sektion 133 bei 921 Mil. Gov. Det. in Bochum an den Landrat in Unna, 25.03.1946

PAUL VOGT
Evangel. Flüchtlingspfarrer
Zürich 7 - Streulistrasse 84

Zürich, den 31. August 1946
V/bö

Herrn Reverend
E.H. Gordon,
12 Rosenau Crescent
Battersea S.W. 11

Lieber Bruder Gordon,

Es freute mich wieder ein erstes briefliches Zeichen von Ihnen zu bekommen. Mit Freude denke auch ich zurück an unsere kurze Begegnung in London. Ob Sie wohl seither wieder einmal mit Herrn Hergesell zusammengekommen sind.

Ihr Anliegen, das Sie mir für Herrn Pfarrer Friedrich Schöfer übergeben haben, wollen wir umgehend ausführen. Herr Pfarrer Schöfer wird ein Liebesgabenpaket von uns erhalten für Fr. 22.- , in welchem verschiedene, sehr wertvolle Nahrungsmittel enthalten sind:

1, 5 kg	Zucker,	2 Dosen Kondensmilch	0, 8 kg
0, 5 "	Röstkaffee,	1 Dose Sardinen	0, 18 "
0,5 "	Speisefett,	Holländ.Kakao	0, 4 "
0, 5 "	Bienenhonig	Schokolade	0, 2 "
0, 5 "	Haferflocken	Tee	0, 1 "
0, 5 "	Gerstenflocken	20 Zigaretten.	

Ich lasse Ihnen gesondert auch einige Jahresberichte zugehen, damit Sie in der Ferne einwenig Anteil nehmen können an unserer Arbeit.

Ich freue mich, dass es Ihnen und Ihrer Familie so gut geht und das Kindlein gedeihen darf. Gott helfe der ganzen leidenden christlichen Welt zur Erkenntnis seines heiligen Willens und dadurch zu seiner neuen Ordnung. Es wird keine Neuordnung der Verhältnisse unter den Völkern geben am Evangelium Jesu-Christi vorbei. Oh! dass wir das doch in aller Treue ausrichten und auslegen möchten.

Mit lieben Grüssen, auch im Namen meiner Gattin, verbleibe ich

Ihr

Pfr. Paul Vogt

111

Geschafft! Ein Carepaket wird nach Hause getragen.

Foto, August 1947

110

◀ Pfarrer Friedrich Schöfer in Bochum soll ein Lebensmittelpaket erhalten.

Schreiben von Paul Vogt, ev. Flüchtlingspfarrer in Zürich, an Reverend E. H. Gordon in Battersea, 31.08.1946

112

Tauschmarkt, Verlustanzeigen und Heiratsgesuche im Nachkriegs-Bochum

Kleinanzeigen, 1947 (siehe IV Anhang Nr. 4)

113

Die unabhängigen Jugendgruppen sollen ihr „Probierstübchen“ im Rathaus behalten können.

Schreiben des Britischen Auslandshilfswerks, Unterabt. The Girl Guides Association, an Oberbürgermeister Geldmacher, 31.12.1948 (1. Seite)

THE GIRL GUIDES ASSOCIATION
(INCORPORATED BY ROYAL CHARTER)
Imperial Headquarters :
17-19 BUCKINGHAM PALACE ROAD,
LONDON, S.W.1.

TELEPHONE : VICTORIA 8001 (4 LINES)
TELEGRAMS : GIRGUIDUS, SOWEST, LONDON
: 5 LETTER WESTERN UNION

RS/15?/GIS
Bochum
Rathaus Zi 2?1 a
Tel. 64008

31. Dezember 1948

Herrn
Oberbürgermeister Geldmacher
B o c h u m

Sehr geehrter Herr Oberbürgermeister!

Neben den anderen bekannten Aufgaben, betreute das Britische Auslandshilfswerk verschiedene unabhängige Jugendgruppen, denen für ihre Zusammekünfte das Probierstübchen im Rathauskeller zur Verfügung stand.

Das Britische Auslandshilfswerk gestattet sich hiermit, Sie höflichst zu bitten, dass nach seinem Fortgang von Bochum dieser Raum diesen Jugendgruppen in bisheriger Weise belassen wird. Ferner wäre es erwünscht, wenn der Raum, der bisher zur Unterbringung der Gerätschaften diente, ebenfalls seinem Zwecke erhalten bliebe, wenn er nicht anderweitig dringender benötigt werden sollte.

Wenn das Britische Auslandshilfswerk die Zusage bekommen könnte, dass die genannten Räume den bisherigen Jugendgruppen weiter unentgeltlich zur Verfügung stehen können, (es sei denn, dass später ein gleichwertiger Raum in der Innenstadt ebenfalls unentgeltlich gestellt werden könnte) wäre es seinerseits bereit, seine aus 500 englischen und 100 deutschen Bänden bestehende Bibliothek, ferner Unterhaltungsspiele, 1 Grammophon mit ungefähr 50 Platten u.a. zurückzulassen und erlaubt sich, vorzuschlagen, dass das Jugendamt die Treuhänderschaft dieser Sachen übernimmt und sich auch für die äussere Ordnung verantwortlich stellt.

Das Britische Auslandshilfswerk wäre Ihnen sehr verbunden, wenn Sie seiner Bitte entsprechen könnten.

Hochachtungsvoll

(A. van Haselen)

COUNCIL OF BRITISH SOCIETIES FOR RELIEF ABROAD

I Ob. Bochum, den 3. Jan. 49

Herrn Stadtrat Habbe
– d. d. Hd. des Herrn Oberstadtdirektors

zur gefl. Kenntnis.
Ich bitte, mir Ihre Stellungnahme bis zur nächsten Ältestenausschußsitzung, die am 5. 1., 9,30 Uhr, stattfindet, mitzuteilen.

Der Oberbürgermeister

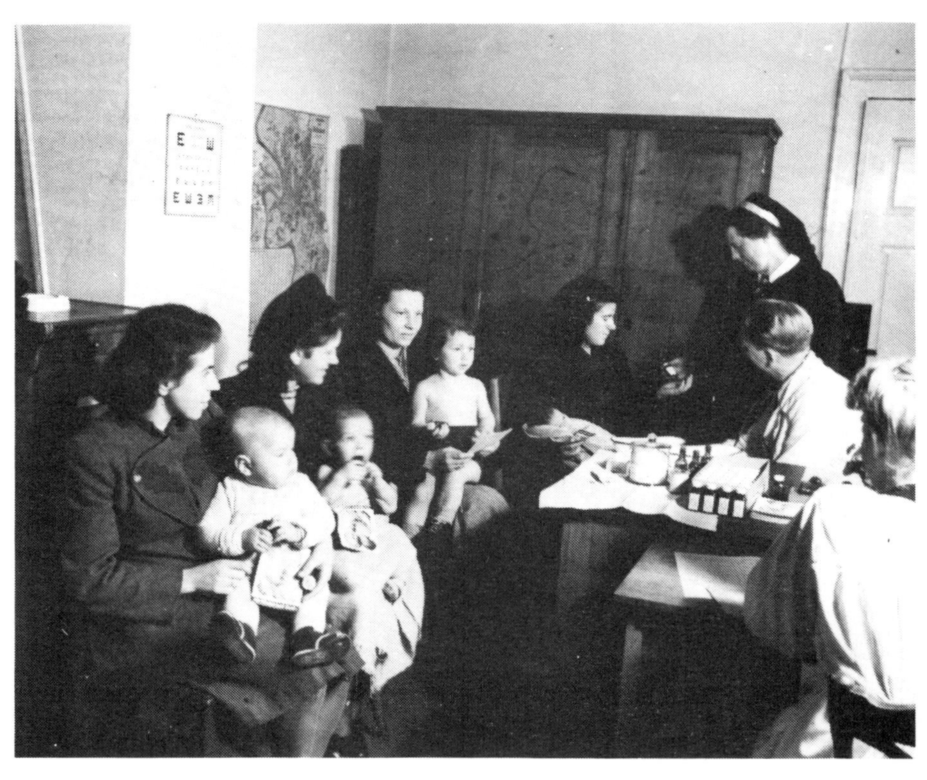

114

Lebertranspende der Quäker, Verteilung an Kleinkinder

Foto, 13.10.1948

13. Schulunterricht und Schulspeisung

Die Schulen in Bochum unterrichteten zwar bereits wieder seit dem 10. September 1945, aber erst am 25. April 1946 waren alle Bochumer Schulkinder wieder eingeschult. Sie mußten zunächst widrige Unterrichtsverhältnisse in Kauf nehmen: Im Krieg waren 39 Bochumer Schulgebäude so stark beschädigt worden, daß sie nicht wieder aufgebaut werden konnten. Deshalb war die Raumnot eines der gravierendsten Probleme in der ersten Nachkriegszeit. Bis in die 50er Jahre hinein mußte in vielen Schulen Schichtunterricht abgehalten werden, und zwar abwechselnd vor- und nachmittags.

Die Stadt Bochum machte allerdings bald erhebliche Anstrengungen, um durch ein großes Schulbauprogramm möglichst schnell neue Schulgebäude zu errichten. So wurden allein zwischen 1953 und 1957 zwölf neue Schulen gebaut, u. a. die Waldschule in Querenburg (1954), die Jacob-Mayer-Schule am Westring (1956) und die katholische Volksschule an der Arnoldstraße (1957).

Neben der Raumnot war die Ernährungsfrage das schwierigste Problem, das das städtische Schulamt zu lösen hatte.
Wegen Unterernährung vieler Schulkinder ordneten die britischen und deutschen Behörden Ende 1945 regelmäßige Schulspeisungen an. Der jeweilige Tagesbedarf wurde auf 350 Kalorien festgelegt.
Bochumer Schulkinder kamen erstmalig im Februar/März 1946 in den Genuß von Schultrank und Schulspeisung, die bis 1950 ausgeteilt wurden, wobei die Warenspenden aus den USA besonders hilfreich waren.
Dennoch reichten Schulspeisung und Schulmilchfrühstück (ab Schuljahr 1951/52) nicht aus. So teilte ein Chronist der Bochumer Antoniusgemeinde 1957 mit, daß es „in unserer Pfarrgemeinde, der ärmsten Bochums, viele unterernährte Kinder, die schwächsten Kinder Bochums" gibt.

Ein weiteres großes Problem der Nachkriegszeit war der Lehrermangel: Viele Stelleninhaber waren gefallen oder noch nicht ausreichend „entnazifiziert". Die Arbeit der Entnazifizierungsausschüsse gestaltete sich aber so zeitaufwendig, daß sich die Überprüfung der Lehrer mit „zweifelhafter" Vergangenheit über Jahre hinzog.

Neue Richtlinien und Schulbücher gab es zunächst nicht. Die Lehrer, deren Zuverlässigkeit festgestellt wurde, mußten lediglich eine Erklärung unterschreiben, daß sie ihren Unterricht nach demokratischen Grundsätzen halten würden. Seit 1950 war dann nicht mehr die Gemeinschaftsschule, sondern die Konfessionschule zur Regelschule geworden – so wie es die Kirchen, vor allem die katholische Kirche, immer wieder gefordert hatten.

Zu den wenigen unbelasteten Männern der ersten Stunde gehörte Wilhelm Rüter, der am 15. September 1945 zum Schulrat ernannt wurde.
Der am 8. Oktober 1903 geborene ehemalige Lehrer einer Freien Waldorfschule trat am 20. September 1945 als kommissarischer, später als ordentlicher Schulrat seinen Dienst im Schulaufsichtskreis Bochum II an.
Wilhelm Rüter war ein überzeugter Vertreter der pädagogischen Ideen Rudolf Steiners und als Schwiegersohn des sozialdemokratischen Reichstagsabgeordneten und Bergarbeiterführers Fritz Husemann (Husemann wurde am 15. April 1935 im KZ Esterwegen ermordet!) den Nationalsozialisten von vornherein verdächtig.
Nach dem Kriege konnte Wilhelm Rüter nicht nur den Aufbau des Bochumer Schulwesens maßgeblich mitbestimmen, sondern war auch jahrelang noch für den Schulaufsichtskreis Ennepe-Ruhr-II verantwortlich. Daneben gehörte er zu den Gründungsvätern des vom Kultusminister anerkannten „Forschungskreises für heimatliche Schulgeschichte im Regierungsbezirk Arnsberg“.

115

Die zerstörte Graf-Engelbert-Schule. Die Bilanz des Bombenkrieges ist niederschmetternd: In Bochum sind von 122 Schulen 39 völlig zerstört, 32 schwer und 41 leicht beschädigt. In Wattenscheid sind von 24 Volksschulen 2 zerstört und 19 beschädigt.

Foto, 1944

Anmeldung

der in Bochum anwesenden Schüler und Schülerinnen

Zur Vorbereitung der Aufnahme des Unterrichts in den **allgemeinbildenden** Schulen sind die in Bochum anwesenden Schüler und Schülerinnen, soweit diese sich noch nicht gemeldet haben, wie folgt anzumelden:

1. alle in Bochum wohnhaften **volksschulpflichtigen Kinder** — das sind die Kinder, die zwischen dem 1. Oktober 1931 und dem 31. Dezember 1939 geboren sind —, soweit sie nicht nach Beendigung der ersten vier Volksschulklassen die mittleren oder höheren Schulen besuchen sollen, am **Donnerstag, dem 16. August 1945**, zwischen 9 und 14 Uhr in den für die einzelnen Bezirke unten angegebenen Schulen;

2. diejenigen in Bochum wohnhaften volksschulpflichtigen Kinder, die bereits einer **Hilfsschule** zugewiesen waren (Hilfsschüler und Hilfsschülerinnen), am **Freitag, dem 17. August 1945**, zwischen 9 und 14 Uhr in den für die einzelnen Stadtgebiete unten angegebenen Schulen;

3. Schüler und Schülerinnen, die bereits eine **mittlere oder höhere Schule** besucht haben oder sie nach Beendigung der ersten vier Volksschulklassen besuchen sollen, am **Sonnabend, dem 18. August 1945**, zwischen 9 und 14 Uhr in den für die einzelnen Stadtteile unten angegebenen Schulen.

Bei der Anmeldung aller obengenannten Kinder sind, soweit vorhanden, das letzte Schulzeugnis sowie das Familienbuch oder die Geburtsurkunde mitzubringen.

116

Alle in Bochum anwesenden Schülerinnen und Schüler sollen für das neue Schuljahr angemeldet werden.

Aufruf von Dr. Elleringmann im Auftrag des Oberbürgermeisters, 07.08.1945

117

Schule unter der Militärregierung ▶

Auszug aus dem Protokoll der Lehrerkonferenz der Swidbert-Schule in Wattenscheid, 13.09.1945

[illegible], den 19.9.45

Die erste Systemkonferenz der Friedhofschule seit der Schuleröffnung 1945 fand heute im Anschluß an die Aufnahme der Grundschuljahrgänge um 12 Uhr statt. Zugegen waren sämtliche Lehrkräfte: Herr Pack, Herr Mann, Frl. Martin, Frl. Diehl Johanna, und Frl. Scheer.

Tagesordnung:

1. Bericht aus der Schulleiterkonferenz
2. Einrichtung u. Verteilung der Klassen

Herr Lehrer Pack berichtete aus der Schulleiterkonferenz über die Einrichtung der wiedereröffneten Schule.

1. Nach Entscheidung der Regierung ist die neue Schule eine christliche Gemeinschaftsschule. Maßgebend für diese vorläufige Entscheidung sind wirtschaftliche Gründe und Mangel an Lehrkräften. Die Lehrerausbildung soll wieder in Verbindung mit der Universität erfolgen. Als Zwischenlösung sollen Schulhelfer im Alter von 19–35 Jahren in Kursen, die Januar 1946 beginnen, ausgebildet werden. Bewährte Schulhelfer können zur Universitätsausbildung zugelassen werden.

2. Jede wieder eingestellte Lehrperson muß in Gegenwart des Schulrats eine von der Militärregierung vorgeschriebene Erklärung unterschreiben, daß er den Unterricht im Sinne dieser Behörde zu erteilen sich verpflichte. Desgleichen muß jede Lehrkraft bestätigen, daß er die „Persönliche Botschaft Montgomerys an das deutsche Volk" gelesen und verstanden habe.

3. Vorläufig dürfen in allen Jahrgängen nur folgende Fächer erteilt werden: Religion, Rechnen und Raumlehre, Schreiben, Zeichnen, Spiel und Sport, Handarbeit, Gartenbau. Für die Grundschule werden in Kürze die von der Militärregierung genehmigten Lesebücher für das 2. und für das 3. u. 4. Schuljahr sowie die Rechenbücher für die Jahrgänge 1–4 ausgegeben werden. Dann darf in der Grundschule auch wieder Deutschunterricht und Heimatkunde, keine Geschichte erteilt werden.

Bekanntmachung

Nr. 7/VI

Achtung! Kartoffelkäfergefahr!

Beim Absuchen der Kartoffelfelder sind in den letzten Wochen in den Außenbezirken Bochums zahlreiche Kartoffelkäfer gefunden worden. Unsere Kartoffelernte ist gefährdet.

Es ergeht deshalb der dringende Appell an alle schulpflichtigen Kinder, sich bei der für ihre Wohnung in Betracht kommenden Außenstelle des Ernährungs- und Wirtschaftsamtes (Hamme, Hordel, Hofstede, Riemke, Grumme, Harpen, Hiltrop-Bergen, Gerthe, Werne, Somborn, Langendreer, Altenbochum, Laer, Querenburg, Stiepel, Weitmar, Linden und Dahlhausen) zum Absuchen der Kartoffelfelder auf Kartoffelkäfer allwöchentlich montags, mittwochs und freitags um 10 Uhr einzufinden. Eltern, sorgt dafür, daß Eure Kinder diesem Appell unbedingt Folge leisten!

Wer hier nicht hilft, soll auch nicht essen! Vom Beginn des 77. Versorgungszeitraumes ab werden deshalb nur solchen schulpflichtigen Kindern die Lebensmittelkarten ausgehändigt werden, die eine Bescheinigung über ihre regelmäßige Teilnahme an der Kartoffelkäfersuchaktion beibringen.

An die Lehrpersonen

Alle an der Kartoffelkäfersuchaktion beteiligten Lehrkräfte werden hiermit gebeten, sich am 12. Juni 1945, 10 Uhr, im kleinen Sitzungssaal des Rathauses (Albertstraße) zu einer Aussprache zu versammeln.

Bochum, den 6. Juni 1945

Bahlmann
Bürgermeister

119
Schulspeisung in der Schule an der Fahrendeller Straße

Foto, 1950

118
◀ Kartoffelkäfergefahr! Schulkinder werden zur Such- und Sammelaktion abkommandiert

Bekanntmachung von Bürgermeister Bahlmann, 06.06.1945

Schulaufsichtskreis Bochum, den 20. April 1946.
Bochum II.

An

das Schulamt.

Am 25. April 1946 werden sämtliche volksschulpflichtigen Kinder im Schulaufsichtskreis Bochum II eingeschult.

Die Anzahl der Kinder beträgt 11 875.

Zur Verfügung stehen 118 Lehrkräfte, so dass auf jede Lehrkraft rund 100 Kinder entfallen. Untergebracht werden die Kinder in 21 Schulgebäuden (bei normalen Verhältnissen 30 Schulen) mit 118 Klassenräumen. Für 100 Kinder steht nur ein Klassenraum zur Verfügung. Diese aussergewöhnliche Massnahme der Einschulung unter den gegebenen Verhältnissen bedeutet eine enorme Belastung der Schulgebäude, der Lehrkräfte und der Kinder. Es entstehen Schulwege bis zu 1 1/2 Stunden. [So müssen z. B. die Kinder aus dem Schulbezirk an der Landwehr zur Schule Karl-Friedrich-Strasse 91.] Diese Schulwege sind bei den heutigen Ernährungsverhältnissen nur für eine kurze Zeit tragbar. Ich bitte daher dringend um die Fertigstellung folgender Schulen:

1. Franziskusstrasse und Hattinger Str. 357,
2. Alleestrasse 117,
3. Wiemelhauser Str. 89,
4. Kohlenstrasse 27,

Es ist von den mit der Reparatur der Volksschulen beauftragten Handwerkern eine Säumigkeit an den Tag gelegt worden, die auf Kosten der seelischen und körperlichen Gesundheit unserer Kinder geht.

Rüter

121

Wilhelm Rüter (1903 – 1982), seit 1945 Schulrat in Bochum

Foto, undatiert

120

◀ Zerstörte Schulen, wenig Lehrer, viele Kinder. Die Schulsituation in Bochum zu Ostern 1946

Schreiben von Schulrat Wilhelm Rüter an das Schulamt, 20.04.1946

Erklärung

Ich nehme zur Kenntnis, daß der Oberbefehlshaber nicht beabsichtigt, in Angelegenheiten einzugreifen, die die Lehrpläne deutscher Schulen betreffen, ausgenommen daß

a) es mir nicht erlaubt ist, in meinem Unterricht, gleichviel welches Fach es ist, irgend etwas hineinzubringen, wodurch ich den Eindruck erwecke, als ob ich

1. den Militarismus verherrliche;
2. versuche, für die Lehren des Nationalsozialismus Propaganda zu machen, sie wiederzubeleben, sie zu rechtfertigen, oder die Taten der Nationalsozialisten zu erheben;
3. eine Politik begünstige, die Unterschiede macht auf Grund von Rasse oder Religion;
4. den vereinten Nationen feindlich sei oder ihre Beziehungen zu stören suche und

122
Wer Lehrer bleiben will, darf nicht länger Militarismus, Nationalsozialismus, Rassismus verherrlichen.

Vorgedrucktes Formular einer Erklärung für Lehrkräfte (Auszug)

14. Die gescheiterte Entnazifizierung – Persilschein statt Reeducation

Die alliierten Besatzungsmächte waren entschlossen, nicht nur die Hauptkriegsverbrecher in Nürnberg abzuurteilen, sondern das gesamte deutsche Volk zu „entnazifizieren" und „umzuerziehen". Alle Nationalsozialisten sollten aus den Schlüsselstellungen in Politik, Verwaltung, Wirtschaft und Kultur entfernt, die Deutschen zur Demokratie erzogen werden.
Daher entstanden überall im Lande Entnazifizierungsausschüsse, die mit politisch unbelasteten Vertretern von Gewerkschaften, Parteien und anderen gesellschaftlich relevanten Gruppen besetzt waren und in denen ehemalige Mitglieder der NSDAP und ihrer Organisationen auf ihre Verbrechen gegen das deutschen Volk und auf ihre Eignung für eine demokratische Staatsform überprüft wurden. Jeder Deutsche, der ein öffentliches Amt innehatte oder anstrebte, leitend in der Wirtschaft tätig war oder sich selbständig machen wollte, mußte auf einem ausführlichen Fragebogen über seine Tätigkeit im Dritten Reich Auskunft geben. Nach dem Verfahren vor dem Entnazifizierungsausschuß erfolgte die Einteilung in Kategorien, die die Schwere der Mitschuld am NS-Regime und seinen Folgen bezeichneten. In Kategorie I wurden die Hauptschuldigen, in V die Entlasteten eingestuft. Diese Kategorisierung wurde von der Militärregierung vorgenommen.

Der Entnazifizierungs-Hauptausschuß für den Stadtkreis Bochum nahm am 3. April 1946 seine Tätigkeit auf. Bis Ende März 1948 wurden in Bochum 10.399 Verfahren abgewickelt; 7.329 endeten mit dem Urteil „Entlastet".
Ab 18. Dezember 1947 lag die Entnazifizierung ganz in deutscher Hand. In der Folgezeit verloren die Entnazifizierungsausschüsse nach und nach ihre Bedeutung und stellten ihre Aktivitäten allmählich ein. Mit der Auflösung der Dienststelle des Sonderbeauftragten für die Entnazifizierung des Landes Nordrhein-Westfalen am 30. September 1951 fand die Entnazifizierung formell ihren Abschluß.

Die Entnazifizierung scheiterte weitgehend. Die meisten Beamten und Angestellten in der öffentlichen Verwaltung erwiesen sich für die Militärregierung auf Dauer als unentbehrlich bei der Durchführung selbst elementarer Verwaltungsarbeiten und bei der Ingangsetzung eines „normalen" Alltagslebens; deshalb verblieben sie auf ihren Posten. Mit Hilfe von Leumundszeugnissen („Persilscheine") wurde das Urteil der Entnazifizierungsausschüsse in die gewünschte Richtung gelenkt. Nach der

Gründung der Bundesrepublik Deutschland und dem Einsetzen eines restaurativen Trends wurden selbst höherrangige NS-Funktionäre und Stützen des Hitler-Regimes wieder akzeptabel. Sie wurden aus den Gefängnissen entlassen, kehrten an ihre angestammten Machtpositionen zurück oder machten, zumeist mit Erfolg, ihre Ansprüche auf Pensionen geltend. Zu einer Selbstreinigung des deutschen Volkes war es nicht gekommen.

123

Jeder, der einer NS-Organisation angehörte und darin in leitender Funktion tätig war, muß sich auf dem Besatzungsamt melden.

Bekanntmachung des Oberbürgermeisters von Wattenscheid auf Anordnung der Militärregierung, 06.06.1945

B e k a n n t m a c h u n g

Auf Anordnung der Militär-Regierung haben sich ab sofort folgende P rsonen auf dem Besatzungsamt im Rathaus, Zimmer 33, zu melden:

1. Alle Mitglieder der SS und SA, alle Offiziere und Unteroffiziere der Waffen-SS und SA, vom Unterscharführer aufwärts,
2. alle Beamte und Führer (auch Führerinnen) der Hitler-Jugend vom Stammführer oder von der Mädelringführerin aufwärts,
3. Beamte und Leiter der NSDAP vom Ortsgruppenleiter aufwärts, von den Direktoren und leitenden Beamten (Abteilungsleiter usw.) einer der durch das Militär-Regierungsgesetz Nr.5 aufgelösten Partei- und ähnlichen Dienststellen,
4. alle Mitglieder der Sipo (Sicherheitspolizei) der geheimen Staatspolizei, (Gestapo) des Sicherheitsdienstes und der Grenzpolizei,
5. alle Personen, die nationalsozialistische Auszeichnungen wie den Blutorden, den Ehrensold oder den Ehrendolch genommen haben.

Bei Abwesenheit der infrage kommenden Personen haben die Angehörigen die entsprechende Meldung zu machen.

Nichtbefolgung dieser Anordnung wird bestraft.

Wattenscheid, den 6.Juni 1945
Der Oberbürgermeister
Im Auftrage
Salenga

-.-.-.-.-

P u b l i c a t i o n

By order of the Military Government, the following persons have to be registerd immediately office of occupation, townhall, room 33:

1. all members of the SS and SA, all officers and non-commissioned officers of the SS and SA of arms from Unterscharführer upward,
2. all officials and leaders also female leaders of the HJ from the leader of a Stamm or a Mädelring upward,
3. officials and leaders of the NSDAP from the leader of the Ortsgruppe upward, directors and leading officials (head of a department etc.) of one the party offices dissolved by law 5 of the Military Government,
4. all members of the Sipo (police for safety) Gestapo, policeduty, and frontier-guard,
5. all persons with national-socialistic distinctions e.g. order of blood (Blutorden), wages of honour, or dagger of honour,

If those persons are not present, their relations have to give in the informations.
Those who will not obey this order will be prosecuted.

Wattenscheid, 6th June 1945
The Lord-Mayor signed
Salenga

Der Oberbürgermeister der Stadt Bochum

Fernruf 60461, 60571, 60921

Herrn
Städt. Oberbaurat Groth

hier

Ihre Zeichen	Ihre Nachricht vom	Mein Zeichen	Tag
		12 1	26. Mai 1945

Betrifft:

Nach einer aufsichtsbehördlichen Anordnung sind alle Beamten, Angestellten und Arbeiter, die vor der Machtübernahme Mitglied der NSDAP., der SS, SA oder HJ waren, ohne Anspruch auf Ruhegehalt und Hinterbliebenenversorgung mit sofortiger Wirkung aus dem öffentlichen Dienst zu entlassen.

Zu diesem Personenkreis gehören aus Ihrem Dezernat die in der beiliegenden Nachweisung aufgeführten Gefolgschaftsmitglieder. Diese habe ich auf Grund der aufsichtsbehördlichen Anordnung mit sofortiger Wirkung aus dem Dienst der Stadt Bochum entlassen. Durch diese Entlassung verlieren sie alle Ansprüche aus ihrem bisherigen Anstellungs- bezw. Beschäftigungsverhältnis (Dienstbezüge bezw. Lohn, Versorgung, Amtsbezeichnung). Die Entlassungsbescheide werden mit gleicher Post unmittelbar zugestellt.

Ich bitte, wegen Übernahme der Dienstgeschäfte das Weitere sofort zu veranlassen und mir hierüber zu berichten.

Bürgermeister

Senge 10.9.46

Wattenscheid, 5. Sept. 1946

Attestation.

Mr. Senge, headmaster, became known to me during my activity as a teacher at Hellweg-school in the years from 1939 to 1943. Mr. Senge was in the administration of his office a conscientious leader of the school, who never stressed his function in all school-matters but he ever tried to arrange those matters in a collegial agreement. In political concerns - he was very reserved and therefore he never tried to propagate National Socialist trains of idea or to influence me in my religious attitude. Also complaints of his activity from the side of the parents never came to my knowledge.

I wish to remark that I was no member of the NSDAP.

signed: Johanna [illegible]uhl, teacher
Wattenscheid, 10, Lindenstr.

125

Eine Lehrerin bescheinigt ihrem Schulleiter, niemals NS-Propaganda betrieben zu haben. Solche „Persilscheine" waren zum Zweck der Entnazifizierung sehr begehrt.

Bescheinigung (Attestation) von Johanna R., Wattenscheid, in engl. Sprache, 05.09.1946

124

◀ Wer eine braune Vergangenheit hat, wird zunächst ohne Anspruch auf Ruhegehalt oder Hinterbliebenenversorgung aus dem öffentlichen Dienst entlassen.

Schreiben von Bürgermeister Bahlmann an den städt. Oberbaurat Groth, 26.05.1945

Bekanntmachung

Nr. 6/VI

Verbot des Tragens von Uniformen

Die Alliierte Militärregierung hat darauf aufmerksam gemacht, daß an verschiedenen Orten noch HJ.-Uniformen zu sehen seien. Die Militärregierung hat angeordnet, daß mit sofortiger Wirkung das Tragen von Uniformen jeder Art verboten ist, und daß jeder, der in Uniform gesehen wird, von den Besatzungstruppen verhaftet werden wird. Falls Bestandteile von früheren Uniformen, z. B. Hosen der HJ., weitergetragen werden sollen, muß jede Uniformähnlichkeit beseitigt worden sein.

Umänderung von Straßennamen

Die Namen folgender Straßen und Plätze werden wie folgt geändert:

Horst-Wessel-Straße	in	Kanal-Straße,
Paul-Paßmann-Straße	in	Ferdinand-Lasalle-Straße,
Otto-Senft-Straße	in	Karl-Marx-Straße,
Alfons-König-Straße	in	Legien-Straße,
Adolf-Höh-Straße	in	Friedrich-Engels-Straße,
Gottfried-Thomae-Straße	in	Am Grümerbaum,
Schlageter-Ring	in	Darpe-Ring
Helmut-Barm-Platz	in	Kolping-Platz,
Platz der SA	in	Friedrich-Platz,
Dietrich-Eckart-Straße	in	Franziskus-Straße
Braunauer Straße	in	Münchener-Straße.

Bochum, den 6. Juni 1945

Bahlmann, Bürgermeister

127

Kaiser-Friedrich-Platz – Platz der SA – Imbusch-Platz. Namengebung im Wandel der politischen Zeiten

Foto, undatiert

126

◀ Das Tragen von Uniformen jeder Art ist verboten. „Braungefärbte" Straßennamen werden umbenannt.

Bekanntmachung von Oberbürgermeister Bahlmann, 06.06.1945

128

Entnazifizierungsfragebogen über die Mitgliedschaft in der NSDAP und in NS-Organisationen. ▶

Formular der Militärregierung in deutscher und engl. Sprache, ausgefüllt von Stadtinspektor Albert Lassek, 21.11.1945

129

Ernennung eines deutschen Schiedsgerichts zur Entnazifizierung ▶

Schreiben der britischen Militärregierung (DET 921) an den Oberbürgermeister von Bochum in engl. Sprache mit deutscher Übersetzung, 02.03.1946

Hauptamt

MG/PS/G/

MILITARY GOVERNMENT OF GERMANY

FRAGEBOGEN
PERSONELL QUESTIONNAIRE

WARNUNG. Im Interesse von Klarheit ist dieser Fragebogen in deutsch und englisch verfaßt. In Zweifelsfällen ist der englische Text maßgeblich. Jede Frage muß so beantwortet werden, wie sie gestellt ist. Unterlassung der Beantwortung, unrichtige oder unvollständige Angaben werden wegen Zuwiderhandlung gegen militärische Verordnungen gerichtlich verfolgt. Falls mehr Raum benötigt ist, sind weitere Bogen anzuheften.

WARNING. In the interests of clarity this questionnaire has been written in both German and English. If discrepancies exist, the English will prevail. Every question must be answered as indicated. Omissions or false or incomplete statements will result in prosecution as violations of military ordinances. Add supplementary sheets if there is not enough space in the questionnaire.

A. PERSONAL
PERSONNEL

Name / *Name*: Zuname / *Surname*: Lassek — Vornamen / *Middle Name* — *Christian Name*: Albert — Ausweiskarte Nr. / *Identity Card No.*:

Geburtsdatum / *Date of birth*: 1.Mai 1901 — Geburtsort / *Place of birth*: Bochum-Altenbochum

Staatsangehörigkeit / *Citizenship*: Deutsches Reich — Gegenwärtige Anschrift / *Present address*: Bochum, I. Parallelstr. 11

Ständiger Wohnsitz / *Permanent residence*: Bochum — Beruf / *Occupation*: Verwaltungsbeamter

Gegenwärtige Stellung / *Present position*: Stadtinspektor — Stellung, für die Bewerbung eingereicht / *Position applied for*: nein

Stellung vor dem Jahre 1933 / *Position before 1933*: Stadtsekretar

B. MITGLIEDSCHAFT IN DER NSDAP
B. NAZI PARTY AFFILIATIONS

1. Waren Sie jemals ein Mitglied der NSDAP? Ja Ja Nein – Daten ab 1.Mai 1937
Have you ever been a member of the NSDAP? yes, no, Dates.

3. Haben Sie jemals eine der folgenden Stellungen in der NSDAP bekleidet?
Have you ever held any of the following positions in the NSDAP?

(a) REICHSLEITER, oder Beamter in einer Stelle, die einem Reichsleiter unterstand? Ja – Nein nein Titel der Stellung – Daten –
REICHSLEITER of an official in an office headed by any Reichsleiter? yes, no; title of position; dates.

(b) GAULEITER, oder Parteibeamter innerhalb eines Gaues? Ja – Nein nein Daten – Amtsort
GAULEITER of a Party official within the jurisdiction of any Gau? yes, no; dates; location of office.

(c) KREISLEITER, oder Parteibeamter innerhalb eines Kreises? Ja – Nein nein Titel der Stellung – Daten – Amtsort –
KREISLEITER of a Party official within the jurisdiction of any Kreis? yes, no; title of position; dates; location of office.

(d) ORTSGRUPPENLEITER, oder Parteibeamter innerhalb einer Ortsgruppe? Ja – Nein nein Titel der Stellung – Daten – Amtsort –
ORTSGRUPPENLEITER or a Party official within the jurisdiction of an Ortsgruppe? yes, no; title of position; dates; location of office.

(e) Ein Beamter in der Parteikanzlei? Ja – Nein nein Daten – Titel der Stellung –
An official in the Party Chancellery? yes, no; dates? title of positions.

(f) Ein Beamter in der REICHSLEITUNG der NSDAP? Ja – Nein nein Daten – Titel der Stellung –
An official within the Central NSDAP headquarters? yes, no; dates; title of positions.

(g) Ein Beamter im Hauptamte für Erzieher? Im Amte des Beauftragtens des Führers für die Überwachung der gesamten geistigen und weltanschaulichen Schulung und Erziehung der NSDAP? Ein Direktor oder Lehrer in irgend einer Parteiausbildungsschule? Ja – Nein nein Daten – Titel der Stellung – Name der Einheit oder Schule –
An official within the NSDAP's Chief Education Office? In the office of the Führer's Representative for the Supervision of the Entire Intellectual and Politico-philosophical Education of the NSDAP? Or a director or instructor in any Party training school? yes, no; dates; title of position; Name of unit or school.

(h) Waren Sie Mitglied des KORPS DER POLITISCHEN LEITER? Ja – Nein nein Daten der Mitgliedschaft –
Were you a member of the CORPS OF POLITISCHE LEITER? yes, no; Dates of membership.

(i) Waren Sie ein Leiter oder Funktionär in irgend einem anderen Amte, Einheit oder Stelle (ausgenommen sind die unter C umseitig angeführten Gliederungen, angeschlossenen Verbände und betreuten Organisationen der NSDAP)? Ja – Nein nein Daten – Titel der Stellung –
Were you a leader or functionary of any other NSDAP offices or units or agencies (except Formations, Affiliated Organizations and Supervised Organizations which are covered by questions under C below) ? yes, no; dates; title of position.

(j) Haben Sie irgendwelche Verwandte, die irgend eine der oben angeführten Stellungen bekleidet haben? Ja – Nein nein Wenn ja, geben Sie deren Namen und Anschriften und eine Bezeichnung deren Stellung –
Have you any close relatives who have occupied any of the positions named above? yes, no; if yes, give the name and address and a description of the position.

11000. 10.45. Ferdinand Kamp, Bochum

H. AUSLANDSREISEN

Verzeichnen Sie hier alle Reisen, die Sie außerhalb Deutschlands seit 1933 unternommen haben.

H. TRAVEL ABROAD

List all journeys outside of Germany since 1933.

Besuchte Länder *Countries visited*	Daten *Dates*	Zweck der Reise *Purpose of Journey*
keine Auslan	dreisen	

Haben Sie die Reise auf eigene Kosten unternommen? Ja — Nein — Falls nicht, unter wessen Beistand wurde die Reise unternommen? —

Besuchte Personen oder Organisationen —

Was journey made on your own account? yes, no. If not, under whose auspices was the journey made? Persons or organizations visited.

Haben Sie in irgend einer Eigenschaft an der Zivilverwaltung eines von Deutschland besetzten oder angeschlossenen Gebietes teilgenommen? Ja — Nein nein Falls ja, geben Sie Einzelheiten über bekleidete Ämter, Art Ihrer Tätigkeit, Gebiet und Dauer des Dienstes an —

Did you ever serve in any capacity as part of the civil administration of any territory annexed to or occupied by the Reich? yes, no. If so, give particulars of offices held, duties performed, territory and period of service.

I. POLITISCHE MITGLIEDSCHAFT

(a) Welcher politischen Partei haben Sie als Mitglied vor 1933 angehört? keiner

(b) Waren Sie Mitglied irgend einer verbotenen Oppositionspartei oder -gruppe seit 1933? Ja — Nein nein Welcher? — Seit wann? —

(c) Waren Sie jemals ein Mitglied einer Gewerkschaft, Berufs-, Gewerblichen- oder Handelsorganisation, die nach dem Jahre 1933 aufgelöst und verboten wurde? Ja Ja Nein —

(d) Wurden Sie jemals aus dem öffentlichen Dienste, einer Lehrtätigkeit oder einem kirchlichen Amte entlassen, weil Sie in irgend einer Form den Nationalsozialisten Widerstand leisteten oder gegen deren Lehren und Theorien auftraten? Ja — Nein nein

(e) Wurden Sie jemals aus rassischen oder religiösen Gründen, oder weil Sie aktiv oder passiv den Nationalsozialisten Widerstand leisteten, in Haft genommen oder in Ihrer Freizügigkeit, Niederlassungsfreiheit oder sonst wie in Ihrer gewerblichen oder beruflichen Freiheit beschränkt? Ja — Nein nein Falls ja, dann geben Sie Einzelheiten sowie die Namen und Anschriften zweier Personen an, die die Wahrheit Ihrer Angaben bestätigen können

I. POLITICAL AFFILIATIONS

Of what political party were you a member before 1933?

Have you ever been a member of any anti-Nazi underground party or groups since 1933? yes, no. Which one? Since when?

Have you ever been a member of any trade union or professional or business organization suppressed by the Nazis? yes, no

Have you ever been dismissed from the civil service, the teaching profession or ecclesiastical positions for active or passive resistance to the Nazis or their ideology? yes, no.

Have you ever been imprisoned, or have restrictions of movement, residence or freedom to practice your trade or profession been imposed on you for racial or religious reasons or because of active or passive resistance to the Nazis? yes, no. If the answer to any of the above questions is yes, give particulars and the names and addresses of two persons who can attest to the truth of your statement.

J. ANMERKUNGEN

J. REMARKS

Die Angaben auf diesem Formular sind wahr.

The statements on this form are true.

Gezeichnet / *Signed* [signature]

Datum / *Date* 21.November 1945

Zeuge / *Witness*

MILITARY GOVERNMENT

DET 921 (Brit.)

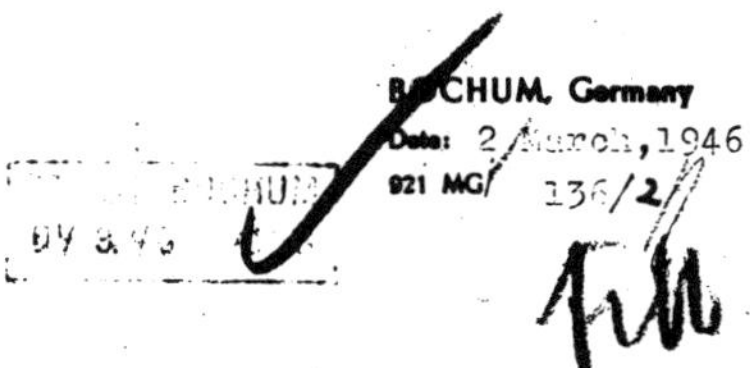

BOCHUM, Germany
Date: 2 March, 1946
921 MG/ 136/2

To: Oberbürgermeister.

Subject: German Denazification Panel.

1. The nominations of the City Council for members of the German Denazification Panel are required.

2. Please submit as soon as possible the names of 25 suitable persons who should preferably not be members of the [illegible]ausschuß.

3. Instructions for the working of this panel will be communicated to you later.

Lt.Col.Comd.
921 Mil.Gov. Det.
(D.T. NEWTON)

An Herrn Oberbürgermeister

Betrifft: Deutsches Schiedsgericht zur Entnazifizierung

1.) Die Vorschlagsliste des Stadtrates für Mitglieder des deutschen Schiedsgerichts zur Entnazifizierung wird erbeten.

2.) Bitte, legen Sie sobald wie möglich die Namen von 25 geeigneten Personen vor, die möglichst keine Mitglieder des Stadtausschusses sein sollen.

3.) Sie werden später über die Arbeit dieses Schiedsgerichts unterrichtet werden.

Unterschrift

Entnazifizierungshauptausschuss
für den Stadtkreis Bochum

Bochum, den 22. März 1948

An den

Herrn Öffentlichen Ankläger
beim Spruchgericht Hiddesen

H i d d e s e n (b.Detmold)

- durchlaufend beim Herrn Oberbürgermeister zu Bochum -

Betr.: Ermittlungsverfahren gegen den Kreisleiter Riemenschneider

Im Anschluss an Ziffer 7 meines Schreibens vom 18. 3. 1948 teile ich noch mit, dass nach meinen inzwischen getroffenen Feststellungen sich seit dem Jahre 1944 auf dem Werksgelände des Bochumer Vereins innerhalb der Geschossfabrik ein sogenanntes Häftlingslager befand, in welchem Insassen des Konzentrationslagers Buchenwald zur Arbeitsleistung beim Bochumer Verein unter SS-Bewachung untergebracht waren. Dieses Lager war somit ein Konzentrationslager. Die Insassen waren in Baracken untergebracht und das Lager durch Stacheldraht abgesperrt. In dem Lager befanden sich sowohl Deutschelals auch Ausländer, insbesondere auch Juden.
Die Behandlung der Insassen des Lagers soll sehr schlecht gewesen sein. Nähere Einzelheiten hierüber waren nicht festzustellen.
Es unterliegt keinem Zweifel, dass Riemenschneider als Kreisleiter von Bochum über das Vorhandensein dieses Lagers unterrichtet war.
Die Insassen des Lagers wurden kurz vor dem Einmarsch der Amerikaner abtransportiert. Nähere Angaben können nicht gemacht werden, da das Lager hermetisch abgeschlossen war.

Der Vorsitzende

gez. Hegemann

Bochum, den 12. Januar 1953

Betr.: Antrag des früheren Oberbürgermeisters Dr. P i c l u m auf Wiedergewährung des seit Mai 1945 gesperrten Ruhegehaltes.
Bezug: Schrb. 12 vom 16.12.1952

1. P. fällt unter § 63 Abs. 1 Ziff. 2 des Gesetzes zu Art. 131 vom 11.5.1951 sowie unter das Landesgesetz NW vom 15.12.1952 (GV NW 1952 S 423). Aus dem letztgenannten Gesetz kommen vor allem die §§ 1 Ziff. 3, 2 u. 3 infrage.

   Aus § 63 des Gesetzes zu Art. 131 ergibt sich die Anwendbarkeit u.a. der §§ 5 - 10 und des § 30. Aus § 5 ist zu entnehmen, daß P., da er infolge Krankheit dienstunfähig geworden ist (§ 30 Abs. 1 Ziff. 2 Ges. zu Art. 131) so behandelt werden muß, wie wenn er mit Ablauf des 8.5.1945 in den Ruhestand getreten wäre (§ 5 Abs. 1 Ziff. 1 des Ges. zu Art. 131). Nach § 7 des gleichen Gesetzes dürfen Ernennungen, die beamtenrechtlichen Vorschriften widersprechen oder wegen enger Verbindung zum Nationalsozialismus vorgenommen worden sind, nicht berücksichtigt werden. Wenn eine enge Verbindung zum Nationalsozialismus bei P. bejaht wird, hätte dies zur Folge, daß seine beamtenrechtlicher Status jetzt keine Rechtswirkung mehr äußern könnte. Eine so weitgehende Vernichtung früher begründeter Beamtenrechte wäre mit den hergebrachten Grundsätzen des Berufsbeamtentums nicht vereinbar. Der Große Senat für Zivilsachen des Bundesgerichtshofes hat durch Beschluß vom 11.6.1952 (BGH 6, 208 ff) festgestellt, daß Art. 129 Abs. 1 Satz 3 WeimV auch nach dem Zusammenbruch mit Verfassungskraft weitergegolten hat. Danach sind wohlerworbene Beamtenrechte verfassungsmäßig geschützt und es hätte eines verfassungsändernden Gesetzes bedurft, um Ruhegehaltsansprüche von Beamten abzuerkennen. Da derartige verfassungsändernde Gesetze nicht vorliegen, kann die Wirkung der vollen Aberkennung der Ruhegehaltsansprüche für P. aus § 7 des Ges. zu Art. 131 nicht hergeleitet werden.

132

Oberbürgermeister Dr. Otto Leopold Piclum (rechts) mit Gauleiter Paul Giesler (Mitte)

Foto, 1942 (siehe weiter IV Anhang Nr. 14)

130

◀ Ermittlungsverfahren gegen Kreisleiter Riemenschneider, der über das Außenlager des KZ Buchenwald beim Bochumer Verein unterrichtet sein mußte.

Schreiben des Entnazifizierungshauptausschusses Bochum an den öffentlichen Ankläger beim Spruchgericht Hiddesen, 22.03.1948

131

◀ „...wohlerworbene Beamtenrechte sind verfassungsrechtlich geschützt..." Entscheidung über den Antrag des ehemaligen NS- Oberbürgermeisters Piclum auf Wiedergewährung des seit Mai 1945 gesperrten Ruhegehaltes

Schreiben des Rechtsamtes der Stadt Bochum an das Personalamt der Stadt Bochum, 12.01.1953 (1. Seite, siehe weiter IV Anhang Nr. 10)

- Der Oberstadtdirektor -

262

2. Einschreiben

Herrn
Vermögensverwalter
Fritz Brinkmann

1 Berlin-Lichterfelde-Süd

Schwelmer Str. 22

12 1 8 Dezember 1952

Wiedergutmachungsantrag der Frau Alice Viralt

Den von Ihnen im Auftrage der Frau Alice Viralt gestellten Wiedergutmachungsantrag vom 11. 7. 1952 hat der Herr Innenminister des Landes Nordrhein-Westfalen dem Rat der Stadt Bochum als oberste Dienstbehörde im Sinne des § 26 Abs. 1 des Wiedergutmachungsgesetzes zur Entscheidung übersandt.

Bevor eine förmliche Entscheidung durch den Rat getroffen werden soll, wird Ihnen nachstehend zunächst die Sach- und Rechtslage mitgeteilt, um Ihnen Gelegenheit zu einer abschließenden Äußerung zu geben.

Die Frage der Wiedergutmachung ist geregelt:

a) durch das Gesetz zur Regelung der Wiedergutmachung nationalsozialistischen Unrechts für Angehörige des öffentlichen Dienstes vom 11. 5. 1951 (BGBl. I Seite 291),

b) durch das Gesetz zur Regelung der Wiedergutmachung nationalsozialistischen Unrechts für die im Ausland lebenden Angehörigen des öffentlichen Dienstes vom 1.. 3. 1952 (BGBl. I S.13

Wiedergutmachung nach diesen Gesetzen erhalten Angehörige des öffentlichen Dienstes, die in ihrem Dienst- oder Arbeitsverhältnis oder in ihrer Versorgung durch nationalsozialistische Verfolgungs- oder Unterdrückungsmaßnahmen wegen ihrer politischen Überzeugung oder aus Gründen der Rasse, des Glaubens oder der Weltanschauung geschädigt worden sind, sowie ihre versorgungsberechtigten Hinterbliebenen. Wiedergutmachung wird u.a. gewährt bei vorzeitiger

Ver-

Fritz Brinkmann
Vermögensverwalter

Berlin-Lichterfelde
Schweidnitzer Strasse 12
den 17.Dezember 1952

An den

Herrn Oberstadtdirektor
der Stadt Bochum,

Bochum

Einschreiben

Betrifft: Wiedergutmachungsantrag der Frau Alice V i r a l t
Ihre Nachricht vom 8.Dezember 1952 - 12 1 -

Sehr geehrter Herr Oberstadtdirektor!

Ich danke Ihnen verbindlichst für Ihre Aeusserungen vom 8.Dezember und erlaube mir,Ihnen Folgendes zu erwidern.

Ich habe Verständnis dafür,dass meine Vollmacht - geberin,Frau Alice Viralt, nicht zum Kreis der wiedergutmachungsberechtigten Personen gehört,nachdem sie sich wiederverheiratet hat. Es ist aber dabei zu berücksichtigen,dass Frau Viralt damals erneut eine Ehe deswegen einging,um den ihr als Jüdin drohenden Gastod zu entgehen.Wäre sie deportiert worden und hätte man sie im Konzentrationslager getötet,dann hätte die Stadt Bochum ebenfalls das Witwengeld erspart wie sie es jetzt tut,da Frau Viralt notgedrungen einen Ausländer heiratete,von dem sie sich im vergangenen Jahr aus wirtschaftlichen Gründen scheiden liess. Hier liegt lediglich eine Zwangs-und Scheinehe vor.

Frau Viralt wird von ihrem ebenfalls in Finland ansässigen Sohn unterhalten und sie hat ihre Mittel in Deutschland für Heilkuren in den Jahren 1951 und 1952 opfern müssen. Sie leidet an einem rechtsseitigen Lungentumor und an Depressionen.

Bevor ich mich mit meiner Vollmachtgeberin in Verbindung setze und ihr die Situation schildere,bitte ich Sie höflich, mich wissen zu lassen,ob die Möglichkeit besteht,dass der Rat der Stadt Bochum in Würdigung der Sachlage,wonach der frühere ver - diente Oberbürgermeister wegen völlig unberechtigter Anschuldi-

31

E I D E S S T A T T L I C H E
E R K L Ä R U N G .

Hiermit erkläre ich an Eides statt:

1) Ich habe bereits vor dem 23. 5. 1949 meinen Wohnsitz in Finnland genommen und bin seit 1944 hier fest ansässig.

2) Ich habe mich am 28. Dezember 1938 mit dem damaligen Presseattache Eric Woldemar Viralt vor dem Standesamt Berlin-Charlottenburg (Rathaus) trauen lassen. Hierzu ist zu bemerken, dass ich diese Ehe nur einging, um Ausländischer Mitbürger zu werden und um mich durch diesen einzigen mir zur Verfügung stehenden Weg vor den Verfolgungen der Nationalsozialisten und vor einem sicheren Gastod zu retten. Ich war mir bewusst, dass ich durch meine Wiederverheiratung alle Rechte auf Zahlung einer Wittwenpension der Stadt Bochum aufgab, aber wie erwähnt, ich befand mich in Lebensgefahr und hatte keine andere Wahl.

3) Mein derzeitiger Ehemann, Dr. Otto Ruer, hat Selbstmord begangen, indem er in seiner damaligen Wohnung, Berlin W, Landgrafenstr. 12,Veronaltabletten einnahm. Er tat dies als Folge einer Nervenzerrüttung, hervorgerufen durch die Verfolgung durch die Nationalsozialisten. Zeugen sind der Hauswirt, der Kinderarzt Dr. Bamberger, dessen Adresse und Schicksal mir nicht bekannt sind.

4) Ich lebe hier in Finnland in bescheidenen Verhältnissen. Mein Ehemann Viralt hat laut Abrede nie zu meiner Versorgung beigetragen und wir hatten nie einen gemeinsamen Haushalt. Seit Sommer 195o bin ich von ihm geschieden. Meine Barmittel, die mir in Deutschland noch zur Verfügung standen, habe ich durch notwendige Kuraufenthalte daselbst in den Jahren 1951 und 52 stark dezimiert.

Mattby, Finnland den 14. Dezember 1952

Alice Viralt geb. Schuster
(Alice Viralt, geb. Schuster)

136

Dr. Otto Ruer, 1925 – 1933 Oberbürgermeister der Stadt Bochum

Foto, undatiert (Lebenslauf Ruer: siehe IV Anhang Nr. 14)

133

◀ Frau Alice Viralt, Witwe des von den Nationalsozialisten in den Tod getriebenen ehemaligen Oberbürgermeisters Dr. Otto Ruer, gehört gemäß gesetzlicher Regelung nicht zu den wiedergutmachungsberechtigten Personen.

Schreiben des Oberstadtdirektors an den Vermögensverwalter und Bevollmächtigten der Frau Viralt, Fritz Brinkmann in Berlin, 08.12.1952. 1. Seite (siehe weiter IV Anhang Nr. 11)

134

◀ Wiedergutmachungsantrag Alice Viralt: Hat sie nur die Alternative, anspruchsberechtigt, aber tot, oder Rettung durch eine Scheinehe, aber mittellos?

Schreiben von Fritz Brinkmann, Vermögensverwalter und Bevollmächtigter von Frau Alice Viralt, an den Oberstadtdirektor von Bochum, 17.12.1952. Auszug, 1. Seite (siehe weiter IV Anhang Nr. 12)

135

◀ Eidesstattliche Erklärung von Frau Alice Viralt: Unter dem Zwang der Verhältnisse, ihr Leben zu retten, ist sie eine Scheinehe eingegangen.

Anlage zum Schreiben Brinkmann (vgl. Nr. 134), 14.12.1952 (siehe weiter IV Anhang Nr. 13)

Stand der Entnazifizierung im Stadtkreis Bochum am 1. 1. 1948

E N T N A Z I F I Z I E R U N G

Bis zum 31. 12. 1947 eingegangene Entnazifizierungsanträge = 11.068

Davon zuständigkeitshalber an andere Entnazifizierungs-Ausschüsse abgegeben .... = 718

in Bochum verbleibende Fälle . = 10.350

Davon sind kategorisiert .... = 7.868

Es sind noch nicht kategorisiert ... = 2.332

Es sind z.Zt. noch zu entnazifizieren und zu kategoriseren .... = 150

(Darunter 72 Fälle von Pensionären, bezw. Ruhegehaltsempfängern)

insgesamt: 10.350

K A T E G O R I S I E R U N G

Es sind kategorisiert insgesamt .... = 7.868

Es sind kategorisiert in Gruppe III............. = 595 Fälle

Es sind kategorisiert in Gruppe IV (mit Vermögenssperre) = 172 Fälle

Es sind kategorisiert in Gruppe IV (ohne Vermögenssperre) =1492 Fälle

Es sind kategorisiert in Gruppe V .... =5609 Fälle

zusammen: 7.868

137

Statistik über Stand der Entnazifizierung in Bochum am 1. Januar 1948

15. Trümmerverwertung

Bei Kriegsende war Bochum ein riesiges Trümmerfeld. Das Zentrum war zu 90% vernichtet, 25% der Arbeitsflächen und 65% der Wohnflächen waren zerstört. 4 Millionen Kubikmeter Schutt bedeckten das Stadtgebiet.

Dieser Trümmerschutt mußte nicht nur schnellstens geräumt, sondern als wichtige Ressource für den Wiederaufbau genutzt werden, vor allem für den dringend notwendigen Wohnungsbau. An verwertbaren Baumaterialien enthielt der Trümmerberg pro 1.000 Kubikmeter durchschnittlich 50.000 Ziegelsteine, 500 cbm Ziegelbrocken über 50 mm, 10 Tonnen Eisenträger und 5 Tonnen Eisenschrott.

Zur systematischen Trümmerbeseitigung und -verwertung wurde die Stadt in 14 Räumbezirke aufgeteilt. Die Aufarbeitung der Schuttberge erfolgte durch speziell dafür konstruierte Aufbereitungsanlagen, die sogenannten Trümmerverwertungsanlagen. Ihre Standorte richteten sich einerseits nach der Menge der in den verschiedenen Räumlosen befindlichen Rohstoffe (=Trümmerhalden), andererseits nach den Verkehrsverbindungen zu den weiterverarbeitenden Betrieben.

Bereits vor Kriegsende arbeitete am Steinbruch Schulte-Vels in Altenbochum die erste dieser Aufbereitungsanlagen; ihre Tagesleistung von 30 cbm lag an der unteren Grenze der Produktionskapazitäten dieser Maschinen. Die größte Trümmerverwertungsanlage stand am Moltkemarkt (heute Springerplatz). Sie nahm am 29. April 1949 ihren Betrieb auf und verarbeitete täglich bis zu 500 cbm Trümmer. Ihre Jahresproduktion erreichte laut Planung 100.000 cbm.

Aus den zu Ziegelsplitt zerkleinerten Trümmerstücken wurden hergestellt: Dachziegel, Platten, Mauersteine, Beton für Decken, Wände, Treppen und Fundamente. Der Transport des Rohmaterials zu den weiterverarbeitenden Beton- und Hüttenwerken erfolgte durch Lastkraftwagen oder über Feldbahngleise, die mitten in der Stadt verlegt waren.

138
Baufirmen übernehmen im Auftrag der Stadt Bochum die Enttrümmerung in den insgesamt 14 ▶
Räumbezirken.

Werbeanzeige der Bauunternehmung Hochtief, 1947

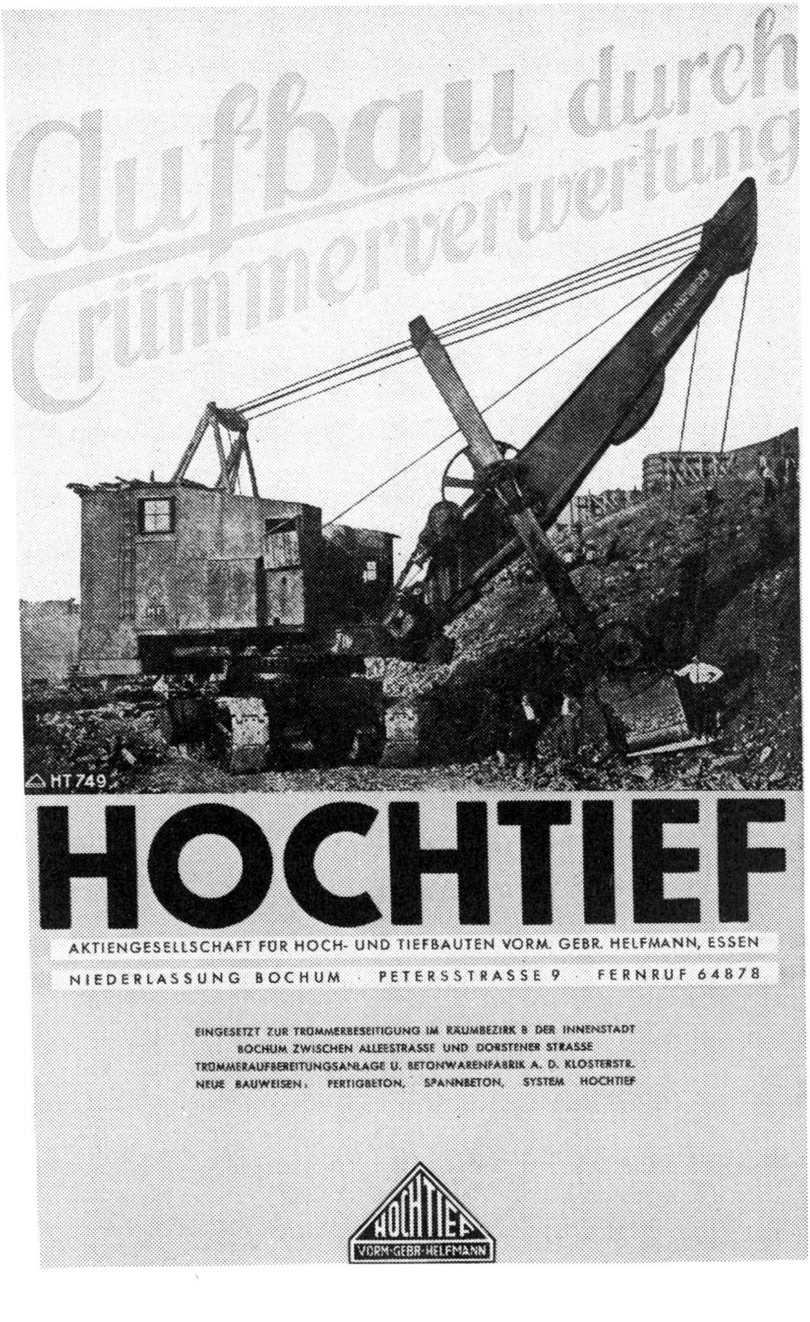

Aufbau durch Trümmerverwertung

HT 749

HOCHTIEF

AKTIENGESELLSCHAFT FÜR HOCH- UND TIEFBAUTEN VORM. GEBR. HELFMANN, ESSEN

NIEDERLASSUNG BOCHUM · PETERSSTRASSE 9 · FERNRUF 64878

EINGESETZT ZUR TRÜMMERBESEITIGUNG IM RÄUMBEZIRK 8 DER INNENSTADT
BOCHUM ZWISCHEN ALLEESTRASSE UND DORSTENER STRASSE
TRÜMMERAUFBEREITUNGSANLAGE U. BETONWARENFABRIK A. D. KLOSTERSTR.
NEUE BAUWEISEN, FERTIGBETON, SPANNBETON, SYSTEM HOCHTIEF

Bochumer Verein

für Gußstahlfabrikation Aktiengesellschaft

Postanschrift: Bochumer Verein, Bochum, Postschließfach 325 — Drahtwort Gusstalfabrik — Fernruf 60651 Schnellverkehr 60741 — Fernschreiber K. 37 Essen Nr. 18 — Reichsbank Düsseldorf 82, Postscheck Köln 69215

Herrn
Oberstadtdirektor der Stadt

B o c h u m .

Ihre Zeichen — Ihre Nachricht vom — Unser Hausruf Post Werk — Unser Zeichen: Grundstücksabteilung — Bochum, Alleestr. 60, 8.7.46.

Betreff: Enttrümmerung.

Zur Aussonderung und Verwertung von Schutt, der bei der Enttrümmerung des Moltke-Platz-Stadtteils anfällt, stellen wir der Stadt Bochum unser in anliegendem Plan rot angelegtes Grundstück Ecke Allee- und Bessemerstr. (frühere Eickhoff'sche Fabrik) Alleestr. 77-83 mit Ausnahme der wieder in Betrieb genommenen Tankstelle vorläufig für 5 Jahre unter folgenden Bedingungen zur Verfügung:

1) Alle auf diesem Platz vorhandenen nutzbaren Holz- und Eisenfachwerkteile, sowie Kranbahnschienen und Stützen sind in schonendster Weise von der Stadt auf ihre Kosten auszubauen, getrennt zu lagern und zu unserer Verfügung zu halten. Die von der Stadt für die Aussonderung und Verwertung von Schutt benötigten Anlagen bleiben für die Dauer der Nutzung durch die Stadt stehen, müssen jedoch nach Beendigung der Aktion bis auf Straßenhöhe auf Kosten der Stadt abgebaut und, soweit verwertbar, zu unserer Verfügung bleiben. Der nicht verwertbare Bauschutt ist bis auf Straßenhöhe vor Rückgabe des Platzes auf Kosten der Stadt zu räumen.

2) Die Stadt befreit uns von aller Haftpflicht, die aus der Benutzung unseres Grundstücks gegen uns als Eigentümerin geltend gemacht werden könnte, einerlei ob es sich um Personen- oder Sachschaden handelt.

Wir bitten um Ihr Einverständnis.

Bochumer Verein
für Gußstahlfabrikation Aktiengesellschaft

[Unterschriften]

Codes: Alpha, Rudolf Mosse sowie alle übrigen gebräuchlichen Codes — Geteilte Arbeitszeit

140

Die Trümmerlandschaft an der Marienstraße. Links das zerstörte städtische Hallenbad

Foto, undatiert

139

◀ Trümmeraufbereitung durch spezielle Verarbeitungsanlagen. Bis 1947 werden mehr als 11,5 Millionen Ziegelsteine aufbereitet und für Baumaßnahmen wiederverwendet.

Schreiben des Bochumer Vereins an den Oberstadtdirektor, 08.07.1946

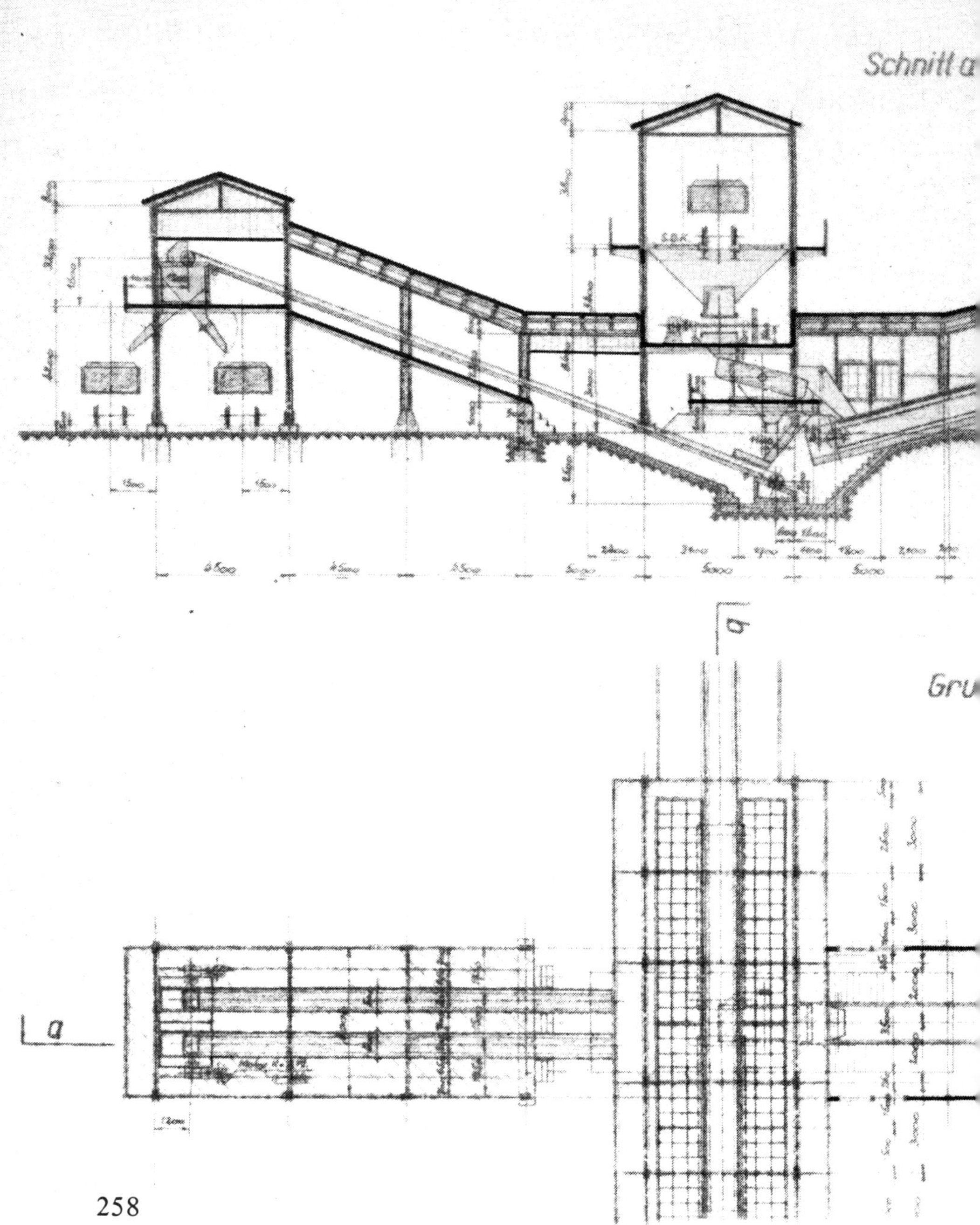
Stadt Bochum,
Amt für Trümmerverwertung.
Bauplan ei
Schnitt a
Gru

ieb – Klaube – und Brechanlage für Trümmerschutt.

Leistung: 500 cbm/8h.

M. 1:100

section a – a

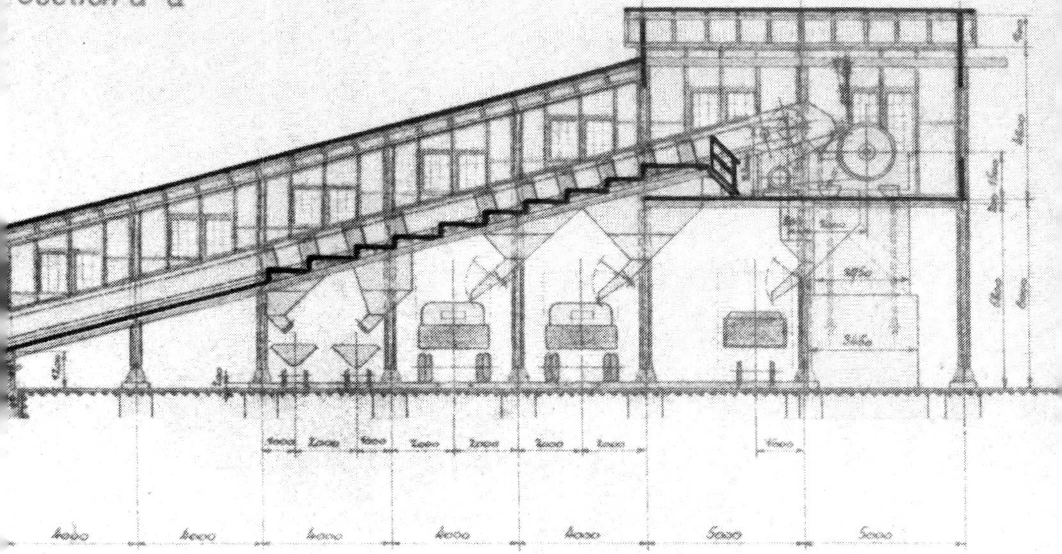

plan of maschines

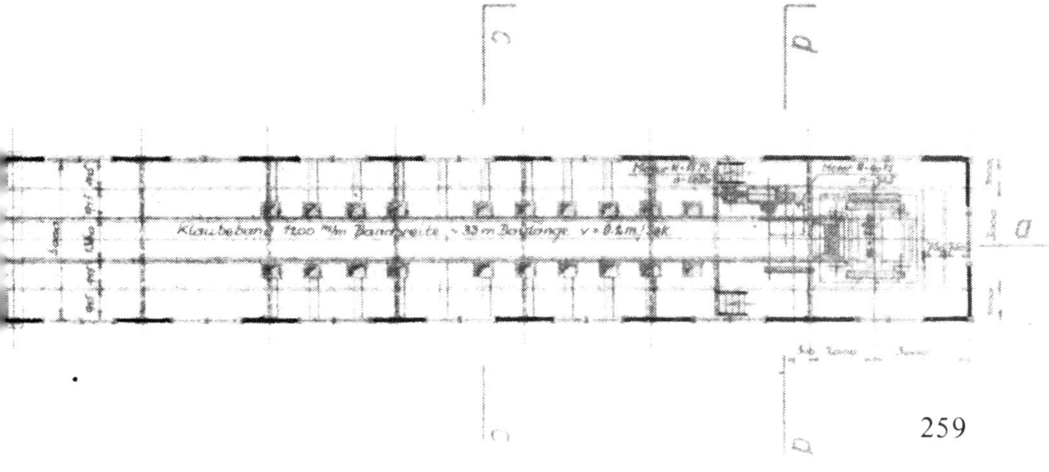

Oberstadtdirektor
Der ~~Oberbürgermeister~~ der Stadt Bochum

Fernruf: 60461, 60571, 60921
Nebenstelle 704

An die
Militärregierung

(21b) B o c h u m

Industrie u. Handelskammer zu Bochum
Eing.: 21. AUG. 1946
Tageb.-Nr.

Ihre Zeichen | Ihre Nachricht vom | Mein Zeichen 31 5 | Tag 13. Aug. 1946

Betrifft:

Antrag auf Genehmigung von 20 000 kWst Kraftstrom monatlich.

Im Trümmerbezirk "K" der Stadt Bochum ist eine Baustelle im Aufbau, die aus Trümmerschutt neue Baustoffe herstellt. Die Anlage besteht im einzelnen aus:

1 Backensteinbrecher mit Siebanlage	mit 38	PS	Antriebsmotor
1 Hammermühle	" 15	"	"
1 Betonsteinpresse	" 20	"	"
1 Förderband als Sortierband	" 8	"	"
1 Betonmischer	" 7	"	"
2 Ziegelputzmaschinen	" je 3	"	"

einigen kleinen, elektrischen Zusatzgeräten und der Beleuchtungsanlage der Baustelle.

Es wird im ganzen ein Kraftstrom von 100 kW, bei 8-stündiger Arbeitszeit also monatlich von 20 000 KW st benötigt. Die Liefermöglichkeit ist aus dem Netz der Stadt Bochum gegeben. Ich bitte um die Genehmigung für den Strombezug von 20 000 KWst. monatlich durch die Militärregierung.

Ich möchte darauf hinweisen, dass es sich bei der Trümmerbeseitigung um eine öffentliche Maßnahme handelt, die im Interesse der Beseitigung von Seuchengefahren geschieht und dass die Nutzbarmachung der verwertbaren Stoffe der dringend notwendigen Schaffung von Wohnräumen dient.

I.V.
(Massenberg)
Stadtrat

P.t.o.

143

Trümmerbeseitigung an der Kortumstraße

Foto, undatiert (1946/47)

141

◀ Funktionszeichnung einer Sieb-, Klaube- und Brechanlage für Trümmerschutt. Eine Anlage dieses Typs war im Bereich des Moltkemarktes im Einsatz.

1947

142

◀ Kraftstrom für die Trümmerverwertung. Bei der Enttrümmerung sind auch Hindernisse wie die Kontingentierung elektrischer Energie durch die Besatzungsbehörden zu überwinden.

Schreiben des Stadtbaurates Massenberg an die Militärregierung Bochum vom 13.08.1946 mit Sicht- und Durchlaufvermerk der IHK Bochum

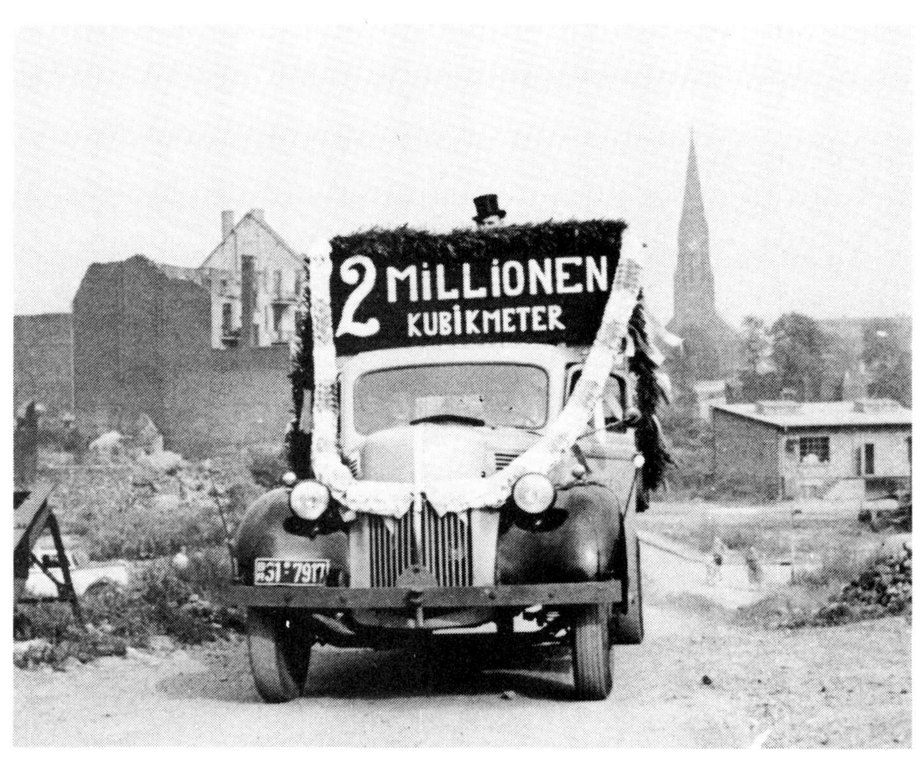

144

1953 ist die Hälfte des Trümmerschutts beseitigt.

Foto

16. Alltagskultur

Als sich die Menschen bei Kriegsende wieder aus Bunkern und Kellern hervorwagten, waren sie froh, überhaupt überlebt zu haben. Der Alltag, der sie erwartete, war trüb und grau, bestimmt von dem ständigen Kampf um Nahrung, Kleidung und Unterkunft. Aber schon bald sehnte man sich wieder nach Abwechslung, um sich aus der trostlosen Trümmerlandschaft in bessere und schönere Welten hineinzuträumen. Und so war die während des letzten Kriegsjahres verbotene Unterhaltung wieder Trumpf. Mit geringen Mitteln wurden „Bunte Abende" mit harmlosen Scherzen, gefälliger Musik, Gesang und Tanz veranstaltet. An den Ort des Ereignisses zu gelangen, war dabei nicht immer ganz einfach, denn selbst für Fahrräder benötigte man eine Genehmigung der Militärbehörden. Artistische Darbietungen fanden oft unter freiem Himmel statt, weil Zirkuszelte, Beleuchtung und sämtliche Ausstattungstücke verlorengegangen waren.

Das Vereinsleben bildete sich neu. Schon 1946 nahmen einige Bochumer Junggesellen den traditionellen Ausmarsch nach Harpen am Vorabend des 1. Mai wieder auf, allerdings ganz inoffiziell und in kleinen privaten Gruppen. Denn noch waren solche „Märsche", die verdächtig nach deutschem Militarismus aussahen, verboten. Erst 1948 konnte die Bochumer Maiabendgesellschaft neu begründet werden. Der Festzug war jedoch von der Militärregierung mit strengen Auflagen versehen. Nichts, was auch nur entfernt an Militärisches erinnerte, durfte getragen oder mitgeführt werden. Da die meisten Uniformen der Maischützen den Krieg ohnehin nicht überlebt hatten, zog man in „Räuberzivil" nach Harpen, die traditionellen blauweißen Farben Bochums als Band um eine Kopfbedeckung geschlungen.

Schon bald öffneten auch die ersten Filmtheater wieder ihre Pforten. Zunächst war man auf Streifen aus der NS-Zeit, die die alliierte Zensur passiert hatten, angewiesen, bevor die ersten in der Nachkriegszeit gedrehten deutschen Filme in die Kinos kamen. Allmählich setzte auch ein Import aus dem europäischen Ausland und vor allem aus den USA ein. Dieser Import erstreckte sich jedoch nicht nur auf Filme, sondern auf sämtliche Sparten der Kultur. Alles, was in der Zeit des Dritten Reiches als „entartet" verboten war, fand nun den Weg nach Deutschland. Erstmals konnten die Deutschen die ihnen jahrelang vorenthaltene Entwicklung in moderner Musik, Theater, Literatur und Kunst kennenlernen. Für viele wurde gerade die Kultur zu einem Symbol ihrer neugewonnenen Freiheit.

3 BUNTE ABENDE

8. und 9. September 1945

Musik
Tanz
Gesang

mit ersten Solisten westdeutscher Bühnen und einem Unterhaltungsorchester unter Leitung von

Bert van de Velde

Wattenscheid, im Saale Sonnenschein, Weststraße

Samstag, den 8. September 1945, 18.30 Uhr

Sonntag, den 9. September 1945, 15 Uhr und 18.30 Uhr

Eintrittspreise von 2 bis 4 RM

Vorverkaufsstellen: Buchdruckerei Busch, Jülle? Straße 7 · Verkehrsverein, Weststraße 8
Zigarrenhaus Weller, an der ev. Kirche

Veranstalter: Westdeutscher Künstlerdienst Gelsenkirchen

BICYCLE REGISTRATION

Permit No. ....

Name of owner .... Identity card. No. ....

Address ....

Make of cycle .... No. of cycle ....

Date of registration ....

146

Registrierungsschein für ein Fahrrad — selbst für dieses Verkehrsmittel war die Erlaubnis der britischen Militärbehörde notwendig, August 1945.

145

Ankündigung von drei Unterhaltungsveranstaltungen in Wattenscheid mit Musik, Tanz und Gesang, 8./9. September 1945

Plakat, 1945

147
„Wandervögel"

Foto, undatiert

DIE BÜHNE DER STADT BOCHUM

FREITAG, 3. DEZEMBER 1948, 18.30 UHR

EINMALIGES GASTSPIEL DES MASK-THEATERS, LONDON

J. B. PRIESTLEY

THE LINDEN TREE

(FAMILIE PROFESSOR LINDEN)

IN ENGLISCHER SPRACHE

PROFESSOR LINDEN: HERBERT LOMAS

Preise von 2.- bis 5.10 / Vorverkauf ab Dienstag, 30. November 1948, an der Theaterkasse

148

Ankündigung des Gastspiels einer Londoner Bühne mit einem Theaterstück von Prestley. Erst nach dem Ende der NS-Zeit wurde Deutschland mit den Entwicklungen der bis dahin verbotenen modernen Literatur bekannt.

Plakat, 1948

149

Ausmarsch der Bochumer Maischützen nach Harpen

Foto, 1948

Für den Aufenthalt der Künstler in Herne benötigen wir dringend

Ein- und Zweibettzimmer

Wir wären unseren geschätzten Besuchern außerordentlich dankbar, wenn Sie uns bei der Unterbringung unserer Künstler behilflich sein könnten. Meldungen über evtl. freie Quartiere werden erbeten an

BÜHNE UND FILM G. m. b. H.
Herne i. W., Bahnhofstr. 120 / Telefon: Herne 51165

Herner werdet Mitglied des Herner Fremdenverkehrsvereins

C. Th. Kartenberg, BAJ 10 Herne H 3267/2900. 7. 47. Kl. B.

Goldsaal
TANZ-KABARETT

ZEIGT DAS PROGRAMM VON
„Bühne und Film"
G. m. b. H.
vom 16. bis 31. Juli 1947

Hotel Herner Hof
Herne i. W. / Bahnhofstraße 120 / Ruf 51165

150

Ankündigung verschiedener Unterhaltungsveranstaltungen in Herne

Programmzettel, 1947

151

Kino im zerstörten Bochum. Das Tonhallen-Theater an der Bongardstraße zeigt einen Unterhaltungsfilm aus der NS-Zeit.

Foto, undatiert

152

Die Hochseilartisten der Camillo-Meier-Truppe bei einem Gastspiel im Griesenbruch, Bochum ▶

Foto, 1947

17. Kommunal- und Landtagswahlen

Für die Bochumer waren die Kommunalwahlen vom 13. Oktober 1946 die ersten demokratischen Wahlen seit 1933. In Bekanntmachungen wurde der Bevölkerung von der britischen Militärregierung der genaue Ablauf einer freien und geheimen Wahl erläutert. Angehörige von NS-Organisationen waren weitgehend von der passiven und aktiven Wahl ausgeschlossen.

86,4 Prozent der wahlberechtigten Bochumer beteiligten sich an der Wahl. Sie verteilten ihre Stimmen folgendermaßen:
SPD 41,8 % (25 Ratsmandate), CDU 41,7 % (18 Ratsmandate), KPD 14,3 % (2 Ratsmandate), sonstige Parteien 2,1 % (– Mandate).
Oberbürgermeister blieb Willi Geldmacher (SPD), zum Bürgermeister wurde Josef Schirpenbach (CDU) gewählt.

Die Wahlbeteiligung in Wattenscheid betrug 86 Prozent. Das Ergebnis:
CDU 42,6 % (18 Ratsmandate), SPD 41,6 % (11 Ratsmandate), KPD 15,6 % (1 Ratsmandat), sonstige Parteien 0,2 % (– Mandate).
Die CDU stellte mit Hugo Bungenberg und Josef Bungert sowohl den Oberbürgermeister als auch den Bürgermeister.

Trotz des jeweils nur knappen Stimmenvorsprungs erklärte sich die absolute Mehrheit der Sitze von SPD in Bochum und CDU in Wattenscheid aus dem damals gültigen, am englischen Vorbild orientierten Mehrheitswahlrecht.

In der von der Militärregierung gesetzten Wahlordnung von 1946 war ab 1947 jährlich der Rücktritt von jeweils einem Drittel der Gemeinderäte vorgesehen. Am 11. Juli 1947 beschloß jedoch der Verfassungsausschuß des Nordrhein-Westfälischen Landtags, die Ergänzungswahlen im Herbst 1947 nicht durchzuführen; er beauftragte die Landesregierung mit der Aufstellung eines neuen Gemeindewahlgesetzes. Dieses wurde vom Landtag am 6. April 1948 in dritter Lesung angenommen. Am 17. Oktober 1948 fand daraufhin die zweite Kommunalwahl in Nordrhein-Westfalen statt.

Die Ergebnisse in Bochum:	Die Ergebnisse in Wattenscheid:
SPD 42,6 % (17 Sitze)	SPD 49,8 % (16 Sitze)
CDU 34,8 % (14 Sitze)	CDU 35,6 % (11 Sitze)
KPD 9,7 % (4 Sitze)	KPD 12,0 % (4 Sitze)
sonstige Parteien 12,2 % (– Sitze)	sonstige Parteien 2,6 % (– Sitze)

Seit dieser Zeit ist die SPD in Bochum und in Wattenscheid die beherrschende politische Kraft.

Mit einer neuen Gemeindeordnung versuchte die britische Militärregierung, den demokratischen Einfluß der Bürger auf Entscheidungen im kommunalen Bereich zu stärken. Das Führerprinzip wurde ersetzt durch das Prinzip der parlamentarischen Vertretung und Verwaltung. Der Rat wurde zum alleinigen verfassungsmäßigen Organ der Gemeinde, ihm unterstanden sämtliche Verwaltungsbeamte. Der Vorsitzende des Rates trug von nun an die Bezeichnung „Bürgermeister" bzw. „Oberbürgermeister" und repräsentierte die Stadt nach außen.

Nach englischem Vorbild wurde jedoch die Legislative (Oberbürgermeister und Rat) von der Exekutive getrennt: Der Verwaltung stand nunmehr der Stadt- bzw. Oberstadtdirektor vor.

Ein Jahr nach Kriegsende wurde aus der ehemals preußischen Provinz Westfalen und den Regierungsbezirken Aachen, Düsseldorf und Köln der ehemaligen Rheinprovinz ein neues staatliches Gebilde geschaffen und am 23. August 1946 durch die Verordnung Nr. 46 der britischen Militärregierung bestätigt. Damit hatte Nordrhein-Westfalen – so der Name des neuen Landes – das Licht der Welt erblickt.
Mit der Angliederung des einstigen Freistaats Lippe am 21.1.1947 bekam das Land seine endgültige territoriale Form.

Landtag und Landesregierung, an der Spitze der Ministerpräsident Rudolf Amelunxen, wurden zunächst ernannt, die vom Landtag verabschiedeten Gesetze mußten von den Briten genehmigt werden.

Die ersten demokratischen Landtagswahlen fanden am 20. April 1947 statt. Das Resultat: CDU 37,6 %, SPD 32,0 %, KPD 14,0 %, Zentrum 9,8 %, FDP 5,9 %, sonstige Parteien 0,7 %. Bis auf die FDP traten alle Parteien in eine Koalitionsregierung ein, aus der die KPD allerdings 1948 ausstieg.

Erster gewählter Ministerpräsident wurde Karl Arnold (CDU).
Landtagsabgeordnete aus Bochum waren Willi Geldmacher (SPD), Josef Schirpenbach (CDU) und Wilhelm Bette (CDU). Für Wattenscheid zog Kurt Kötzsch (SPD) in das Düsseldorfer Parlament ein.

MILITÄRREGIERUNG DEUTSCHLAND • BRITISCHES KONTROLLGEBIET

WAHLGEBIET (WAHLKREIS)
GEMEINDE —
AMT —
KREIS BOCHUM

Örtliche Wahlen

Hiermit wird bekanntgegeben:

1. Im ganzen britischen Kontrollgebiet werden die Wahlen der Personen, die sich als Vertreter für Gemeinden, Ämter, Landkreise, Stadtkreise, die Hansestadt Hamburg und das Land Bremen eignen, an den im Anhang genannten Terminen stattfinden, gemäß den Bestimmungen der VO 31 und 32.
2. Jede Person, die sich zur Wahl stellen will, muß an oder vor den im Anhang genannten Terminen dem Wahlleiter des Gebietes, in dessen Vertretung sie beabsichtigt gewählt zu werden, in einem vorgeschriebenen Vordruck eine Erklärung abgeben, damit die Militärregierung in der Lage ist, zu entscheiden, ob diese Person sich zum Kandidaten eignet.
3. Wenn eine solche Person von der Militärregierung als zum Kandidaten geeignet anerkannt worden ist, muß diese Person zwischen 10.00 und 16.00 Uhr zu den im Anhang genannten Terminen dem Wahlleiter des Gebietes, in dessen Vertretung sie gewählt zu werden beabsichtigt, in einem vorgeschriebenen Vordruck eine Nennungsurkunde abgeben oder ihre Abgabe veranlassen. Die Nennungsurkunde muß von einem Vorschlagsführer, einem Stellvertreter und 20 anderen im Register des Wahlgebietes (Wahlkreises) oder Wahlbezirkes, für den sie gewählt zu werden beabsichtigt, eingetragenen Wählern unterschrieben sein.
4. Vordrucke für die Erklärung gem. Ziff. 2 und Vordrucke für die Nennung gem. Ziff. 3 sind bei jedem Wahlleiter erhältlich.
5. Alle Einzelheiten über die Personen, die geeignet sind, als Kandidaten benannt zu werden, sind in den Verordnungen Nr. 28 und 31 zu finden.
6. Mit Ausnahme der Fälle, wo die Zahl der rechtsgültig benannten Kandidaten für die direkte Wahl die Zahl der direkt zu wählenden Vertreter für ein Wahlgebiet (Wahlkreis) oder Wahlbezirk nicht übersteigt, findet
   a) eine Wahl durch geheime Abstimmung statt, sind
   b) die Wahlzeiten von 08.00 Uhr bis 18.00 Uhr, ist
   c) die Adresse (Adressen), wo die Wahl stattfinden soll, 6 Tage vor dem Wahltage bekanntzugeben.
7. Jede andere Auskunft, die sich auf diese Wahl bezieht, ist bei den im Anhang genannten Wahlleitern erhältlich.

Im Auftrage der Militärregierung

Anhang

	Wahlen für Gemeinden und Ämter	Wahlen für Kreise, Hansestadt Hamburg und Land Bremen
Wahltag	Sonntag, 15. Sept. 1946	Sonntag, 13. Okt. 1946
Letzter Tag für die Abgabe der Erklärung gem. Ziff. 2 oben	Mittwoch, 31. Juli 1946	Mittwoch, [illegible]. Aug. 1946
Letzter Tag für die Übergabe der Nennungsurkunde gem. Ziff. 3 oben	Samstag, 31. Aug. 1946	Samstag, 28. Sept. 1946
Namen und Adressen der Wahlleiter für das Wahlgebiet (Wahlkreis), worauf sich diese Bekanntmachung bezieht **Der Oberstadtdirektor als Wahlleiter Dr. Schmidt** Rathaus, II. Obergeschoß Zimmer 239		

PSS.3737. 6.46. 175M

Sozialdemokratische Partei Bochum

An das
Wahlamt,

B o c h u m
Rathaus Zimmer 239

Stadt Bochum 21 b
28. SEP. 46 * 6886
10.15 U.

Bochum, den 28. September 1946
Wilhelmsplatz
Fernruf 626 36

Betr.: Kreiswahlen am 13. Oktober 1946 der Stadt Bochum

Beiliegend die Wahlvorschläge der nachstehend aufgeführten Kandidaten der Sozialdemokratischen Partei Deutschlands.

Wahlbezirk:	Name und Anschrift:	Arbeitgeber:
A	Berta Hahne, Bochum, Hofstederstr. 18	Ehefrau
"	Otto Amling, Bochum, Hermannstr. 45	Bochumer Verein
"	Erich Ebert, Bochum, Kohlenstr. 153	" "
B	Theo Meyer, Bochum, Goldhammerstr. 65	Invalide
"	Hermann Habel, B.-Hordel, Röhlinghauserstr. 34	Zeche Hanibal
"	Wilh. Horst, Bochum, Karolinenstr. 105	Zeche
C	Wilh. Borcherding, Bochum, Hernerstr. 299	Gröppel Dinnendahl
"	Karl Best, B.-Riemke, Auf der Markscheide 25	Zeche Constantin
"	Hugo Spitz, B.-Bergen, Hiltroperstr. 397	" " 6-7
D	Heinrich Hossiep, B.-Grumme, Josefinenstr. 113	Bochumer Verein
"	Alfred Schlüchtermann, Bochum, Lenneplatz 6	Eisen-u. Hüttenwerk
"	Heinrich Bahl, Bochum, Buselohstr. 89	
E	Erna Herchenröder, B.-Harpen, Kornharpenerstr. 208	Ehefrau
"	Lorenz Kohl, Bochum, Castroper-Hellweg 300 a	Lothringen Sch. 5
"	Karl Neumann, B.-Gerthe, Schürbankstr. 21	" " 4
F	Michel Neuwald, B.-Werne, Withofweg 23	Robert Müser
"	Franz Schramm, Bochum, Auf der Kickbast 3	Bochumer Verein
"	Fritz Schneider, Bochum, Ümmingerstr. 35	Invalide
G	Paul Gollub, B.-Langendreer, Stiftstr. 20	Zeche Bruchstraße
"	Klara Haarmann, B.-Langendreer, Hörderstr. 76	Ehefrau
"	Paul Landau, B.-Langendreer, Kaiserstr. 13	Gastwirt
H	Wilh. Nieswandt, Bochum, Verbindungsweg 2	Bochumer Verein
"	Fritz Victor, Bochum, Freigrafendamm 21	Ruhrknappschaft
"	Hermann Fröhlich, B.-Laer, Wittenerstr. 431	Westf. Rundschau
J	Albert Tognino, Bochum, Pilgrimstr. 5	Konsumverein
"	Willi Braumann, Bochum, Kampmannstr. 20	Industriearb. Verband
"	Georg Kallenbach, Bochum, Am Gerstkamp 26	Baugeschäft Röder
K	Fritz Witthüser, Bochum, Am Pastoratsbusch 37	Invalide
"	Fritz Heinemann, Bochum, Markstr. 260	Gelsenberg AG
"	Josef Bönnemann, Bochum, Am Erlenkamp	Flottmann AG, Herne
L	Ph. Sommerlad, B.-Weitmar, Am Weitkamp 7	
"	Martha Sarow, B.-Weitmar, Rembrandtstr. 40	Ehefrau
"	Wilh. Baukenkrodt, B.-Linden, Hattingerstr. 590 a	Invalide

b.w.

/0479

WINTER
SOZIALISMUS UND DEMOKRATIE
DEINE PARTEI

Für
EINHEIT
FRIEDEN
FREIHEIT
ZONE
wählt
KOMMUNISTEN!

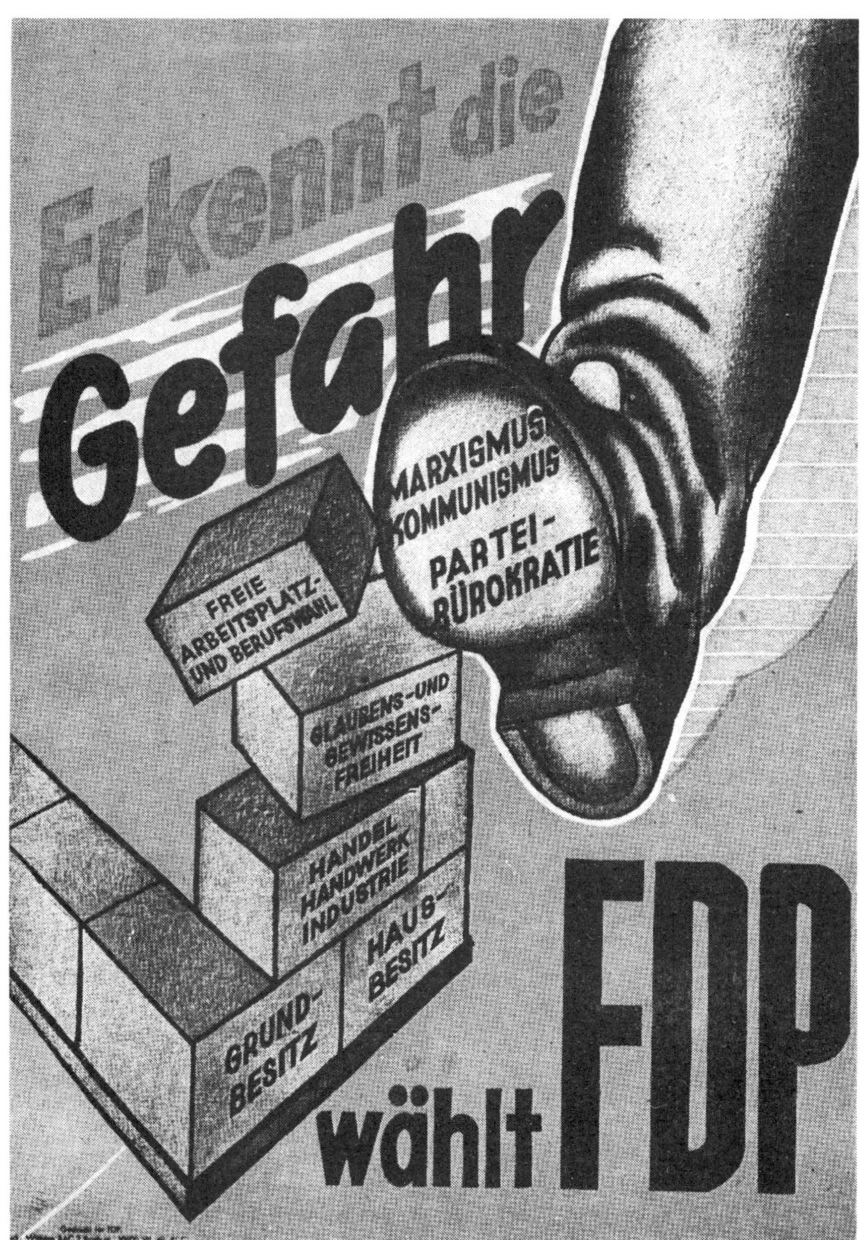
Erkennt die
Gefahr
MARXISMUS
KOMMUNISMUS
PARTEI-
BÜROKRATIE
FREIE
ARBEITSPLATZ-
UND BERUFSWAHL
GLAUBENS- UND
GEWISSENS-
FREIHEIT
HANDEL
HANDWERK
INDUSTRIE
HAUS-
BESITZ
GRUND-
BESITZ
wählt FDP

CHRISTLICH-DEMOKRATISCHE UNION
SEKRETARIATSBEZIRK BOCHUM

An den
Wahlleiter
Herrn Oberstadtdirektor
Bochum

Stadt Bochum
28.SEP.46

Bochum, den 28. Sept. 1946
Hauptpost, Zimmer 112
Telefon: 6 1307

1. Anlage zum Schreiben vom 28. Sept. 1946

Betrifft: Nennung der Kandidaten für die Kreiswahlen am 13. Okt. 1946 für den Wahlkreis Bochum.

Wahlbezirk A:

Adamski, Alma, Hausfrau, Oskar-Hoffmann Str. 177
Calderoni, Josef, Kaufmann, Bongardtstr. 10
Diekamp, Dr. jur, Leo, Rechtsanwalt u.Notar, Rombergstr. 30

Wahlbezirk B:

Bruns, Franz, Landwirt, Stadtgutstr. 1
Gossmann, Karl, Kaufmann, Gahlensche Str. 129
Konopka, Gottlieb, Bergmann, Bertastr. 82

Wahlbezirk C:

Becker, Anton, Angestellter, Zum Kampchen 12
Emde, Friedrich, Ingenieur, Hiltroper Str. 10
Maul, Wilhelm, Bergmann, Herner Str. 208

Wahlbezirk D:

Eikholt, Friedrich, Ingenieur, Alexandrinenstr. 16
Gilsing, Anton, Stadtrat a.D., Schillerstr. 9
Volpers, Franz, Bochum, Bergmann, Eintrachtstr. 12

Wahlbezirk E:

Lohaus, Otto, Organist, Vinzenziusweg 16
Sökeland, Erich, Arbeiter, Castroper Hellweg 450
Tegethoff, Johann, Arbeiter, Dietrich-Benking-Str. 36

800 12. 45. SK.

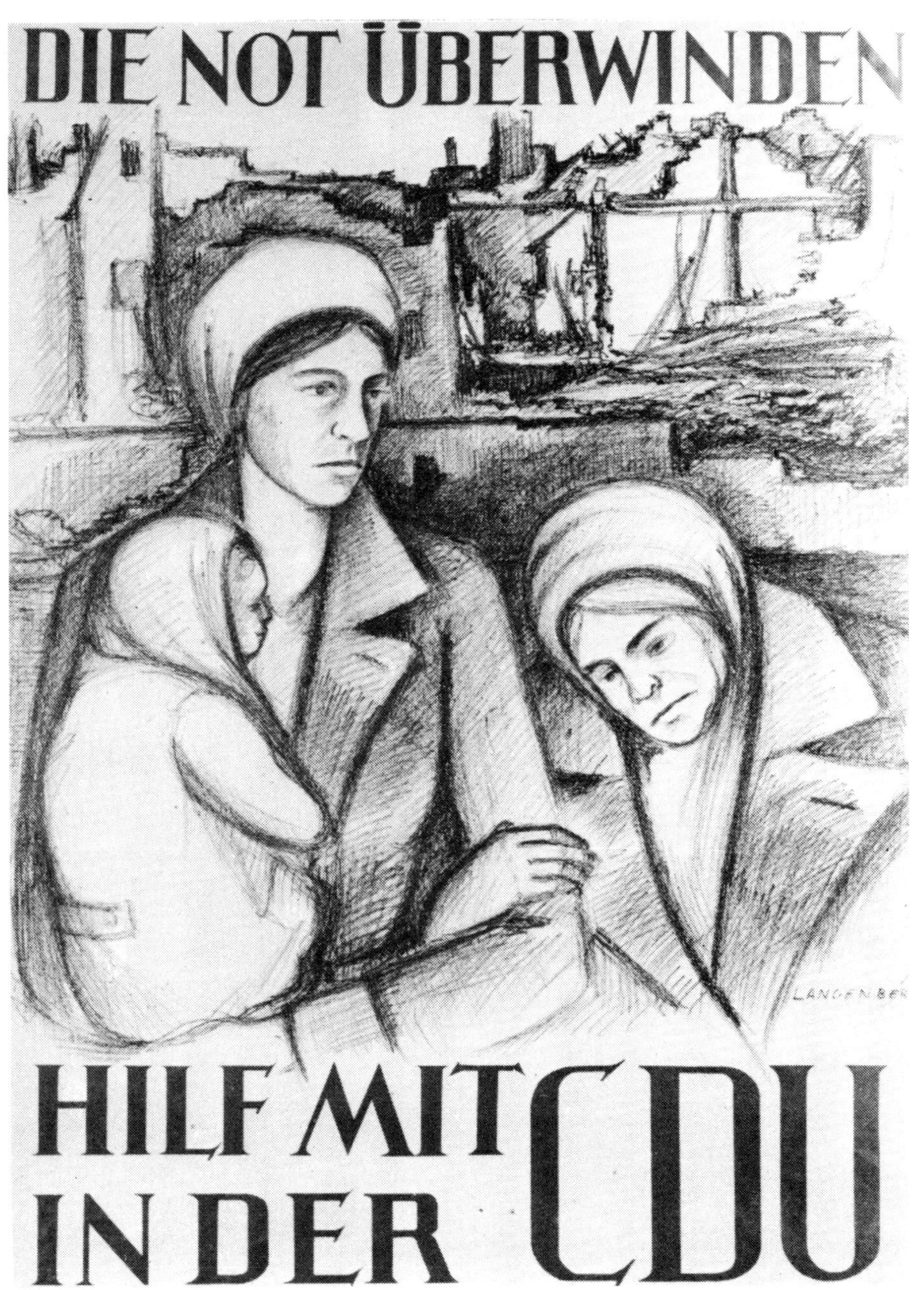
DIE NOT ÜBERWINDEN
HILF MIT IN DER CDU

◀◀

153

Ankündigung der Kommunalwahl vom 13. Oktober 1946.

Bekanntmachung der Militärregierung, brit. Kontrollgebiet

154

Wahlvorschläge der SPD für die Kommunalwahl vom 13. Oktober 1946

Schreiben der SPD Bochum an das Wahlamt der Stadt Bochum, 28.09.1946

155

Sozialismus und Demokratie halten Deutschland zusammen.

Wahlplakat der SPD

156

Einheit, Frieden, Freiheit sind machbar – ohne die Besatzer.

Wahlplakat der KPD

157

Die FDP erkennt die Gefahr für liberale Werte: Marxismus, Kommunismus, Parteibürokratie.

Wahlplakat der FDP

158

CDU-Kandidaten für die Wahl am 13. Oktober 1946

Schreiben der CDU, Sekretariatsbezirk Bochum, an den Oberstadtdirektor, 28.09.1946

159

Schulterschluß in der Not!

Wahlplakat der CDU

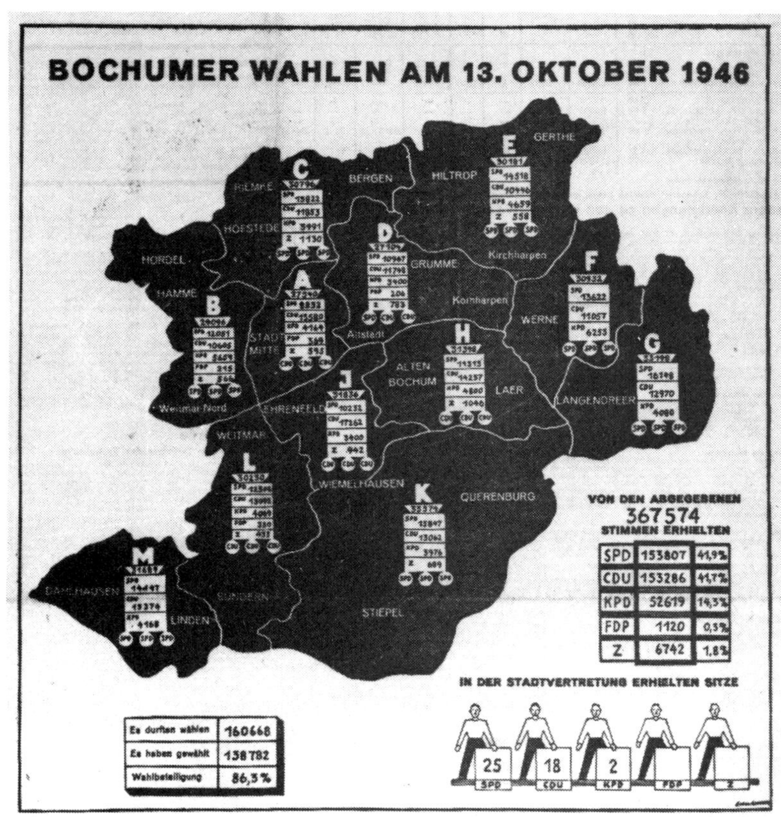

160

Ergebnisse der Kommunalwahl vom 13. Oktober 1946 in Bochum

Schaubild

Die neue Stadtvertretung

Nach den Wahlvorschriften der Militärregierung richtet sich die Zahl der Stadtverordneten in der Stadtvertretung nach dem Stand der Bevölkerung vom 1. Februar 1946. Entsprechend dieser Einwohnerzahl waren im Stadtkreis Bochum am 13. Oktober 1946 insgesamt 45 Stadtverordnete zu wählen, und zwar 36 in direkter Mehrheitswahl und 9 indirekt nach einem modifizierten Verhältniswahlsystem aus einer von den Parteien aufgestellten Reserveliste.
Der Stadtkreis Bochum bildete einen Wahlkreis, der in die 12 Wahlbezirke A bis M mit insgesamt 171 Stimmbezirken aufgeteilt wurde. In jedem der 12 Wahlbezirke waren 3 Stadtverordnete direkt zu wählen, insgesamt also 36 Stadtverordnete. Von den für jeden Wahlbezirk aufgestellten Kandidaten gelten als gewählt diejenigen 3 Kandidaten, die die höchste Stimmenzahl erzielten. Auf diese Weise wurden in die neue Stadtvertretung direkt gewählt:

Wahlbezirk A (Stadtmitte)

Christlich-Demokratische Union: Dr. Leo Diekamp, Rechtsanwalt, (4574 Stimmen), Alma Adamski, Hausfrau, (4553 Stimmen), Josef Calderoni, Kaufmann, (4453 Stimmen).

Gewählt sind: Dr. Diekamp bis 1949, Adamski bis 1948, Calderoni bis 1947.

Wahlbezirk B (Hordel, Hamme, Weitmar-Nord)

Sozialdemokratische Partei: Hermann Habel, Bergmann, (4101 Stimmen), Wilhelm Horst, Vorarbeiter, (4044 Stimmen), Theodor Meyer, Berginvalide, (3906 Stimmen).

Gewählt sind: Habel bis 1949, Horst bis 1948, Meyer bis 1947.

Wahlbezirk C (Hofstede, Riemke, Bergen)

Sozialdemokratische Partei: Albert Best, Bergarbeiter, (4775 Stimmen), Wilhelm Borcherding, Vorarbeiter, (4640 Stimmen), Karl Spitz, Markenkontrolleur, (4399 Stimmen).

Gewählt sind: Best bis 1949, Borcherding bis 1948, Spitz bis 1947.

Wahlbezirk D (Altstadt, Grumme, Kornharpen)

Christlich-Demokratische Union: Friedrich Eikholt, Ingenieur, (4026 Stimmen), Anton Gilsing, Stadtrat a. D., (3959 Stimmen).
Sozialdemokratische Partei: Heinrich Bahl, Bergmann, (3841 Stimmen).

Gewählt sind: Eikholt bis 1949, Gilsing bis 1948, Bahl bis 1947.

Wahlbezirk E (Hiltrop, Gerthe, Kirchharpen)

Sozialdemokratische Partei: Erna Herchenröder, Ehefrau, (4910 Stimmen), Lorenz Kohl, Tagesarbeiter, (4837 Stimmen), Karl Neumann, Schuhmacher, (4771 Stimmen).

Gewählt sind: Herchenröder bis 1949, Kohl bis 1948, Neumann bis 1947.

Wahlbezirk F (Werne, Nordteil von Langendreer)

Sozialdemokratische Partei: Michael Neuwald, Elektriker, (4711 Stimmen), Friedrich Schneider, Knappschaftsältester, (4489 Stimmen), Franz Schramm, Drahtzieher, (4422 Stimmen).

Gewählt sind: Neuwald bis 1949, Schneider bis 1948, Schramm bis 1947.

Wahlbezirk G (Langendreer, Somborn)

Sozialdemokratische Partei: Lina Haarmann, Ehefrau, (5524 Stimmen), Paul Landau, Gastwirt, (5473 Stimmen), Paul Gollup, Bergmann, (5151 Stimmen).

Gewählt sind: Haarmann bis 1949, Landau bis 1948, Gollub bis 1947.

Wahlbezirk H (Altenbochum, Laer)

Christlich-Demokratische Union: Anton Gajewski, Schlosser, (4848 Stimmen), Martha Goerdt, Hausfrau, (4749 Stimmen), Friedrich Schmidt, Berginvalide, (4640 Stimmen).

Gewählt sind: Gajewski bis 1949, Goerdt bis 1948, Schmidt bis 1947.

Wahlbezirk J (Altstadt, Ehrenfeld, Nordteil von Wiemelhausen)

Christlich-Demokratische Union: Friedrich Salzmann, Polserermeister, (5781 Stimmen), Wilhelm Bette, Bergmann, (5760 Stimmen), Josef Schirpenbach, Angestellter, (5721 Stimmen).

Gewählt sind: Salzmann bis 1949, Bette bis 1948, Schirpenbach bis 1947.

Wahlbezirk K (Weitmar-Mark, Südteil von Wiemelhausen, Steinkuhl, Querenburg, Stiepel)

Sozialdemokratische Partei: Gerhard Bönnemann, Schmied, (5348 Stimmen), Fritz Heinemann, Angestellter, (5263 Stimmen), Karl Witthüser, Knappschaftsältester, (5236 Stimmen).

Gewählt sind: Bönnemann bis 1949, Heinemann bis 1948, Witthüser bis 1947.

Wahlbezirk L (Weitmar, Sundern, Ostteil von Linden)

Christlich-Demokratische Union: Gustav Kriener, Handlungsbevollmächtigter, (4429 Stimmen), Heinrich Niehoff, Vorarbeiter, (4342 Stimmen), Regina Hülshoff, Ehefrau, (4321 Stimmen).

Gewählt sind: Kriener bis 1949, Niehoff bis 1948, Hülshoff bis 1947.

Wahlbezirk M (Linden-Dahlhausen)

Sozialdemokratische Partei: Willi Geldmacher, Dreher, (4875 Stimmen), Josef Lingenauber, Invalide, (4653 Stimmen), Wilhelm Graumann, Schmied, (4619 Stimmen).

Gewählt sind: Geldmacher bis 1949, Lingenauber bis 1948, Graumann bis 1947.

Die übrigen 9 Stadtverordneten sind aus der von den Parteien aufgestellten Reserveliste in nachstehender Reihenfolge auf Grund der bei der direkten Wahl erreichten Stimmen der Parteien gewählt. Die Zahl der Stimmen, auf Grund welcher die Sitze den Parteien zugewiesen wurden, sind hinter den aufgeführten Stadtverordneten in Klammern vermerkt.

1. Ludwig Dreyer, Bauingenieur (CDU, 100 331);
2. Wilhelm Droll, Inspektor a. D. (CDU, 77 843);
3. Ernst Schlotz, Dreher (SPD, 64 823);
4. Josef Rohde, Malermeister (CDU, 55 355);
5. Karl-Adolf Kunold, Prüfer (KPD, 52 619);

161
Die Mitglieder der demokratisch gewählten Bochumer Stadtvertretung

1946 (siehe IV Anhang Nr. 7)

DER HAUPTAUSSCHUSS des ersten gewählten Stadtparlaments und einige Verwaltungsbeamte (von links): Friedrich Schmidt (CDU), Kriener (CDU), OB Willi Geldmacher, Witthüser (SPD), Erna Herchenröder (SPD), die spätere Landtagsabgeordnete, Tilman Beckers (CDU), Josef Schirpenbach (CDU-Fraktionsvorsitzender und Bürgermeister), Schiffmann (Stadtkämmerei), Graumann (SPD), Ernst Schlotz (SPD), der spätere Bürgermeister, Albert Lassek, Leiter des Presseamtes, Paul Schäfer (SPD-Fraktionsvorsitzender), Franz Schramm (SPD), Oberstadtdirektor Dr. Franz Schmidt (später NDR-Direktor und dann Oberstadtdirektor in Bonn) sowie Karl Kunold (KPD-Fraktionsvorsitzender).

162

Der Hauptausschuß des ersten gewählten Bochumer Stadtparlaments

Foto, undatiert

Endgültiges Ergebnis der Stadtvertreterwahl am 13. Oktober 1946

1. Wahlbeteiligung

Zahl der Wahlberechtigten: 38 498.
Abgegebene Stimmzettel = Wähler: 33 134.
Prozentsatz der Wahlbeteiligung: 86 %.

Gesamtzahl der abgegebenen Stimmen: 89 112.
Zahl der ungültigen Stimmzettel: 1506.

2. Verteilung der Stimmen auf die Parteien und Anzahl der Sitze

Wahlbezirk	SPD.		CDU.		KPD.		Unabhängige	
	Stimmen	Sitze	Stimmen	Sitze	Stimmen	Sitze	Stimmen	Sitze
1	3 918	—	5 266	3	1 559	—	—	—
2	4 645	—	5 070	3	1 600	—	—	—
3	5 569	3	3 482	—	2 314	—	—	—
4	3 708	—	4 264	3	2 270	—	—	—
5	4 815	—	5 471	3	1 649	—	109	—
6	4 459	—	5 663	3	1 215	—	—	—
7	5 809	3	4 949	—	1 529	—	—	—
8	4 147	2	3 926	1	1 706	—	—	—
Von der Reserveliste		3		2		1	—	—
Insgesamt:	37 070	11	38 091	18	13 842	1	109	—

Die Verteilung der Stimmen auf die einzelnen Kandidaten ist aus den Bekanntmachungen ersichtlich, die in den Wahlbezirken und dem Aushangkasten vor dem Rathaus ausgehängt worden sind.

3. Gewählte Stadtvertreter

a) direkte Wahl

Wahlbezirk	Name	Partei
1	Grieger, Heinrich, Watermanns Weg 25	CDU.
	Henkel, Hermann, Gertrudisstr. 92	CDU.
	Dr. Seier, Bernhard, Parkstr. 32	CDU.
2	Bungert, Josef, Weststr. 10	CDU.
	Middendorf, Anton, Fröbelstr. 15	CDU.
	• Schuran, Gustav, Langestr. 20	CDU.
3	Karlowski, Julius, Bochumer Str. 51	SPD.
	Kötzsch, Kurt Emil, Freiligrathstr. 43	SPD.
	Sievers, Hermann, Hammer Str. 44	SPD.
4	Bürker, Heinrich, Günnigfelder Str. 79	CDU.
	Hoffmann, Josef, Günnigfelder Str. 67	CDU.
	Rusche, Hermann, Peddenkamp 12	CDU.
5	Gräwe, Josef, Wibbeltstr. 26	CDU.
	Tiemann, Wilhelm, Graf-Adolf-Str. 16	CDU.
	Philipp, Emil, Wibbeltstr. 28	CDU.
6	Hassemeier, Josef, Emilstr. 10	CDU.
	Loges, Bernhard, Hellweg 87	CDU.
	Sahm, Karl, Op de Veih 73	CDU.
7	Esskuchen, Erich, Ruhrstr. 214a	SPD.
	Weiß, Hermann Heinrich, Holzstr. 10	SPD.
	Koch, Fritz, Hesternstr. 16	SPD.
8	Hermann, Gustav, Bismarckstr. 19	SPD.
	Bungenberg, Hugo, Parkstr. 28	CDU.
	Kaschuba, August, Elisabethstr. 28	SPD.

b) Wahl von der Reserveliste

Name	Partei
Grzesiak, Franz, Wasserstr. 10	SPD.
Kolbe, Gustav, Dickebankstr. 9	SPD.
Große-Thie, Theodor, Westenf. Str. 99	CDU.
Giesler, Lydia, Schützenstr. 39	KPD.
Meissner, Rudolf, Hochstr. 49	SPD.
Heister, Hanns, Heidestr. 53	CDU.

Wattenscheid, den 14. Oktober 1946.

Der Oberstadtdirektor als Wahlleiter.

163

Wahlergebnis der Kommunalwahl vom 13. Okt. 1946 in Wattenscheid.

Statistik

164

Ratssitzung der Wattenscheider Stadtverordneten im Saal der Gaststätte Kronenburg, Weststraße

Foto, undatiert

To:- Herrn
Oberstadtdirektor

File:- MG/Direct/II.
Bochum, 27 Nov 46.
28.

Subject:- Appointments in the Council.

The Elections of :-
City Councillor
Willi GELDMACHER as Oberbürgermeister
City Councillor
Josef SCHIRPENBACH as deputy of Oberbürgermeister
are approved.

Lt.-Col.
Kreis Resident Officer.
(R.M.V. DENTON).

Betr.: Ernennungen ~~im~~ der Stadtverordneterversammlung
Wahl: des Stadtverordneten Willi Geldmacher zum Oberbürgermeister
des Stadtverordneten Josef Schirpenbach zum Stellvertreter
des Oberbürgermeisters
wird genehmigt.

165
Wahl von Willi Geldmacher zum Oberbürgermeister und von Josef Schirpenbach zu seinem Stellvertreter von der Militärregierung genehmigt

166
OB Willi Geldmacher und sein Stellvertreter Josef Schirpenbach bei der Eröffnung des 1. Bauabschnitts der Bongardstraße ▶

Foto (Fotomontage), 1950

167
Probleme des Neubeginns ▶

Rede des Oberbürgermeisters Willi Geldmacher in der ersten Ratssitzung am 30.10.1946 (1. Seite, siehe weiter IV Anhang Nr. 8)

00016

Anlage Nr. 4 zur Niederschrift Nr. 1 der Stadtvertretung vom 30. Oktober 1946

Rede des Oberbürgermeisters Geldmacher

Meine Damen und Herren!

Für das Vertrauen, das Sie mir entgegenbringen, danke ich Ihnen. Ich werde stets bemüht sein, das in mich gesetzte Vertrauen zu rechtfertigen. Gestatten Sie mir, am Anfang meiner Wahl einige Ausführungen zur gegenwärtigen Lage Deutschlands zu machen, um aus ihr die besondere Lage unserer Stadt besser zu erkennen.

Der Krieg ist bereits 1 1/2 Jahr beendet. Während dieser Zeit haben mehrere internationale Besprechungen stattgefunden, die sich mit der Sicherung des Friedens befaßten. Soweit wir von ihnen Kenntnis erhielten, haben wir feststellen müssen, daß das noch bestehende Mißtrauen die Lösung dringlicher Fragen in die Länge zieht. Die Sicherung des Friedens gelingt nicht, wenn die lebenswichtigen Fragen des Alltags nicht gelöst werden. Für uns ist diese Lösung abhängig vom künftigen politischen und wirtschaftlichen Gesicht Deutschlands. Leider müssen wir feststellen, daß die Kluft im deutschen Volke, hervorgerufen durch die Zonengrenzen, immer größer wird. In jeder Zone werden die politischen und wirtschaftlichen Fragen verschieden behandelt. Unser Volk lebt sich auseinander. Hier liegt eine große Gefahr, nicht nur für Deutschland, sondern für Europa und die Welt. Man kann nicht Staaten, die im jahrhundertlangen Werden eine politische und wirtschaftliche Einheit wurden, willkürlich auseinanderreißen. Hier sind nicht zuletzt die Keime vergangener Kriege zu suchen. Unsere Wirtschaft ist im letzten Jahr vollends an den Abgrund gebracht. Das Steuer muß herumgeworfen werden, wenn nicht ganz Europa in eine Katastrophe stürzen soll. Es ist auch für uns ein unhaltbarer Zustand, wenn die eingeführten Lebensmittel vom Ausland bezahlt werden. Unser Volk muß aber die berechtigte Frage stellen:"Muß das so sein? Gebt uns die wirtschaftliche Möglichkeit, um exportieren zu können. Wir vertrauen auf die Worte des britischen Außenministers, Deutschlands Wirtschaft den Lebensbedürfnissen des deutschen Volkes entsprechend zu behandeln. Es darf allerdings keine Zeit mehr verlorengehen.

In dieser schweren Krise gilt es, kommunale Arbeit zu leisten. Es muß bei allen Kräften Klarheit darüber herrschen, daß der demokratische Neubau Deutschlands abhängig ist vom Gelingen einer demokratischen Selbstverwaltung. Die abgelöste Stadtvertretung hat bereits vor einigen Monaten den Beschluß gefaßt, den Grundsatz der Universalität für den kommunalen Aufgabenkreis aufzustellen. Es kann nicht angehen, daß immer mehr Sonderbehörden auftauchen, die von keiner gewählten Vertretung kontrolliert werden. Wir haben dafür kein Verständnis, auch nicht, wenn sie mit Unterstützung der Militärregierung entstehen.

Aus einem kleinen Landstädtchen wurde Bochum zu einer großen Industriestadt. Von der Kohle über den Stahl entstanden hier die modernsten Maschinen für die verschiedensten Zwecke. So muß es wieder werden. Mit seinen Bergarbeitern, mit den zahlreichen Gewerbetreibenden, mit den Fachkräften, die in Groß- und Kleinbetrieben beschäftigt sind, ist Bochum eine Stadt des schaffenden Volkes. Unsere Stadt muß noch mehr als bisher Wert auf eine ge-

mischte

18. Schwarzmarkt und Hamsterfahrt

Außer den auf Marken zugeteilten Lebensmitteln und Waren gab es für Geld nichts mehr zu kaufen; es hatte seinen Wert verloren. Wer nicht im Bergbau arbeitete und über das sogenannte Punktesystem eine Zusatzversorgung an Lebensmitteln und Haushaltswaren bezog, konnte zusätzliche Nahrungsmittel und andere lebenswichtige Güter nur noch auf dem „Schwarzen Markt" erwerben. Hier waren entweder amerikanische Dollar oder horrende Reichsmark-Preise zu zahlen. Wer beides nicht besaß, mußte eine „handfeste" Kompensation, einen Ausgleich anbieten: So wurden Wäsche, Schmuck, Uhren, Teppiche, Silberbestecke, Porzellan, Anzüge, US-Zigaretten, im Grunde alles in dunklen Straßenecken, auf verbotenen Hamsterfahrten in das nahe Münster- und Sauerland gegen Eßbares eingetauscht.

Der „Schwarze Markt" war zum eigentlichen Umschlagplatz geworden. Wollte man überleben, so war man fast gezwungen, sich hier zu versorgen, sich auch ein wenig außerhalb der Legalität zu bewegen, um die lebensnotwendige Nahrung zu „organisieren", den Abfall der Besatzer zu durchsuchen und fahrende Kohlenzüge zu plündern. Die Polizeirazzien und die harten Strafen für Schwarzmarkthändler konnten an dieser Situation wenig ändern.

Ein anderer Weg, benötigte Waren zu erhalten, bestand in den Tauschzentralen, die unmittelbar nach dem Krieg in fast allen deutschen Städten entstanden; hier konnte jeder seine geretteten Güter mit behördlicher Billigung eintauschen. In Bochum gab es im Januar 1946 drei Tauschzentralen. Während im Schuhhaus Böhmer nur Schuhe eingetauscht wurden, konnte man bei der Firma Tews & Co. in Langendreer und bei der Firma Remagen in Linden „alles gegen alles" tauschen. Der Tausch von Nahrungs- und Genußmitteln war jedoch verboten. Die Tauschzentralen standen unter der Aufsicht des Wirtschaftsamtes; ein Wirtschaftsoffizier der Militärregierung überwachte die Einhaltung der Vorschriften.

Die Versorgungslage an Rhein und Ruhr war noch dadurch erschwert, daß aus den agrarischen Gebieten des Ostens keine Nahrungsmittel mehr geliefert wurden. Die Differenzen der Alliierten in der Deutschlandpolitik verhinderten selbst gemeinsame Absprachen über Lebensmittellieferungen. Die einzelnen Zonen schlossen sich mehr und mehr voneinander ab; auch der Versuch auf westlicher Seite, den Zonenseparatismus durch Zusammenlegung der britischen und amerikanischen Zone zu einem Vereinigten Wirtschaftsgebiet (1.1. 1947) zu beseitigen, brachte zunächst keine durchgreifende Besserung.

Im März 1947 erreichte der Hunger in Bochum wie im gesamten Ruhrgebiet seinen Höhepunkt. Das Revier wurde zum Notstandsgebiet erklärt; die Bochumer Stadtvertretung beschäftigte sich immer wieder mit der Situation und war sehr besorgt über den „bedrohlichen Tiefstand" der Lebensmittelversorgung. Am 1. April 1947 machte die Bochumer Bevölkerung durch einen Hungerstreik auf ihre verzweifelte Lage aufmerksam.

168

Ganz unten. Frau und Kind in einer Kellernotunterkunft ▶

Foto, undatiert

Bekanntmachung

Die Alliierte Militärregierung macht die Bevölkerung des Stadtkreises Bochum darauf aufmerksam, daß der Kauf von Lebensmitteln direkt von den Bauern des Münsterlandes des Sauerlandes, anderer Gebiete und der Umgebung strengstens verboten ist. Diese Lebensmittel werden den Einwohnern der Stadt Bochum auf amtlichem Wege vom Großhändler zum Kleinhändler zugeleitet.

Im Laufe der vergangenen Woche sind viele Tonnen Lebensmittel von Männern und Frauen nach Bochum hereingebracht worden, die ihrer Arbeit hätten nachgehen müssen, zum Schaden ihrer Volksgenossen, die ihre Arbeitspflicht erfüllt haben und die Gelegenheit, solche Lebensmittel zu kaufen, nicht wahrnehmen konnten.

Es wird hierdurch bekanntgegeben, daß der Kauf von Lebensmitteln auf dem SCHWARZEN MARKT strengstens nach dem Gesetz bestraft wird. Das gilt auch für die Bauern, denen verboten ist, an andere als Großhändler zu verkaufen.

Gemäß Verfügung vom 26. Mai 1945
der Alliierten Militärregierung Bochum

169
Der Kauf von Lebensmitteln auf dem Schwarzen Markt wird strengstens bestraft!

Bekanntmachung, 26.05.1945

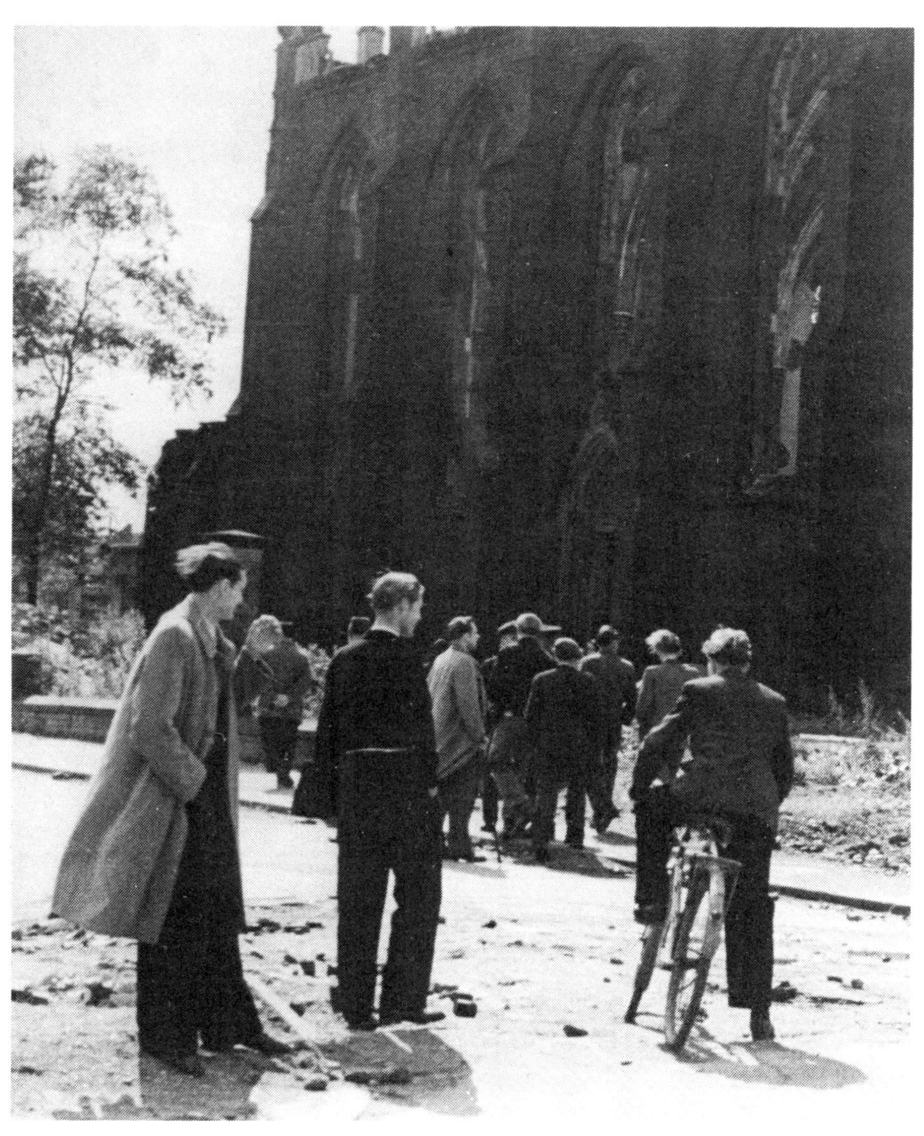

170

Schwarzmarkt an der Marienkirche

Foto, Mai 1946

22/6
1947
Zulassungskarte
für DD 312
ab Hamburg
nach: Bochum
Nicht übertragbar
Druckerei Adolff ... Altona
577 13 Bl. 6.47 Kl. A

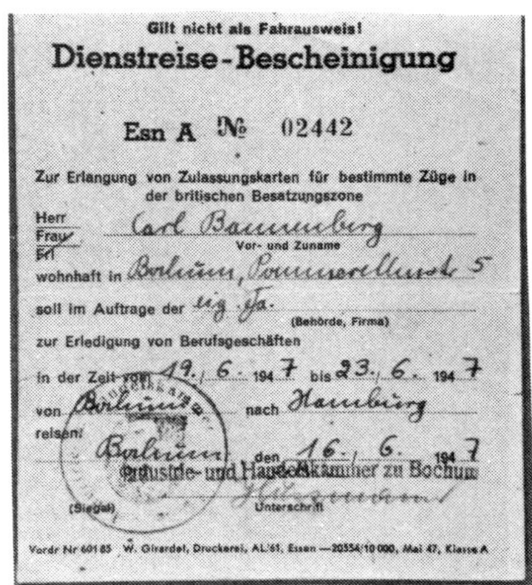

Gilt nicht als Fahrausweis!

Dienstreise-Bescheinigung

Esn A № 02442

Zur Erlangung von Zulassungskarten für bestimmte Züge in der britischen Besatzungszone

Herr / Frau / Frl. Carl Bannenberg
Vor- und Zuname
wohnhaft in Bochum, ...
soll im Auftrage der ... (Behörde, Firma)
zur Erledigung von Berufsgeschäften
in der Zeit vom 19.6.1947 bis 23.6.1947
von Bochum nach Hamburg
reisen.
Bochum, den 16.6.1947
Industrie- und Handelskammer zu Bochum
(Siegel) Unterschrift

Vordr Nr 601 85 W. Girardet, Druckerei, AL/61, Essen — 20554/10 000, Mai 47, Klasse A

Hamsterfahrten
sowie jeder wilde Handel (Schleichhandel), Tausch und Erwerbsbezug beschränkter Waren sind verboten. Zuwiderhandlungen werden streng bestraft, Waren, Fahrräder und Behältnisse eingezogen.

Der Oberpräsident der Provinz Westfalen.

171

Zulassungskarte für einen Zug von Hamburg nach Bochum

172

Dienstreisebescheinigung für Mathilde Bannenberg zur Erlangung von Zulassungskarten für bestimmte Züge in der britischen Besatzungszone, ausgestellt von der Industrie- und Handelskammer Bochum, 16.06.1947

173

Hamsterfahrten sind streng verboten!

Anordnung des Oberpräsidenten der Provinz Westfalen, 1945

174

Auf Hamsterfahrt in überfüllten Zügen

Foto, undatiert

Punktbewertung für Haushaltwaren, Glas u. Keramik im Rahmen des Punktsystems für Bergleute

A. Metallwaren.

	Punktwert
Gaskocher, 2flammig	30
Haushalteimer	6
Kohlenkasten	10
Wanne, bis 90 cm	10
Kochtopf, bis 24 cm mit Deckel	8
Kochtopf, bis 30 cm mit Deckel	10
Kochtopf, über 30 cm mit Deckel	12
Waschkessel mit Deckel	12
Einkochtopf mit Einsatz und Deckel	15
Eßmesser	2
Eßgabel	1
Eßlöffel	1
Kaffeelöffel	1
Küchenmesser	1
Brotmesser	2
Schere	2
Elektro-Einzelkochplatte	30
Elektro-Doppelkochplatte	50
Elektro-Wasserkocher	50
Elektro-Bügeleisen	40
Tauchsieder	30
El. Küchenlampe	10
Schlafzimmerlampe	15
Wohnzimmerlampe	25

B. Steingut oder Glas.

	Punktwert
Einkochglas	2
Schüsseln, Satz, 4teilig (Steingut)	8
Bierbecher (mundgeblasen)	2
Weinglas (mundgeblasen)	2
Likörglas (mundgeblasen)	2
Wasserkrug (mundgeblasen)	6
Nachtgeschirr (Steingut oder Glas)	3
Wirtschaftspreßglas, kleine Stücke (z. B. Wasserbecher, Schnapsglas, Wasserglas)	1
Wirtschaftspreßglas, große Stücke (z. B. Kompottschüssel)	4

C. Porzellan.

	Punktwert
Becher	2
Napf (Kumpe)	2
Tasse und Untertasse	3
Dessertteller	2
Milchkännchen	2
Teller	2
Eßnapf	2
Zuckerdose	4
Butterdose	4
Marmeladendose	4
Milchtopf, auch feuerfest	4
Kartoffelschüssel	6
Sauciere	4
Terrine	6
Kaffeekanne, auch feuerfest	6
Teekanne, auch feuerfest	6
Platte, oval	4
Kuchenteller	4
Kochtopf, feuerfest	10

D. Holzwaren und Bürsten.

	Punktwert
Kleiderbürste	3
Schuhbürste	3
Zahnbürste	2
Handfeger	3
Stubenbesen	5
Rasierpinsel	3
Haarbürste	3
Kleiderbügel, ohne Steg 5 Stück	1
Holzlöffel, Quirle usw.	1

Für Gartengeräte, Werkzeuge und nicht näher benannte Haushaltartikel gilt bis auf weiteres als Richtwert: je RM. 0,50 des Einzelhandels-Verkaufspreises 1 Punkt

175

Um die Leistung der Bergleute zu steigern, wird von Januar 1947 bis September 1948 mit dem sog. Bergbau-Punktesystem gearbeitet. Die Arbeitnehmer können mit einem monatlichen Punktekontingent auf dem freien Markt nicht erhältliche Lebensmittel, Haushalts-und Einrichtungsgegenstände erwerben.

Merkblatt, 1947

176

Warenverkauf nach dem Bergbaupunktsystem ▶

Foto, undatiert

177

Geld, das nichts mehr wert ist ▶

20-Mark-Schein, in Umlauf gesetzt von der alliierten Militärbehörde

Bergbau-Punktsystem
2
4
2

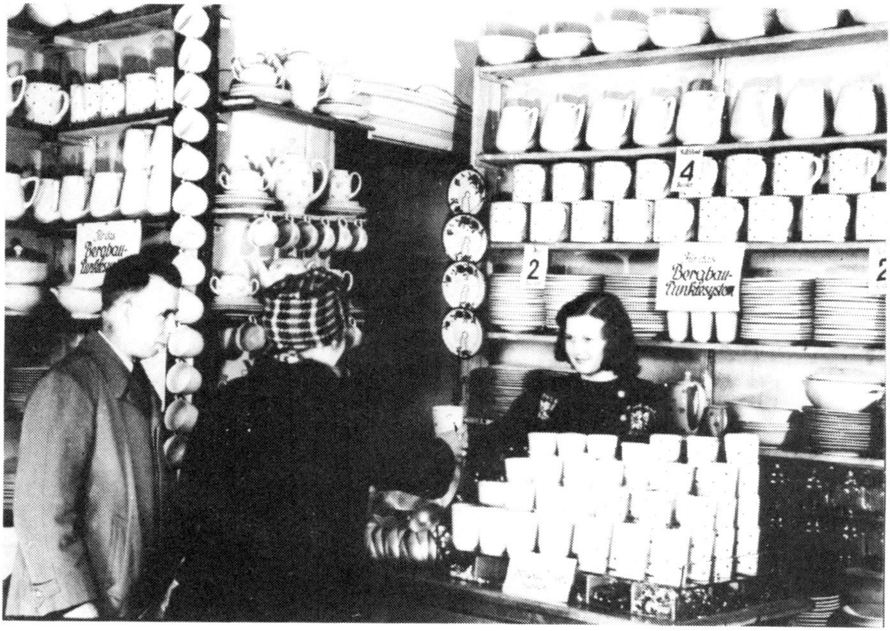

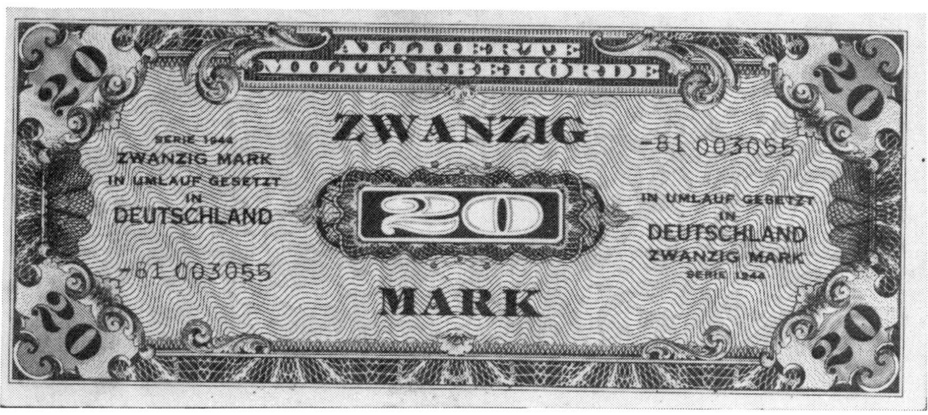

ALLIIERTE MILITÄRBEHÖRDE
ZWANZIG
SERIE 1944
ZWANZIG MARK
IN UMLAUF GESETZT
IN
DEUTSCHLAND
-81 003055
20
-81 003055
IN UMLAUF GESETZT
IN
DEUTSCHLAND
ZWANZIG MARK
SERIE 1944
MARK

Offizielle Preise und Schwarzmarktpreise 1946/1947

Ware	Offizieller Preis 1947	Schwarzmarkt-Preise 1946/1947
1 kg Fleisch	2,20 RM	60-80 RM
1 kg Brot	0,37 RM	20-30 RM
1 kg Kartoffeln	0,12 RM	4 RM
1 kg Zucker	1,07 RM	120-180 RM
20 Zigaretten	2,80 RM	70-100 RM (US.-Zig.)
		50 RM (Franz. Zig.)
1 l Speiseöl	2,50 RM	150-180 RM (1946)
1 l Speiseöl		230-360 RM (1947-48)
1 kg Butter	4,00 RM	350-550 RM
1 kg Milchpulver		140-160 RM
1 Flasche Wein	2,00 RM	30-40 RM
1 l Schnaps		300 RM
1 l Benzin		8-12 RM
1 Kaffee-Tasse		20 RM
1 Messer		35 RM
1 Glühbirne		40 RM
1 Paar Schuhe (Leder)		500-800 RM
1 Kleid		250-1 200 RM
1 Fahrrad		1 500 RM
1 Pelzmantel		6 000 RM

Wo die offiziellen Preise fehlen, bestand nur ein minimales oder überhaupt kein Warenangebot. Zur Veranschaulichung des Preisniveaus sei der monatliche Lohn eines Arbeiters angeführt. Er bewegte sich 1945-1948 zwischen 150 und 200 RM.

178
Offizielle Preise und Schwarzmarktpreise 1946/47

19. Währungsreform – gleiche Chancen für alle?

Die inflationäre Geldmengenvermehrung während der NS-Zeit, die Kriegswirtschaft und die Situation in der unmittelbaren Nachkriegszeit hatten zu tiefgreifenden volkswirtschaftlichen Veränderungen geführt: Volksvermögen, Warenangebot und Geldmenge befanden sich nicht mehr im Gleichgewicht. Aufgrund der allgemeinen Warenknappheit hatte sich im gewerblichen wie im privaten Bereich ein System von Warentausch- und Kompensationsgeschäften herausgebildet. Die Reichsmark hatte ihre Bedeutung verloren; Dollar und US- Zigaretten wurden zu den gängigen Zahlungsmitteln – besonders auf den allgegenwärtigen „Schwarzen Märkten".

Um zu normalen Verhältnissen zurückzufinden und eine wirtschaftliche Gesundung in den westlichen Besatzungszonen zu ermöglichen, arbeiteten Amerikaner, Engländer und Franzosen auf eine separate Währungsreform hin, nachdem die Bemühungen um eine Währungsreform in Gesamtdeutschland am Widerstand der Russen gescheitert waren.

Seit Frühjahr 1948 liefen in Bochum wie anderswo die Vorbereitungen für diesen Tag X unter strenger Geheimhaltung: Man wollte spekulative Geschäfte um die neue Währung verhindern. Dennoch, Gerüchte über die geplante Währungsumstellung drangen an die Öffentlichkeit und wirkten sich negativ auf Handel und Warenverkehr aus.

Am 20. Juni war es schließlich soweit: Die Reichsmark wurde ungültig, die DM eingeführt. Jeder Bürger erhielt zunächst ein „Kopfgeld" von 60 DM, von denen 40 DM sofort, 20 DM einen Monat später ausgezahlt wurden. Die Umstellung von Reichsmark zu DM erfolgte bei Bargeld im Verhältnis 100 : 10; Sparguthaben wurden im Verhältnis 100 : 6,5 umgestellt. Lediglich das Aktienkapital wurde verlustfrei auf die neue Währung übertragen.

Der kleine Mann wurde dadurch zum zweiten Mal innerhalb von 25 Jahren zum eigentlichen Opfer einer Währungsreform; sein Bargeld und sein Sparkonto wurden weitgehend wertlos.

Ein Phänomen zeigte sich am Tag nach der Währungsreform. Die bislang leeren Schaufenster waren mit Waren aller Art gefüllt, die zwei Tage zuvor allenfalls auf dem Schwarzmarkt angeboten wurden. Händler hatten sie in Erwartung der Währungsreform gehortet, um sie dann gegen harte DM zu verkaufen.

Die Währungsreform ging auch nicht ohne weitere soziale Härten ab. Eine Preiserhöhung auf breiter Front setzte ein, die bei gleichbleibenden Löhnen zu Kaufkraftminderungen führte. Besonders Arbeitslose, Rentenempfänger und Fürsorgebezieher waren bald nicht mehr in der Lage, ihren Lebensunterhalt zu finanzieren.

179

An der Drehscheibe, dem traditionellen Mittelpunkt städtischen Lebens, rollt schon bald wieder der Verkehr.

Foto, Blick aus der Bongardstraße in Richtung Christuskirche, undatiert

An die Bochumer Bevölkerung

Nach allen Verlautbarungen steht die **Durchführung der Geldreform** unmittelbar bevor. Es kommt jetzt darauf an, daß in diesen letzten Tagen der geordnete Ablauf des Wirtschaftslebens auf den lebensnotwendigen Gebieten unbedingt gewährleistet bleibt. **An die gewerbliche Wirtschaft, insbesondere an die Erzeuger, den Groß- und Einzelhandel, ergeht daher die dringliche Mahnung, die lebensnotwendige Versorgung der Bevölkerung durch ordnungsmäßigen Verkauf der vorhandenen Waren unbedingt sicherzustellen.** Dies wird durch vermehrten Einsatz der Ernährungskontrollausschüsse und Preisüberwachungsstellen kontrolliert. Bei groben Verstößen wird entsprechend den angekündigten Maßnahmen das Ernährungs- und Wirtschaftsamt mit scharfen Strafen einschreiten.

An die Verbraucherschaft ergeht die ebenso dringende Mahnung, nur den lebensnotwendigen Bedarf für die nächsten Tage zu decken. Jeder Versuch, durch Vorratskäufe sich unberechtigte Vorteile zu verschaffen, ist als eine Schädigung der Allgemeinheit anzusehen und wird unterbunden werden.

Wenn alle Teile der Bevölkerung Vernunft annehmen und Ruhe bewahren, werden wir auch diese letzten kritischen Tage bis zur Währungsreform erfolgreich bestehen. Zu irgendwelchen Beunruhigungen über die Vorratslage in der Lebensmittelversorgung liegt keinerlei Veranlassung vor.

Bochum, den 15. Juni 1948

Die Stadtvertretung
SPD-Fraktion CDU-Fraktion KPD-Fraktion
Der Oberbürgermeister
Der Oberstadtdirektor

Deutscher Gewerkschaftsbund
Industrie- und Handelskammer
Einzelhandelsverband / Kreishandwerkerschaft
Konsumgenossenschaft Bochum

180

Bevorstehende Währungsreform. Gerüchte über eine Währungsreform gefährden die Versorgung der Bevölkerung: Der Handel hält Waren zurück, die Verbraucher neigen zu Panikkäufen.

Gemeinsamer Aufruf von Stadtvertretung, Oberstadtdirektor, DGB, IHK, Einzelhandelsverband, Kreishandwerkerschaft und Konsumgenossenschaft Bochum, 15.07.1948

181

Modalitäten der Währungsreform vom 20. Juni 1948 ▶

Bekanntmachung der Stadt Wattenscheid, 19.07.1948

Bekanntmachung

Herausgegeben von der Stadtverwaltung Wattenscheid

Auszahlung von 2/3 des Kopfbetrages am Sonntag, dem 20. Juni 1948

Am Sonntag, dem 20. Juni 1948, werden auf den festgesetzten Kopfbetrag von 60.- Deutsche Mark gegen Abgabe von 60.- Reichsmark 40.- Deutsche Mark gezahlt. Der Restbetrag von 20.- Deutsche Mark wird einen Monat später gezahlt.

Wie verhalte ich mich beim Umtausch des Altgeldes und beim Empfang des Kopfbetrages?

Die Auszahlung des Kopfbetrages erfolgt in den Lebensmittelkarten-Ausgabestellen. Diese Stellen sind die Hauptausgabestellen. Da die Ausgabe an einem Tage durchgeführt werden muß, sind in den 10 Hauptausgabestellen insgesamt 75 Zahlstellen eingerichtet, so daß in jeder Zahlstelle durchschnittlich 250 Personen abgefertigt werden müssen. Um besonderen Andrang zu vermeiden und den Einwohnern zu langes Schlangestehen zu ersparen, geschieht die Auszahlung nach alphabetischer Aufteilung. Durch diese Organisation ist die Gewähr dafür gegeben, daß das Auszahlungsgeschäft reibungslos erledigt wird. Es liegt nun bei der Bevölkerung, durch Ruhe und Einordnung in die Organisation auch ihrerseits mitzuhelfen, daß der wohlvorbereitete Plan nicht gestört wird.

Nur keine Unruhe und Hast am Umtauschtage! Für jeden wird Geld da sein und jeder wird sein Geld bekommen!

Welche Vorkehrungen sind zu treffen?

Ich lege die erforderlichen Berechtigungsunterlagen bereit. Diese sind:

a) **der Personalausweis** dessen, der das Geld abholt, im Normalfalle ist dies der Haushaltungsvorstand; es kann auch ein anderer volljähriger Familienangehöriger das Geld abholen. Wenn aber eine nicht zur Familie gehörende Person das Geld abholen soll, muß diese Person neben dem eigenen Personalausweis den Haushaltsausweis und die Lebensmittelkarten dessen, für den er das Geld abholt, mitbringen.

Außerdem muß er eine schriftliche Vollmacht des Verhinderten vorlegen. Diese Vollmacht muß lauten:

„Ich (Vorname, Zuname) wohnhaft ..... Straße, Nr. .. bevollmächtige hierdurch Herrn (Frau) ... (Vorname, Zuname), wohnhaft ... Straße, Nr. .. am 20. 6. 1948 den mir zustehenden Neugeldumtauschbetrag in Empfang zu nehmen und den Empfang rechtsgültig zu quittieren.

Wattenscheid, den ... 1948
(Unterschrift, Vorname, Zuname)".

b) **der Haushaltsausweis.**

c) **die Lebensmittelkarten** sämtlicher zum Haushalt gehöriger Personen, und zwar die Lebensmittelkarten der laufenden Zuteilungsperiode. Die **Stammabschnitte** der Lebensmittelkarten müssen ausgefüllt sein!

d) das für den Umtausch erforderliche **Altgeld.**

Neugeld kann nur der erhalten, der Altgeld einzahlt. Er erhält soviel Neugeld, wie er Altgeld einzahlt. Er kann höchstens einzahlen in Höhe des festgesetzten Kopfbetrages.

Wer nicht über genügend Altgeld verfügt, muß es sich irgendwie beschaffen. Er kann u. a. auch bei seinem Arbeitgeber einen Vorschuß in der benötigten Höhe beantragen. Auch den Hilfsbedürftigen (Wohlfahrtsunterstützungs- und Rentenempfängern und sonstigen Bedürftigen) wird auf Antrag durch Vorschußzahlungen am Umtauschtage durch eine besondere Verwaltungsstelle im Umtauschlokal geholfen. Es sind Vorkehrungen getroffen, daß alle den Kopfbetrag erhalten können. Es liegt also kein Grund vor, sich an üble Geschäftemacher zu wenden.

Deshalb keine Unruhe! Es wird jedem geholfen, dessen Berechtigungspapiere in Ordnung sind. Wenn die Berechtigungspapiere nicht vollständig und nicht in Ordnung sind, kann er nicht ohne weiteres Geld erhalten. Er wird dann an eine Sonderstelle, die sich im Ernährungsamt befindet, verwiesen.

Am Umtauschtage.

Wo erhalte ich den Neugeldkopfbetrag?
In der für mich zuständigen Lebensmittelkartenausgabestelle. Dort werde ich näher eingewiesen.

Wann erhalte ich den Neugeldkopfbetrag?
Am Umtauschtage, dem 20. Juni 1948, während der Stunden, in denen ich nach der alphabetischen Aufteilung an der Reihe bin.

Die alphabetische Aufteilung ist folgende:

Buchstabe A—F (8—11 Uhr)
Buchstabe G—L (11—14 Uhr)
Buchstabe M—S (14—17 Uhr)
Buchstabe T—Z (17—20 Uhr)

Wie geht der Umtausch in der Zahlstelle vor sich?

Ich halte alle meine Berechtigungsunterlagen (Personalausweis, Haushaltsausweis und Lebensmittelkarten — nötigenfalls Vollmacht —) bereit und lege sie dem Karteiführer vor. Alles weitere läuft dann automatisch ab.

Vor allem muß ich spätestens in dem Augenblick, in dem ich die Zahlstelle betrete, mir ganz klar darüber sein, wieviel Alt-Umtauschgeld ich habe und dieses Geld griffbereit und gut sortiert haben, weil ich sonst den Betrieb störe. Möglichst Großgeld einzahlen!

Auch muß ich mir klar sein, ob ich über den Umtauschbetrag hinaus noch weiteres Altgeld, das ich nach dem 20. Juni 1948 bei einem Bankinstitut einzahlen will, habe, auch ob ich über ein Bankguthaben verfüge. Auf Befragen muß ich mit ja oder nein antworten. Wenn ich noch Altgeld habe oder über ein Bankguthaben verfüge, bekomme ich ein Formular, das ich dann in aller Ruhe zu Hause ausfüllen kann. Ohne dieses Formular kann ich nach dem 20. Juni 1948 kein Altgeld mehr einzahlen. Das Altgeld muß bis zum 26. Juni 1948 eingezahlt sein. Nach diesem Termin kann Altgeld nicht mehr eingezahlt werden.

Krankenhäuser, Waisenhäuser, Versorgungs- und Altersheime und sonstige Gemeinschaftsverpflegungsanstalten erhalten durch das Ernährungsamt Weisung, wie sie sich am Umtauschtage zu verhalten haben.

Lies diese Verhaltungsregeln wiederholt! Dann bist Du auch über alles genau im Bilde und kannst mit dazu beitragen, daß der Umtausch am 20. Juni glatt verläuft.

182

Lange Schlangen an allen Umtauschstellen

Foto, 20.07.1948

183

Spartätigkeit nach der Währungsreform. Erst Ende 1948 geht der Kaufboom zurück, der der Währungsreform folgte.

Bericht des Leiters der Städtischen Sparkasse Wattenscheid an den Oberbürgermeister, 30.07.1949

Wattenscheid, den 30. Juli 1949.

An das

S t a d t a m t 00/1

Bericht über die Spartätigkeit.

In den ersten Monaten nach der Währungsumstellung waren die Einzahlungen im Sparverkehr sehr gering. Die Abhebungen aus den umgestellten Reichsmarkkonten waren dagegen außergewöhnlich hoch und überstiegen bei weitem die Einzahlungen. Dieser Zustand änderte sich plötzlich, als sich um die Jahreswende auf vielen Gebieten ein Warenüberangebot mit sinkenden Preisen zeigte. Seit dieser Zeit haben die Auszahlungen aus den umgestellten Sparkonten erheblich nachgelassen und die Einzahlungen nahmen von Monat zu Monat zu, so daß seit Januar 1949 statt der Auszahlungsüberschüsse fast in jedem Monat kleinere Einzahlungsüberschüsse zu verzeichnen waren. Im Vergleich zur Vorkriegszeit sind diese Einzahlungsüberschüsse natürlich noch sehr gering. Aber sie lassen hoffen, daß die Sparkassen das frühere Vertrauen der Bevölkerung allmählich zurückgewinnen. Eine wichtige Voraussetzung ist dabei jedoch, daß das Vertrauen in die neue Währung erhalten bleibt. Die Sparkassen begrüßen deshalb die straffe Währungspolitik der Bank der Deutschen Länder. Alle Behörden sollten die zur Stabilhaltung der Währung getroffenen Maßnahmen - unterstützen.
In Anbetracht der schlechten Erfahrungen, die die Sparer bei der Geldumstellung gemacht haben, müssen die Sparkassen im Augenblick mit der Werbung noch zurückhalten. Immerhin gibt es heute schon Möglichkeiten, neue Sparer mit dem Hinweis auf gewisse Vorteile, die das Sparen bietet, wieder zu gewinnen. Eine vorteilhafte Einrichtung für den Sparer ist zunächst das "steuerbegünstigte Sparen", das regelmäßig zu einer wesentlichen Verringerung der Lohn- oder Einkommen-Steuerzahlungen führt. Die Steuerersparnis kann beispielsweise 50 % der Sparrate betragen. Weiter unterstützen die Sparkassen im Augenblick die Werbemaßnahmen der öffentlichen Bausparkassen, die geeignet sind, interessierten Sparern den Weg zu zeigen für die Finanzierung eines Hausbaues. Durch Wiedereinführung der Schulsparkasse und die Ausgabe von Geschenk- Gutscheinen an Neu-Geborene soll versucht werden, weitere Kreise, insbesondere die Jugend, für den Spargedanken zu gewinnen.
Die Beobachtung des Sparverkehrs im Monat Juli gibt berechtigten Anlaß zu der Erwartung, daß die geschilderte Entwicklung anhält. Es zeigt sich dabei, daß der Anteil der steuerfreien Sparer wächst und damit das weitere Ansteigen des Sparkapitals günstig beeinflußt wird.

Der Sparkassenleiter.

[illegible signature]

ENDLICH WIEDER KAUFEN
KÖNNEN
WÄHLT CDU

185

Käuferschlangen bei der Wiedereröffnung des Textilkaufhauses Baltz

Foto, 03.11.1948

184

Die Währungsreform zählt für die Bevölkerung zu den wichtigsten Nachkriegsereignissen. Die Parteien nutzen sie als Argument für den Wahlkampf.

Wahlplakat, Bundestagswahl am 14.08.1949

186

Nach der Währungsreform verbessert sich das Warenangebot in den Geschäften. Trotz der steigenden Preise erlebt der Einzelhandel einen „Kaufrausch". Der Konsumdrang der Bevölkerung ist verständlich: Viele seit 1939 kontingentierte Waren sind nach der Währungsreform wieder frei erhältlich.

Feinkostgeschäfte G. Steinbeck, Kortumstr. 116, Mai 1950

20. Bundestagswahl

Am 1. Juli 1948 übergaben die drei westlichen Militärgouverneure - nachdem angesichts der sowjetischen Berlin-Blockade eine gemeinsame Deutschlandlösung der Alliierten unerreichbar erschien – in Frankfurt am Main den westdeutschen Ministerpräsidenten die „Frankfurter Dokumente". Sie enthielten die Aufforderung, eine Versammlung zur Ausarbeitung einer demokratischen, föderativen Verfassung einzuberufen, die bestehenden Ländergrenzen zu überprüfen und die Grundzüge eines Besatzungsstatuts zur Kenntnis zu nehmen.

Nach längeren Beratungen gaben die Ministerpräsidenten schließlich ihre Zustimmung zu den Dokumenten: Das neue Staatsgebilde sollte allerdings nur provisorischen Charakter tragen und nicht auf einer Verfassung, sondern lediglich auf einem Grundgesetz basieren; deshalb wurde die vorgesehene verfassunggebende Versammlung auch nur als „Parlamentarischer Rat" bezeichnet. Damit sollte deutlich werden, daß die Bildung eines westdeutschen Kernstaats als Übergangslösung gedacht war, die den Weg zu einer deutschen Wiedervereinigung nicht versperren sollte.

Am 1. September 1948 trat in Bonn der Parlamentarische Rat zusammen. Ihm gehörten 65 Delegierte der westdeutschen Landtage an, dazu fünf Berliner Abgeordnete ohne Stimmrecht. Die Sitzverteilung der Parteien richtete sich nach den Ergebnissen der Landtagswahlen von 1946/47: SPD und CDU/CSU je 27, FDP 5, KPD, Zentrum und Deutsche Partei je 2. Zum Präsidenten des Parlamentarischen Rats wurde der 72jährige Konrad Adenauer, Vorsitzender der CDU in der britischen Zone, gewählt; Vorsitzender des wichtigen Hauptausschusses wurde Professor Carlo Schmid (SPD).

Nach fast neunmonatiger Beratung und teilweise harten Auseinandersetzungen wurde das Grundgesetz in der Schlußabstimmung des Parlamentarischen Rats am 8. Mai 1949 mit 53 : 12 Stimmen angenommen. Am 23. Mai 1949 wurde das Grundgesetz in Bonn feierlich verkündet: Damit war die Bundesrepublik Deutschland gegründet.

Drei Monate später, am 14. August 1949, fand die erste Bundestagswahl statt. Insgesamt neunzehn Parteien und zahlreiche unabhängige Bewerber – in Bochum waren es 8 Parteien und ein Unabhängiger – bewarben sich um ein Mandat.

Im Wahlkampf wurde die Diskussion um die Wirtschaftsverfassung zum zentralen Streitpunkt zwischen den beiden großen Volksparteien: Während die

CDU für eine Beibehaltung der unter anderem von Ludwig Erhard initiierten sozialen Marktwirtschaft plädierte, forderten die Sozialdemokraten die Sozialisierung der Grundstoffindustrien sowie des Bank- und Versicherungswesens.

Dennoch war das Echo bei den Wählern relativ gering: die Wahlbeteiligung betrug im Bundesdurchschnitt lediglich 78,5 %; in Bochum gingen 85% der Wahlberechtigten zur Urne. Insgesamt 12 Parteien und politische Gruppierungen sowie zwei unabhängige Abgeordnete zogen in das Parlament der provisorischen Bundeshauptstadt Bonn ein. Stärkste Fraktion wurde die CDU/CSU mit 31,0%. Sie erhielt 139 der 402 Bundestagsmandate. Die SPD konnte 29,2% der Stimmen für sich verbuchen und erhielt 131 Sitze. Die FDP errang 11,9% der abgegebenen Stimmen und war mit 52 Abgeordneten in dem neuen Parlament vertreten.

Der Bundestag wählte am 15. September 1949 Konrad Adenauer mit 202 der insgesamt 402 Stimmen zum Bundeskanzler. Er bildete die erste Bundesregierung als Koalition aus CDU/CSU, FDP und Deutscher Partei. Die Führung der SPD-Fraktion als größter Oppositionspartei übernahm deren Vorsitzender Kurt Schumacher.

Drei Tage zuvor, am 12. September 1949, hatte die Bundesversammlung den FDP-Bundestagsabgeordneten Theodor Heuss zum ersten Bundespräsidenten gewählt.

187

In Bochum bewerben sich ein unabhängiger Kandidat und acht Parteien um ein Bundestagsmandat.

Foto, Wahlwerbung an der Bongardstraße in Höhe der Pauluskirche

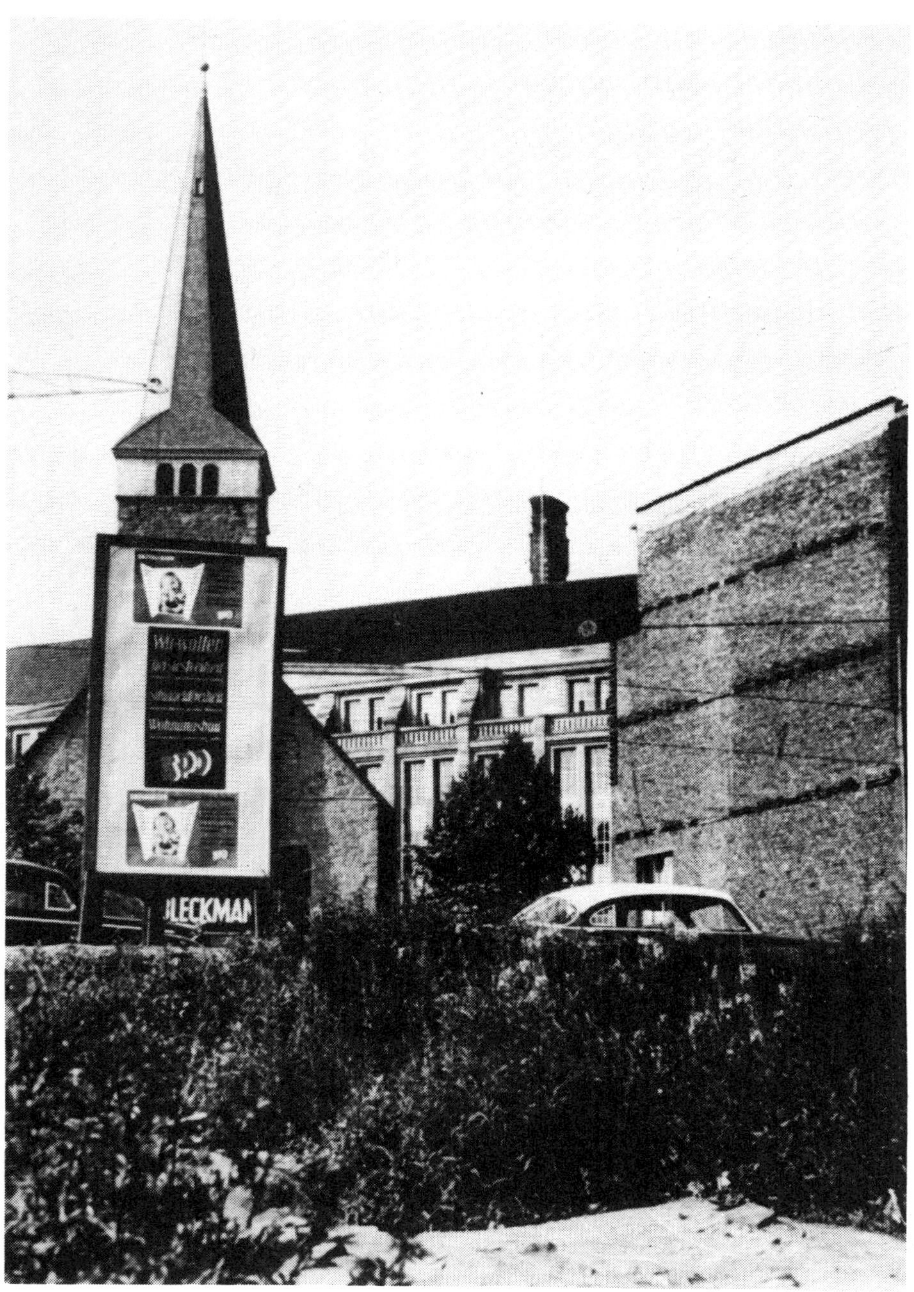
SPD
LECKMAN

Stimmzettel

für die Wahl zum Bundestag der Bundesrepublik Deutschland am 14. August 1949 im Wahlkreis Nr. 59 Bochum

			Der Stimmzettel ist in dieser Spalte anzukreuzen
1	**Dr. Büttner** (Martin Büttner, Bochum, Graf-Engelbert-Straße 12 – Volkswirt –)	Unabh.	
2	**Cramer** (Friedrich Cramer, Bochum, Eiberger Straße 38 – Ingenieur –)	RSF.	
3	**Esser** (Jakob Esser, Euskirchen, Kölner Straße 6a – Elektromeister –)	RWVP.	
4	**Kirchhoff** (Hans Kirchhoff, Bochum, Wielandstraße 28 – Knappschafts-Inspektor)	Z.	
5	**Lauterbach** (Karl Lauterbach, Witten, Wiesenstraße 31 – Grubenbetriebsführer –)	DKP. -DRP.-	
6	**Ollenhauer** (Erich Ollenhauer, Hannover, Fritz-Beindorff-Allee 3 – Angestellter –)	SPD.	
7	**Rische** (Friedrich Rische, Bochum, Am Lakenbruch 26 – Redakteur –)	KPD.	
8	**Schirpenbach** (Josef Schirpenbach, Bochum, Velsstraße – Angestellter –)	CDU.	
9	**Dr. Strodthoff** (Emil Strodthoff, Bochum, Gräfin-Imma-Straße 12 – Chefredakteur –)	FDP.	

189

Erich Ollenhauer, SPD-Kandidat im Wahlkreis Bochum und nach seiner Wahl stellvertretender Fraktionsvorsitzender, auf dem Weg zu einer Wahlveranstaltung im Bochumer Tattersall (heute: Bowling-Center, Herner Str.)

Foto, 31.07.1949

188

Der Stimmzettel für die Wahl zum ersten Bundestag vom 14. August 1949 nach einem gemischten Mehrheits- und Verhältniswahlrecht. Gewählt ist der Kandidat in den 200 Wahlkreisen, der die Mehrheit der Stimmen auf sich vereinigen kann. Die übrigen Abgeordneten des Bundestags werden nach dem Anteil der auf die jeweilige Partei entfallenden Stimmen über die Landeslisten nominiert.

Stimmzettelvordruck mit handschriftlichen Eintragungen der auf die Kandidaten entfallenen Stimmen

Der Kreiswahlleiter
des Wahlkreises 59 Bochum

Bochum (Ort), den 10. [illegible] 1949

An den Herrn Landeswahlleiter in **Düsseldorf**

Endgültiges Ergebnis

der Wahl zum ersten Bundestag der Bundesrepublik Deutschland

am 14. August 1949 im Wahlkreis Nr. 59 **Name** Bochum

Auf Grund der in den Wahlniederschriften enthaltenen Feststellungen der Wahlvorstände hat der Kreiswahlausschuß das endgültige Ergebnis wie folgt festgestellt:

1. Zahl der Wahlberechtigten nach den Wählerverzeichnissen abzüglich derer, die einen Wahlschein erhalten haben 191.329
2. Zahl der abgegebenen Wahlscheine 2.611
3. Zahl der Wahlberechtigten insgesamt 193.940
4. Zahl der abgegebenen Stimmen insgesamt 160.378
5. Zahl der ungültigen Stimmen 4.039
6. Zahl der gültigen Stimmen 156.339
7. Wahlbeteiligung in v. H. .... 82,[illegible] = 82,7 % [illegible] nach [illegible] VO –
8. Es entfallen auf die Bewerber:

lfd. Nr.	Name des Bewerbers	Partei	Gültige Stimmen
1	[illegible]lirpenbach	CDU	49.442
2	Ollenhauer	SPD	61.062
3	Dr. Strodthoff	FDP	12.591
4	[illegible]ische	KPD	16.064
5	Lauterbach	DKP-DRP	2.209
6	Cramer	RSF	8.719
7	[illegible]eger	RWVP	277
8	Kirchhoff	Z	[illegible].629
9	Dr. Büttner	Unabh.	2.706
10	– – – –	Unabh.	– –
		Zusammen:	156.339

9. Gewählt ist der Bewerber: Ollenhauer, Erich, Angestellter,
(Name, Vorname, Beruf, Wohnort, Straße)
Hannover, Fritz-Beindorff-Allee 3

10. Bemerkungen (siehe Rückseite).

[signature]
Kreiswahlleiter.

Die Zusammensetzung des Bundestages nach den Wahlen vom 14. August 1949

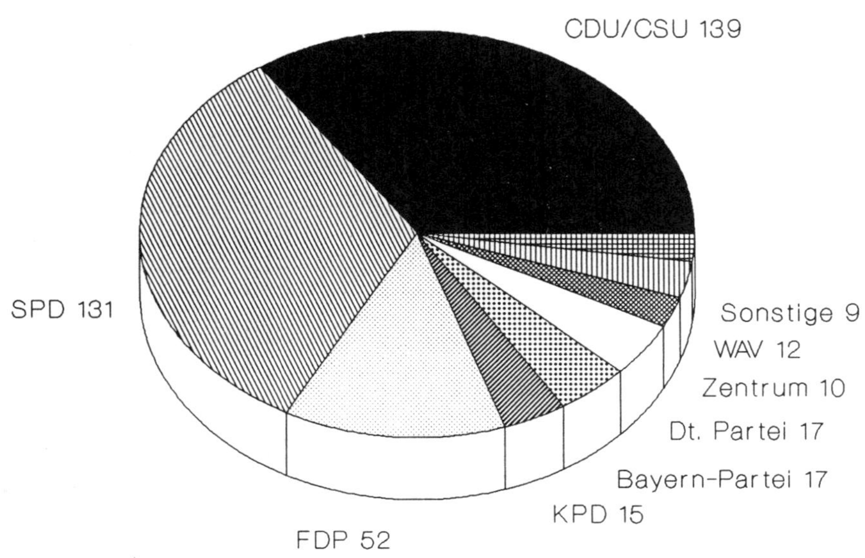

191

Schaubild

190

◀ Das amtliche Endergebnis im Wahlkreis Bochum.

Durchschrift der Ergebnismeldung an den Landeswahlleiter, 16.08.1949

192

Die Mütter des Grundgesetzes, v. l.: Helene Wessel, Helene Weber, Friederike Nadig, Dr. Elisabeth Selbert. Der sozialdemokratischen Juristin Selbert ist die Aufnahme des Grundsatzes der Gleichberechtigung von Mann und Frau ins Grundgesetz zu verdanken.

Foto, 1949

193

Die „ersten Männer" der deutschen Politik: Bundespräsident Theodor Heuss und Bundeskanzler Konrad Adenauer ▶

Foto, September 1949

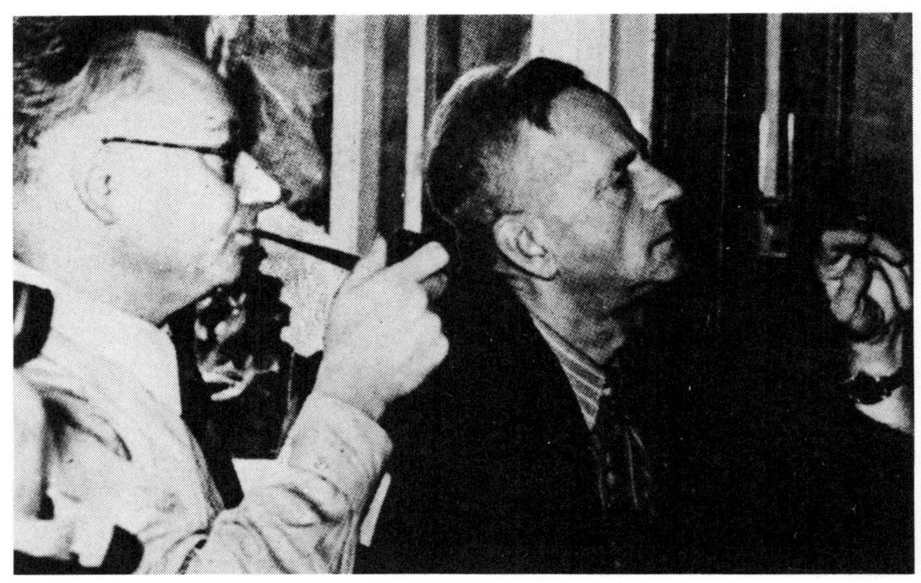

194

Führende SPD-Politiker, v.l.: E. Ollenhauer, stellv. Parteivorsitzender und K. Schumacher, Parteivorsitzender

Foto, 1949

21. Katholikentag – ein Bekenntnis zur sozialen Verantwortung

Unter dem Motto „Gerechtigkeit schafft Frieden" fand in Bochum vom 1. - 4. September 1949 der 73. Deutsche Katholikentag statt. Für Bochum war es die erste Großveranstaltung nach dem Krieg; die Stadt bot für den Katholikentag denkbar schlechte Voraussetzungen: Es fehlte an Tagungsstätten und an einer Kongreßhalle; ein ausreichend großer Festplatz war ebensowenig vorhanden wie die notwendige Infrastruktur. Dennoch, das Organisationskomitee unter Vorsitz von Oberbürgermeister a. D. Dr. Geyer leistete vorbildliche Arbeit.

Rund 60.000 Katholiken aus dem In- und Ausland nahmen an der Eröffnungskundgebung in der für den Kirchentag hergerichteten, 150 Meter langen Werkhalle des Bochumer Vereins teil. Zehn in- und ausländische Erzbischöfe unterstrichen mit ihrer Anwesenheit die Bedeutung des Kirchentags; an ihrer Spitze standen der Kölner Erzbischof Kardinal Frings und der Apostolische Visitator Dr. Muench.

Das Interesse der Bevölkerung an allen Veranstaltungen des Katholikentages war riesengroß: 70.000 junge Menschen füllten den Festplatz in Hamme bei der Jugendkundgebung; mehr als 500.000 Gläubige nahmen auf dem Festplatz unter freiem Himmel an der Abschlußkundgebung teil.

Der Bochumer Katholikentag wollte mit seinen Diskussionen zur Klärung der sozialen Frage im Nachkriegsdeutschland beitragen. Allein elf Arbeitsgruppen beschäftigten sich unter dem Thema „Unsere soziale Verantwortung und Aufgabe" mit sozialpolitischen Fragestellungen; das Problem der Sozialverfassung wurde ebenso diskutiert wie das Verhältnis von Arbeitnehmer und Arbeitgeber in der Wirtschaft und die aktuelle Frage der Mitbestimmung.

Der Katholikentag brachte für die Bochumer Bevölkerung neben einer nicht unwesentlichen Steigerung des Selbstwertgefühls auch ein greifbares Ergebnis: Mit einer Sammelbüchse in Form eines naturgetreuen Miniatur-Hauses mischten sich 900 Sammler unter die Festteilnehmer und erbaten von jedem einen Stundenlohn zum Bau einer Siedlung. Es kamen 100.000 DM zusammen. Sie waren der Grundstock für das „Katholikentagsdorf" in Harpen. Diese aus 76 Häusern bestehende Siedlung wurde im Winter 1952/53 nach dreijähriger Bauzeit fertiggestellt.

195

Der 73. Deutsche Katholikentag (1.-4. September 1949) ist die erste Großveranstaltung von nationaler Bedeutung im Nachkriegs-Bochum.

Abschrift eines Schreibens des Vorsitzenden der Arbeitsgemeinschaft Bochumer Katholiken Dr. Franz Geyer an den Rat der Stadt Bochum, 03.12.1948

Arbeitsgemeinschaft
BOCHUMER KATHOLIKEN

BOCHUM, den 3.Dezember 1948.

An
den Rat der Stadt Bochum,
z. Hd. des Herrn Oberbürgermeisters
h i e r

Betr. Deutscher Katholikentag 1949.

Das Zentralkomitee der Deutschen Katholikentage hat unter dem Vorsitz seines Präsidenten in seiner Sitzung am 17. November 1948 in Mainz beschlossen, den 73. Deutschen Katholikentag Ende August/Anfang September 1949 im rheinisch-westfälischen Jndustriegebiet, und zwar in Bochum, abzuhalten. Das Zentralkomitee hat es lebhaft begrüsst, dass die Stadtvertretung einstimmig beschlossen hat, den kommenden Katholikentag in Bochum aufzunehmen und seine Vorbereitung und Durchführung tatkräftig zu unterstützen. Bei dem grossen Schwierigkeiten in der zerstörten Stadt konnten die Bochumer Katholiken ihr Einverständnis nur geben, weil die Stadtvertretung und die Stadtverwaltung sich dankenswerterweise bereit erklärt haben, diese Grossveranstaltung durch Bereitstellung von Tagungsräumen, Zurverfügungstellung des Festplatzes für die Massenkundgebung und Sicherstellung von Unterkünften im Rahmen des Bedarfs zu unterstützen.
Um die Pläne der Stadtverwaltung kennen zu lernen und die Erfahrungen früherer Tagungen nutzbar zu machen, möchten wir uns die Anregung erlauben, von dort aus eine Besprechung der Angelegenheit in die Wege zu leiten.

Der Vorsitzende
gez. Dr. Geyer.

Vorstehende Abschrift
Herrn Oberstadtdirektor Dr. Schmidt
hier
mit der Bitte um Kenntnisnahme übersandt.

Der Vorsitzende
Geyer.

bitte wenden

196
Der Kölner Erzbischof Kardinal Josef Frings (re.) und der Apostolische Visitator Bischof Aloysius Muench (li.) während einer Veranstaltung auf dem Festplatz.

Foto, September 1949

197
Feierliches Pontifikal-Sühneamt in der für den Katholikentag hergerichteten Werkhalle des Bochumer Vereins am 2. September 1949 ▶

Foto, 02.09.1949

FRIEDEN

198

Auf dem Freigelände des Bochumer Vereins wird ein eindrucksvoller Hochaltar errichtet. Hier finden die Jugendkundgebung am 3. September sowie die feierliche Pontifikalmesse und die Schlußkundgebung am 4. September 1949 statt.

Ansichtspostkarte

199 + 200

Zu den Besuchern der Schlußveranstaltungen am 4. September 1949 zählt neben Konrad Adenauer (oberes Bild, 2.v.l), der wenige Tage später nach Konstituierung des ersten Deutschen Bundestages zum Kanzler gewählt wird, auch der nordrhein-westfälische Ministerpräsident Carl Arnold (unteres Bild, Mitte); hier in Begleitung von Oberbürgermeister Geldmacher (re).

Fotos, September 1949

201

Engagement für soziale Gerechtigkeit: Alle Besucher des Kirchentages werden aufgefordert, einen Stundenlohn für eine Neubausiedlung zu opfern. Die Sammlung erbringt einen Betrag von 100.000 DM. Mit ihrer Hilfe werden in Harpen 76 Eigenheime errichtet.

Foto, September 1949

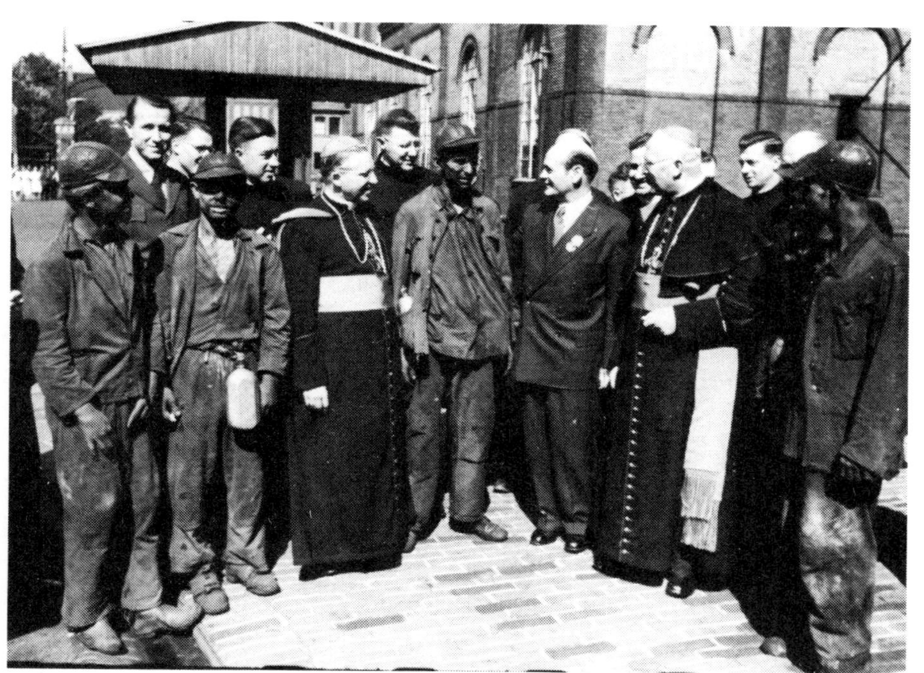

202

Während einer Grubenfahrt und im Gespräch mit Bergleuten lernen Bischöfe und Kardinäle auf der Schachtanlage Lothringen die Aspekte der Arbeit im Ruhrgebiet kennen.

Foto, September 1949

203
Die Durchführung des Katholikentages stellt an die Stadt Bochum erhebliche organisatorische Anforderungen: Allein an der Abschlußkundgebung am 4. September 1949 nehmen rund 600.000 Menschen teil. Das Foto zeigt Imbißstände für die Teilnehmer des Kirchentages auf dem heutigen Dr.-Ruer-Platz.

Foto, September 1949

22. Die Wirtschaft an der Ruhr – Restauration oder Reform?

Das Ruhrgebiet war in den Augen der Alliierten die traditionelle Waffenschmiede des Reiches: Krupp, Thyssen, der Bochumer Verein und andere Großunternehmen wurden zu Metaphern für die Rüstungsproduktion. Erklärtes Ziel der Alliierten war daher die Zerschlagung der Montanindustrie an Rhein und Ruhr.

Seit der Konferenz von Quebec im September 1944 stand zwar fest, daß das Ruhrgebiet Teil der britischen Besatzungszone sein würde. Nur: Ein britischer Ruhrplan existierte bis Kriegsende noch nicht. Erst in der Konferenz von Potsdam (Juli/August 1945) einigten sich die Verbündeten auf die Grundsätze der Wirtschaftspolitik: Die Dekartellisierung sowie Vernichtung des deutschen Kriegspotentials, Beschlagnahmung deutscher Firmenvermögen, alliierte Kontrolle des Bergbaus sowie der Eisen- und Stahlindustrie.

Dennoch waren die Siegermächte weit davon entfernt, eine gemeinsame Linie zu vertreten: Während die UdSSR und Frankreich eine Viermächtekontrolle, später die Internationalisierung der Ruhr sowie die Errichtung eines Ruhrstaates forderten, wiesen die USA bereits frühzeitig auf die Gefahr einer Ausgliederung des Ruhrgebietes hin und boten als Alternative eine wirtschaftliche Internationalisierung an. Großbritannien verfolgte – wie die UdSSR und Frankreich – zunächst Pläne zur Errichtung eines souveränen Staates „Rhenania“ und befürwortete die Sozialisierung der Wirtschaft, wie sie auch von der SPD, von der KPD, vom linken Flügel der CDU und von allen Gewerkschaften betrieben wurden.

Mit Beginn des Kalten Krieges und mit zunehmendem Einfluß konservativer Kräfte in England rückten die Briten von ihren Separatstaatsplänen ab und bereiteten den Weg für den Zusammenschluß der Provinzen Rheinland und Westfalen zum Land Nordrhein-Westfalen.

Hatten insbesondere die Gewerkschaften mit der Unterstellung der Schachtanlagen unter die North German Coal Control und nach der Beschlagnahme der Eisen- und Stahlindustrie und ihre Überführung in die North German Iron and Steel Control zunächst noch auf eine Sozialisierung der Wirtschaft gehofft, so verloren sie diese Hoffnung mit der politischen Annäherung Englands an die USA.

Denn die USA bremsten deutlich die Dekartellisierung der deutschen Wirtschaft: Mit dem Gesetz Nr. 75 (Nov. 1948) „über die Umgestaltung des deutschen Kohlenbergbaus und der deutschen Eisen- und Stahlindustrie" schrieben sie das Privateigentum fest.

In Bochum fielen 3 Großbetriebe unter die Bestimmungen dieses Gesetzes:

- Die Bochumer Zechen der Gelsenkirchener Bergwerks-Aktien-Gesellschaft wurden mit den Gruppen Gelsenkirchen und Dortmund unter einer Holdinggesellschaft vereinigt, die den Namen GBAG weiterführte. Eine vollständige Ausgliederung der Bochumer Zechen Dannenbaum, Prinz-Regent und Friedlicher Nachbar aus der GBAG verbot sich aufgrund ihrer schlechten Rentabilität.
- Die Eisen- und Hüttenwerke wurden aus dem Otto-Wolff-Konzern ausgegliedert und als eigenständiges Unternehmen unter der Bezeichnung Stahlwerke Bochum AG konstituiert.
- Der Bochumer Verein – bislang eine Betriebsgesellschaft der Montanholding Vereinigte Stahlwerke AG – wurde als selbständiges Unternehmen fortgeführt.

Die internationale Einbindung der Schwerindustrie an Rhein und Ruhr – und damit die Realisierung der besonders von Frankreich geforderten Kontrolle – wurde schließlich 1951 mit der Gründung der „Europäischen Gemeinschaft für Kohle und Stahl" verwirklicht.

Die Forderung der Gewerkschaften nach Sozialisierung der Grundstoffindustrien blieb ein unerfüllter Traum. In den USA, aber auch in der neu gegründeten Bundesrepublik Deutschland standen privatkapitalistische Interessen im Vordergrund. Die Gewerkschaften mußten sich schließlich, wenn auch halbherzig, mit der Montanmitbestimmung und dem Betriebsverfassungsgesetz zufriedengeben.

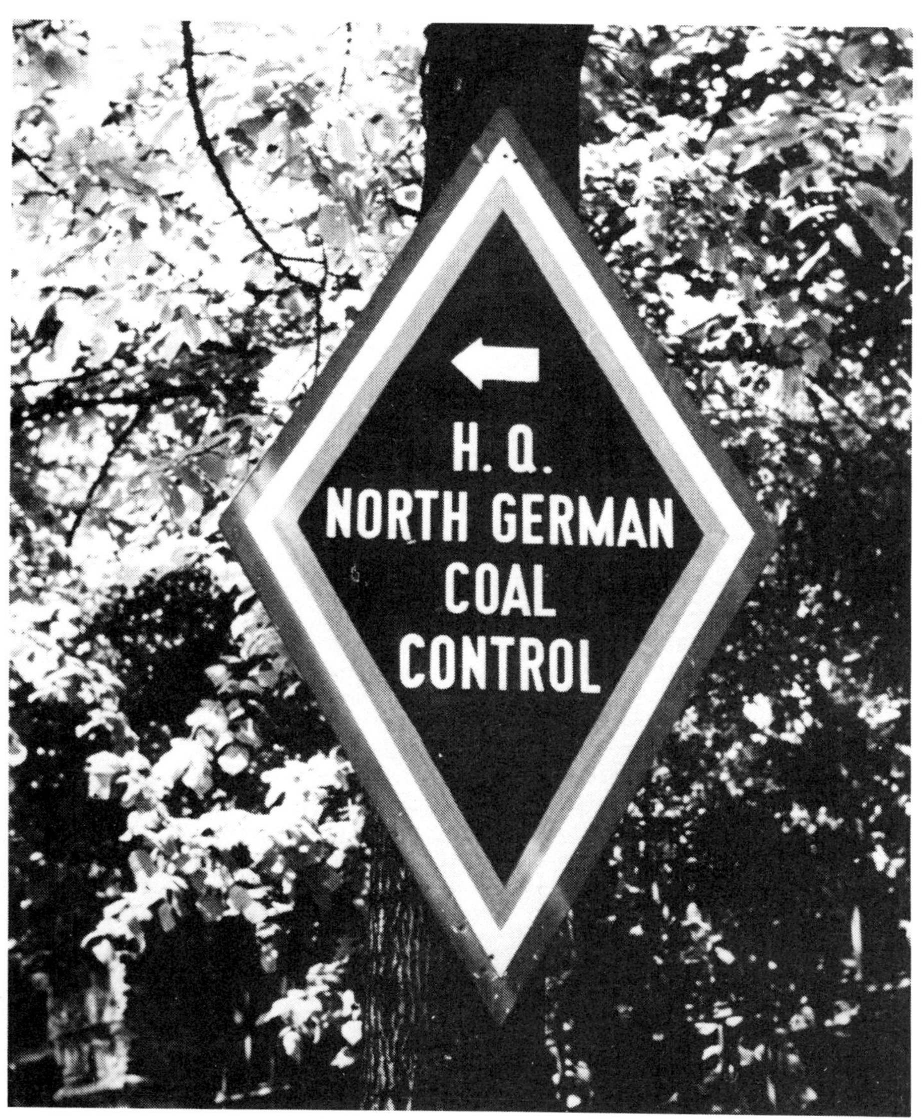

204

Nicht nur im Straßenbild erscheint ein Hinweis auf die Bergbaukontrollbehörde. Die Alliierten bestimmen auch die Ausgestaltung der Wirtschaftsverfassung.

Foto, 1947

Abschrift

Schachtgruppenvorstand
der Zeche Mansfeld

Bo-Lgdr., den 19.1.1947

Resolution!

An den
Hauptvorstand
des Industrieverbandes
Bergbau
Bochum

"Die Sicherung des Friedens, die Demokratisierung der Wirtschaft und der Schutz der sozialen Existenz der Arbeiterklasse erfordern gebieterisch die Übernahme der Grubenbetriebe oder Großunternehmungen, der Betriebe von Kriegsverbrechern, aktiven Nazis, Kriegsinteressenten und großen Kriegsgewinnlern in die Hände des Volkes.

Die heute, am 19. Januar 1947 im Gewerkschaftshaus Langendreer tagende Generalversammlung der Schachtgruppe Mansfeld fordert daher, gestützt auf die Beschlüsse unserer Gründungsversammlung am 8. und 9.Dezember 1946 in Herne die sofortige Durchführung von Maßnahmen für die englische Zone. Wir verlangen die sofortige Durchführung einer Urabstimmung, getrage von den Bergarbeitern für die entschädigungslose Enteignung des Bergbaues, um hierdurch ihre Ausnutzung für Reaktionäre, machtpolitische Zwecke zu verhindern und durch planwirtschaftliche Maßnahmen die Existenz unserer Bevölkerung zu sichern. Die enteigneten Bergwerke werden Eigentum des deutschen Volks

Die Generalversammlung der Schachtgruppe Mansfeld.

gez. Matulla. gez. Lenski

206

Ansichtspostkarte

205

Die Gewerkschaften sehen in der Neuordnung der deutschen Industrie eine Chance zur Verwirklichung ihrer traditionellen Forderung nach Sozialisierung der Grundstoffindustrien. Dieses Bestreben wird – wie hier auf der Schachtanlage Mansfeld in Langendreer (s. Bild) – von der Gewerkschaftsbasis getragen.

Resolution der Betriebsgruppe Mansfeld des IV-Bergbau (siehe IV Anhang Nr. 19)

207

Ein klares Votum: Auf Prinz-Regent stimmen fast 95% der an der Abstimmung beteiligten Belegschaftsmitglieder für die Sozialisierung .

Stimmzettel einer gewerkschaftlichen Abstimmung, Februar 1947

208

Tausende von Bergleuten gehen im Ruhrrevier für die Sozialisierung auf die Straße.

Foto, Februar 1947

Zeche Prinz-Regent, G. B. AG.

Jul. Phr. abgestimmt am 28.2.47

Für eine Sozialisierung
und entschädigungslose Enteignung
der Grubenbesitzer stimme ich mit

Stimmberechtigt	302
Abgestimmt haben	260
Nicht gestimmt haben	42

Ja	◯	245
Nein	◯	9
Ungültig		6
		260

H. Pöppinghaus oHG., B.-Werne, BAC 15.
2490-2700. 2. 47. A

Die Zechen
in des Volkes Hand,
dann werden Hunger
und Kälte gebannt!

Nr. II-631

Mitteilung des Präsidenten

betr. Gesetz zur Sozialisierung der Kohlenwirtschaft im Lande Nordrhein-Westfalen
und
Ermächtigung des Landes Nordrhein-Westfalen zur Überführung der Kohlenwirtschaft in Gemeinwirtschaft
(LD-Nr. II-583 und II-584)

Der amtierende Gouverneur des Landes Nordrhein-Westfalen, Generalmajor W. H. A. Bishop, hat mit Schreiben vom 23. August 1948 zu den Beschlüssen des Landtages vom 6. August 1948 wie folgt Stellung genommen:

Regional Commissioner's Office
H. Q. Land Nordrhein-Westfalen
Düsseldorf

714 H. Q. C. C. G. (B. E.)
B. A. O. R.

23. August 1948

NRW/GOVS/4306

An: Landtagspräsident
Land Nordrhein-Westfalen

Betr.: **Sozialisierung der Kohlenindustrie**

Der Beschluß des Landtages von Nordrhein-Westfalen bezüglich der Überführung der Kohlenindustrie in Gemeineigentum, der mir mit Schreiben Nr. 2972/48 Be. vom 11. August 1948 übersandt wurde, ist mit dem Militärgouverneur besprochen worden.

Der Militärgouverneur erkennt durchaus an, daß starke Strömungen in Nordrhein-Westfalen zu Gunsten der Sozialisierung der Kohlenindustrie vorhanden sind und daß es notwendig ist, die Regelung der Eigentumsfrage so schnell wie irgend möglich herbeizuführen. Indessen ist es der Militärregierung nicht möglich, die Vollmacht zur Verkündung der Verordnung zu erteilen, wie in dem Beschluß des Landtages erbeten ist, und ebenso bin ich außerstande, meine Genehmigung zu dem vom Landtag verabschiedeten Gesetzentwurf betreffend die Sozialisierung der Kohlenwirtschaft im Lande Nordrhein-Westfalen bei seiner Vorlage zu geben.

Die Gründe hierfür sind folgende:

Die im Land Nordrhein-Westfalen vorhandenen Kohlenbergwerke gehören zum nationalen Vermögen, und aus diesem Grunde sind alle weitreichenden Maßnahmen, die das Eigentum an ihnen und ihre Leitung berühren, Angelegenheiten, die auch die anderen Länder angehen. Die Militärregierung vertritt daher die Ansicht, daß die Frage der Sozialisierung der Kohlenindustrie von einer deutschen Regierung und nicht von einer Landesregierung behandelt werden sollte. Es ist der Militärregierung nicht möglich, ihre Zustimmung zu irgendwelchen Maßnahmen auf dem Gebiet der Kohlenindustrie zu geben, welche einer Entscheidung einer derartigen zukünftigen deutschen Regierung hinsichtlich der für diese Industrien festzustellenden Form des Eigentumsrechtes vorgreifen würde. Wenn eine repräsentative und aus freier Wahl hervorgegangene deutsche Regierung gebildet ist, steht es ihr frei, diese Frage zu lösen.

Es ist wahrscheinlich, daß in verhältnismäßig naher Zukunft eine repräsentative parlamentarische Organisation bestehen wird, die befugt ist, diese Angelegenheit zu regeln.

W. H. A. Bishop, Major-General,
Acting Regional Commissioner.

Nr. II-632

Bericht des Hauptausschusses zum Antrag der KPD-Fraktion betr. Gemeinde- und Kreiswahlen
(LD-Nr. II-446)

Gemäß Kabinettsbeschluß vom 23. August 1948 werden die Gemeinde- und Kreiswahlen am 17. Oktober 1948 durchgeführt. Der Antrag kann somit als erledigt betrachtet werden.

11. September 1948.

Dr. Lehr
Vorsitzender
des Hauptausschusses.

Nr. II-633

Bericht des Wirtschaftsausschusses zum Antrag der KPD-Fraktion betr. Belieferung aller Schuhbezugsmarken
(LD-Nr. II-519)

Vorstehender Antrag war in der Sitzung des Wirtschaftsausschusses vom 2. September 1948 Gegenstand der Beratung.

Unter Berücksichtigung der veränderten wirtschaftlichen Umstände ist der Antrag gegenstandslos geworden. Mit Zustimmung des Vertreters der antragstellenden Fraktion wird der Antrag als erledigt betrachtet.

2. September 1948.

Walter
Vorsitzender
des Wirtschaftsausschusses.

Nr. II-634

Bericht des Wirtschaftsausschusses zum Antrag der Zentrums-Fraktion betr. Vorstellungen bei den zuständigen Stellen wegen des Mangels an Seifen und Waschmitteln
(LD-Nr. II-533)

Vorstehender Antrag war in der Sitzung des Wirtschaftsausschusses vom 2. September 1948 Gegenstand der Beratung. Unter Berücksichti-

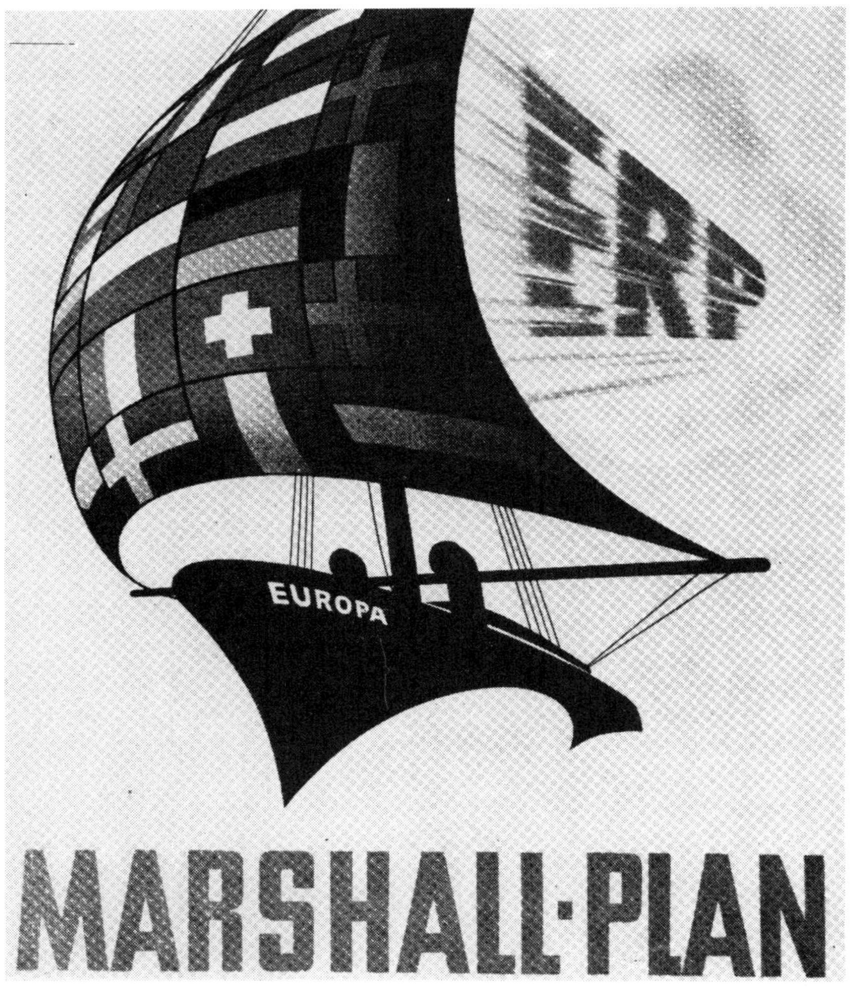

210

Wirtschaftshilfe statt Sozialisierung? Mit Milliardenbeträgen fördern die USA im Rahmen des „Marshall-Plans“ den Wiederaufbau der Industrie.

Plakat

209

◀ Formaljuristische Begründung für eine zwischen den Westalliierten längst vereinbarte politische Leitlinie: Das Sozialisierungsgesetz des Landtages wird kassiert.

Verfügung des britischen Militärgouverneurs, 23.08.1948 (siehe IV Anhang Nr. 20)

zu den Bundestagswahlen am 14. August

Letzter Appell Dr. Adenauers an die Wähler: Für Einigkeit, Recht, Freiheit und Sauberkeit

Marktwirtschaft oder Planwirtschaft?

Die „Westfälische Rundschau" sagt:

Professor Erhard erklärte am 3. Juli 1948 in Düsseldorf: „Der Wettbewerb ist das segensreichste Prinzip, das eine bessere Versorgung gewährleistet."

Dem gegenüber erklärte Papst Pius XI: „Die Wettbewerbswirtschaft ... kann unmöglich regulatives Prinzip der Wirtschaft sein ... Der freie Wettbewerb hat zu seiner Selbstaufgabe geführt ... Durch den Wettbewerb kam in das ganze Wirtschaftsleben eine furchtbare, grausenerregende Härte ..." (Quadragesimo Anno).

Es ist also offensichtlich, daß hier von der CDU-Führung Position gegen diese Verkündung des Papstes bezogen wurde.

Die Begriffe müssen klar bleiben. Die Frage heißt: Freie oder regulierte Marktwirtschaft. Marktwirtschaft im Erhardschen Sinne ist Wettbewerbswirtschaft und Kennzeichen der kapitalistischen Gesellschaftsordnung.

Die Not der Vertriebenen und Ausgebombten ist wie das ganze Kriegselend und wie der fortgesetzte Mißbrauch des Eigentums das zwangsläufige Ergebnis der kapitalistischen Wirtschaft, der freien Marktwirtschaft. Freie Marktwirtschaft führt unausweichlich zur Beherrschung der Wirtschaft durch übermächtige Besitzkräfte und zur kalten oder Katastrophen-Enteignung von Millionen Menschen. Die Beherrschung der Wirtschaft durch solche Besitzkräfte muß gebrochen werden. Nicht der Wettbewerb, der Bedarf muß der Initiator der Wirtschaft sein.

In sparsamster Wirtschaftsführung müssen wir Millionen Wohnungen bauen, Flüchtlingsindustrien schaffen, die Landwirtschaft modernisieren, die Bergwerke, den Verkehrsapparat, die Elektrizitätswirtschaft ausbauen usw. In dieser Notzeit hat das Vordringlichste vor dem Dringlichsten Vorrang. Kann ein vernünftiger Mensch der Ansicht sein, daß solche Aufgaben ohne Lenkung und Planung gelöst werden können?

Planwirtschaft stellt die Entscheidung über Art und Wichtigkeit der Aufbauziele in den Blickwinkel des Allgemeinwohls. Planwirtschaft sichert das Eigentum jedes Menschen, bedeutet höchste, sinnvolle, vernünftige Aktivierung der privaten Initiative auf dem regulierten Markt bedeutet Planung im großen, damit die Bewirtschaftung im kleinen aufhören kann. Die Behauptung, daß Planwirtschaft gleich Zwangswirtschaft und daß die SPD Verfechterin der Bezugscheinwirtschaft sei, ist eine beschimpfende Entstellung. Ebenso unrichtig ist die Behauptung, daß die Lockerung der Bezugscheinpolitik ein Verdienst der Erhardschen Wirtschaftspolitik sei, denn selbst Professor Erhard führte vor einem Jahr in Düsseldorf aus: „Die besondere Spielart der Zwangsbewirtschaftung, die im Bezugschein ihren Ausdruck findet, wäre verschwunden, ganz gleich, wer für die Wirtschaftspolitik verantwortlich ist."

Heute zeichnen sich bereits in der Wirtschaft infolge mangelnder Planung die Sturmzeichen einer Krise ab. Die Zahl der Arbeitslosen steigt ständig. Bei der letzten Meldung der Verwaltung für Arbeit konnte die Arbeitslosenzahl nur deshalb statistisch um 9812 rückläufig gemeldet werden, weil plötzlich auf Anweisung des Direktors Storck (CDU) die Zahl der Schulentlassenen, die keine Lehrstelle finden konnten, aus der Statistik herausgenommen wurden. Allein in Hessen und Schleswig-Holstein waren das 35 000 arbeitslose Jugendliche.

Trotz des seit Jahren aufgestauten ungeheuren Bedarfs meldet die Wirtschaft auf der ganzen Linie einen Rückgang der Produktion und eine Zunahme der Kurzarbeit. Die Läden sind voll, aber die zahlungsfähigen (nicht die bedürftigen!) Käufer fehlen. Alle Zweige der Wirtschaft melden täglich erschreckend zunehmende Schwierigkeiten.

Planung und Lenkung der Wirtschaft ist notwendig. Das erkannte auch das Ahlener Programm der CDU vor Jahr und Tag an. Heute dagegen propagiert die CDU-Führung zusammen mit der FDP die Marktwirtschaft.

Der Landesvorsitzende der CDU Hamburg, Bankdirektor Scharnberg, schrieb am 27. Juni in der „Hamburger Allgemeinen Zeitung" zum CDU-Wahlbündnis mit der FDP: „Marktwirtschaft oder sozialistische Planung, so wird die Parole des Wahl- [illegible]

Die „Ruhr-Nachrichten" sagen:

Die CDU verlangt eine Fortsetzung der Marktwirtschaft und hat stärkste Bedenken gegen die von der SPD empfohlene Planwirtschaft. Beides soll hier begründet werden.

Die bisherige, von Professor Erhard mit Unterstützung der CDU/CSU in Frankfurt durchgeführte soziale Marktwirtschaft war erfolgreicher als man nach diesem verlorenen Krieg erwarten konnte. Die von sozialdemokratischen Politikern befürchtete Arbeitslosigkeit von vielen Millionen ist nicht eingetroffen; dagegen stehen in der gewerblichen Wirtschaft 650 000 mehr Menschen in Arbeit als vor einem Jahr. Die bestehende Arbeitslosigkeit muß freilich bekämpft werden; die Marktwirtschaft wird sie überwinden können. Sie ist übrigens zum Teil von ganz anderen Faktoren verursacht. Der sudetendeutsche Sozialdemokrat Wenzel Jaksch hat am 8. August im Nordwestdeutschen Rundfunk sehr richtig auf die Flüchtlinge hingewiesen und die Ziffer der durch die Flüchtlingsfrage verursachten Arbeitslosigkeit auf 800 000 veranschlagt. Dazu kommt die Demontage: Der Direktor für Arbeit, Anton Storch, gab die Zahl der direkt und indirekt durch Demontage arbeitslos Gewordenen mit 300 000 an. Leider wird jede, auch die gesündeste Volkswirtschaft eine gewisse Zahl von Arbeitslosen unterhalten müssen. Sie niedrig zu halten und gut für sie zu sorgen, ist Pflicht. Ohne Arbeitslosigkeit aber kommt nur eine totalitäre Volkswirtschaft aus, wie die marxistische Sowjetunion, indem sie einfach so viel Menschen einsperrt, wie unter normalen Umständen arbeitslos wären.

Auf der anderen Seite weiß jede Hausfrau, die heute einkaufen geht, daß die Marktwirtschaft ihr das Schlangestehen erspart, daß sie für ihr Geld wieder etwas bekommt und daß sie die Kartoffeln nicht auf dem Lande zu hamstern braucht. Es ist nicht richtig, daß das die Folge der Währungsreform gewesen ist. Auch die Sowjetzone hat eine Währungsreform, ohne daß es besser geworden wäre. Die Produktion ist durch die Marktwirtschaft mächtig gestiegen, beispielsweise die Stromerzeugung um 30 Prozent, oder die Textilindustrie von 36 000 Tonnen Anfang 1948 auf 72 000 Anfang 1949. Die Preise sind im ganzen gesunken, beispielsweise ein Satz Kochtöpfe von 20 auf 14 DM und Damenstrümpfe von 12 auf 7 DM. Die Preise müssen noch weiter heruntergehen, dafür wird die Marktwirtschaft und die Konkurrenz sorgen.

Die von der CDU verlangte soziale Marktwirtschaft erlaubt keine schrankenlose Wirtschaftsfreiheit, wie es der Liberalismus wollte. Sie will der Wirtschaft aber so viel Freiheit geben, daß jeder arbeitende Mensch das Beste erreichen kann, ohne der Gesamtheit zu schaden. Die CDU weiß natürlich, daß in der Ernährungswirtschaft und im Wohnungswesen der freie Markt gegenwärtig noch unmöglich ist. Daß der Ausdruck „soziale" Marktwirtschaft keine Phrase ist, beweist die Sozialgesetzgebung des Wirtschaftsrates, wie sie die CDU/CSU mit Unterstützung Professor Erhards begann mit dem Sozialversicherungs-Anpassungsgesetz und dem Kündigungsschutz. Das ist kein Widerspruch, sondern die Ergänzung der Marktwirtschaft.

Dagegen will die CDU auf keinen Fall eine unnötige Reglementierung der Wirtschaft. Damit kommen wir zur Ablehnung der Planwirtschaft. Daß auch in der freien Marktwirtschaft im Gesamtinteresse geplant wird und werden soll, ist klar. Aber von der proklamierten Planwirtschaft befürchtet die CDU, daß sie zur Zwangswirtschaft wird, daß sie die menschliche Freiheit der Bürokratie zum Opfer bringt, daß sie den Arbeiter und Angestellten zum Objekt der Arbeitsämter und anderer Behörden macht, und daß sie letzten Endes doch nicht mehr, sondern weniger aus der Wirtschaft herausholt als die Marktwirtschaft. Die freie, nur von sozialen Rücksichten eingeschränkte Konkurrenz ist immer noch ein besserer Motor der Volkswirtschaft gewesen als die behördliche Planung.

Unter zwei Bedingungen nur kann sich die Planwirtschaft zeitweise halten. Erstens solange der Staat Zuschüsse gibt, wie das England mit amerikanischen Dollars tut;

211

An der Wirtschaftsverfassung scheiden sich die Geister. Die Frage der Planwirtschaft wird zum zentralen Thema der ersten Bundestagswahl.

Zeitungskommentar, 13.08.1949 (siehe IV Anhang Nr. 21)

23. Trotz Demontage – Alles bleibt beim alten

Auf der Konferenz von Potsdam beschlossen die Siegermächte, Reparationen von den Deutschen zu verlangen und sie alle Kriegsschäden bezahlen zu lassen. Neben Sachleistungen sollten komplette Industrieanlagen demontiert und in die Siegerstaaten transportiert werden. Dahinter stand das Ziel, die deutsche Rüstungsindustrie zu zerschlagen und langfristig die deutsche Wirtschaftskraft zu schwächen.

Mitte Oktober 1947 verkündete der Stellvertretende Oberkommandierende der Britischen Zone, General Robertson, eine als endgültig bezeichnete Demontageliste für die Westzonen: In Nordrhein-Westfalen waren 294 Unternehmen bzw. Unternehmensbereiche betroffen. Allein in Bochum sollten neben den wichtigsten Produktionsanlagen des Bochumer Vereins sechs weitere Unternehmen demontiert werden. Das Unverständnis in der Stadt war umso größer, als sich auch Firmen auf der Liste fanden, die keine Rüstungsgüter produziert hatten.

Unmittelbar nach Veröffentlichung der Liste wandten sich Unternehmen, Gewerkschaften, der Bochumer Oberbürgermeister, der Oberstadtdirektor, Kirchen und Parteien einmütig gegen die Demontage und versuchten, sie durch zahlreiche Interventionen und Einsprüche abzuwenden.

Als im Dezember 1948 die Demontage des Bochumer Vereins durch die Militärregierung verfügt und Anfang Januar 1949 unter der Aufsicht britischer Soldaten vollzogen werden sollte, fanden sich nicht nur die Beschäftigten zu illegalen Demonstrationen zusammen: Zahlreiche Mitarbeiter der mit den Demontagen beauftragten Abbruchunternehmen verweigerten die Arbeit.

Die Briten demonstrierten Härte, stellten die „Demontageverweigerer" unverzüglich vor Gericht und ließen sie unter dem Protest der deutschen Bevölkerung zu Freiheitsstrafen verurteilen.

Insgesamt blieb der volkswirtschaftliche Schaden durch den Abbau von Industrieanlagen auch in Bochum gering, der wirtschaftliche Nutzen für die Alliierten fragwürdig, zumal die beschlagnahmten Anlagen vielfach mit Hilfe sog. Demontagekredite durch moderne Anlagen ersetzt werden konnten.

Eine Beschränkung der Demontage erzielte Bundeskanzler Adenauer schließlich Ende 1949, als er den Siegermächten hinsichtlich der Kontrolle der Montanindustrie an Rhein und Ruhr (Ruhrbehörde/Ruhrstatut) Konzessionen einräumte. Nachdem der Korea-Krieg 1950 einen

Boom in der Eisen- und Stahlindustrie auslöste, stellten die Alliierten die Demontagen vollständig ein: Die deutschen Produktionskapazitäten an Eisen und Stahl waren für die US-Rüstungsindustrie lebenswichtig geworden.

212
Die Demontage des Bochumer Vereins gefährdet den Wiederaufbau. ▶

Schreiben der IHK Bochum an Oberbürgermeister Willi Geldmacher, 24.10.1946

Industrie- und Handelskammer zu Bochum

Fernruf: Sammel-Nr. 60401
Nach Dienstschluß Nr. 62832

Postscheckkonto: Essen Nr. 11180

Bankkonten: Deutsche Bank
Dresdner Bank
Westfalenbank

Industrie- und Handelskammer zu Bochum, Scharnhorststraße 10, Schließfach 204

An den
Herrn Oberbürgermeister
G e l d m a c h e r

(21b) B o c h u m

Ihr Schreiben vom	Ihr Zeichen	Unser Zeichen (In der Antwort anzugeben)	Tag
-	-	Br/Hs	24. Oktober 1946

Stillegung und Demontage des Bochumer Vereins.

In einer am 21. Oktober d.J. stat gefundenen Besprechung eröffnete die Werksleitung der Bochumer Verein für Gußstahlfabrikation AG. der Betriebsvertretung dieser Unternehmung, den Vertretern der Stadtverwaltung, der Gewerkschaft und der Industrie- und Handelskammer, Bochum, daß nach einer Mitteilung des Verwaltungsamtes für Stahl und Eisen in Düsseldorf die Werke des Bochumer Vereins mit Ausnahme wenigèr Werksabteilungen am 31. Dezember d.J. stillgelegt werden sollen, da sie für Reparationszwecke bestimmt seien.

Mit den nach Durchführung einer solchen Maßnahme verbleibenden Betrieben würde im Höchstfalle noch etwa 1/6 der bisherigen Kapazität des Bochumer Vereins vorhanden sin.

Von der Stillegung des Bochumer Vereins werden auch Betriebe betroffen, deren Verlagerung in das Empfängerland kaum in Frage kommen.dürfte, da die Einrichtungen nicht mehr den heutigen technischen Anforderungen entsprechen.

Für die deutsche Volkswirtschaft dagegen wird die Durchführung der nach den Mitteilungen des Verwaltungsamtes für Stahl und Eisen geplanten Maßnahme einen sehr schweren Verlust insofern bedeuten, als die Versorgung der deutschen Wirtschaft mit vielen lebenswichtigen Erzeugnissen, insbesondere nach dem Ausfall der Ober schlesischen Hüttenwerke und der Krupp-Betriebe ernstlich gefährdet würde. Von den zahlreichen Wirtschaftszweigen, die durch den Abbau der Betriebsstätte des Bochumer Vereins betroffen würden, werden nachstehend nur einige wenige als Beispiel erwähnt:

1) Verkehrswirtschaft (Reichsbahn und Automobilindustrie),
2) Ernährungswirtschaft (Separatorenbau),
3) Bergbau und Energiewirtschaft,
4) Industriezweige für Landmaschinen und Landwirtschaftsgeräte,
5) Schneidwarenindustrie,
6) Werkzeugindustrie, vor allen Dingen in Feilenstühlen.

Durch die Schließung und Demontage eines großen Teils der Betriebe des Bochumer Vereins würde auch unmittelbar und mittelbar der Export schwer betroffen, der für das deutsche Volk keine Frage des niedrigeren oder höheren Lebensstandards, sondern der Existenz ist.

In den Vereinigten Staaten und England mehren sich die Stimmen, die sich nicht nur gegen einen Abbau von Industrieanlagen in Deutschland aussprechen, sondern darüber hinaus eine weitere Industrialisierung fordern, da nur auf diesem Wege eine ausreichende Ernährung des

b.w.

Die Demontageliste für die D

Insgesamt 682 Industrieanlagen / In Nordrhein-Westfalen werden 294 Fabriken dem

Hamburg, 15. Oktober. (DPD.) In der Demontageliste, die von der britischen und amerikanischen Militärregierung am Donnerstag in Berlin bekanntgegeben worden ist, sind die nachstehenden deutschen Firmen verzeichnet. Die Demontageliste hat folgenden Wortlaut:

Abteilung I: Rüstungsfabriken

(Fabriken der britischen Zone, die unmittelbar mit der Erzeugung von Kriegsmaterial beschäftigt wurden)

Land Nordrhein-Westfalen

[illegible]

Abteilung II: Eisenverarbeitende Fabriken

Einzelne Hochofenwerke

[illegible]

Stahlerzeugnisse

Die Hauptstahlfabriken

[illegible]

Kleine Stahlfabriken

[illegible]

…elzone

…von 43 Rüstungsbetriebe

Land Niedersachsen

Rüstungsbetriebe

T E L E G R A M M   Bochum, d.8.I.1949

" DRINGENDER APPELL DES BOCHUMER VEREINS "

An Seine Exzellenz den Präsidenten der Vereinigten Staaten
Mr. Harry T r u m a n , WEISSES HAUS , W a s h i n g t o n (D.C),

Seine Exzellenz Aussenminister M a r s h a l l , STATE DEPARTMENT,

An den Kongress der Vereinigten Staaten ,p.A. den Herrn
Sprecher des Abgeordnetenhauses, Washington (D.C.) ,

Kopien an : "Humphrey- Kommission", Washington (D.C.)
"Wachhund- Komitee " des US- Senates, WASHINGTON (D.C

Gentlemen :

Im Namen von 12 ooo Stahlarbeitern des BOCHUMER VEREINS und von Millionen Mitbürgern des Ruhrgebiets appellieren wir Unterzeichneten- Betriebleitung und Betriebsrat gemeinsam- an Sie in Ihrer Eigenschaft als gewählte Vertreter des Volkes der Vereinigten Staaten und bitten Sie höflich und dringend :

E I N G A B E

(1) Sofort die DEMONTAGE unserer Fabrikanlagen, die für den hiesigen Aufbau so wichtig sind, einzustellen ,
(2) Eine Kommission unparteiischer Fachleute zu entsenden , um unseren DEMONTAGE- Fall (Demontage- Nr. Cind 132e und 1656) mit dem Ziel einer endgültigen Entscheidung zu untersuchen.

E R K L Ä R U N G

Wir wenden uns nicht an Sie wie die Bittsteller (Lobbyisten) in Washington. Wir appellieren an die amerikanische Tradition staatsmännischer Weisheit , wie sie George Washington und Abraham Lincoln begründet haben , die sich gegen die Auspowerung - in welcher Form und in welchem Lande auch immer - gewandt haben.
Aufgrund militärischer Befehle muss die Demontage unserer Fabrik-Hallen sofort beginnen ; aber unsere Arbeiter nehmen an den Zerstörungen keinen Anteil - und werden auch künftig keinen Anteil daran nehmen - selbst nicht unter dem Druck militärischer Machtanwendung .
Trotz verschiedener Bitten der Firma haben die britischen Militärbehörden uns noch kein offizielles amerikanisches " OK" hinsicht-

- 2 -

215

Spontane Arbeitsniederlegungen und Protestversammlungen beim Bochumer Verein gegen die Demontage

Foto, Januar 1949

213

◀ Demontageliste (Auszug)

Zeitungsbericht, 18.10.1947

214

◀ Einstellung der Demontagen: Dringender Appell des Bochumer Vereins an den Präsidenten der USA

Abschrift eines Telegramms von Werksleitung und Betriebsrat des Bochumer Vereins an Präsident Harry Truman und andere amerikanische Politiker, 08.01.1949 (1. Seite, siehe weiter IV Anhang Nr. 22)

einer sechsjährigen Grundschulpflicht, den die SPD eingebracht hatte, wurde als Material für die Ausarbeitung der Schulreform weitergeleitet. Die Arbeiten an dem Entwurf der Schulreform sollen bis Mitte Juni abgeschlossen werden.

Demontageverweigerer frei Verteidiger bestraft

Herford, 17. März. (DPD.) Die Schuldsprüche für die sechs Demontageverweigerer, die Ende Januar 1949 von einem Militärgericht in Bochum zu je zwei Monaten Gefängnis verurteilt worden waren, wurden am Donnerstag von dem Berufungsgericht der Kontrollkommission der britischen Zone in Herford aufgehoben. Das Gericht stellte sich auf den Standpunkt, daß die Demontagearbeiten im Bochumer Verein als normale Arbeiten angesehen werden müßten und daher die Arbeiter das Recht gehabt hätten, ihre Arbeit aufzugeben.

Gleichzeitig wurde der Verteidiger der sechs Arbeiter während des Bochumer Prozesses, Legationsrat Dr. Budde, wegen „Mißachtung des Gerichts" durch Veröffentlichung von ablehnenden Artikeln und Interviews gegen das noch nicht rechtskräftige Urteil der ersten Instanz zu 2000 DM Geldstrafe verurteilt. Die Chefredakteure der Zeitungen, die Buddes Artikel veröffentlichten, wurden freigesprochen.

216

Die britische Militärregierung versucht, ihr Gesicht zu wahren. In einem kurzfristig anberaumten Gerichtsverfahren werden die Demontageverweigerer zu zwei Monaten Freiheitsentzug verurteilt. Das Urteil des Bochumer Militärgerichts wird jedoch im März 1949 vom Berufungsgericht der Kontrollkommission der britischen Zone aufgehoben.

Zeitungsmeldung, 19.03.1949

217

Sechs der sieben Angeklagten mit dem Bochumer Rechtsanwalt Josef-Hermann Dufhues (re.), dem späteren nordrhein-westfälischen Innenminister (1958 – 1962).

Foto, 1949

218

Aufrufe zur Solidarität mit der Belegschaft des Bochumer Vereins und zur Demontageverweigerung zeigen ihre Wirkung.

Foto, Januar 1949

24. Vom Betriebsausschuß zum DGB – Gewerkschaften im Nachkriegsdeutschland

Mit der Besetzung Bochums durch alliierte Truppen wurde auch hier die nationalsozialistische Deutsche Arbeitsfront aufgelöst. Jetzt konnten die in vielen Zechen und Betrieben bislang konspirativ arbeitenden Sozialdemokraten und Kommunisten ihre Arbeit in der Öffentlichkeit fortsetzen. Es entstanden Betriebsausschüsse und antifaschistische Gruppen, die zunächst recht pragmatische Ziele verfolgten: Beschaffung von Lebensmitteln, Aufräumarbeiten, Wiederaufnahme der Produktion, Absetzung und Inhaftierung ehemaliger Nationalsozialisten.

Der Alliierte Kontrollrat ließ zwar erst im April 1946 die Gründung von Betriebsräten zu, doch schon vorher hatten die Arbeiter organisatorische Vorformen gefunden, um ihre betrieblichen Interessen zu artikulieren: In Bochum bildete sich eine gewerkschaftliche Initiative auf der Schachtanlage Prinz-Regent, und beim Bochumer Verein konnte unter Vorsitz des späteren Oberbürgermeisters Willi Geldmacher noch im April 1945 ein Betriebsausschuß seine Arbeit aufnehmen.

Die Neugründung von Gewerkschaften ging allerdings nur langsam vor sich, da die Briten trotz ihrer grundsätzlichen Bereitschaft zögerten, die notwendigen Genehmigungen zu erteilen: Sie fürchteten den möglichen Einfluß gewerkschaftlicher Massenbewegungen und versuchten deshalb, Gewerkschaftsneugründungen auf die Ortsebene zu beschränken.

Nachdem sich bereits Anfang 1946 zahlreiche örtliche Bergarbeitergewerkschaften auf Bezirksebene zusammengeschlossen hatten, konnte im Dezember in Herne der Industrieverband Bergbau für die britische Zone gegründet werden. Der IVB – die spätere IGBE – repräsentierte mit 320.000 Mitgliedern die überwältigende Mehrheit der Bergarbeiter. Weitere Zonengewerkschaften – so die IG Metall – folgten.

Im Frühjahr 1947 konnte als Dachgewerkschaft für die zahlreich entstandenen Einzelgewerkschaften in der britischen Zone der DGB gegründet werden.

Bei der Verwirklichung ihrer Ziele stießen die Gewerkschaften zunehmend auf politische Schwierigkeiten: So konnte die Sozialisierung der Grundstoffindustrien wegen eines alliierten Einspruchs nicht verwirklicht werden.

Ein weiterer Streit entzündete sich 1950 an der Mitbestimmungsfrage: Bei der

Wiederherstellung der alten Besitzverhältnisse in der Schwerindustrie an Rhein und Ruhr geriet das von den Alliierten 1947 für die Eisen- und Stahlindustrie eingeführte Mitbestimmungsrecht der Betriebsräte und Gewerkschaften in Gefahr. Um die Jahreswende 1950/51 sprachen sich in Urabstimmungen 95,9 Prozent der IG Metall- und 92,8 Prozent der IG Bergbau-Mitglieder für Kampfmaßnahmen aus. Am 25. Januar 1951 einigte man sich nach zähen Verhandlungen auf den Gewerkschaftsvorschlag einer paritätischen Mitbestimmung für den Montanbereich.

Am 19. Juli 1952 wurde in dritter Lesung das Betriebsverfassungsgesetz (BVG) vom Bundestag verabschiedet – Ergebnis einer langen Auseinandersetzung um die Mitbestimmung zwischen Gewerkschaften, Arbeitgebern und Bundesregierung. Das BVG regelte die Arbeitnehmermitbestimmung in den Betrieben der bundesdeutschen Wirtschaft. Danach vollzog sich die Mitbestimmung der Arbeitnehmer durch den Betriebsrat, dem die weitesten Kompetenzen in sozialen Angelegenheiten zugestanden wurden. Geringer waren seine Mitwirkungsrechte in personellen Fragen. Am schwächsten war die Beteiligung der Arbeitnehmer in wirtschaftlichen Angelegenheiten des Unternehmens. Zwar gab es in Betrieben ab einer bestimmten Größe einen paritätisch besetzten Wirtschaftsausschuß, doch war dieser ein reines Beratungsgremium, und Anspruch auf Unterrichtung durch die Betriebsleitung hatte er nur, falls Betriebs- und Geschäftsgeheimnisse dadurch nicht gefährdet wurden.

Für die Gewerkschaften bedeutete die Verabschiedung des BVG eine eindeutige Niederlage. Vergeblich hatten sie versucht, das Mitbestimmungsmodell aus der Montanindustrie auf weitere Industriezweige zu übertragen.

WORKERS' COUNCILS 57

AGENDA.

1. Representatives of the social and economic interest of the workers and other employees in their dealings with the pit administration.

2. Collaboration with a view to furthering the ecomomic and individual aims of the plant.

3. To consider, in collaboration with the management, all measures of obtaining, by technical and improvements of organisation the highest possible level of output, without infringing upon the interests of the workers and the other employees.

4. To settle disputes between workers and employees, and between the staff and management.

5. To make sure that the measures for the prevention of accidents are strictly observed.

6. To assist in the introduction or improvement of hygenic or sanitary measures and installations.

7. To co-operate on all questions of Works welfare, housing, professional training, and to discuss with the management questions of promotion, enlistment, dismissal and punishment.

To accomplish its tasks the Workers' Council are entitled:

1. To have, with the approval of Military Government, meetings of the pit staff in order to inform the employees on necessary matters or to hear their wishes and complaints.

2. To examine the plant and its installations, and to have meetings or conferences even during working hours.

3. To co-operate also with the Labour Office in questions of enlistment.

4. To be heard in case an agreement for work by contract should be unsuccessful.

IT IS AGAIN EMPHASISED THAT NO POLITICAL DISCUSSIONS WILL TAKE PLACE!

219

Die Aufgaben und Zuständigkeiten des Betriebsrates werden durch die britische Militärregierung minutiös reglementiert. Eine politische Betätigung wird untersagt.

Anlage zu einer Verfügung der britischen Militärregierung, 29.10.1945

Prinz-Regent, den 22. 8. 45

Werte Kameraden !

Heute geht die gesamte Belegschaft unserer Anlage zur Wahl. Freie und geheime Wahl! Wie oft in den vergangenen Jahren habt Ihr Euch missbilligend geäussert, dass die sogenannte Betriebsvertretung der Arbeitsfront nicht gewählt werden konnte. Jahrelang habt Ihr das bittere Gefühl der Entrechtung mit Euch herumgetragen und Ihr hattet recht, wenn Ihr Euch gegen die undemokratischen Methoden der verflossenen Machthaber gewendet habt. Das war der totalitäre Staat, das waren seine totalitären Methoden. Wir frei denkenden Arbeiter haben von jeher eine andere Meinung vertreten und haben gesagt, dass für uns Arbeiter die Demokratie das einzige Mittel ist, womit wir uns helfen können.

Zum erstenmal seit dem Zusammenbruch des Nazi-Systems dürfen wir Bergarbeiter frei wählen. Wir wissen sehr wohl, was für uns als Arbeiter die Demokratie bedeutet, gilt es doch, allen Volksgenossen durch die Tat zu beweisen, dass wir die Bahnbrecher und Pioniere einer neuen Zeit sein wollen.

Daher richte ich an Euch alle den Apell durch stärkste Wahlbeteiligung unserem Willen Ausdruck zu verleihen und restlos zur Wahlurne zu erscheinen.

Mit Glück auf !

Schürmann

220 + 221

Die Betriebsausschußwahlen sind die erste freie und geheime Abstimmung seit 1932. Bei einer Wahlbeteiligung von über 90% auf der Zeche Prinz Regent entfallen rund 50% der Stimmen auf Kandidaten der SPD, 30% auf KPD-Kandidaten und 20% auf Christdemokraten.

Wahlaufruf des Betriebsobmanns Schürmann der Zeche Prinz Regent vom 22.08.1945 und Muster eines Stimmzettels

Liste der Kandidaten
für die Betriebsausschußwahl
der Zeche Prinz-Regent
am 22. August 1945

Unter Tage

1. Schürmann, Friedrich ☐
2. Nölting, Wilhelm ☐
3. Oberstebrink, Friedrich ☐
4. Bolle, August ☐
5. Schemberg, Wilhelm ☐
6. Weeke, Heinrich ☐
7. Wicke, Heinrich ☐
8. Bette, Wilhelm ☐

[illegible] ☐

[illegible] ☐

Über Tage

11. Fledderjohann, Friedrich ☐
12. Luhmann, Wilhelm ☐

Trade Unions in Germany

If you are interested in the formation of trade unions in Germany

READ THIS CAREFULLY.

A. Allied Policy.

It is the policy of the Allies:—

(1) To permit the formation of free trade unions throughout Germany.

(2) To ensure that the formation of free trade unions shall be a process of democratic self expression and initiative, proceeding from basic levels, that is, from the workers themselves.

(3) To permit trade unions to develop and to function freely so long as their activities are not directed against the Allied authorities.

B. Who may form trade unions?

Any group or groups of workpeople who have a common interest in matters affecting their employment may set about forming a trade union.

C. The first steps to be taken to form a trade union.

(1) Some person or persons, who can claim to speak on behalf of a body of workpeople, must submit to Military Government proposals in writing indicating:

(i) The class or classes of workpeople whom it is desired to organise into a trade union.

(ii) The geographical area to be covered by the proposed union.

(iii) The names, addresses and personal history of the persons making the application.

(2) If the applicants are not in touch with their local Military Government detachment, the application referred to above may be sent direct to the appropriate Provincial Military Government H.Q. offices as follows:—

H.Q. Military Government North Rhine Region
H.Q. Military Government Westfalen Region
H.Q. Military Government Hannover Region
H.Q. Military Government Schleswig-Holstein Region
H.Q. Military Government Hansestadt Hamburg.

(3) The applicants referred to in (a) above will be given detailed instructions as to their next action. Briefly, they will be told:

(i) to prepare to hold meetings of the workpeople they wish to recruit;

(ii) to ascertain the wishes of the workpeople;

Die Gewerkschaften in Deutschland

Wenn Sie sich für die Schaffung von Gewerkschaften in Deutschland interessieren, so

lesen und beachten Sie folgendes:

A. Alliierte Zielsetzung.

Es ist die Absicht der Alliierten:

(1) Die Bildung freier Gewerkschaften in ganz Deutschland zuzulassen.

(2) Sich zu vergewissern, daß die Schaffung freier Gewerkschaften das Ergebnis freiheitlichen Selbstgefühls und Initiative ist, die sich in den grundlegenden Stadien, das heißt bei den Arbeitern selbst, entwickeln.

(3) Den Gewerkschaften volle Entwicklungs- und Handlungsfreiheit zu gewähren, vorausgesetzt, daß sich ihre Tätigkeit nicht gegen die alliierten Behörden richtet.

B. Wer darf Gewerkschaften bilden?

Irgendwelche Gruppe oder Gruppen von Arbeitern, die ein gemeinsames Interesse hinsichtlich ihrer Beschäftigung verbindet, können zur Bildung einer Gewerkschaft schreiten.

C. Die ersten Schritte zur Schaffung einer Gewerkschaft.

(1) Einzelpersonen oder Gruppen, die den Anspruch erheben können, einen Teil der Arbeiterschaft zu vertreten, müssen der Militärregierung schriftliche Vorschläge vorlegen, die die folgenden Einzelheiten enthalten:

I. Den Kreis oder die Kreise der Arbeiter, die in einer Gewerkschaft zusammengefaßt werden sollen.

II. Das Gebiet, für welches die beantragte Gewerkschaft zuständig sein soll.

III. Namen, Anschriften und Laufbahn der Antragsteller.

(2) Falls die Antragsteller mit der örtlichen Abteilung der Militärregierung nicht in Verbindung stehen, kann der obengenannte Antrag auch direkt an das in Frage kommende Provinzialhauptquartier der Militärregierung gesandt werden und ist folgendermaßen zu adressieren:

H.Q. Military Government North Rhine Region
H.Q. Military Government Westfalen Region
H.Q. Military Government Hannover Region
H.Q. Military Government Schleswig-Holstein Region
H.Q. Military Government Hansestadt Hamburg.

(3) Den unter (1) oben erwähnten Antragstellern werden genaue Anweisungen über die daraufhin zu unternehmenden Schritte zugehen. Kurz umrissen wird ihnen folgendes aufgetragen werden:

I. Versammlungen solcher Arbeiter vorzubereiten, die sie anwerben wollen.

II. Den Willen der Arbeiterschaft festzustellen.

223

Gewerkschafter fordern die Verankerung der Mitbestimmung in einem Betriebsrätegesetz, Kundgebung in Essen im Jahre 1946.

Foto

222

◀ Leitfaden für die Gründung von Gewerkschaften

Flugblatt der britischen Militärregierung, undatiert (1945)

Kameraden!

Bis heute ist unsere Forderung auf Mitbestimmung nicht verwirklicht. Durch unsere Arbeitskraft hat die deutsche Wirtschaft ihren heutigen Produktionsstand erreicht. Darum fordern wir mit Recht als unseren Anteil an diesem Erfolg das

Mitbestimmungsrecht

Wir haben lange genug gewartet

In der Zeit vom 17. bis 19. Januar 1951 schreiten die Bergarbeiter und Bergbauangestellten geschlossen zur

Urabstimmung

Stimme auch **DU** mit **„JA"** für die Durchsetzung unserer gerechten Forderung.

Industriegewerkschaft Bergbau
Hauptvorstand

In unserem Betrieb findet die Urabstimmung am [illegible]
von [illegible] bis [illegible] Uhr im Betriebsrat-Zimmer statt.

224
Die Verabschiedung der Mitbestimmungsgesetze für die Montanindustrie erfolgt erst nach massiven Streikdrohungen der Industriegewerkschaft Bergbau.

Anschlag der Industriegewerkschaft Bergbau, Januar 1951

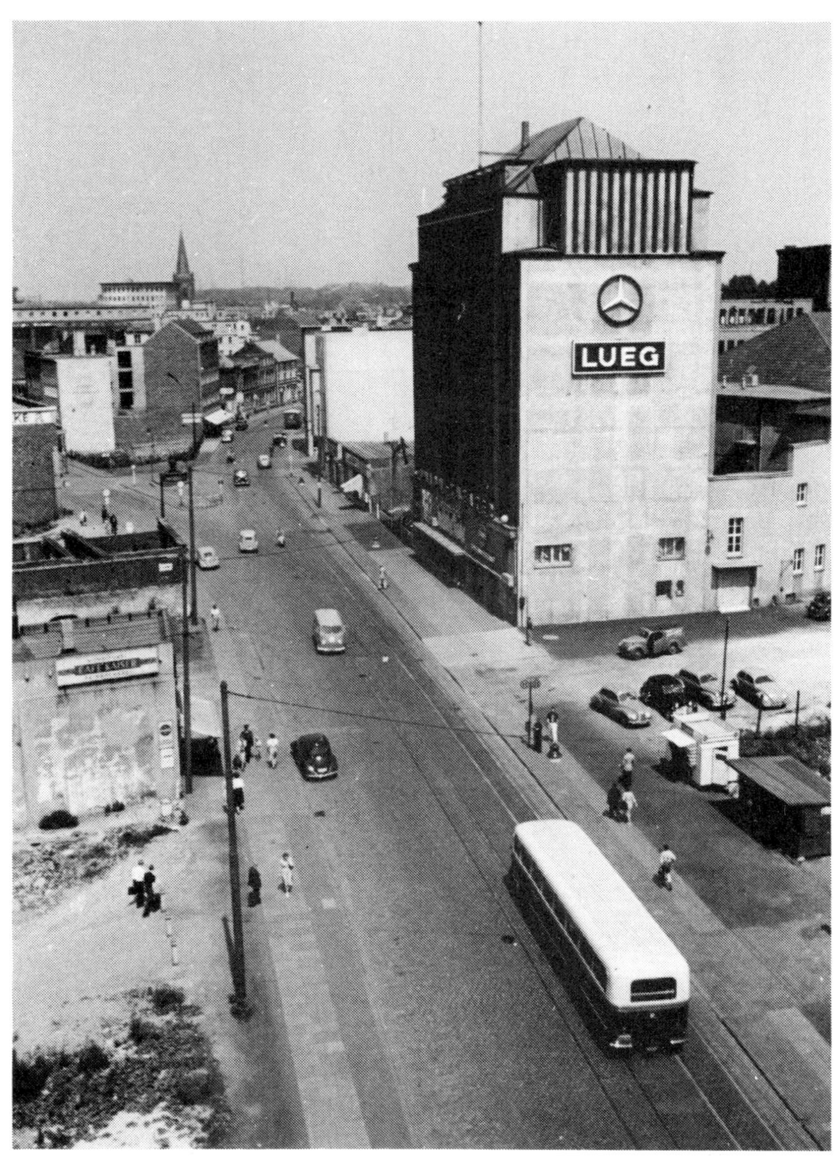

225

Das Lueg-Haus an der Kortumstraße: in diesem Gebäude unterhalten in der Nachkriegszeit zahlreiche Einzelgewerkschaften ihre örtlichen Verwaltungsstellen.

Foto, undatiert

226

Die Verwirklichung der Mitbestimmung ist in den Nachkriegsjahren die zentrale Forderung der gewerkschaftlich organisierten Arbeitnehmer.

Foto (undatiert) einer Demonstration für die Mitbestimmung

25. Bochum – eine neue Heimat

Bereits vor Kriegsende bewegte sich ein unübersehbarer Flüchtlingsstrom gegen Westen – Menschen auf der Flucht vor der anrückenden Roten Armee. Nach der Kapitulation kamen noch Millionen neuer Flüchtlinge hinzu: Menschen vor allem, die aus ihrer Heimat in den deutschen Ostgebieten, aus Polen, aus der Tschechoslowakei, aus Ungarn vertrieben wurden.

Im Sommer 1945 verhängte die britische Militärverwaltung in Bochum ein striktes Zuzugsverbot, um die Probleme bei der Versorgung mit Nahrung, Wohnung und anderen lebenswichtigen Gütern bewältigen zu können. Trotzdem stieg die Einwohnerzahl der Stadt von 161.590 bei Kriegsende bis Ende 1945 auf 229.089. Verantwortlich für diesen Anstieg, der auch in den folgenden Jahren anhielt, war nicht nur der Zustrom von Flüchtlingen und Heimatvertriebenen, sondern auch die Rückkehr alteingesessener Bochumer, die sich nach den Wirren von Evakuierung und Kriegsgefangenschaft wieder in ihrer alten Heimat niederlassen wollten.

Für die Aufnahme, Unterbringung und Versorgung der Flüchtlinge und Heimatvertriebenen sorgte die Stadt Bochum in eigener Initiative. Ab 1946 wurde ein Flüchtlingsamt eingerichtet, das sich um Angelegenheiten der Flüchtlinge kümmerte. Sammlungen unter der Bevölkerung und das Engagement karitativer Organisationen gewährten den Heimatlosen weitere Unterstützung. Doch noch mehr als für die anderen Bochumer war für die Flüchtlinge die Lage trostlos: Sie „wohnten" in Turnhallen, Baracken oder Gesellschaftssälen. Ab Oktober 1947 wurden selbst Deckungsgräben notdürftig zu Quartieren umgebaut. Im März 1948 gab es im Stadtgebiet Bochum 28 Flüchtlingsheime und -läger, die teilweise noch bis 1954 genutzt wurden, bevor im Rahmen eines forcierten Wohnungsbaus genügend menschenwürdige Wohnungen zur Verfügung gestellt werden konnten. Trotz mancher Schwierigkeiten zählte die Eingliederung der Heimatvertriebenen und Flüchtlinge, ihre Versorgung mit Arbeit, Wohnung und Nahrung zu den großen Leistungen im Nachkriegsdeutschland.

Ein weiteres Problem stellten die Kriegsheimkehrer dar. Von den etwa 45.000 zur Wehrmacht einberufenen Bochumern waren bis Juni 1946 21.500 aus der Gefangenschaft oder nach langem Irrweg heimgekehrt. Bei der Wiedereingliederung sollte ihnen die ab 1. August 1947 bestehende Heimkehrer-Betreuungsstelle helfen. Die Soforthilfe: 50 Reichsmark und 40 Zigaretten. Als Heimkehrer-Erholungsstätte diente ab August 1947 Burg Blankenstein; bis März 1948 erholten sich dort 190 ehemalige Kriegsgefangene bei einer vier- bis achtwöchigen Kur. Noch nach 1955 kehrten Bochumer Soldaten aus russischer Kriegsgefangenschaft zurück. Doch manches Vermißtenschicksal blieb trotz des DRK-Suchdienstes ungeklärt.

227

Rückführung von Kriegsgefangenen: Überwachung ihrer Entnazifizierung durch die Stadtpolizei.

Verfügung der britischen Militärregierung an die Oberbürgermeister der Städte Bochum, Herne, Witten, Wattenscheid und Wanne-Eickel, 28.03.1947

STADTPOLIZEI BOCHUM

incl. Herne, Wanne-Eickel, Wattenscheid und Witten

Public Safety Branch — 921 Mil. Gov. Det.
S P E C I A L B R A N C H

PHONES: BOCHUM MILITARY VIA 921 M. G. D.
CIVIL: 60661

PLEASE REPLY TO S. P. S. O. 921 M. G. D.

BOCHUM, Germany
Date: March 28th, 1947
921/PS/ 81/2

SUBJECT: Repatriation - Prisoners of War

TO:- Oberbürgermeister of Bochum, Herne, Witten, Wattenscheid and Wanne-Eickel

A large number of men who were prisoners of war are being repatriated to Germany. Of these, many are of a category known as "White" and they hold a Provisional Security Clearance Certificate which entitles them to a special denazification process. On return to Germany they should report to Police within 14 days, and produce their Provisional Security Clearance Certificate. Many are failing to do this.

Will you therefore issue instructions to the Food and Employment offices, that any such person who is in possession of the document referred to, who applies to be supplied with ration card or work, is directed to report to Police forthwith.

Others of these men may be in possession of a Militarist Categorisation Certificate. These, too, should be directed to report to Police.

[signature]

P.S.O. II
HQ.921 Mil Gov SK [illegible]

Translation/Übersetzung:

Betrifft: Rückführung von Kriegsgefangenen

Eine große Anzahl von Männern, die Kriegsgefangene waren, werden z.Zt. nach Deutschland zurückgeführt. Von diesen fallen viele unter die sogenannte Kategorie "Weiss" und haben eine vorläufige Unbedenklichkeitsbescheinigung, die sie zu einem besonderen Entnazifizierungsverfahren berechtigt. Bei ihrer Rückkehr nach Deutschland haben sie sich innerhalb von 14 Tagen bei der Polizei zu melden und ihre vorläufige Unbedenklichkeitsbescheinigung vorzuzeigen. Viele von ihnen tun das nicht.

Dat.O.

27. 1. 47 — 300 H/0011

Viele Bochumer Frauen warten noch

500 000 Kriegsgefangene noch in Rußland

Täglich kehren in unserer Stadt Kriegsgefangene heim. Aber unendlich groß ist auch in Bochum noch die Zahl derer, die zurückerwartet werden. Wann kommen sie wieder? Es geschieht von deutscher Seite alles, um die Freigabe unserer Männer, Väter und Söhne aus der Kriegsgefangenschaft zu erwirken und zu beschleunigen.

Die Arbeitsgemeinschaft der westdeutschen Länder für Kriegsgefangenen- und Heimkehrerfragen, ein Zusammenschluß der für die Bearbeitung von Kriegsgefangenenfragen zuständigen Länderministerien, hat folgenden Aufruf erlassen:

„Seit der Einstellung der Feindseligkeiten sind nunmehr fast 4½ Jahre vergangen und noch immer gibt es für Deutschland eine Kriegsgefangenenfrage. Die gesamte deutsche Oeffentlichkeit erhebt wiederum ihre Stimme, um an das Gewissen der Welt zu appellieren. Unzählige Familien unseres Volkes warten noch immer auf einen Menschen, den sie lieb haben. Die zermürbende Kraft der Ungewißheit hat tiefe Spuren in den Seelen der Menschen hinterlassen. Eine verhängnisvolle Kette von schweren Enttäuschungen, tiefster Qual von Seele und Leib, hat die Kriegsgefangenen selbst wie ihre Familien an den Rand der Verzweiflung getrieben.

Die Kriegsgefangenschaft selbst hat ihren völkerrechtlich festgelegten Sinn völlig verloren. Sie bedeutet heute Zwangsarbeit, sinnlose Schikane oder Repressalie an macht- und rechtlosen Geiseln. Zahlreiche Gewahrsamsstaaten weigern sich seit Kriegsbeginn, deutschen und ausländischen Stellen oder dem Internationalen Roten Kreuz und kirchlichen Verbänden Auskünfte über Zahl und Personalien der Kriegsgefangenen zu geben. Das Schicksal von 1,7 Millionen Vermißten der ehemaligen Wehrmacht ist daher noch völlig ungeklärt.

Im Namen der Menschlichkeit und im Namen der Gerechtigkeit rufen wir die Völker der Welt, sich dafür einzusetzen, daß die Gefangenen des letzten Krieges endlich ihrer Heimat, ihren Familien zurückgegeben werden.

Das deutsche Volk wartet noch auf 300 000 bis 500 000 Kriegsgefangene aus der Sowjet-Union,

15 000 Kriegsgefangene und
8 000 Untersuchungsgefangene aus Polen,
2 000 bis 6 000 Kriegsgefangene aus Jugoslawien,
1 200 Untersuchungsgefangene in Frankreich,
500 Untersuchungsgefangene in der Tschechoslowakei,
300 Kriegsgefangene aus Albanien,
200 Untersuchungsgefangene in den Niederlanden,
150 Untersuchungsgef. in Belgien,
50 „ in Luxemburg,
30 „ in Dänemark,
20 „ in Italien,
10 „ in Griechenland.

Neben diesen infolge des Krieges gefangenen Männern vergißt das deutsche Volk nicht die 25 000 Frauen, die als Krankenpflegerinnen, Wehrmachtsgefolge und in anderen Diensten in Kriegsgefangenschaft geraten sind.

Das deutsche Volk empfindet die Not der Kriegsgefangenen als seine eigene Not und wird nicht aufhören, gegen die willkürliche Ausdehnung der Gefangenschaft zu protestieren."

Ferner melden wir aus:

Saarbrücken. Für den Reiseverkehr zum Besuch von Gräbern am Totensonntag gelten zwischen dem Saarland und Deutschland die gleichen Vorschriften wie zu Allerheiligen. Der Aufenthalt im Saarland oder in Deutschland darf drei Tage nicht überschreiten. Erster Einreisetag in beiden Richtungen ist Freitag, der 18. November.

Frankfurt. Eine belgische Gräberkommission wird, wie aus einer amerikanischen Mitteilung hervorgeht, in Kürze mit der Umbettung von etwa 900 in Deutschland verstorbenen belgischen Kriegsgefangenen und Verschleppten aus dem amerikanischen Besatzungsgebiet nach Belgien beginnen.

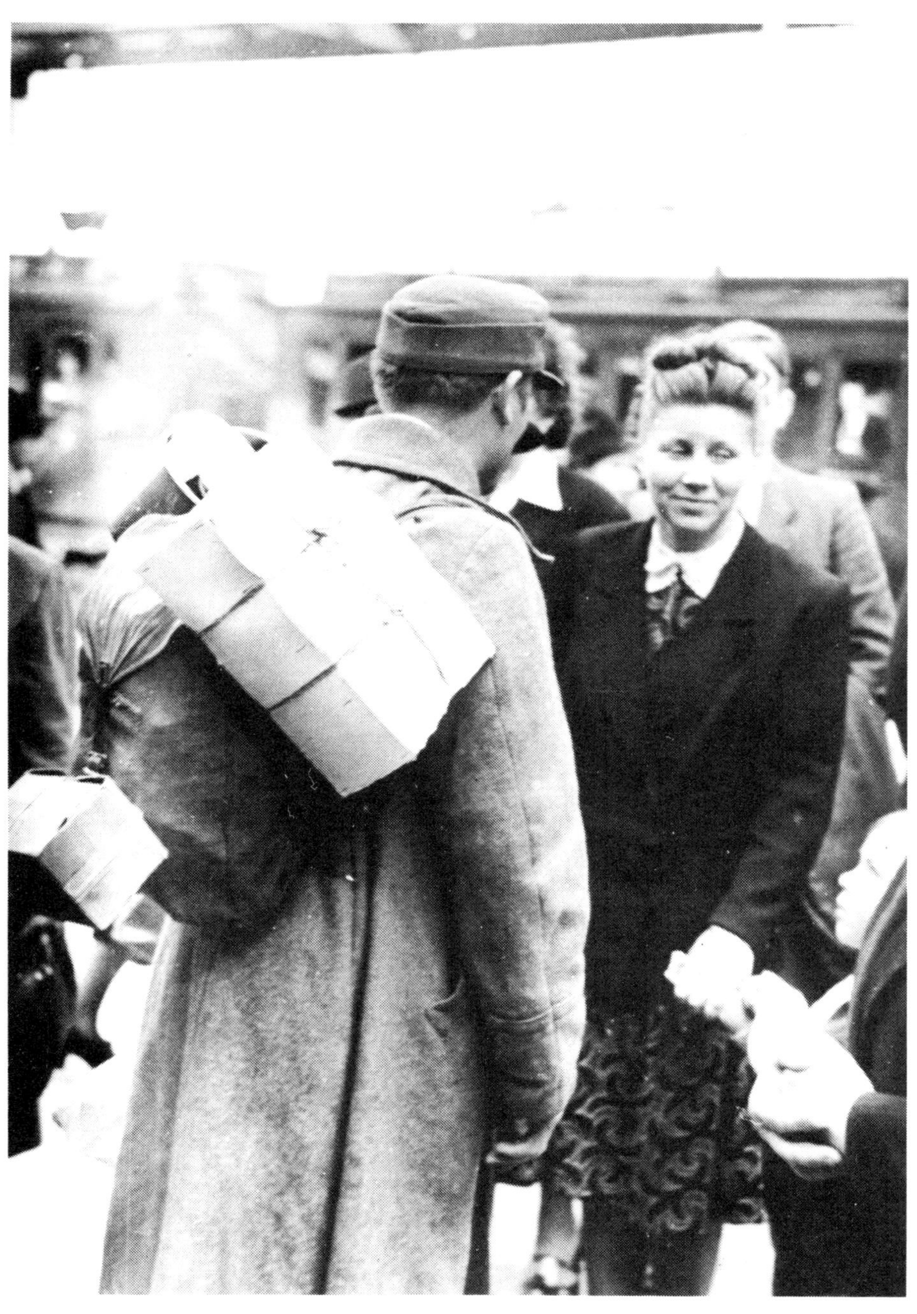

Bochum, den 31. März 1948

Herrn Oberstadtdirektor

In der Angelegenheit der Deckungsgräben erstatte ich folgenden Bericht:

Das Flüchtlingsamt ist damit beschäftigt, 40 ehemalige Luftschutzdeckungsgräben zu Wohnungen umzubauen und will noch weitere 15 bis 20 Gräben dieser Art zu Wohnungen umbauen.

Der Landesfürsorgeverband, Außenstelle Münster, hat sich bereit erklärt, für den Umbau von je 10 Deckungsgräben 22.000,- RM zu zahlen. Der Bau wird abschnittsweise vorwärts getrieben, d.h., es werden zunächst 10 Deckungsgräben umgebaut, dann wiederum 10 und schließlich der Rest. Das geschieht deshalb, weil der Landesfürsorgeverband, Außenstelle Münster, bis zu einem Betrage von 25.000,- RM selbständig Geldmittel anweisen kann.

Bisher sind 7 Deckungsgräben fertiggestellt. In diesen Deckungsgräben sind 10 Familien schon untergebracht. Das Flüchtlingsamt weist die Flüchtlingsfamilien in die fertiggestellten Wohnungen ein. Die Höhe der Miete setzt das Finanzamt in Verbindung mit dem Flüchtlingsamt und dem Siedlungsamt fest. Bisher beträgt die Miete 6,- RM bis 10,- RM monatlich für eine Wohnung.

Wenn die weiteren Wohnungen ausgebaut sind, sollen die Mieten neu festgesetzt werden, auch für die schon vorhandenen Wohnungen. Die bisherige Festsetzung der Mieten ist also nur als vorläufige zu betrachten. Eine wesentliche Erhöhung der Mieten ist aber nicht vorgesehen. Von den eingehenden Mieten sollen dem Finanzamt (Abwicklungsstelle) 50 % zufallen und die anderen 50 % dem Flüchtlingsamt zufließen.

Das Finanzamt verwendet den ihm zustehenden Mietteil zur Abfindung der betroffenen Grundstückseigentümer.

Stadtrat

231

Die Unterbringung in Gemeinschaftsunterkünften – notdürftig hergerichteten Gasthaussälen oder Turnhallen – ist für viele Flüchtlinge die erste Lebensstation in der neuen Heimat.

Foto, September 1947

228

◀ Ende 1949 vermuten deutsche Dienststellen noch 300.000 – 500.000 deutsche Kriegsgefangene in der Sowjetunion. Die letzten Kriegsgefangenen werden erst nach Adenauers Moskau-Besuch 1955 entlassen.

Zeitungsbericht, 11.11.1949

229

◀ Aus der UdSSR heimkehrende Kriegsgefangene auf dem Düsseldorfer Hauptbahnhof.

Foto, 10.04.1947

230

◀ Der Zustrom von Flüchtlingen nach Bochum erfordert außergewöhnliche Maßnahmen: Dekkungs- und Splittergräben aus der Kriegszeit werden zu Wohnungen ausgebaut.

Bericht des Stadtbaurates Massenberg an Oberstadtdirektor Schmidt, 31.03.1948

Besondere Vermerke des Flüchtlingsamtes	
Datum	Vermerk

Flüchtlings-Ausweis Nr. ....

der Stadtverwaltung Bochum

für

....

geb. .... Fam. Stand .... Rel. ....

Bochum ....

Beruf ....

früherer Wohnort ....

in Bochum wohnhaft seit ....

Bochum, den .... 194....

Der Oberstadtdirektor
Flüchtlingsamt

(Dienstsiegel)

....
(Unterschrift des Flüchtlings)

Der Ausweis gilt zugleich für folgende Personen:

Ehefrau .... geb. .... Rel. ....

Kinder 1. .... " .... " ....
2. .... " .... " ....
3. .... " .... " ....
4. .... " .... " ....
5. .... " .... " ....
6. .... " .... " ....

585 5000 2. 47 Ludwig Grape, B.-Langendreer

Der Oberbürgermeister
- 32 5 - / 30 441

Bochum, den 23. Aug. 1945

Herrn / Frau Frl. Mathilde [illegible]
Bochum - [illegible] 5

Betr.: Zuzugsgenehmigung 23. Aug. 1945

Auf Grund Ihres Antrages vom .... wird der Zuzug nach Bochum - die Aufenthaltsgenehmigung für Bochum - für folgende Personen:

1. Mathilde [illegible]
2. ....
3. ....
4. ....
5. ....

genehmigt - erteilt - abgelehnt.

Die Entscheidung stützt sich auf die Polizeiverordnung des Regierungspräsidenten vom 21. Dezember 1944 für den Stadtkreis Bochum über die Erlaubnispflicht der Wohnungs- und Aufenthaltsnahme in Räumen, die der nicht gewerbsmäßigen Beherbergung dienen oder dazu benutzbar sind. Zum endgültigen Bezuge der Lebensmittelkarten ist dieser Bescheid mit der polizeilichen Anmeldung vorzulegen. Sie sind [illegible] bis zum .... mit Lebensmittelmarken versorgt. An Wohnraum benötigen Sie - nichts - ..... Räume.

Wohnungs- und Siedlungsamt
I. A. [illegible]

Baut mehr Wohnungen für Evakuierte

Landtag von NRW berät Evakuierten-Gesetz – Vorschläge zur Linderung der Not

Von Dr. Josef Saal

IM RUHRGEBIET, 8. Oktober

Heute beraten unsere Landesväter den Regierungsentwurf eines Evakuiertengesetzes. Daß Nordrhein-Westfalen als erstes Bundesland diesen Schritt tut, ist eine Selbstverständlichkeit, denn aus seinen verwüsteten Städten mußten die meisten Menschen anderswo Zuflucht suchen.

Wie viele es sind, die in die Heimat zurückkehren wollen, kann völlig genau nicht gesagt werden. Der Aussagewert der amtlichen Ermittlungen leidet darunter, daß viele Befragte nach sechs Jahren des Vergessenseins nicht antworteten, weil sie nicht mehr an Hilfe glauben.

Unsere Lokalredaktionen haben im gesamten Ruhrgebiet Umfrage gehalten. Ergebnis: Dortmund meldet rund 40 000, Bochum etwa 30 000, Essen ebenfalls 30 000, Groß-Gelsenkirchen 15 000 bis 20 000, Oberhausen 10 000, Hagen 6000 Evakuierte. Nur Herne als unversehrte Stadt gab Fehlanzeige, auch Recklinghausen ist kaum betroffen. Von allen anderen Ruhrstädten und nicht zuletzt Köln lebt ein beachtlicher Teil der ehemaligen Bürger in der Fremde.

Auf Grund der erhältlichen Angaben wohnen in Nordrhein - Westfalen selbst etwa 120 000 Evakuierte, für die die Rückkehr in die Heimatstadt der sehnlichste Wunsch ist. Weitere 120 000 bis 130 000 leben zerstreut im übrigen Bundesgebiet, so daß man in der Endsumme auf eine viertel Million kommt.

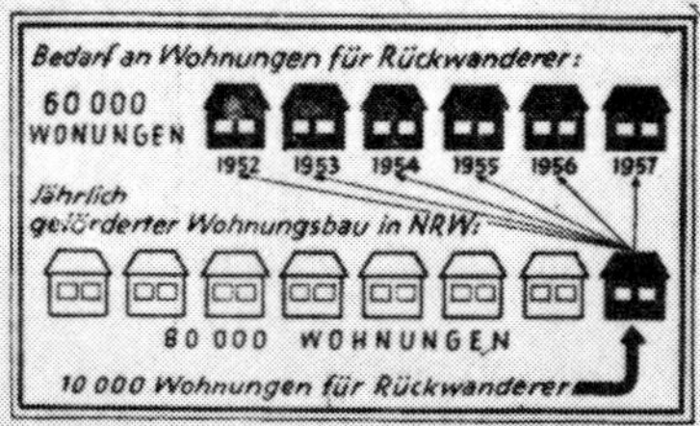

80 000 Wohnungen werden im Land NRW jährlich gebaut. 60 000 Wohnungen werden gebraucht, um die Evakuierten wieder zurückzuführen. Wenn 10 000 Wohnungen für diese Zwecke abgezweigt würden, wäre das Evakuierten-Wohnungsproblem in sechs Jahren gelöst. *(Schaubild: Voßnacke)*

60000 Wohnungen sind nötig

Rechnet man, daß im Schnitt jede Evakuiertenfamilie vier Köpfe zählt, so müssen für die Rückführung gut 60 000 Wohnungen bereitgestellt werden. Die Rate an jährlich geförderten Wohnungen beträgt in NRW 80 000. In sechs Jahren könnte die Rückwanderung abgeschlossen sein, wenn 10 000 Wohnungen im Jahr für die Evakuierten abgezweigt würden. Wir haben drei große Gruppen von Bevorrechtigten: erstens die politisch, rassisch und religiös Verfolgten, zweitens die Vertriebenen und drittens die Kriegsversehrten. Niemand bestreitet, daß dafür das eben mögliche getan werden muß. Wenn bisher für die Evakuierten nichts geschehen ist, so lag das zum Teil daran, daß bis zur Währungsreform auf Anweisung der Alliierten ein Sachschädenausgleich unterbleiben mußte. Nur die Vertriebenen nahm man wegen der Gefahr des Radikalismus aus.

Kein Baupfennig vorgesehen

Nach der Währungsreform sollten Soforthilfegesetz und Lastenausgleich eintreten. Für Vertriebene und Kriegsversehrte hat das Land Sonder-Bauprogramme aufgestellt, entsprechende Planungen laufen bereits für das kommende Baujahr. Für die Evakuierten war jedoch bis heute kein Baupfennig übrig. Man sollte also erwarten, daß das geplante Gesetz nach Wegfall der außerdeutschen Hemmungen endlich eine Gleichstellung mit den anderen Bevorrechtigten bringen würde. Dies ist nicht der Fall. Der Regierungsentwurf begünstigt die Evakuierten nur im Punkte der Rückführungskosten, die das Land tragen will, soweit nicht Bund oder andere Instanzen eintreten. In den entscheidenden Fragen der Wohnungsbereitstellung und der sozialen Fürsorge werden die Evakuierten in den Rahmen des geltenden Rechts verwiesen. Die Regierungsvorlage ist daher kein Sondergesetz zur außerordentlichen Hilfeleistung, wie es die Evakuierten erwarten. Ohne durchgreifende Verbesserung muß es eine große Enttäuschung geben.

Diese Feststellung bezieht sich in erster Linie auf die Wohnungen. Erhalten die Evakuierten nicht, wie der ursprüngliche Referentenentwurf vorsah, einen Anteil von 10 bis 25 v. H. an den neuen Wohnungen, so bleibt praktisch alles beim alten. Denn der Dringlichkeitsparagraph, der in bestimmten Fällen den Evakuierten zugesprochen wird, gilt auch für alle anderen Personengruppen.

Auch in der sozialen Fürsorge ist für die Evakuierten keine Sonderhilfe vorgesehen. Es fehlen Bestimmungen über Beihilfen für Existenzgründung und Erziehung, die in begründeten Fällen als verlorene Zuschüsse zu geben wären. Die gesamte soziale Betreuung einschließlich der Kredithilfen steht auf dem Boden des einschlägigen Rechts und tut nichts darüber hinaus.

Jugend ist in Gefahr

Gerade dieser Mangel ist bedenklich. Viele evakuierte Familien wissen nicht, wie sie ihren Kindern eine Ausbildung verschaffen sollen. Das Problem der Verwahrlosung schwärt gefährlich unter der evakuierten Jugend, die in abgelegenen Dörfern keine Lehrstelle vorfindet, aber mangels Unterkunft nicht ins Industriegebiet übersiedeln kann. Weder den Verlust an Arbeitspotential noch den politischen Schaden können wir uns leisten. Eine bescheidene Summe von etwa 10 Mill. DM für Berufsausbildung und Existenzgründung sollte aufzutreiben sein.

Die gebührende Gleichstellung vermissen wir auch im Fehlen der beratenden Instanzen, die die Vertriebenen, angefangen vom Beirat beim Sozialminister bis herunter zur Ortsebene, längst haben. Im Gesetz steht davon kein Wort. Man könnte es vielleicht in der Durchführung auf dem Verwaltungswege nachholen.

Schokoladenfabrikanten in Sorge

KÖLN, 8. Oktober

Die deutsche Schokoladen-Industrie befinde sich in einer ungünstigen Lage, weil man ihr im Gegensatz zu anderen Exportzweigen einen Devisenbetriebsfonds verweigere, wurde auf einer Pressekonferenz der Stollwerk AG in Köln erklärt. Für den Export wirke sich

234

Erst eine forcierte Wohnungsbauförderung zu Beginn der 50er Jahre sorgt für eine menschenwürdige Unterbringung der Flüchtlinge und Vertriebenen.

Zeitungsbericht, 09.10.1951

232 + 233

◀ Mit Zuzugsgenehmigungen versuchen die Ruhrgebietsstädte den Andrang der Flüchtlinge zu kanalisieren. Flüchtlingsausweise sollen u. a. materielle Nöte mildern.

Zuzugsgenehmigung, 1945, sowie Ausweis für Flüchtlinge

235

Dieses Glück ist nur wenigen vergönnt: Eine Flüchtlingsfamilie bezieht eine fertiggestellte Neubauwohnung.

Foto, 1951

26. Kultur in Bochum – Kontunität und Neubeginn

Nach 1945 wurde die Idee der Bildungs- und Erziehungsarbeit in der Volkshochschule durch die alliierte Militärregierung im Hinblick auf „die gesamte angestrebte Neuerziehung des deutschen Volkes“ besonders unterstützt. Vor allem aber sollte die VHS einen wichtigen Beitrag dazu leisten, daß die vielen im Krieg abgebrochenen Schul- und Berufsausbildungen fortgesetzt und abgeschlossen werden konnten. Am 16.10.1946 wurde die Gründung der Bochumer VHS mit einer Feierstunde im Sitzungssaal des Rathauses begangen.

Große Verdienste um den Aufbau des Institutes erwarb sich der erste Volkshochschuldirektor Friedrich Oskar Schöfer, ein ehemaliger Pastor, der seine Arbeit am 1. März 1947 aufnahm. In seinem reichhaltigen Kursangebot widmete sich Schöfer u. a. der Weltraumforschung. Aus den ersten Anfängen bei der VHS, namentlich dem 1948 begründeten „Arbeitskreis über Astronomie“, entwickelten sich Einrichtungen wie die Volkssternwarte (1953), das Institut für Weltraumforschung (Gründungs- und Aufbauphase zwischen 1957 und 1965) und das Planetarium (1964).

Neben dem anfänglichen Lehrkräftemangel lag ein Problem der Anfangsphase in der durch die Kriegszerstörungen bedingten Raumnot. Räumlichkeiten für die VHS stellte u. a. das am 3. Juni 1949 von der britischen Militärregierung ins Leben gerufene Kulturzentrum „Die Brücke“ im Bochumer Hotel Handelshof zur Verfügung. „Die Brücke“ hatte es sich zur Aufgabe gemacht, über gemeinsame kulturelle Veranstaltungen wieder Vertrauen zwischen Briten und Deutschen zu schaffen. Im Jahre 1955 wurde „Die Brücke“, die aus finanziellen Gründen von den britischen Behörden nicht mehr aufrecht erhalten werden konnte, auf den Etat der Stadt Bochum übernommen und der VHS, die inzwischen (September 1955) neue Räume in der Verwaltungs- und Wirtschaftsakademie bezogen hatte, angegliedert.

Ein früher Höhepunkt im Rahmen des Aufbaus des öffentlichen Konzertwesens in Bochum waren ein Festkonzert und weitere musikalische Darbietungen für den Katholikentag 1949.

Das älteste städtische Kulturinstitut, nämlich die 1905 gegründete Stadtbücherei, hatte im Bombenkrieg 50% ihrer Bestände verloren. Nach Rückführung der ausgelagerten Buchbestände (1946/47) und nach „Ausmerzung und Sicherstellung des nationalsozialistischen Schrifttums“ nahm in drei Räumen im Rathaus die Stadtbücherei ihre Arbeit wieder auf. Schon 1951 konnte das auf alten

Fundamenten neu errichtete Gebäude in der Albertstraße (heute BVZ) als Zentralbücherei genutzt werden.

Ungefähr ein Jahr nach Kriegsende traten bereits ab 15. Juli 1946 die bildenden Künstler in Bochum mit einer Ausstellung im Lichthof des Bergbaumuseums wieder in Erscheinung.

Der 1946 gegründete „Bochumer Künstlerbund" präsentierte sich im Jahre 1947 im Richard-Baltz-Haus der Öffentlichkeit, ab 1951 stellte der Bochumer Künstlerbund in einer von der Stadt Bochum zur Verfügung gestellten Etage im Hotel Metropol an der Kortumstraße aus.

Erst 1960 wurde das Museum Bochum, Nachfolger der 1921 gegründeten Städtischen Kunstgalerie, in der umgebauten Villa Marckhoff an der Kortumstraße wieder eröffnet. Das Heimatmuseum auf Haus Rechen war im Krieg zusammen mit einem großen Teil der Bestände zerstört worden. Die erhalten gebliebenen Objekte wurden 1961 als Stadthistorische Sammlung in einigen Räumen des Hauses Kemnade wieder der Öffentlichkeit zugänglich gemacht.

Die Bestände des Stadtarchivs Bochum hatten ohne größere Verluste die Auslagerung ins Sauerland überstanden. Sie wurden Ende 1945 nach Bochum zurückgeholt und zunächst im alten Amtshaus in Gerthe untergebracht.

236

Friedrich Oskar Schöfer bekennt sich zu einer Rückbesinnung auf überlieferte ethische und kulturelle Werte. ▶

Brief von Friedrich Oskar Schöfer, 05.08.1946 (siehe IV Anhang Nr. 4a)

St. Andreasberg, den 5. August 1946.

Lieber Ernst, liebe Lore!

Ernsts Brief vom 15. Juli ist heute morgen gekommen. Er hat gerade in diesen Tagen eine sonderliche Bedeutung für mich. Ich gehe jetzt einen nicht ganz einfachen Weg mitten durch alle Verwirrung und Unruhe der Zeit. Wahrscheinlich werde ich, wenn Ihr diesen Brief in Eure Hand bekommt, schon in Hannover sein. Ich komme jetzt in der kirchlichen Arbeit nicht weiter. Nun hab' ich eine Möglichkeit, ganz in die Volkshochschularbeit hinüber zu wechseln. Da komme ich an all die Menschen heran, die ich von der Kanzel herunter nicht mehr erreiche, die aber alle voller Unruhe und Unsicherheit sind und Wegweisung brauchen. Seht, so seltsam es vielleicht für Euch klingt, gerade aus meinem Mund, ich bin in all den Jahren ohne Amt, als kleiner Landsknecht unter dem großen Haufen der Soldaten als Sträfling unter Verbrechern, als suchender Mensch unter suchenden Menschen, einen weiten Weg geführt worden. In der grenzenlosen Einsamkeit der vielen Monate der Einzelhaft, da ist mir erst einmal vieles zerbrochen an alten Sätzen, und es ist mir ein ganz einfaches Evangelium aufgeleuchtet von dem Gottesreich, das nahe ist, mitten unter uns und inwendig in uns, von dem Christus, der lebendig durch unsre Gassen und durch unsre Schicksale geht. Und nun redet mir alles davon. Es ist eigentlich das, was ich immer gemeint und gesucht habe. Und ob ich nun in dem hohen Chor einer gotischen Kirche die Messe singe oder einem Schmetterling zuschaue, der über unsern Hofzaun flattert, oder in einer Vorlesung die Symbolik der Bamberger Plastiken erklärt oder im Stadtrat über die Probleme der Zeitnöte rate – es ist überall das nämliche Reich. Eine leise Hinwendung (μετάνοια), und es ist da, mitteninne! Auch in der Zelle, auch im Gerichtssaal, auch im Hunger – der eben das Problem aller Probleme ist, weil er leider

Städt. Volkshochschule Bochum

Am Mittwoch, 26. März 1947, um 17 Uhr, im Sitzungssaal des Rathauses Bochum

EINFÜHRUNGSABEND

für den Direktor der Städtischen Volkshochschule mit dem Hauptvortrag

VOM GEISTE DEUTSCHER BILDUNG

von Friedrich Oskar Schöfer, Direktor der Städtischen Volkshochschule Bochum

Die Feierstunde wird vom Häusler-Quartett musikalisch umrahmt

Der Eintritt ist frei

Der Oberstadtdirektor
Dr. Schmidt

Schürmann & Klagges, BAC 18, Bochum, 010867. 300. 3. 47. Kl. B

237
Traditionelle Werte in einer Zeit des Umbruchs – Einführungsabend für den Volkshochschuldirektor Schöfer

Plakat der Städtischen Volkshochschule Bochum, 1947

238
Die Gründung des Bochumer Künstlerbundes ▶

Schreiben des Künstlerbundes an die Militärregierung Bochum, 10.12.1946

Bochumer Künstler-Bund.

Bochum, Dec. 10th 1946

To
Military Government
through Besatzungsamt
B o c h u m

The performing artists of Bochum (painters, performers of graphic art and sculptors) founded the "Bochumer Künstler-Bund" in a meeting on Saturday, Dec. 7th 1946. The Bochumer Künstler-Bund intends to intercede for the professional and artistic interests of the artists in the sphere of the formative arts. The undersigned is the chairman of the association.
Therefore I ask the Military Government to give your approval for the formation of the "Bochumer Künstler-Bund".
As scene-painter of the municipal theatre at Bochum, I already handed over to you the Fragebogen through the denazification-panel. I was no member of the NSDAP or of one of its organization

signature.

Formation of Kunstler Bund is approved.

ALLIED
[illegible]
GOVERNMENT.
[illegible] 921

Die Gründung des Künstlerbundes wird genehmigt.

Unterschrift

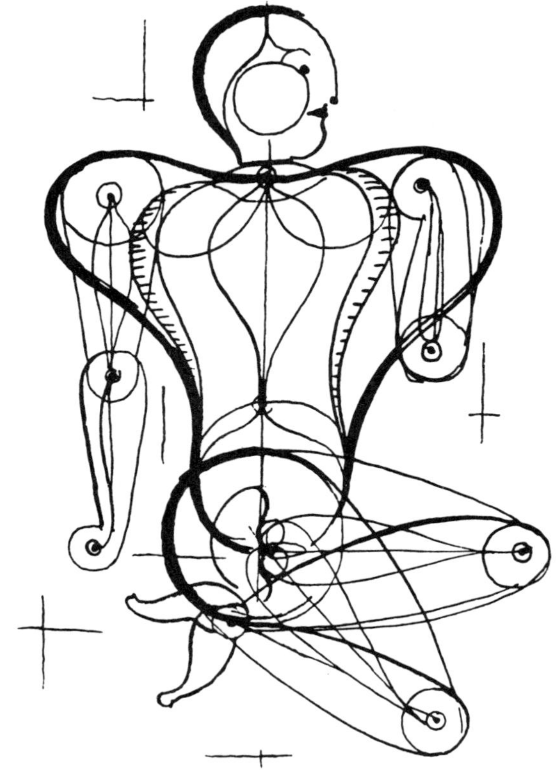

Oskar Schlemmer

Gemälde - Aquarelle - Zeichnungen

3. Januar bis 1. Februar 1953

Bochum · Städt. Ausstellungsräume im Hause Metropol · Kortumstraße

Geöffnet von 10 bis 17 Uhr · Sonntags von 10 bis 13 Uhr · Montags geschlossen

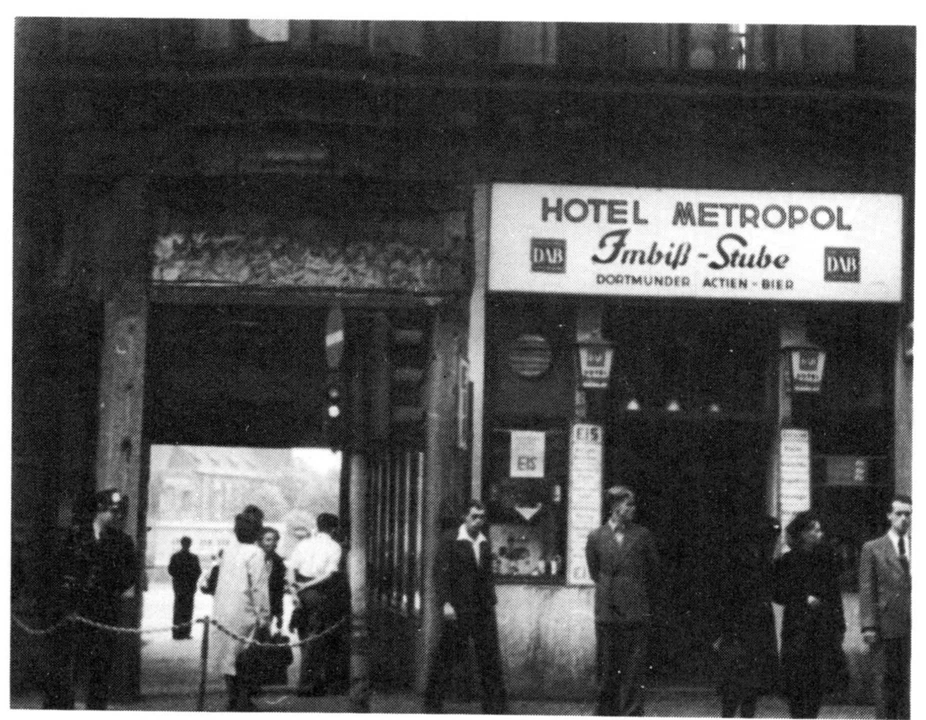

240

Teilansicht des Hotel Metropol, Bongardstr. 16

Foto, 1953

239

◀ Kunst im Interimsdomizil: Ausstellung mit Werken Oskar Schlemmers im Hotel Metropol

Plakat, 1953

British Centre „Die Brücke"

Bochum-Handelshof

Telefon: 64684

CRG/B/10
29.1.53

Stadtverwaltung Bochum
– Kulturamt –
z.Hd. Herrn Stadtrat Dr. Franz

B o c h u m
Rathaus

Betr.: "Die Brücke", Bochum, Handelshof.

Bezug: Verhandlungen zwecks Mitbeteiligung der Stadt Bochum an der Weiterführung der "Brücke".

Auf die o.a. Verhandlungen, die zwischen Herrn Oberstadtdirektor Dr. Petschelt, Herrn Stadtdirektor Dr. Schmitz, Herrn Dr. Rawitzki von seiten der Stadt und Mr. Wolsey als Vertreter der hiesigen "Brücke" stattgefunden haben, sind uns bis heute leider keine konkreten Vorschläge der Stadt zugegangen.

Obwohl unsere vorgesetzten Dienststellen in Düsseldorf und Wahnerheide über erwähnte Verhandlungen und über den allgemeinen Wunsch der Bochumer Bevölkerung, die "Brücke" weiterzuführen (Presseberichte, Leserbriefe) unterrichtet sind, wurde der bisher bekannte Termin der Schliessung der "Brücke" (31.3.53) noch nicht aufgehoben.

Wir glauben, im Interesse der gesamten Bochumer Bevölkerung zu handeln, wenn wir Sie bitten, uns umgehend den Entscheid der Stadt wissen zu lassen. Andernfalls müsste die "Brücke" bereits am 15.2. zwecks Abwicklung für die Öffentlichkeit geschlossen werden.

Nachstehend geben wir Ihnen zu Ihrer Information die Höhe der Beträge bekannt, die unsere Nachbarstädte zur Weiterführung ihrer "Brücken" leisten wollen:

				Notiz
Essen	DM 46000.00		(jährl.)	50.000
Wuppertal	DM 15000.00	2	"	10.000
Recklingh.	DM 15000.00		"	
Münster	(wird noch verhandelt)			

Die Leitung der "Brücke" Bochum
(Dierks)

Durchschrift an: Herrn Oberstadtdirektor Dr. Petschelt
Herrn Stadtdirektor Dr. Schmitz
Herrn Rechtsanwalt Dr. Rawitzki

242
Der „Handelshof“ – Sitz des British-Centre „Die Brücke“

Foto, undatiert

241
◀ Das Ende des deutsch-britischen Kulturzentrums „Die Brücke“

Schreiben des Verwaltungsleiters der „Brücke“ an die Stadtverwaltung Bochum, 29.01.1953

243
Die Literarische Gesellschaft Bochum trägt in den ersten Nachkriegsjahren viel zum kulturellen Leben in Bochum bei: Eugen Roth (1947), Hans Franck (1948), Carl Zuckmayer (1948), Hermann Kasack (1949), Erich Kästner (1952) lesen hier. ▶

Plakat, Ankündigung einer Gerhart-Hauptmann-Gedächtnisfeier, 1946

Literarische Gesellschaft Bochum

*

Sonntag, den 15. Dezember 1946, 11 Uhr, im Parkhaus

5. Veranstaltung

GERHART HAUPTMANN GEDÄCHTNISFEIER

*

Ausführende:

Das Häusler-Quartett Bochum

Dr. Horst Gnekow · Walter Kaltheuner

von der Städtischen Bühne Bochum

*

Inhaber der Mitgliedskarte 1946 haben freien Eintritt. Einzelkarten zum Preise von 3,- RM. im Vorverkauf ab Dienstag, den 10. Dezember 1946, an der Theaterkasse, Königsallee 15

Mitgliedskarten für das 1. Halbjahr 1947 (5 Veranstaltungen), zum Preise von 10,- RM. werden in der Zeit vom 15. Dezember 1946 — 15. Januar 1947, in der Geschäftsstelle (Königsallee 15 – Theaterkasse) ausgegeben.

Schürmann & Klagges. BAC 10, Bochum, 03727. 150. 11. 46. Kl. B

27. Frauen in der Nachkriegszeit – Von der Trümmerfrau zum Heimchen am Herd

Während der langen Abwesenheit der Männer in Krieg und Gefangenschaft war den Frauen die Aufgabe zugefallen, sie zu ersetzen. Sie leisteten schwere und schwerste Arbeit, in Fabriken und Verkehrsbetrieben, in Geschäften und Büros: als Trümmerfrauen halfen sie beim Wiederaufbau, sie hielten die Familien zusammen, sorgten für Unterkunft, Verpflegung, Kleidung und Erziehung. Und sie bewiesen dabei, daß sie ihren „Mann" stehen konnten.

Doch anstatt diese Leistungen der Frauen anzuerkennen und ihnen einen gleichberechtigten Platz in der Gesellschaft einzuräumen, geschah das Gegenteil. Der bald einsetzende konservative Trend in der deutschen Politik, vor allem bei der CDU, den Kirchen, den Medien, war auf die Restauration eines traditionellen Frauenbildes ausgerichtet. Da die Arbeitsplätze für die zurückkehrenden Männer gebraucht wurden, verwies man die Frauen zurück an den häuslichen Herd. Weibliche Berufstätigkeit, vornehmlich in helfenden und dienenden Funktionen, wurde nur als Übergangsphase zwischen Schule und Ehe akzeptiert oder bei Krankheit und Tod des Mannes. Die drei großen „K's" – Küche, Kinder und Konsum – avancierten erneut zur eigentlichen Bestimmung der Frau. Eine perfekte Hausfrau, eine ideale Gattin und eine gute Mutter zu werden, sollte der Wunschtraum aller Frauen sein, da er angeblich dem „weiblichen Wesen" am ehesten entsprach. Oberhaupt der patriarchalisch verstandenen Familie war selbstverständlich der Mann.

Vor allem der Entschlossenheit der SPD-Abgeordenten Dr. Elisabeth Selbert und ihrer Mobilisierung der Frauenverbände war es zu verdanken, daß der Grundsatz der Gleichberechtigung von Mann und Frau 1949 ins Grundgesetz aufgenommen wurde. An der sozialen Wirklichkeit änderte dies aber wenig. Die Hausfrauenehe wurde durch die Steuergesetzgebung bevorzugt, die Möglichkeit der Berufstätigkeit von Ehefrauen eingeschränkt. Erst 1953 wurde die Gütergemeinschaft aufgehoben, die dem Ehemann automatisch das Recht auf Verwaltung und Nutznießung des von seiner Frau in die Ehe eingebrachten Vermögens einräumte, und dem Bundesverfassungsgericht blieb es 1959 vorbehalten, das sog. „Letztentscheidungsrecht" des Ehemannes bei Streitfragen in der Ehe aufzuheben.

Doch erst die Anfang der 70er Jahre einsetzende neue Frauenbewegung konnte das konservative Frauenbild in Frage stellen und ein neues Nachdenken über die Rolle der Frauen in Gang setzen.

244
Die Trümmerfrau als Symbol für den Aufbauwillen in den ersten Nachkriegsjahren

Foto, 1949/50

245
Frauen protestieren dagegen, daß sie aus dem Beruf, aus Betrieben und Verwaltungen, herausgedrängt und durch Männer ersetzt werden, 1950 (siehe IV Anhang Nr. 25) ▶

Deutscher Gewerkschaftsbund
Ortsausschuss Bochum

Bochum, den 31.1.1950
Kortumstr. 16

E n t s c h l i e s s u n g

In Betrieben und Verwaltungen macht sich in steigendem Masse die Tendenz bemerkbar, Frauen zu entlassen und dafür Männer einzustellen.

Der Frauenausschuss des Deutschen Gewerkschaftsbundes, Ortsausschuss Bochum, erhebt schärfsten Protest gegen ein solches Vorgehen. Diese Entlassungen stehen im Widerspruch zu Artikel 3 des Bonner Grundgesetzes und bedeuten eine grosse Ungerechtigkeit gegenüber den berufstätigen Frauen.

Der Frauenausschuss hält es für unvereinbar mit der gewerkschaftlichen Forderung auf Gleichberechtigung der Frau, wenn Betriebsräte zu derartigen Entlassungen ihre Zustimmung geben.

Der Frauenausschuss ruft alle in Betrieben und Verwaltungen tätigen Frauen auf, nicht gleichgültig und teilnahmslos abseits zu stehen, wenn ihre eigenen Interessen auf dem Spiele stehen.

Deutscher Gewerkschaftsbund
Ortsausschuss Bochum
Frauenausschuss
1. Vorsitzende
Schmidt

Das Paar in der Stadt
Bei lebhaftem Verkehr geht der Herr stets auf der Gefahrenseite

Natürlich darf die Dame nicht aus dem Regen in die Traufe geraten

246
Propagierung von traditionellen Rollenklischees: Der Mann als Held und Beschützer, 1955

247
Gleicher Lohn für Frauen: Frauen protestieren gegen geschlechtsspezifischen, niedrigen „Frauenlohn“, 1950 (siehe IV Anhang Nr. 26) ▶

Anlage 3

A b s c h r i f t

D E U T S C H E R G E W E R K S C H A F T S B U N D
Landesbezirk Nordrhein-Westfalen
Der Landesbezirksvorstand

Die in Düsseldorf vom DGB-Landesbezirk Nordrhein-Westfalen einberufene Frauenarbeitstagung stellt mit grösstem Bedauern fest:

Trotz der vom Lohnpolitischen Ausschuss des DGB in Königswinter erarbeiteten und vom Bundesausschuss bestätigten Richtlinien für die gewerkschaftliche Lohnpolitik sind die Tarifverträge, die die Bedingungen des Bonner Grundgesetzes nicht erfüllen, nicht geändert worden; es haben sogar einige Industriegewerkschaften und Gewerkschaften neue Tarifverträge abgeschlossen, die mit Artikel 3 des Bonner Grundgesetzes im Widerspruch stehen. In ihnen sind wiederum Lohndifferenzierungen nach Geschlechtern vorgenommen worden, was nach dem Inkrafttreten des Bonner Grundgesetzes verfassungswidrig ist.

Die Kolleginnen richten an die Hauptvorstände der Gewerkschaften die dringende Forderung, alle Tarifverträge, die Artikel 3 Abs.3 des Grundgesetzes widersprechen, zu revidieren und sich in Zukunft an das Grundgesetz zu halten. Die Konferenz fordert ferner, dass eine grössere Anzahl sachverständiger Kolleginnen in die Tarifkommissionen einbezogen wird.

Düsseldorf, den 3. Mai 1950.

„Ehefrauen gehören in den Haushalt!"

Leser antworten auf unsere Frage der Woche: Halbtagsarbeit für berufstätige Ehefrauen?

Alles das wäre zu beheben, wenn jede Frau einen halben Tag für sich hätte.

H. Nohra, Hausfrau, Dortmund - Schüren, Pekingstr.

Gerechte Versteuerung

Die Lösung des Problems wäre die familiengerechte Versteuerung der Einkommen. Den Ehefrauen — Witwen, Frauen von Kriegsgefangenen etc. — die aus echter Not zu arbeiten gezwungen sind, würde dadurch geholfen. Vielen Ehefrauen, die sich um des „Lebensstandards" willen nützlich zu machen versuchen, würde andererseits die Lust dazu vergehen.

Hans-B. Wienert, Primaner, Gelsenkirchen, Bismarckstr.

Keine Ganztagsarbeit

Es ist verständlich, daß die Ehefrau mithelfen möchte, einen netten, modern eingerichteten Haushalt zu schaffen. Im Interesse eines guten Familienlebens sollte aber grundsätzlich Ganztagsarbeit vermieden werden.

Kurt Kirchhoff, kfm. Angest., Herne, Hiberniastraße.

Möglichst gar nicht

Ehefrauen sollen möglichst nicht berufstätig, sondern Gattinnen und Mütter sein. Durch Steuern und andere Maßnahmen mußte die Berufstätigkeit verheirateter Frauen eingeschränkt werden, damit die Familie nicht leidet. Brautleute sollten erst dann heiraten, wenn die notwendige Einrichtung angeschafft ist. Ob Ehefrauen einen halben oder ganzen Tag arbeiten, muß der Abmachung zwischen Arbeitgeber und Arbeitnehmer überlassen bleiben.

Wilhelm Beule, Dortmund, Adelenstraße

Viele Halbtagsposten

Ja — es wäre eine Lösung des Problems der berufstätigen Ehefrauen, wenn sie grundsätzlich nur einen halben Tag zu arbeiten brauchten. Es ist nicht leicht, zwei Herren zu dienen — und doch wird es von vielen Frauen verlangt. Von jeder Seite wird volle Leistung gefordert, und die Frauen sind dadurch überlastet. Die Halbtagsarbeit würde es ermöglichen, allen Erfordernissen gerecht zu werden. Es wäre in jeder Beziehung lohnenswert, wenn die Betriebe recht viele solcher Halbtagsposten schaffen könnten.

Hilde Loch, Hausfrau, Mülheim, Am Rosenkamp

Illusion

Dies Problem, seid doch mal ehrlich,
wär für viele Frau'n entbehrlich,
wenn sie hübsch zu Hause blieben
und umsorgten ihre Lieben.
Jene mein' ich, die 'nen Wagen
erst „erstottern" und dann klagen.
Doch die andern tapfren Frauen,
die nicht nach Vergnügen schauen,
sondern irgendwie aus Not
schaffen für ihr täglich Brot, —
diese zwingt die eig'ne Lage,
schon zu schaffen ganze Tage.
Halber Tag ist halber Lohn —
also bleibt es Illusion.

W. Schuck, techn. Angestellter, Essen-West, Hirtsieferstraße.

Nur wenn nötig

Meiner Ansicht nach ist der wichtigste Platz einer Ehefrau und Mutter in Heim und Familie, sofern das Gehalt des Mannes ausreichend ist. Keine Frau, die tagsüber ihren Beruf ausübt, kann außerdem ihren hohen Anforderungen als Hausfrau und Mutter voll gerecht werden. Zeit zur eigenen Entspannung fände sie nie. Wo die Ehefrau unbedingt zum Unterhalt der Familie beitragen muß, wäre eine Halbtagsbeschäftigung sehr zu begrüßen.

Gertrud Remfort, Hausfrau, Gelsenkirchen, Grenzstr.

Für den Mann sorgen

Mit einer halbtägig in Büro oder Geschäft tätigen Ehefrau ist das Problem auch nicht gelöst, denn: niemand kann zwei Herren dienen. Eine Ehefrau gehört grundsätzlich in den Haushalt, wo sie nur für ihren Mann und ihre Kinder zu sorgen hat.

Ernst Kurth, Gelsenkirchen

Ihr Beruf: Hausfrau

Die verheiratete Frau hat es bestimmt nicht nötig, zu arbeiten, da der Mann das doch tut. Sie hat den Haushalt, die Familie und die Kinder zu versorgen, wie es die Pflicht der Hausfrau und Mutter ist. Das

248 + 249

„Ehefrauen gehören in den Haushalt!" Das traditionelle Rollenbild der Gattin, Hausfrau und Mutter sowie als Dienerin und Helferin des Mannes wird wiederhergestellt, 1955.

Kommentar und Bericht

Frauen - letzte Reserve auf dem Arbeitsmarkt

Welche Tätigkeit ist geeignet? - Schutz der Familie muß oberster Grundsatz sein

Von DR. RICHARD SCHULZ

RUHRGEBIET, 30. November

Während sich die Lage auf dem männlichen Sektor des Arbeitsmarktes in den meisten Revierstädten fast gleichartig entwickelte, verlief die Entwicklung bei den Frauen teilweise sehr unterschiedlich. **Hier prägen sich die stark voneinander abweichenden Wirtschaftsstrukturen unserer Städte durch andersartige „Mischung" aus. Der Umstand, daß trotz relativ stärkeren Anwachsens weiblicher Arbeitsplätze sich der Hundertsatz weiblicher Arbeitslosigkeit mehrfach verschlechtert hat, beweist, daß hier große Reserven für den Arbeitsmarkt liegen. Können wir sie ausschöpfen?**

„Hier kann nichts nachrücken, hier liegen die Chancen der Frau schlecht, wir sind zu schwer", sagt man in Dortmund, wo die Arbeitslosigkeit auf dem weiblichen Sektor sich seit 1953 von 4 v. H. auf 5,2 v. H. verschlechtert hat. Einerseits ging man hier so weit, Frauen sogar an der Drehbank auszubilden, andererseits fehlen hier seit zwei Jahren Spitzenkräfte für Büro und Handel.

Erfolgreiche Auflockerung

In Essen dagegen entfällt ein großer Teil der seit Kriegsende durch Betriebsansiedlung neu geschaffenen 4000 Arbeitsplätze auf Frauen. Dennoch sind auch hier die Reserven groß, weil jährlich 1000 weibliche Schulentlassene „übrigbleiben".

Am meisten verbessert hat sich die Lage in Duisburg. Von einem hohen Grad der Frauen-Arbeitslosigkeit, die mit 7,4 v. H. im Jahre 1952 noch weit über Landesdurchschnitt (1952: 6,1 v. H.) lag, kam man jetzt mit 3,9 v. H. unter das Landesmittel (4,3 v. H.).

Nicht alle arbeitsuchenden Frauen sind echte Arbeitslose, die auf Erwerb durch eigene Arbeit angewiesen sind. Um diese auszusondern, gäbe es nach dem Vorschlag eines Fachmannes ein „rabiates Mittel", dessen Anwendung jedoch einschlägige Bestimmungen entgegenstehen. Er schlägt vor, Frauen, die nur noch deshalb in den Listen stehen, weil sie einen Unterstützungs-Anspruch von beispielsweise 1000 DM im Jahr haben, mit 500 D-Mark pauschal und auf einmal „abzufinden".

Verheiratete Mitverdienerinnen

Zum großen Teil setzt sich diese Gruppe von Frauen aus Verheirateten zusammen. Ihre Vermittlung ist überall besonders schwer. Auf jedem Arbeitsamt im Revier machen die Ehefrauen 70 v. H. der Arbeitslosen, dagegen nur 30 v. H. der Erwerbstätigen aus. Das Ergebnis der großen Steuerreform-Debatte mit dem Beibehalten der getrennten Veranlagung

> In unserer Ausgabe vom 27. November gab unser Mitarbeiter Dr. Richard Schulz unter dem Titel „Arbeitskräfte werden knapp" einen Überblick über die gegenwärtige Lage auf dem Arbeitsmarkt in Nordrhein-Westfalen. Der nachfolgende Beitrag schließt dieses Thema ab. (D. Red.)

von Ehegatten bedeutet einen Erfolg für die „mitverdienenden jungen Ehefrauen auf Zeit". Erst, wenn Einrichtung und Aussteuer komplett sind, werden sie sich aus dem Erwerbsleben zurückziehen — wenn bis dahin der Sog der Industrie nicht neue Anreize gegeben hat.

Alle Betriebe mit echten Frauenberufen fürchten diesen Sog. Erste Reaktion, wenn die Industrie mehr Frauen aufnimmt: Hausangestellte werden noch knapper als bisher. Dann wird eine Wanderbewegung aus den „Frauen-Industrien" in Richtung auf die höheren Löhne einsetzen. Die Textil-Industrie z. B., die heute „wider Willen" schon ein Drittel Verheiratete in ihrer weiblichen Belegschaft hat, wird in stärkerem Maße auf Ehefrauen zurückgreifen müssen.

Noch ist — zumindest im Revier — die Wirtschaft „wählerisch" und vermeidet die Einstellung weiblicher Arbeitskräfte auf Plätzen, die der Frau nicht gemäß sind. Wird das aber so bleiben? Schon erinnert man sich, daß auch die Schwerindustrie, z. B. „Huckingen" früher einmal Frauen beschäftigte. Hinzu kommt, daß Rüstungsindustrie seit jeher stark „automatisiert", also „frauengeeignet" ist.

„Nie wieder Nachtarbeit"

Es wird im Zuge der Wiederbewaffnung auch zu einer Konjunktur bestimmter Ausrüstungsbetriebe kommen. In Duisburg liegt z. B. Westdeutschlands größte Uniform-Fabrik. Sie kann ihre Belegschaft gut und gern verdoppeln. Wenn die Industrie wieder mit Frauen arbeiten muß, sagte ein Fachmann, dann wird sie u. U. versuchen, den Gesetzgeber auch zur Korrektur der Bestimmungen über Frauen-Nachtarbeit zu bewegen. Gegen derartige Pläne aber werden Gewerbeaufsichts-Ämter, Arbeitsämter und Gewerkschaften Veto einlegen. Erfreulicherweise macht man sich an maßgeblicher Stelle schon Gedanken darüber, wie man verstärkten Arbeitseinsatz der Frauen mit den Forderungen unerläßlichen Familienschutzes vereinigen kann.

Der halbe Arbeitstag

Hierzu dienen Anregungen, verheiratete Frauen in geeigneten Industrien nur halbtageweise einzusetzen. Ein Teil der Textilbetriebe im Revier hält das in bescheidenem Umfange — bis zu 20 v. H. der Gesamtbelegschaft — immerhin für diskutabel. Andere lehnen diesen Weg ab: „Aus betrieblichen Gründen unmöglich!" „Auch Nähmaschinen nehmen übel", hört man aus Betrieben, in denen jede Arbeiterin ihre eigene Maschine bedient. „Der Arbeitsrhythmus am Fließband, wo z. B. fünf Arbeiterinnen an einer einzigen Tasche arbeiten, ist zu kurz. Versteckte Fehler würden sich mehren. Kontrollen sind nicht möglich. Das Prämien-System kommt in Gefahr. Die Aufsichtsorgane würden überlastet. Die Kosten würden steigen. Man müßte das Personal in der Lohnbuchhaltung und in der Werksfürsorge vermehren. Der Kostenpunkt „Drucksachen" würde sich verdoppeln. Es gäbe Schwierigkeiten in der Urlaubsregelung."

Die Frauen, Zehntausende im Revier, wären nur zu gern bereit, in die durch männlichen Facharbeitermangel entstehenden Lücken zu springen, auch und teilweise gerade in Halbtagsarbeit. Einige halten den „halben Tag" zwar nicht für lohnend, weil einem Monatsverdienst von 80 bis 120 DM erhöhte Haushaltsausgaben (mehr Licht, teuerer Einkauf, Fahrgeld, Schuhe) gegenüberstehen. Andere, und das sind die meisten, entgegnen aber: „Immerhin bringt es die Miete, Strom und Gas und andere fixe Kosten des Haushaltes ein."

> **Wie immer die Dinge laufen werden, achten wi, rechtzeitig darauf, daß nicht die Familie, vor allem nicht die Kinder, wieder die Leidtragenden sein müssen, wenn wir zur Ausschöpfung unserer letzten Arbeitsreserven gezwungen werden!**

251

Der Ehrgeiz jeder tüchtigen Hausfrau: Das weißeste Weiß ihres Lebens!

Zeitungsbericht, 19./20.11.1955

250

◀ Das Ergebnis von Verdrängung und Diskriminierung: Frauen sind nur noch die „letzte Reserve auf dem Arbeitsmarkt“ – schnell geheuert, schnell gefeuert.

Zeitungsmeldung, 01.12.1954 (siehe weiter IV Anhang Nr. 27)

DAS REICH DER HAUSFRAU

252
Das Heimchen am Herd. Die Küche als ureigenstes Reich der Hausfrau.

Zeitungsbericht, 03./04.12.1955

28. Vom Stadttheater zum Schauspielhaus

1949 wurde Hans Schalla Nachfolger von Saladin Schmitt. Seine Berufung zum Intendanten verriet die gleiche mutige Tendenz zur evolutionären Fortführung der Tradition. Schalla, lange Oberspielleiter bei Gustav Gründgens in Düsseldorf, galt an vielen deutschen Bühnen als Wegbereiter eines neuen Inszenierungsstils. Für die Eröffnungspremiere am 24. September 1949 auf der Parkhausbühne wählte er sinnigerweise ein Stück von Shakespeare, das bei Schmitt nie gespielt wurde: „Maß für Maß". Die zweite Premiere war Büchners „Dantons Tod".

Schon diese beiden Stücke markierten deutlich, wie Schalla modernes Theater verstanden wissen wollte: Als lebendige Auseinandersetzung mit dem klassischen Dramenerbe wie mit den Stücken der unmittelbaren Gegenwart; als intensives, dem Wort verpflichtetes, auf den Wesensgrund jeder Szene und jedes Dialoges zielendes Spiel, in dem alle komödiantischen Kräfte sich entfalten durften, aber zugleich gehalten wurden durch die feste Klammer einer von Erkenntnis wie Erfahrung bestimmten Idee, als Theater des Anti-Illusionismus und eines Bekenntnisses zur inneren Wirklichkeit und Wahrheit. Und die Kritiker urteilten schon bald übereinstimmend: „Bochum ist wieder zu einem Eckstein des westdeutschen Theaters geworden."

Schalla mußte sich vier Jahre mit der Behelfsbühne im Parkhaus begnügen, bis ihm das von Professor Graubner errichtete neue Haus am alten Platz an der Königsallee zur Verfügung stand. Die Eröffnungsvorstellung mit Shakespeare's „Richard III." fand am 23. September 1953 statt. Paul Haferung hatte ihm dafür Bühnenbild und Kostüme entworfen, was insofern bemerkenswert war, da das Bühnenbild zum ersten Mal die später für die 50er Jahre charakteristisch gewordene Nierenform herausstellte und die Akteure weit vorausschauend im Astronauten-Look auftraten.

Schalla bemühte sich von Anfang an, ein in sich geschlossenes Ensemble zu schaffen und verpflichtete vorzügliche Helfer: für die dramaturgischen Aufgaben und seine Stellvertretung Dr. Günter Skopnik, für die Fragen der Ausstattung Walter Gondolf, als Kostümbildnerin Therese van Treeck, deren Wirken die optische Verwirklichung der meisten Regievorstellungen Schallas und seiner Mitregisseure sehr wesentlich zu verdanken war. Nach dem Weggang Gondolfs (1953) übernahm Max Fritzsche dessen Position. Dem Ensemble gehörten stets hervorragende Regisseure und Schauspieler an, die von Bochum aus in den meisten Fällen große Karrieren starteten.

Die Bochumer Bühne, nun funktionstüchtig für jede Großinszenierung, war inzwischen nicht nur räumlich dem Rahmen eines „Stadttheaters“ entwachsen und durfte sich fortan „Schauspielhaus“ nennen. Bereits im Parktheater hatte Schalla begonnen, außer den lange verfemten Autoren der 20er Jahre vor allem auch die zeitgenössischen Dramatiker vorzustellen. Dazu bot ihm das neue große Haus die besten Arbeitsmöglichkeiten. So veranstaltete er mehrere Festwochen, in denen jeweils amerikanische (1955), französische (1956), deutschsprachige (1957) und englische (1959) Dramen der Nachkriegszeit vorgestellt wurden und knüpfte damit an die legendären Klassiker-Zyklen Saladin Schmitts an.

Auf diese Weise brachte er das Schauspielhaus erneut ins hellste Licht. Infolgedessen wurde er mit seinem Ensemble mehrfach zu Gastspielreisen nach Frankreich, Italien und Belgien eingeladen, womit das Bochumer Schauspielhaus internationale Anerkennung erfuhr.

SHAKESPEARE-TAGE
1949
BOCHUM

AUS ANLASS DER JAHRESHAUPTVERSAMMLUNG
DER DEUTSCHEN SHAKESPEARE-GESELLSCHAFT

26. BIS 30. JUNI

*

VERANSTALTUNGEN der Bühne der Stadt Bochum und des Städtischen Orchesters im Parktheater

26. Juni, 18.30 Uhr **FESTLICHES KONZERT**
unter der Leitung von Generalmusikdirektor Hermann Meißner
Musik zu Werken Shakespeares, u. a.
Heinrich Sutermeister: Suite aus der Oper „Romeo und Julia"
Wolfgang Fortner: Lieder nach Shakespeare
Arthur Honegger: Vorspiel zu „Der Sturm"

27. Juni, 17.30 Uhr **OTHELLO** (mit Alexander Golling als Gast)
28. Juni, 17.00 Uhr **CYMBELINE** (Spielleitung Dr. S. Schmitt)
29. Juni, 17.00 Uhr **TASSO** (mit Horst Caspar als Gast, Spielleitung Dr. S. Schmitt)
30. Juni, 18.00 Uhr **CYMBELINE** (Spielleitung Dr. S. Schmitt)

*

28. Juni, 10 Uhr, Parktheater Dr. Dr. Rudolf Alexander Schröder spricht über „Goethe und Shakespeare"

Entwurf und Druck: Wilhelm Stumpf KG. Bochum

M. Edelmann

STÄDTISCHE BÜHNE BOCHUM

ERÖFFNUNG DER SPIELZEIT 1949/50

Sonnabend, 24. Sept., 18 Uhr **Mass für Mass** Lustspiel von Shakespeare

Regie: Hans Schalla
Bühnenbild: Walter Gondolf
Kostüme: Therese van Treeck

Es wirken mit: die Damen Hagemann, Hülsmann, Koch-Bauer, Pentzlin, Schäfer – die Herren Beck, Bitters, Gerstung, Grimm, Henniger, Hofer, Horn, Kleist, Loesen, Manger, Rausch, Roland, Schieske

Sonntag, 25. Sept., 18 Uhr **Dantons Tod** Drama von Georg Büchner

Regie: Hans Schalla
Bühnenbild: Walter Gondolf

Es wirken mit: das gesamte Ensemble – Alfred Schieske als Danton

Dienstag, 27. Sept., 19 Uhr **Schluck und Jau** Scherzspiel von Gerhart Hauptmann

Regie: Walter Grüntzig
Bühnenbild: Hans Oberndorf

Es wirken mit: die Damen Fein, Lauber – die Herren Kalthoener, Probst, Robel, Rothe, Schauwienhold, Schlosser, Schmidt

Neuinszenierungen im Oktober:

Georg Kaiser: **„Die Spieldose"** (Westdeutsche Erstaufführung) • Jean Anouilh: **„Romeo und Jeanette"** (Deutsche Erstaufführung)
Frank Wedekind: **„Der Liebestrank"**, ein Schwank

Vormieteeinzeichnungen werden noch bis zum 20. Sept. entgegengenommen

Auskunft und Prospekte durch die Theaterkasse Königsallee 15 und die Vorverkaufsstellen.

255
Eröffnung der Spielzeit 1949/50

Plakat der Städtischen Bühne Bochum

253
◀ Shakespeare-Tage 1949

Plakat der Städtischen Bühne und des Städtischen Orchesters

254
◀ Figurine für die Shakespeare-Inszenierung „Maß für Maß", 1949/50

256
Das neue Haus der Städtischen Bühne – das Schauspielhaus an der Königsallee

Foto, 1953

257

Mit der Schalla-Inszenierung des Shakespeare-Dramas „Richard III“ (Bühnenbild Paul Haferung) wird das Schauspielhaus eröffnet.

Foto, 1953

258

„So sieht wirkliche deutsche Dramatik aus ...“ – Die Inszenierung des „Marquis Goetz von Keith“ bei den Ruhr-Festspielen

Kritik von Albert Schulze Vellinghausen, Juni 1956

259

Mit der Intendanz Hans Schallas ändert sich das Repertoire der Bochumer Bühne: Moderne Autoren werden in das Programm aufgenommen.

Plakat des Schauspielhauses, 1955

„Marquis Goetz von Keith"

Bochumer Wedekind bei den Ruhr-Festspielen

Im Grunde ist Hochstapelei Kotau vor der Ordnung des Bürgers.

In Casanova und seinen „Erinnerungen" streift der Betrüger die magischen Reste des Hofnarren von sich; er moralisiert, ein anderer Rousseau, und wird salonfähig. Wedekinds „Marquis von Keith" (1900), in manchen Zügen ein Enkel von Nietzsches „Uebermensch", faßt die gesamte Hochstapeleitradition kraftvoll zusammen. Er gerät dem Dichter zur faustischen „Moritat" von Aufstieg und Fall eines Bastard-Wüstlings. Es ist der „Mackie Messer" des Münchener Jugendstils.

Hans Schalla hat ihn für die Ruhrfestspiele entmünchenert. Er beseitigte die sogenannt waschechte Lokalfarbe, modernisierte zwei oder drei Zeitansagen und gewann so, ohne den Kern zu vergewaltigen, den Generalnenner „Gegenwart". Er ist nicht allzu genau datierbar, im höheren Sinne herrscht Zeitlosigkeit.

Das ist dem Werk außerordentlich gut bekommen: Es entläßt nun, ungehemmt durch pedantische Festlegung, das kalte, grelle, unheimliche Feuer weißglühender Expression. Es ist Expression ohne den seelenhaften Idealismus der Expressionisten: Allegorie unserer kälteren Zeit — voll von Zynismen, voll von bedrängenden Explosionen, voll von wirklicher Existenznot. Das greift, wenn nicht ans Herz, so doch unmittelbar an die Kehle. Es ist „großes Theater", das an Nerven und Hirn des Zuschauers rüttelt — als sei die Dichtung selber in Todesnot und appelliere mit Aufbietung heftigster Mittel um Einlaß in die Erkenntnis des Hörers.

Man darf vielleicht sagen, Schalla habe aus dem eminenten Erfolg der Inszenierung von Sartres „Teufel" (Erfolg, der ihm inzwischen auch in Paris glanzvoll bestätigt worden ist) die Nutzanwendung gezogen und nun in Wedekind den auf Sartre weisenden Strang freigelegt. Womit er keinem von beiden Gewalt antäte! In beiden steckt Nietzsches maßloser Furor, ja, Nietzsches Hyperromantik verborgen.

So wehte denn durch diesen dritten Festabend ein so heftiger wie erschreckender Sturmwind. Es war die „Windsbraut" des frühen Kokoschka, es war die herzbeklemmende stürmische Leuchtkraft der frühesten Bilder Ernst Ludwig Kirchners. Es war gleichzeitig Entdeckung all dessen, was an hitziger Expression auch in unserer Gegenwart bereitliegt. Es ist — wer wollte es etwa bezweifeln — ein sehr ungemütlicher Feuerbrand. Aber wir selbst, Menschen, legen ihn an zur Bedrohung des Nächsten. Es nützt nicht, die Augen davor zu verschließen.

*

Dem Marquis von Keith, den Wedekind selbst einen Don Quichotte des Lebensgenusses nennt, ist in seinem Freund Scholz ein Don Quichotte der Lebensmoral beigegeben. Sie beide bilden ein theologisches Duo. Von daher erwachsen der Moritat starke Aspekte eines Mysterienspieles. Auch die beiden Frauen des schlimmen Marquis, Molly von Bückeburg, Anna von Werdenfels, sind kluge und törichte Jungfrau aus dem Gewände eines Kirchenportals. Ringsum der bei Wedekind übliche Zirkus. Bohemefiguren, schematische Spießer und ein Großkaufmann, der sich in Anna verliebt. Sein Sohn, ein Primaner, lernt hier „das Leben". Keith begründet die „Feenpalast AG." — ein Etablissement für Vergnügen und Kunst (klingt wie aus Düsseldorf).

Muß man den Inhalt ausführlich erzählen? Man muß nicht, denn alles verläuft wie am Schnürchen. Keith wird geächtet, denn er führt keine Bücher. Molly, die Dienende, geht aus Kummer ins Wasser; Anna vermählt sich dem Großkaufmann. Scholz, der reiche moralische Freund, der sich eine Weile im Lebensgenuß übte, geht angewidert in eine Heilanstalt (für plutokratische Zahler). Er will Keith, dem das Wasser zum Halse steht, als Begleiter mit sich locken. Vergeblich. Und auch nicht nötig. Denn der Großkaufmann finanziert mit 10 000 DM dem „Ertrinkenden" die Flucht ins rettende Ausland. Keith legt den Revolver hinter sich und sagt grinsend seine berühmten Worte: „Das Leben ist eine Rutschbahn." Vorhang.

Aufwertung des Stückes — so weit, wie möglich. Denn was — verglichen mit Sartres „Teufel" — unserm genialen Szeniker abgeht, ist zwar nicht die dramatische Kraft des Wortes; wohl aber die von Erfahrung des Bösen gänzlich gesättigte Dialektik. Da ist Sartre, Kind unserer schlimmen Tage, dem von Ahnung geplagten Münchener „Scharfrichter" — hélas! — um mancherlei Längen voraus. Wedekind, was seiner Größe nichts anhat, erscheint im Vergleich mitunter naiv. So braucht man mit der Regie nicht zu rechten, daß sie hie und da von unserem, späten, geschundenen Wissen hinzutat.

Mit dem Lob der Zurüstung muß man — dieses Mal — beginnen. Max Fritzsche brachte aus böse gemixten Farben „moderner Gegenwart" einen Bildraum zuwege, dessen Weite und dessen Unwirklichkeit sich mehr und mehr dienlich erwiesen. Für den Ballakt stellte er, nach Paul Klees „Viaducten", eine Abfolge rötlicher Bogen hinein, die in Farbe und Form Suggestion erwirkten. Kein Lob ist zu hoch, die Kostüme zu preisen, die Therese van Treeck im Kontrast damit zu erfinden wagte. (Man hat ihre Meisterschaft nun auch an der Seine besungen.) Den Farben und Stoffen, sogar der modernen Anzüge, entströmte die Kraft allegorischer Bildhaftigkeit. Anna („Lulu") in verschiedensten Rot; Keith in Weiß, Schwarz und Grau; der Kriminalkommissar in gelblichem Lindgrün; der Primaner in äußerst künstlichem Blau; sein Vater dämonisch in basaltenem Grau: Das ergab in allem Raffinement die Strenge eindeutiger Sinnfälligkeit. Bravo.

Es begann so „unsinnig" wie überzeugend damit, daß Keith sich als Schlagzeuger übte. Der Dialog mit der gütig-unseligen Ehefrau Molly war mithin von Geräuschen „hot" untermalt. Hans Messemer, gellend, präzise, schnittig, schlug — wörtlich — die Tonart des Abends an. Was er an Intensität und Behendigkeit, an schrecklicher Gegenwart, trockenem Feuer, bitterer Schärfe und clownhafter Wurstigkeit in stetem Crescendo zu entfalten vermochte, ließ den freudigen Schock der Pariser Kritik über seinen „Goetz" von neuem begreifen: Da ist ein eminenter „Gestalter" aus dem Klima von heute.

Immer wenn er auf seinen moralischen Partner (Scholz = Manfred Heidmann) traf, entzündete sich ein wirbelndes Brio — in welchem Heidmanns gefüllter Ernst ihm nur wenig an plastischer Dichtigkeit nachgab. Rosel Schaefer (Anna) zelebrierte ihre Luxusweibrolle mit der köstlichen Kühle denkbarster Bewußtheit. Sigrid Schleiers von Liebe zerrissene Molly brachte grelle Empfindung des Expressionismus ins Spiel. Das griff als Erschütterung stark an die Kehle — Herzton im Dickicht der eiskalten Rechnung.

Von den übrigen muß Claus Clausen als schlimme Vision des rechnenden Kaufmanns, muß Rolf-Dieter Wachsmuth als sein irrender Sohn, muß Rolf Schult als gleißender Kriminaler genannt werden. Wilhelm Grimm, Peter Probst, Helga Siemers zeigten sich prall von Intensität. Auch die Ballvision geriet vortrefflich, das Feuerwerk knallte wie strafendes Gericht.

Sehr unbehaglich das alles, und höchst suggestiv. Teile des Publikums blieben starr vor Mißbilligung. Sie wollen's nicht wissen: So sieht wirkliche deutsche Dramatik aus. 1900 und heute! Die anderen aber bereiteten dem Abend einen schlechterdings triumphalen Erfolg. Man schied mit Herzklopfen.

Albert Schulze Vellinghausen

SCHAUSPIELHAUS BOCHUM

INTENDANT HANS SCHALLA

WOCHE AMERIKANISCHER DRAMATIK 15.-21. MÄRZ 1955

MITTWOCH, 16. MÄRZ, 20 UHR

MILLER HEXENJAGD

INSZENIERUNG SCHALLA/VAN TREECK

DONNERSTAG, 17. MÄRZ, 20 UHR

WILDER UNSERE KLEINE STADT

INSZENIERUNG ZEISER/FRITZSCHE/VAN TREECK

FREITAG, 18. MÄRZ, 20 UHR

SHERWOOD DER VERSTEINERTE WALD

INSZENIERUNG SCHALLA/FRITZSCHE/VAN TREECK

SONNABEND, 19. MÄRZ, 19 UHR

WILLIAMS CAMINO REAL

INSZENIERUNG SCHALLA/FRITZSCHE/VAN TREECK/DUGEND

SONNTAG, 20. MÄRZ 20 UHR

O'NEILL EIN MOND FÜR DIE BELADENEN

INSZENIERUNG HAUGK/SIERCKE

MONTAG, 21. MÄRZ, 20 UHR

PATRICK DAS KLEINE TEEHAUS

INSZENIERUNG REGNIER/MEYER

SONDERVERANSTALTUNGEN

DIENSTAG 15. MÄRZ 20 UHR RATHAUSSAAL VORTRAG GESCHICHTE UND STRUKTUR DES AMERIKANISCHEN THEATERS MITTWOCH 16. MÄRZ 20 UHR RATHAUSSAAL 5 AMERIKANISCHE KULTURFILME DONNERSTAG 17. MÄRZ 20 UHR RATHAUSSAAL VORTRAG DIE AMERIKANISCHE GESCHICHTE UND DER SOZIALAUFBAU DER VEREINIGTEN STAATEN FREITAG 18. MÄRZ 20 UHR RATHAUSSAAL LICHTBILDERVORTRAG DAS AMERIKANISCHE STUDENTENTHEATER SONNTAG 20. MÄRZ 11 UHR RATHAUSSAAL DISKUSSION AM RUNDEN TISCH ÜBER CAMINO REAL

BESCHRÄNKTER KARTENVERKAUF JEWEILS 4 TAGE VOR DER ENTSPRECHENDEN AUFFÜHRUNG EINSCHLIESSLICH VORSTELLUNGSTAG

SARAH BERNHARDT

THÉÂTRE des NATIONS

Juin 2 et 3	*CYCLE SHAKESPEARE* **«LA NUIT DES ROIS»**	THEATRE D'ETAT TURC
6 au 10	**CHANTS ET DANSES** *(Bambaras, Songhaïs, Malinkés, Dogons)*	ENSEMBLE NATIONAL DU MALI
12 au 14	*CYCLE SHAKESPEARE* **«TROILUS ET CRESSIDA»**	SCHAUSPIELHAUS DE BOCHUM
17 au 24 (en alternance)	**«LA CERISAIE»** *de Tchekhov* **«LES AMES MORTES»** *de Gogol* **«LES CARILLONS DU KREMLIN»** *de Pogodine*	THEATRE D'ART DE MOSCOU
26 au 29	**DANSES TRADITIONNELLES**	CORPS DE BALLET ROYAL DU CAMBODGE
30 Juillet 1er et 2	**«L'HEUREUX STRATAGEME»** *de Marivaux*	RIDEAU VERT DE MONTREAL
4 au 6	**«OLLANTAY»** *de Ricardo Rojas*	COMEDIA NACIONAL
8 au 10	**«JOURNEY TO JEFFERSON»** *d'après Faulkner*	DALLAS THEATER CENTER

IDEALIA, 5, rue F.-Buisson, CLICHY - PER. 56-09

260

Bald genießt das Bochumer Schauspielhaus internationales Ansehen. Einladungen zu Gastspielen im europäischen Ausland folgen.

Plakat des Pariser Theaters „Sarah Bernhardt", Juni 1957

29. Stadtplanungskonzept

Die Bombardierungen im Zweiten Weltkrieg hatten die Bochumer Vororte relativ wenig, die Bochumer Innenstadt dagegen stark zerstört. Die Nachkriegssituation sollte dazu genutzt werden, „alte Planungssünden auszumerzen".

Es entstand das Konzept der „Sternstadt mit Trabanten": Von der Innenstadt – als Geschäfts- und Verwaltungszentrum ausgewiesen – sollten radial Hauptstraßen ausgehen (Stern), an denen Wohn- und Gewerbegebiete (Trabanten) vorgesehen waren, die durch Grünanlagen deutlich voneinander abgegrenzt wurden. Der Bevölkerung sollte „mehr Luft, Licht und Sonne" zugute kommen.

Schwerpunkt der Bautätigkeit und damit der Wiederaufbauplanung war die Innenstadt. Verbesserte Verkehrsverhältnisse, aber auch ein „modernes, großstädtisches Aussehen" sollten erreicht werden. Die Planung setzte bei der Verlegung des Hauptbahnhofes an, der verkehrstechnisch ungünstig lag. Hinzu kamen die Planung eines Umgehungsringes um die Innenstadt und eines Straßenkreuzes im Zentrum der Stadt.

Die Planer hatten sich dabei nach der weitgehend erhalten gebliebenen Infrastruktur (unterirdische Ver- und Entsorgungsanlagen), den unverändert bestehenden Grundbesitzverhältnissen und den wenigen unzerstörten Bauten zu richten.

Die Straßenbreiten wurden in Abhängigkeit des zu erwartenden Verkehrsaufkommens und der vorgesehenen Gebäudehöhen ermittelt. Man orientierte sich dabei an überregional verbindlichen Normen und Gesetzen. Planungsgrundlagen aus der Vorkriegszeit lagen für Bochum nicht vor. Die Straßen wurden hauptsächlich im Hinblick auf den öffentlichen Verkehr und den Anlieferungsverkehr geplant; mit einem größeren Aufkommen von Individualverkehr wurde nicht gerechnet.

Am 1.10.1948 konnte das Konzept für den Wiederaufbau der Innenstadt im „Neuordnungsplan" festgelegt werden. Seine Verwirklichung dauerte bis 1960, als das letzte Stück des Innenrings geschlossen wurde.

Die Architektur aus der Vorkriegszeit blieb bei den Neuplanungen in den Nachkriegsjahren unberücksichtigt. Die „stucküberladenen Fassaden" der Jahrhundertwende und die „unhygienischen Wohnverhältnisse" in den engen Fachwerkquartieren sollten abgeschafft werden; erhalten wurden lediglich die

Bauten, für die sich private Interessenten einsetzten. So wurde beispielsweise selbst die „Pfefferdose" (Johanniskirche, Bleichstraße) nicht wieder aufgebaut, da die Kirchengemeinde nicht über ausreichende finanzielle Mittel verfügte.

Die städtischen Planer hatten – über die rein technischen Vorgaben hinaus – feste Vorstellungen von der Gestaltung des Straßenraumes und dem Aussehen der Häuser.

Mit Hilfe einer Gestaltungssatzung (10.11.1947) und der Abteilung „Bauberatung" wurde versucht, diese Vorstellungen durchzusetzen. Die vom Planungsamt selbst entworfenen Bauten wurden zu Anschauungsobjekten dieser Gestaltungsvorstellungen (u. a. Stadtbad und Stadtwerke).

Die Aufgabe der Architekten bestand darin, auf der Grundlage der in der Gestaltungssatzung formulierten Vorstellungen einen neuen Stil zu entwickeln, der zugleich die anfänglich herrschende Materialnot berücksichtigte.

Der internationalen architektonischen Entwicklung folgend, setzte sich die „Rasterfassade" Mitte der 50er Jahre auch in Bochum durch. Die Entwicklung vollzog sich in drei Schritten: ungegliederte Putzfassade, Markierung des Rasters durch lineare Strukturen, plastische Rasterfassade.

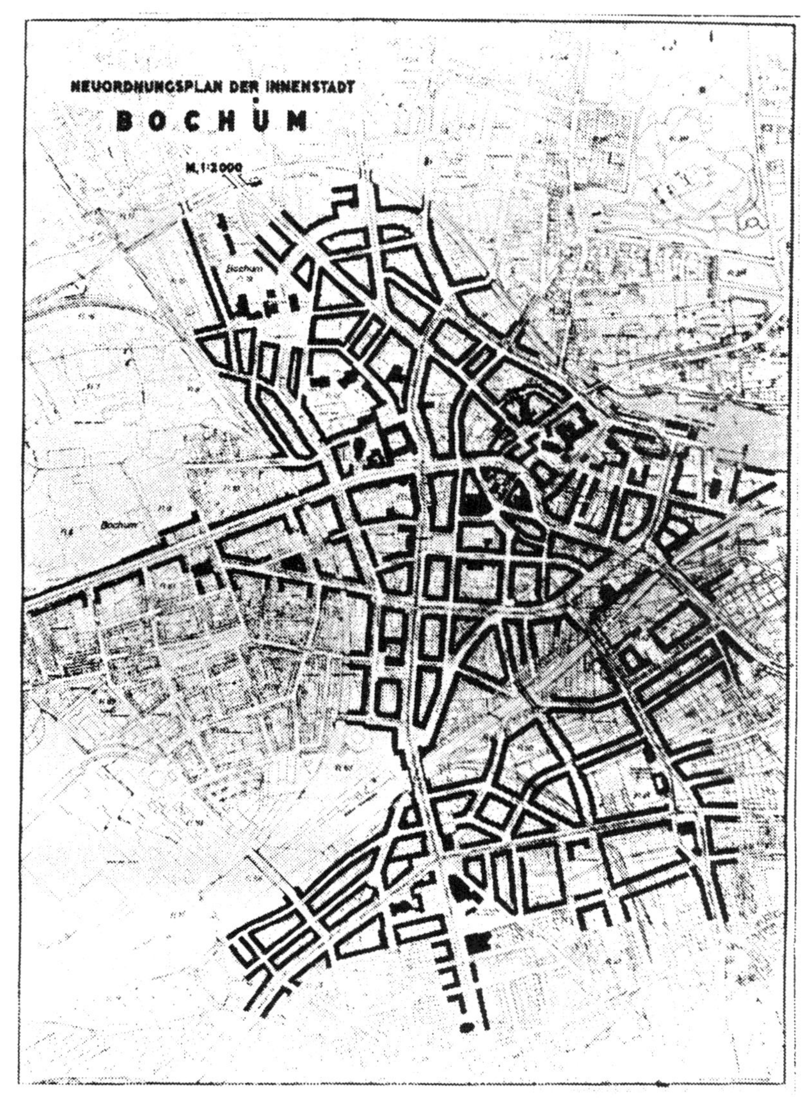

261

Neuordnungsplan für die Bochumer Innenstadt, genehmigt von der Stadtverordnetenversammlung am 1. Okt. 1948

Farbdruck, 1948

262

Stadtwerkehaus an der Massenbergstraße, fertiggestellt 1955

Foto, 1955

263

Das Ensemble von Stadtbad und Stadtwerkehaus an der Massenbergstraße, erbaut zwischen 1950 und 1955

Foto, 1955

264

Entwurf für den Wiederaufbau des Wohn- und Geschäftshauses Friedrich Picard an der Viktoriastr. 67

Bauzeichnung, 1948

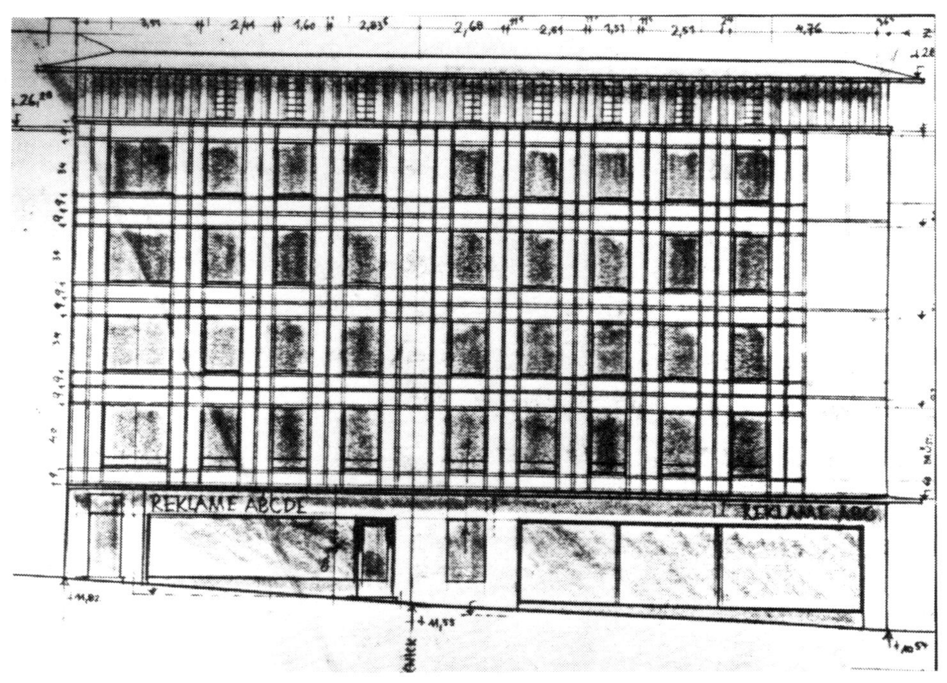

265
Entwurf für ein Wohn- und Geschäftshaus an der Brückstr. 1, 1955

Bauzeichnung, 1955

267

Hauptverwaltung der Aral AG, Wittener Straße, erbaut nach Plänen des Architekten Wilhelm Seidensticker von 1949

Foto, 1964

266

Verwaltungsgebäude der Ruhrknappschaft, 1946 bis 1952 entstanden nach Entwürfen des Architekten Hans Landgrebe

Foto, 1952

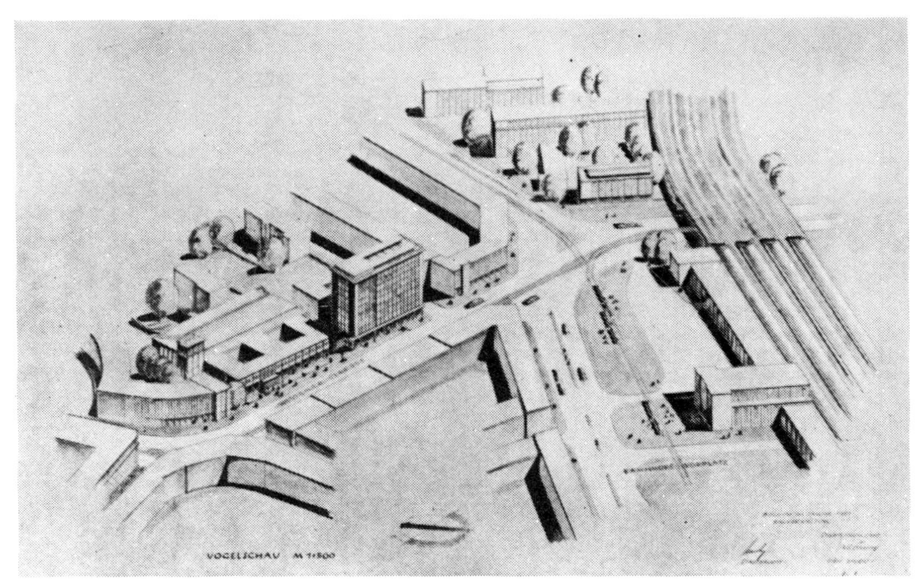

268

Entwurf für die Gestaltung des Bahnhofsbereichs, abgezeichnet von Stadtbaurat Clemens Massenberg

Planungsskizze, 31.01.1954

269
Eingangshalle des Hauptbahnhofs, eingeweiht 1957

Postkarte, 1959

270
Siedlung Klosterbusch in Querenburg, erbaut 1947/48 (heute Gelände der Ruhr-Universität)

Foto, 1949

271

Siedlung Fuldastraße in Harpen. Bei ihrer Errichtung wurden erstmals vorgefertigte Bauelemente verwendet.

Foto, ca. 1950

DER BUNDESMINISTER
FÜR DEN
MARSHALLPLAN

Az. II/762

BONN, den 6.3.1950

Herrn
Oberbürgermeister G e l d m a c h e r
B o c h u m

Rathaus

Sehr geehrter Herr Oberbürgermeister!

Der Wiederaufbau der deutschen Wirtschaft hängt entscheidend von den Zuwendungen des Marshall-Planes ab. Deshalb wird es eine der vordringlichsten Aufgaben sein, den reibungslosen Fortgang dieser Hilfeleistungen zu sichern.

Wie ich auch gelegentlich meines kürzlichen Aufenthaltes in Amerika feststellen konnte, werden die Bemühungen um die laufende Fortsetzung der Zuwendungen in hinreichender Höhe entscheidend dadurch gestützt werden, dass überzeugend dargetan wird, dass Deutschland a u s e i g e n e n K r ä f t e n seit 1945 beim Aufbau Erhebliches geleistet hat.

Ich bin überzeugt, dass Sie mir zu diesem Zweck aus den dortigen Vorgängen eine umfassende Aufstellung der Aufbauleistungen Ihres Bereiches seit 1945 zur Verfügung stellen können. Zum wenigsten darf ich eine grössere Anzahl von lebendigen Einzelbeispielen des Wiederaufbaus aus eigener deutscher Kraft von Ihnen erwarten.

Sollte sich um beispielhafte Fälle handeln, in denen Kriegsfolgen beseitigt worden sind oder Flüchtlingen Gelegenheit gegeben ist, ihre Heimatindustrie im Bundesgebiet neu zu errichten.

Ich bin sicher, dass die Zusammenfassung der deutschen Aufbauleistungen aus eigener Kraft ihren Eindruck nicht verfehlen wird.

Mit vorzüglicher Hochachtung

273
MSA-Siedlung in Gerthe, erbaut mit Mitteln des Marshall-Plans 1951 – 1954 (MSA = Mutual Security Agency; Fortsetzung des Marshall- Plans seit 1951)

Foto, 1954

272
◀ Der Bundesminister für den Marshallplan, Hans Blücher, bittet den Oberbürgermeister Geldmacher um Nachweise für gelungenen Wiederaufbau.

Schreiben vom 06.03.1950

274

Christuskirche, erbaut 1879. Das kriegszerstörte Kirchenschiff wurde 1956 – 1959 durch einen Neubau des Architekten Dieter Oesterle, Hannover, ersetzt.

Foto, 1986

276
St. Nikolaus von Flüe, Bochum-Marmelshagen, erbaut durch den Architekten Otto Weicken, Unna, 1955 – 1956.

Foto, 1986

275
◀ Propsteikirche St. Peter u. Paul, errichtet nach dem Bochumer Stadtbrand von 1517; nach Kriegszerstörung Wiederherstellung durch den Architekten Peter Solf, Bochum, 1945 bis 1949 Anbauten bis 1957 durch den Architekten Dr. Günther, Essen

Foto, Dezember 1951

30. Stadt im Wandel

Die Währungsreform schuf die Voraussetzungen für eine wirtschaftliche Gesundung in den Westzonen: Jetzt konnte das langfristig angelegte amerikanische Programm zum wirtschaftlichen Wiederaufbau in Europa (Marshall-Plan), das Westdeutschland einbezog, in Gang gesetzt werden. Jetzt erst konnte auch die Aufhebung der Preisbindung und der Warenbewirtschaftung angestrebt werden. Denn die Reform des Geldsystems ging mit einer grundsätzlichen Neuorientierung der Wirtschaftspolitik einher. Der Direktor für Wirtschaft der Zweizonenverwaltung, Ludwig Erhard, konnte den Abbau der Preisvorschriften und Planbewirtschaftung durchsetzen und damit nach und nach den Prinzipien einer sozialen Marktwirtschaft zum Durchbruch verhelfen.

Dennoch, eine Initialzündung für die Selbstgesundung der Wirtschaft und für ein kräftiges Wachstum, wie es sich zahlreiche Experten von der Währungsreform erhofft hatten, trat nicht ein. Zu sehr blieb die Nachfrage auch in den Grundstoffindustrien hinter den Erwartungen zurück.

Die Lage änderte sich erst mit Beginn des Koreakrieges im Juni 1950: Schlagartig stieg die Nachfrage nach Eisen und Stahl auf den internationalen Märkten als Ausgangsprodukt für die Rüstungsindustrie. Diese Nachfrage führte besonders an Rhein und Ruhr zu einem starken konjunkturellen Aufschwung in der Montanindustrie. Sonderschichten wurden gefahren, neue Prämiensysteme im Bergbau sowie in der Eisen- und Stahlindustrie eingeführt. Kohle wurde ähnlich knapp wie in der unmittelbaren Nachkriegszeit.

Das weitgehend aus dem Boom der Grundstoffindustrien resultierende „Wirtschaftswunder" der 50er Jahre wirkte sich zunächst günstig für das Revier und für die Arbeiterschaft aus. Gleichzeitig wurde jedoch die industrielle Monostruktur an der Ruhr verfestigt.

Das Aufkommen neuer preisgünstiger Energieträger wie Erdöl und Erdgas sowie Abbauschwierigkeiten in den geologisch ungünstig gelagerten Bochumer Flözen führten deshalb schließlich in eine umfassende Krise: Das Zechensterben begann. Fast 40.000 Beschäftigte verloren in einem Zeitraum von 15 Jahren ihren Arbeitsplatz auf Bochumer Schachtanlagen.

Bis 1967 wurden im Ruhrgebiet insgesamt 75 Zechen geschlossen. Die erste Stillegung in Bochum betraf am 28. Februar 1960 die Zeche Prinz-Regent. Bis Dezember 1962 folgten fünf weitere Schachtanlagen.

Seit dem Ende der letzten Schicht auf Hannover-Hannibal im März 1973 ist Bochum eine Stadt ohne Zechen.
In Bochum bemühte man sich mit Hilfe verschiedener Maßnahmen – Ausbau des Verkehrswegenetzes (Hauptbahnhof), Stadtwerbung, Bereitstellung von Industriegelände – neue Betriebe anzusiedeln, um dadurch die einseitige Wirtschaftsstruktur aufzulockern. Die größten Erfolge in dieser Hinsicht brachten die Neuansiedlungen der Firmen Graetz und Opel.
Die Radio- und Fernsehwerke Graetz KG verhalfen mit ihrer Niederlassung 1956 der Stadt Bochum zu 1.500 neuen Arbeitsplätzen.
Zwei Werke baute der Autohersteller Opel in der Stadt, davon das eine z. T. auf dem Gelände der ehemaligen Zeche Dannenbaum in Laer, das andere im Ortsteil Langendreer. Die offizielle Eröffnung fand, über ein Jahr nach dem Anlaufen der Teilproduktion, am 10. Oktober 1962 statt.
Ende 1962 wurden bei Opel bereits rund 11.000 Arbeitskräfte beschäftigt.
Von 1953 bis 1962 wurden insgesamt 191 Betriebe mit 7.800 Arbeitsplätzen neu angesiedelt.

Mit der Ruhr-Universität fügte Bochum seinem Image als Industriemetropole das einer Hochschulstadt hinzu. Am 18. Juli 1961 beschloß der Nordrhein-Westfälische Landtag, die geplante Ruhr-Universität in Bochum zu errichten.
Die Grundsteinlegung für das erste Gebäude erfolgte durch Ministerpräsident Dr. Franz Meyers am 2. Juli 1962.
Am 30. Juni 1965 wurde die Ruhr-Universität Bochum feierlich eröffnet.

Oberbergamt

I 8101/1548/51
(Geschäftszeichen)

(21b) Dortmund, den 20. September 1951
Goebenstraße 25
Ruf: 21546-48

An die
Stadt Bochum
Abt.Stadtplanungsamt

B o c h u m

27. Sep. 1951

Stadt Bochum
27.SEP.51 000257

Betr.: Wirtschaftsplan der Stadt Bochum

Ihr an das Bergamt Bochum2 gerichtetes Schreiben vom 22.6.1951 -Nr. 341-

Auf Ihre vorbezeichnete Anfrage bestätigen wir Ihnen, daß nach unseren Berechnungen der Kohlenvorrat im Raume Bochum unter Zugrundelegung der jetzigen Förderung noch für etwa 50 Jahre ausreicht. Die Lebensdauer der einzelnen Schachtanlagen liegt nach unseren Feststellungen zwischen 29 und 265 Jahren.

I.A.
gez.: Hentrich

Oberbergamt Dortmund
Kanzlei

Beglaubigt:
OBA-Angestellte.

277

Hoffnungen auf eine weitere Prosperität durch den Bergbau erfüllen sich nicht: Neun Jahre nach dieser Auskunft schließt die erste Zeche, zweiundzwanzig Jahre später gibt es keine Zeche mehr auf Bochumer Gebiet.

Schreiben des Oberbergamtes Dortmund an das Planungsamt der Stadt Bochum, 20.09.1951

278
Ausstellungsszene „Vom Trümmerfeld ins Wirtschaftswunderland“

Foto, 1987

279
Durch Zechenstillegungen gehen an Rhein und Ruhr bis 1966 rund 87.000 Arbeitsplätze verloren. Für viele Kumpel ist dies das Resultat einer verfehlten Energiepolitik. Am 11. Mai 1966 protestieren sie auf allen Schachtanlagen mit einem halbstündigen Warnstreik.

Flugblatt der Industriegewerkschaft Bergbau und Energie, März 1966

Soll das so weitergehen?

Es wurden bisher stillgelegt

	Beschäftigte
Barsinghausen	1 804
Lieselotte	102
Minden	306
Barbara	2 400
Friedrich Thyssen 4/8	2 375
Jungmann	102
St. Ingbert	950
Christian Levin	1 430
Prinz Regent/Dannenbaum	4 297
Wilhelmine Victoria	2 654
Neuruhrort	206
Obernkirchen	2 371
Friedlicher Nachbar	1 775
Alter Hellweg	1 903
Klosterbusch	1 105
Engelsburg	1 972
Wohlverwahrt	230
Bruchstraße	2 604
Neu-Plessbach	354
Oespel	1 471
Carolus Magnus	2 911
Maria Hauptschacht	3 315
Heinitz	2 680
Neumühl	4 127
Mansfeld	2 432
Scholven	3 442
Beeckerwerth	2 808
Centrum/Morgensonne	2 721
Gottessegen	853
Victoria	2 751
Friedrich Ernestine	1 325
Dorstfeld	2 981
Neu-Mecklingsbank	134
Zollstraße	108
Victoria-Lünen 1/2	3 134
Carolinenglück	1 578
Mieke (Nieders.)	138
Aurora	244
König Ludwig 1/2, 3/4	2 210
Helene	1 183
Victoria Mathias	1 530
Kaiserstuhl	2 836
Dahlbusch	2 900
Langenbrahm	1 682
Bismarck	6 700
usw.	

„Wir machen das Theater um die Kohle nicht mehr länger mit!"

„Wir wollen sichere Arbeitsplätze in unserem Beruf und keine Lohnverluste durch Feierschichten!"

„Was nutzen uns Energiedebatten im Bundestag und Landtag, wenn doch nichts dabei herauskommt!"

„Es ist jetzt lange genug geredet worden in Bonn und Düsseldorf. Wir wollen endlich eine vernünftige Energiepolitik!"

„Wir lassen uns nicht mehr mit billigen Versprechungen abspeisen. Wir wollen soziale Sicherheit!"

So und ähnlich haben uns die Bergleute in den letzten Wochen und Monaten geschrieben. Arbeiter und Angestellte.

Sie alle sind empört. Weil sie längst gemerkt haben, daß eine völlig verpfuschte Energiepolitik auf ihre Rücken abgeladen werden soll.

280

Ausstellungsszene „Vom Trümmerfeld ins Wirtschaftswunderland“

Foto, 1987

Bochum flaggt halbmast

Das Todesurteil ist gesprochen

„Prinz Regent", „Friedlicher Nachbar" und „Engelsburg" werden stillgelegt

Als einer der schwärzesten Tage wird der 10. Dezember 1959 in die Geschichte der aufstrebenden Bergarbeiterstadt Bochum eingehen. Im Verwaltungsgebäude der Gelsenkirchener Bergwerks-AG am Klaraplatz in Essen ist gestern das Schicksal der drei Schachtanlagen der Bochumer Bergbau-AG, „Prinz Regent", „Friedlicher Nachbar" und „Engelsburg" endgültig besiegelt worden. Nüchterne Zahlen haben gesiegt, nicht aber sachliche, soziale und menschliche Argumente, die seit der Veröffentlichung der Hiobsbotschaft am 28. Oktober durch die RUNDSCHAU in Veranstaltungen, Versammlungen, Besprechungen in Bonn und Bochum, Resolutionen und Protestaktionen vorgebracht und für richtig befunden wurden. Die Stillegungslawine rollt!

Nach der Vertagung der Entscheidung vom 20. November hat die gestrige zweite Sitzung des GBAG-Aufsichtsrates zweieinhalb Stunden gedauert — hinter verschlossenen Türen natürlich. Vor-, Mittel- und Hauptpförtner waren angewiesen, unter keinen Umständen Presse, Rundfunk und Fernsehen bis in die Nähe des eigentlichen Tagungsortes vordringen zu lassen. Damit sollten unter allen Umständen Gespräche mit Aufsichtsratsmitgliedern nach der entscheidenden Sitzung verhindert werden. Die Vertreter der Arbeitnehmer im Aufsichtsrat verzichteten auf Grund des für die Stadt Bochum vernichtenden Gesamtergebnisses auch auf den anschließend vorgesehenen gemeinsamen Mittagstisch im Hotel „Kaiserhof".

Dem Sprachrohr der Oeffentlichkeit wurde also nicht die Möglichkeit gegeben, seine Aufgabe zu erfüllen.

Wozu auch, man kann es sich doch leisten, man kann sogar Menschen „verfrachten". Dafür wurde eine sogenannte Pressemitteilung herausgegeben, aus der jeder Bochumer Bergmann und Bürger das lesen kann, was er will. Hier der Text:

„In der heutigen Sitzung des Aufsichtsrates der GBAG wurde dem Antrag des Vorstandes auf Stillegung der Zechen ‚Prinz Regent', ‚Friedlicher Nachbar' und ‚Engelsburg' der Bochumer Bergbau-AG die Zustimmung gegen die Stimmen der Arbeitnehmervertreter im Aufsichtsrat erteilt. Die Zeche ‚Prinz Regent' soll im Laufe des Jahres 1960 stillgelegt werden, im Jahre 1961 soll die Stillegung der beiden anderen Zechen erfolgen. Der Aufsichtsrat nahm Kenntnis von dem Sozialplan, der insbesondere den älteren Arbeitern und Angestellten nach Auslaufen der Anpassungsbeihilfen der Hohen Behörde und der Bundesregierung ein gewisses Mindesteinkommen bis zur Erreichung der normalen Altersversorgungsbezüge garantiert. Der Vorstand wird auch seinerseits alles in seinen Kräften Liegende unternehmen, um den aus den Stillegungsmaßnahmen für die Stadt Bochum sich ergebenden Schwierigkeiten zu begegnen."

Das war es, und was am Nachmittag noch in einem gesondert geführten Gespräch mit einigen „auserwählten Presseleuten" diskutiert worden ist, bleibt abzuwarten. Erstaunlich und sogar verwunderlich nur, daß Bochumer Pressevertreter nicht dazu gebeten wurden. Sie hätten ihren Lesern gewiß auch nichts über „das Bochumer Problem Nr. 1" sagen bzw. berichten können. So kann man's machen!

Der Beschluß aber fand gestern nachmittag bald seinen Niederschlag. Diskutierende Gruppen überall: auf den Straßen, in Gastwirtschaften, auf dem Zechenplatz, vor Ort.

Auf dem Rathaus wehte nach Bekanntwerden der Nachricht aus Essen die Stadtfahne auf halbmast.

281

„Bochum flaggt halbmast": Betriebswirtschaftliche Überlegungen der Bergwerksgesellschaften setzen sich durch: mit der Stillegung der Zechen Prinz-Regent, Friedlicher Nachbar und Engelsburg beginnt das Zechensterben in der Stadt.

Zeitungsmeldung, 11.12.1959 (siehe IV Anhang Nr. 23)

282

Ausstellungsszene „Vom Trümmerfeld ins Wirtschaftswunderland"

Foto, 1987

Eine Epoche geht zu Ende

Bochum – Stadt ohne Bergbau

Die letzte Zeche schließt

Von SIEGFRIED GUSEK

Die Neujahrsglocken läuten in Bochum das Ende einer Epoche ein: Wenn am 31. März mit Hannover-Hannibal die letzte Schachtanlage im Stadtgebiet stillgelegt wird, schließt das Kapitel Bergbau nach mehreren Jahrhunderten endgültig ab. In ihm ist der Aufstieg der Gemeinde vom Ackerbürger-Städtchen zum weltbekannten Industrie-Standort verzeichnet, aber auch die größte und schwerste Krise, die das Gemeinwesen in seinen Grundfesten zu erschüttern schien – Grund, Rückschau zu halten, das, was nun Historie geworden ist, noch einmal Revue passieren zu lassen.

283
Bochum – Stadt ohne Bergbau

Zeitungsmeldung, 31.12.1972 (siehe IV Anhang Nr. 24)

284

Ausstellungsszene „Vom Trümmerfeld ins Wirtschaftswunderland“

Foto, 1987

285

Schwarze Fahnen in Bochum: Die Proteste der Bochumer Kumpel sind zum Scheitern verurteilt; der Abbau der Kohle ist hier schwieriger und die Betriebsergebnisse ungünstiger als in der Lippezone.

Foto , undatiert

Unsere Geduld
ist zu Ende!

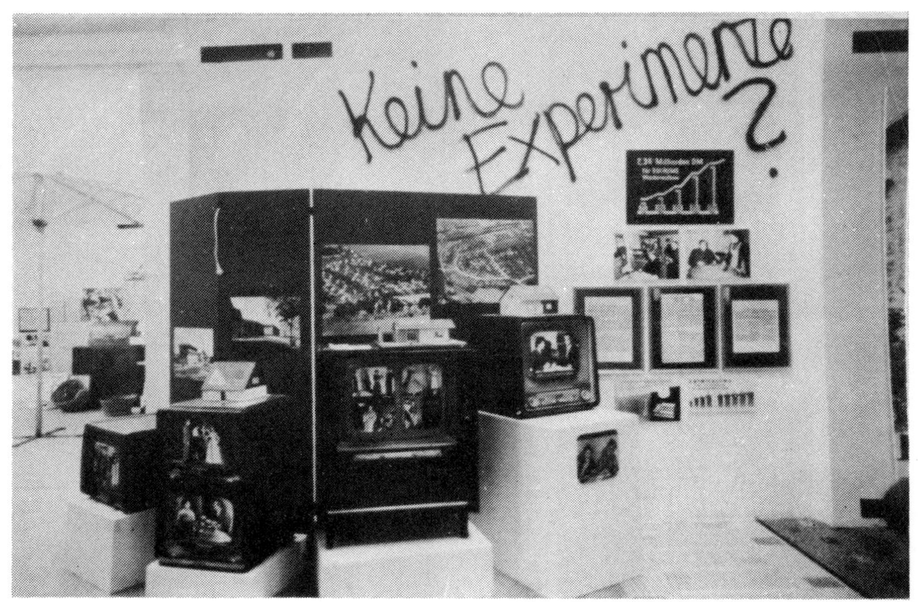

286

Ausstellungsszene „Vom Trümmerfeld ins Wirtschaftswunderland"

Foto, 1987

287

Mit der Ansiedlung der Firma Graetz reagiert die Stadt Bochum auf den wirtschaftlichen Strukturwandel.

Foto, undatiert

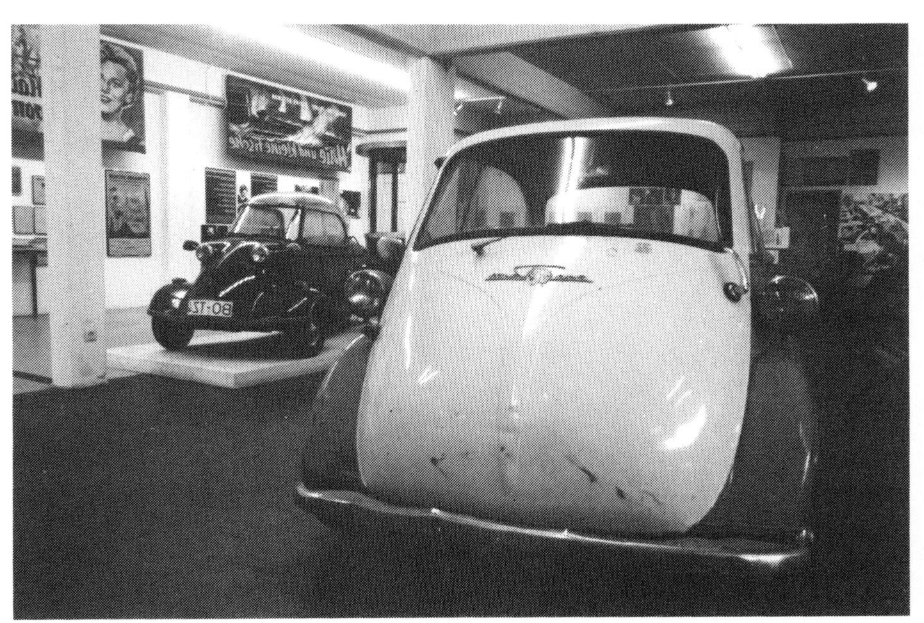

288
Ausstellungsszene „Vom Trümmerfeld ins Wirtschaftswunderland“

Foto, 1987

289
Autoproduktion auf dem Gelände der ehemaligen Zeche Dannenbaum – das Opel Werk in Bochum-Laer.

Foto, ca. 1964

OPEL
GENT

290
Ausstellungsszene „Vom Trümmerfeld ins Wirtschaftswunderland“

Foto, 1987

291
Alma Mater im Revier – die Gebäude der geisteswissenschaftlichen Fakultäten der Ruhr-Universität ▶

Foto, ca. 1970

292
Ausstellungsszene „Vom Trümmerfeld ins Wirtschaftswunderland“

Foto, 1987

IV
Dokumentarischer Textanhang

Anhang Nr. 1 = Dokument 14

Besetzung Bochums durch US-Truppen aus der Sicht von Bürgermeister Dr. Franz Geyer

1. Am 10. April 1945 vormittags übernahm ich nach Abrücken des Oberbürgermeisters Hesseldieck zum Volkssturm die Führung der Verwaltungsgeschäfte.
   An diesem Tage wurde folgendes erledigt:

a) Schreiben an die Bochumer Geschäftsleute, ihre Geschäfte trotz Feindbedrohung während der angeordneten Geschäftsstunden für die Bevölkerung offen zu halten. Lebensmittel und andere bewirtschaftete Waren dürfen nur nach Aufruf durch das Ernährungs- und Wirtschaftsamt gegen Marken abgegeben werden. Eigenmächtiges Schließen von Geschäften ist nicht gestattet.

b) Bekanntmachung an die Bevölkerung, daß die Stadtverwaltung auch bei Feindbesetzung in allen Dienst-, Betriebs- und Verwaltungsstellen ordnungsgemäß und ohne Unterbrechung weiter arbeitet im Interesse der Volksgenossen.

c) Rücksprache mit dem Vertreter des Kommandeurs des Lu-Abschnitts I, Oberleutnant Hoffmann, über den polizeilichen Schutz der Bevölkerung während des Übergangs zur Besetzung der Stadt. Lebensmitteläger sind von den Revieren aus gesichert. Ansammlungen in Straßen werden durch Patrouillen überwacht. Der polizeiliche Schutz scheint mit den vorhandenen Kräften gewährleistet. Der Unterzeichnete ließ dem Kommandeur mitteilen, daß er auf laufende Verbindung mit den Lu-Abschnitten besonderen Wert lege. Gegebenenfalls wird die Stadtverwaltung Kräfte zur Verstärkung der Mannschaften für den Lu-Abschnitt namhaft machen.

d) Gegen 17.30 Uhr erschienen auf dem Rauthausvorplatz 3 Kübelwagen mit bewaffneten Amerikanern. Ein Major und ein Dolmetscher baten den Unterzeichneten um eine Unterredung, die im Rathaus in den Räumen des Pol. Rev. I stattfand. Es wurde bekannt gegeben, daß das Leben seinen ungehinderten Fortgang nehmen solle, die Lebensmittelkarten weiter in Geltung bleiben würden und die Verwaltung in allen ihren Abteilungen arbeiten könne. Die Mitteilung wurde zur Kenntnis genommen.

   Ferner wurden 3 Maueranschläge übergeben mit dem Auftrag, sie sofort am Rathaus anzubringen. Die Anschläge wurden entgegen genommen. Danach erklärte der Major, daß morgen – 11.4. – vormittag 9 Uhr eine weitere Besprechung stattfinden solle, zu der wahrscheinlich sein Oberst persönlich erscheinen würde. Außer dem Verwaltungsleiter wurde die Anwesenheit der Leiter der Versorgungsbetriebe, der Lebensmittelversorgung, der Polizei bezw. Stadtwacht gewünscht. Die Sitzung findet im Konferenzzimmer 105 statt. Nachträglich erklärte der Dolmetscher, daß Soldaten in Zivil, die sich bei der Verwaltung meldeten, nach den Genfer Abmachungen behandelt würden. Soldaten, die sich nicht meldeten, würden als Spione behandelt. Diese Bestimmung wird noch bekannt gemacht. Die Mitteilung würde nur gemacht, sagte der Dolmetscher, damit die Stadtverwaltung auf Anfrage Auskunft geben könnte.

   Die Besprechung begann kurz vor 18 Uhr und war 18.45 Uhr beendet. Mitanwesend waren Stadtrat Heß und Stadtoberamtmann Kaffil.

2. Sammelmappe anlegen.

Anhang Nr. 2
Trümmerkarte – Bochum 1945

Anhang Nr. 3 = Dokument 96

Der Betriebsrat des Bochumer Vereins fordert Maßnahmen zur Behebung der Lebensmittelkatastrophe und droht mit Arbeitsniederlegung.

Die ca. 9000 Mann starke Belegschaft der Bochumer Verein für Gußstahlfabrikation A.G. ist entrüstet und empört über die von Woche zu Woche absinkende Ernährung. Sie ist jetzt an einem Punkt angelangt, an dem sie ihre Arbeit nicht mehr verrichten kann. Erfolgt nicht schnell eine Besserung, so ist sie gezwungen, aus Unvermögen ihre Arbeit ganz einzustellen. Zweifel- und Hoffnungslosigkeit machen sich breit. Man glaubt niemand. Alle Meldungen der Presse, des Rundfunks und der amtlichen Stellen finden keinen Glauben.

Die Belegschaft des Bochumer Vereins verlangt von den Gewerkschaften, Parteien und amtlichen Stellen, daß alles versucht wird, um die Bevölkerung des Ruhrgebietes aus dieser Katastrophe zu retten.

Sie verlangt, daß der Schwarzmarkt scharf überwacht, Kompensationsgeschäfte verhindert und die eigene Landwirtschaft zur Höchstablieferung verpflichtet werden. Weiterhin ist dafür Sorge zu tragen, daß fachkundige Vertreter der Gewerkschaften in die Kontrolle der Ernährungswirtschaft eingebaut werden.

Anhang Nr. 4 = Dokument 112

Tauschmarkt, Verlustanzeigen und Heiratsgesuche im Nachkriegsbochum.

Am 9. Januar im Kaufhaus Baltz Lebensmittelkarten für 4 Pers. 3 Personalausweise und andere Ausweise auf den Namen Böckmann verloren. Wiederbringer erhält Belohnung. Bochum, Kanalstraße 3 a

Biete: Küchenherd. Suche: Arbeitsschuhe (Gr. 41-43) u. Arbeitsanzug (Gr. 42-46) Zuschriften unt. U B 2683 WP Bochum

Witwe, 27 Jahre, 1,67 gr. mit einem Kind, sucht Wiederheirat. Bergmann bis 35 Jahre bevorzugt: Eigener Haushalt vorhanden. Zuschriften unt. U S 2777 WP Bochum

Anhang Nr. 4a = Dokument 236

Brief von Friedrich Oskar Schöfer aus St. Andreasberg (Harz) vom 5. August 1946 an Ernst und Leonore Gordon, London, Großbritannien. Friedrich Oskar Schöfer war als Pfarrer der „Bekennenden Kirche" aktiver Gegner des Nationalsozialismus gewesen. 1947 wurde er Direktor der neugegründeten Volkshochschule Bochum, die er bis 1967 leitete. Ernst und Leonore Gordon waren von den Nationalsozialisten verfolgt worden und lebten seit 1939 in England im Exil.

Lieber Ernst, liebe Lore!

Ernsts Brief vom 15. Juli ist heute morgen gekommen. Er hat gerade in diesen Tagen eine sonderliche Bedeutung für mich. Ich gehe jetzt einen nicht ganz einfachen Weg mitten durch alle Verwirrungen und Unruhe der Zeit. Wahrscheinlich werde ich, wenn Ihr diesen Brief in Eure Hand bekommt, schon in Hannover sein. Ich komme jetzt in der kirchlichen Arbeit nicht weiter. Nun hab' ich eine Möglichkeit, ganz in die Volkshochschularbeit hinüber zu wechseln. Da komme ich an all die Menschen heran, die ich von der Kanzel herunter nicht mehr erreiche, die aber alle voller Unruhe und Unsicherheit sind und Wegweisung brauchen. Seht, so seltsam es vielleicht für Euch klingt, gerade aus meinem Mund, ich bin in all den Jahren ohne Amt, als kleiner Landsknecht unter dem großen Haufen der Soldaten, als Sträfling unter Verbrechern, als suchender Mensch unter suchenden Menschen, einen weiten Weg geführt worden. In der grenzenlosen Einsamkeit der vielen Monate der Einzelhaft, da ist mir erst einmal vieles zerbrochen an alten Sätzen, und es ist mir ein ganz einfaches Evangelium aufgeleuchtet von dem Gottesreich, das nahe ist, mitten unter uns und inwendig in uns, von dem Christus, der lebendig durch unsere Gassen und durch unsre Schicksale geht. Und nun redet mir alles davon. Es ist eigentlich das, was ich immer gemeint und gesucht habe. Und ob ich nun in dem hohen Chor einer gotischen Kirche die Messe singe oder einem Schmetterling zuschaue, der über unseren Hofzaun flattert, oder in einer Vorlesung die Symbolik der Bamberger Plastiken erkläre oder im Stadtrat über die Probleme der Zeitnöte rate – es ist überall das nämliche Reich. Eine leise Hinwendung (. . .), und er ist da, mitteninne! Auch in der Zelle, auch im Gerichtssaal, auch im Hunger – der eben das Problem aller Probleme ist, weil er leider bei uns allen den Charakter verdirbt. Auch in dem unheimlichen Wurzelgeflecht von Schicksal und Schuld, in das wir alle verstrickt sind. Vieles hab' ich von Jacob Böhme gelernt, vieles von Morgenstern, und immer wieder von Raabe. Nun ist mir alles ganz durchsichtig geworden, auch „Wort" und „Sakrament" und „Amt" und Priestertum. Und das kann unsre lutherische Kirche – und vielleicht keine unserer heutigen Kirchen – nicht sehen und nicht vertragen. Während überall die Kirchenlosen zu mir kommen mit ihren Fragen und Nöten, sabotieren die Amtsbrüder meine Vorträge. Und die „frommen" Leute regen sich auf über den Ketzer. In den ersten Monaten nach dem Zusammenbruch sah es so aus, als werde die Kirche die ungeheuerliche Aufgabe übernehmen, in ganz großem Stile innerlich zu helfen, zu trösten, zu führen und den einzig gangbaren Weg zu zeigen für unser doppelt geschlagenes Volk. Ich, der ich als kleiner Mann in diesem Volk steckte, weiß, wie man überall wartete auf das lösende Wort. Die Kirche schwieg – nein, Sie schwieg nicht einmal, sie redete sehr viel, aber nicht in die Zeit hinein, nicht von dem, was uns allen auf den Nägeln brannte, sondern nach der Melodie: Gott sei Dank, daß wir nun wieder ungestört unsern alten bürgerlich-lutherischen Vorkriegsgott weitergeben können! Ich setzte mich auf mein Rad, denn es ging noch keine Bahn, und fuhr nach Hannover. Dort trug man mich unter Nr. 246 in eine Liste ein und sagte mir, Arbeit habe man nicht für mich, ich sei der 246ste „Ostpfarrer". Da wurde ich wild und sagte, dann sollte man die 246 an die Straßenecken stellen zum Predigen. Die Antwort: „Wenn Sie sich für Volksmission interessieren, gehen Sie eine Treppe tiefer zu Oberlandeskirchenrat X in Zimmer 26, der hat das Ressort." Da hab ich mich erst einmal selbständig gemacht und meine ersten großen Vortragswochen gehalten. Es war ein Sturm. Daß mich die Leute nicht zerrissen, war alles. Ich wurde über das geplante Maß hinaus in die Lazarette, zu den Schwesternschaften, in die Jugendkreise geholt. Nur die Amtsbrüder wurden immer reservierter, bis dann die ersten Beschwerden an das Landeskirchenamt gingen. Seitdem komme ich nicht mehr weiter, weil überall Mißtrauen gesät wird. Da baute ich mir aus einem kleinen Arbeitskreis die hiesige Volkshochschule auf. Dann wurde ich in die Kreisstadt nach Clausthal geholt. Überall

sind meine Vorlesungen die am meisten gefragten, vor allem auch bei der Jugend. Irgendwann werd' ich wohl dazu kommen, mir mein eignes College aufzubauen. Aber das wird noch ein paar Jahre währen.
Bittet, daß mir Gott Kraft schenke. Es ist jetzt nichts so nötig in Deutschland als Erziehungsarbeit an allen Schichten. Wir sind seit Generationen festgefahren auf einem nationalistischen Irrweg, wie ihn unsere großen Geister nicht kannten, weder der Naumburger Meister noch Bach, noch Dürer, noch Goethe, noch Leibnitz... Wir haben die Grundlagen unsrer eigentlichen Kultur vergessen und die meisten haben verlernt, selbst zu denken, zu fühlen, etwas zu sein. Ich seh' das Evangelium Christi und seh' die aus lebendigen Steinen gebaute Kirche überall aufleuchten als den stillen Stern überm Meere – nicht der Schriftgelehrten und Hohenpriester Kirche, sondern der brennenden Herzen. Also High, very high, bis in den Himmel hinauf und zugleich low, bis in den Staub der Gassen und den seelentötenden Mechanismus der Gefängnisse, und broad, so weit, daß der dogmenlose Quäker und der gottsuchende Zweifler ebenso Raum darin hat, wie der Jesuit und der Heilsarmeemann. Das heilige Herz Jesu, das ist wirklich das katholischste Symbol. Ihm wollen wir dienen, auch da, wo wir scheinbar von ganz anderen Dingen reden. Daß Ihr das in England tut und wir in Deutschland – welch ein Zeichen! Welch eine Aufgabe! Ihr müßt uns sehr viel menschlicher schreiben von drüben, und wir werden Euch alles auspacken, was wir an Sorgen haben. Wir werden auch sagen, was Ihr jetzt mit uns falsch macht – das ist eine ganze Menge – und was wir von Euch erhoffen. Die Aufgabe liegt nun bei Euch, die schwere, den Imperalismus wirklich zu überwinden. Und das könnt Ihr auch nur in der Barmherzigkeit Christi. – Für heute nur das Eine: Bei allem guten Willen halten wir nicht mehr lange aus. Unsre Rationen sind jetzt so, daß wir kaum mehr arbeiten können, daß gut erzogene Kinder – auch die unsern – zu stehlen beginnen, daß Mädchen sich für ein Stück Brot verkaufen. Meine Augen versagen alle Augenblicke, mein Gedächtnis wird wie eines alten Mannes; wenn ich hier eine halbe Stunde Wegs gegangen bin – langsam gegangen! – muß ich mich hinsetzen und ausruhen. Wenn das nicht in den nächsten Monaten wesentlich anders wird, gibt es ein Chaos, aus dem niemand mehr Europa retten kann. Dabei liegen in der russischen und noch mehr in der polnischen Zone die Felder brach! In Pommern und Schlesien ist nur 4 % des Bodens bebaut! Was heißt da Welternährungskrise? Hier zeigt sich deutlich, daß die Dämonien noch nicht überwunden sind. Was wir brauchen – nicht weil wir es verdient hätten, aber weil wir ebenso wie die Sieger Gottes Geschöpfe und Kinder sind –ist zweierlei: Genug, also wenigstens doppelt soviel, zu essen, und wirkliche Liebe. Ihr müßt jetzt wirklich oft sagen und zeigen, daß Ihr uns liebt und daß auch für Euch nicht das Letzte und Wichtigste ist, ob einer Engländer ist oder Russe oder Deutscher. Wenn ich sage „Ihr" und „Wir", so mein' ich natürlich jeden Einzelnen hier und jeden Einzelnen drüben. Da springt ein Gedanke in mir auf: Könnt Ihr nicht Kinder und junge Menschen in Eurer Gemeinde anregen, an Kinder und junge Menschen hier zu schreiben, daß wirkliche persönliche und echte Briefwechsel entstehen? Adressen vermittle ich gern. Auch ich selbst stehe jederzeit für solche Arbeit zur Verfügung. Als anerkanntes „Opfer des Faschismus" hab ich ja eine ziemlich große Bewegungsfreiheit. Schad, daß ich kein Englisch kann, sonst käme ich bald einmal zu Euch hinüber.
Für heute Schluß. Bald mehr. Lore, ich denk so viel an Deine feine tapfere Mutter.
In herzlicher Liebe immer

Euer Fritz

Anhang Nr. 5 = Dokument 54

SPD und Union deutscher Sozialisten sollen zu einer gemeinsamen sozialistischen Partei verschmolzen werden.

Anwesende: die Genossen Nickel, Proff, Braumann und Schäfer von der SPD,

die Genossen Volkmann, Bangel, Heinemann, Kaimaier, Kappius und die Genossin Kappius von der Union.

Der Genosse Bangel eröffnete und nannte noch einmal den Zweck der Zusammenkunft: Herbeiführung der Einigung. Angesichts der Tatsache, so führte er aus, daß die Militärregierung die alten Parteien zunächst einmal zuläßt, wir unsererseits die Arbeiterbewegung nicht spalten wollen, nehmen wir davon Abstand, eine zweite sozialistische Partei anzumelden und bemühen uns statt dessen, die angemeldete SPD zu einer Einheitspartei zu machen. Die heutige Sitzung soll die Voraussetzungen einer einheitlichen Organisation in Bochum schaffen, da es sich nicht einfach um die organisatorische Zusammenlegung der beiden Gruppen handeln kann, die neugebildete SPD vielmehr gewisse Züge aufweisen muß, wenn sie zu einem Sammelbecken für alle Sozialisten, kurz zu einer wirklichen Einheitspartei werden soll. Der Genosse Bangel gab seiner Zuversicht Ausdruck, daß die Sitzung mit einem positiven Ergebnis enden werde. Der Genosse Nickel unterstrich in seiner Antwort die Notwendigkeit einer Einheitspartei für die soz. Bewegung. Er begrüßte unsere Absicht, die Einheitspartei nunmehr zu bilden, der Anschluß müsse aber an die SPD erfolgen, – er sei zu keinen Konzessionen bereit. Es sei im übrigen selbstverständlich, daß die neue SPD eine neue Partei nach Geist und Arbeit sein werde in dem vom Genossen Bangel gekennzeichneten Sinne.

Als erster Punkt wurde die Frage des Namens der neuen Partei besprochen. Von der UNIONs-Seite wurde die Frage der Einigung auch nicht vom Namen abhängig gemacht. Es sei zwar außerordentlich wünschenswert, daß die Partei einen neuen Namen bekommt, – entscheidend sei aber der neue Inhalt, der neue Geist der Partei.

Jeder Einzelne der Anwesenden erklärte sich sodann damit einverstanden, daß für die Namensgebung auf Vorschläge von der Bezirksleitung gewartet werden soll, daß jedenfalls die Einigung nicht am Namen scheitern soll.

Als zweiter Punkt wurde die Frage des Programms besprochen. Der Genosse Nickel lehnte es ab, darüber zu verhandeln. Es sei in diesen Tagen keine Zeit dazu, über Programme zu diskutieren. Von Seiten der UNION wurde darauf bestanden, das Programm sei aber gerade dasjenige, woraus der neue Geist der Partei zu ersehen ist, und somit die entscheidende Grundlage für eine Einigung. Da aber ein neues Programm der SPD noch nicht vorliegt, erklärte Genosse Schäfer, daß am letzten Sonntag in Dortmund eine Sitzung des erweiterten Bezirksvorstandes stattgefunden habe, auf der beschlossen wurde, mit den Vorarbeiten für ein neues Parteiprogramm zu beginnen. Vorläufig gelte das Heidelberger Programm. Die Versammlung schloß sich der vorgetragenen Auffassung an, ein neues Programm könne nur von einem Parteitag beraten und beschlossen werden, bis dahin müsse die Partei mit allgemeinen, grundsätzlichen Richtlinien und einem Sofortprogramm arbeiten.
(. . .)
Zur Frage der Arbeitsmethoden bestand Einmütigkeit in der Auffassung, daß in einer neuen Partei nicht nach der früher oftmals üblichen Methode verfahren werden sollte, den Parteivorstand opponierende Meinungen nicht zu Wort kommen zu lassen, – daß vielmehr ein offener, lebendiger und aktiver Geist die Arbeit beherrschen sollte.

Nachdem über diese Punkte Einmütigkeit erzielt worden war, wurden die Richtlinien besprochen, nach denen die Vereinigung der beiden Organisationen vor sich gehen soll, die am Schlusse dieses Protokolls aufgeführt sind. Die ersten 4 Punkte wurden ohne weiteres von allen Anwesenden akzeptiert. Über den Punkt 5 entwickelte sich eine längere Diskussion, da der Genosse Nickel sich zunächst weigerte, ihn anzuerkennen mit der Begründung, es handelte sich um eine undemokratische Forderung. Außerdem würde mit dieser Forderung der

Charakter einer Gruppe betont; die Gruppen müßten aber verschwinden, es müßte eine Partei sein.
(. . .)
Richtlinien für die Verschmelzung der UNION mit der SPD.

1. Alle Genossen, die sich gegenwärtig als Anhänger der UNION betrachten, werden ohne Beanstandungen übernommen, gleichgültig, welcher politischen Gruppe sie vor 1933 angehört haben.

2. Die Vorstände aller Ortsgruppen im Stadtgebiet Bochum sind nunmehr durch geheime Wahl der vereinigten Genossen neu zu wählen. Die Zusammensetzung des Vorstandes richtet sich nach der Stimmenmehrheit, die aus der Wahl hervorgeht.

3. Der Gesamtvorstand in Bochum wird auf die gleiche Weise von den Ortsgruppen-Vorständen gewählt.

4. Nach der Vereinigung beantragt Bochum einen Sitz im Bezirksvorstand des Regierungsbezirkes bzw. der Provinz Westfalen.

5. Sicherung der Mitarbeit an der Gestaltung des vorläufigen Parteiprogramms.
(. . .)
Das Ergebnis der Besprechung ist wie folgt kurz zusammenzufassen:

Die SPD muß zur Wahrung ihrer Interessen (Rückerstattung des 1933 beschlagnahmten und enteigneten Vermögens) ihre Zulassung unter dem alten Namen beantragen und hat das auch getan. Die Genossen von der SPD und die von der UNION sind gleicherweise der Auffassung, daß die sozialistische Bewegung nur im Rahmen einer Einheitspartei ihre Ziele wird durchsetzen können. Die SPD muß darum so gestaltet werden, daß sie zu einer Partei wird, der Sozialisten verschiedener Parteirichtungen beitreten können und auch alle die Sozialisten, die früher wegen der Zersplitterung parteipolitisch abseits gestanden haben. Aus diesem Grunde sollen SPD und UNION zu einer neuen Partei verschmolzen werden, in der alle Genossen sich mit aller Kraft dafür einsetzen werden, daß Name, Statut und Programm der Partei auf überbezirklicher Basis durch gemeinsamer Arbeit neu gestaltet werden. Diese Grundlage bietet die sicherste Gewähr für eine fruchtbare Zusammenarbeit in der örtlichen Politik.

Anhang Nr. 6 = Dokument 58

Wie die KPD sich die Zukunft Deutschlands vorstellt.

(. . .) Das schreckliche Erbe der Nazis muß überwunden werden. Wir Antifaschisten, die wir unser Land lieben, übernehmen die Verantwortung. Wir stellen uns mit an die Spitze des Wiederaufbaues. Wir Antifaschisten, die wir gemeinsam in Gefängnissen, Zuchthäusern und Konzentrationslägern gegen die Feinde des Volkes gekämpft haben, stehen auch jetzt wieder gemeinsam bereit, mit allen Werktätigen an Ruhr und Rhein unsere geliebte Heimat aufzubauen, unsere Familien vor Hunger, Kälte und Elend zu bewahren und aus unserem Ruhrgebiet ein Industriezentrum zu schaffen, welches nicht mehr für den Krieg, sondern für den Frieden und Wohlstand des deutschen Volkes arbeiten wird.

Was ist zu tun?

An diesem historischen Wendepunkt rufen wir Kommunisten alle Werktätigen, alle antifaschistisch-demokratischen Kräfte an der Ruhr auf, für die Wiedergeburt unseres Landes, im Rahmen der demokratischen Erneuerung Deutschlands die ganze Kraft einzusetzen, das Leben zu normalisieren und unseren Beitrag zur geistigen Erneuerung Deutschlands zu liefern. Die unmittelbaren und dringendsten Aufgaben, die das Ruhrvolk heute gemeinsam lösen muß, sind:

1. Vollständige Liquidierung des Nazismus und Militarismus.

Die Entfernung aller aktiven Nazis aus den Behörden und Ämtern. Beseitigung aller nazistischen Direktoren und leitenden Angestellten aus Industrie, Handel und Verkehr. Ersetzung derselben durch bewährte Antifaschisten, welche aufgrund ihrer politischen und moralischen Eigenschaften fähig erscheinen, an der Entwicklung wahrhaft demokratischer Einrichtungen zu helfen.

2. Kampf gegen Hunger, Arbeitslosigkeit und Obdachlosigkeit.

1(. . .)

3. a) Schaffung lokaler Selbstverwaltungen nach demokratischen Grundsätzen.

Umbau der bestehenden Stadt- und Gemeindeausschüsse zu wirklichen antifaschistisch-demokratischen Selbstverwaltungsorganen und ihre Ausdehnung auf die Kreis- und Provinzialverwaltung. Stärkste Heranziehung aller Antifaschisten, die am konsequentesten den Kampf gegen den Faschismus führten, zur aktiven Mitarbeit in diesen Organen. Dieses ist eine Ehrenpflicht, denn diese Antifaschisten haben in ihrem Kampf gegen Hitler die schwersten Opfer gebracht.

Aufbau und Ausbau der Dezernate in der Stadt, im Kreis und in der Provinzialverwaltung zu wirklich leitenden Körperschaften auf allen Gebieten, besonders bei der Organisierung der Wirtschaft, der Ernährungspolitik des Arbeitseinsatzes, sowie auf kulturellem Gebiet. Auch hier Heranziehung von aktiven Antifaschisten. Die Vertreter der Arbeiterschaft, als die Vertreter der Mehrheit der Bevölkerung, sollen auch in diesen Körperschaften die entsprechende Berücksichtigung finden.

Der ideologische Kampf gegen den Nazismus und Militarismus ist ohne aktive Mithilfe der Stadt-, Kreis- und Provinzialverwaltungen undenkbar.

b) Säuberung des gesamten Erziehungs- und Bildungswesens von faschistischem und reaktionärem Unrat. Heranziehung von antifaschistischen Laien und Pädagogen aus allen Kreisen des Volkes. Schaffung einer einheitlichen Volksschule an Rhein und Ruhr und Mitbeteiligung der antifaschistischen Bevölkerung bei der Herstellung von Lehrbüchern. Wir bejahen grundsätzlich den Religionsunterricht, sind aber der Auffassung, daß derselbe außerhalb des regulären Schulplanes erteilt wird. Dort, wo es den Kirchen an geeigneten Räumen fehlt, soll dieser Unterricht außerhalb der Schulzeit in den Schulräumen abgehalten werden.

(. . .)

4. Enteignung der Nazibonzen und Hauptkriegsverbrecher

Übergabe dieser Vermögen an die kommunalen und provinzialen Selbstverwaltungsorgane.

Auflösung der Konzerne, der Stahl-Trusts und des Langnahmvereins und Schließung ihrer Büros. Schließung auch der Konstruktionsbüros, die zur Vorbereitung des Krieges dienten. Diese Organisationen waren Teile des faschistischen Staatsapparates und müssen daher beseitigt werden.

Umgestaltung der gesamten Rüstungsindustrie auf die Herstellung von Gegenständen des täglichen Bedarfs nach einem Plan, den die städtischen sowie die provinzialen Verwaltungsorgane in Verbindung mit den Gewerkschaften, Betriebsräten, unter Hinzuziehung der Techniker und Ingenieure der Betriebe aufstellen.

Auflösung des Kohlensyndikats und des Bergwerksvereins. Übernahme des gesamten Bergbaues durch die Provinzialverwaltung.

(. . .)

5. Enteignung des Grund und Bodens.

a) aller aktiven Nazis und Kriegshetzer;
b) der Großgrundbesitzer und der Rittergüter, die immer die Offiziere und Kader für den preußischen Militarismus gestellt haben:

(. . .)

Übergabe dieses Bodens mit lebendigem und totem Inventar an die durch den Krieg ruinierten landarmen Bauern und Landarbeiter unter Berücksichtigung der Bodenbeschaffenheit. Ferner an Flüchtlinge und Umsiedler ländlicher Herkunft.

(. . .)

6. Überführung lebenswichtiger Betriebe wie Wasser-, Gas-, Elektrizitätswerke, RWE., VEW., Straßenbahnen, wie Bochum-Gelsenkirchener-, Süddeutsche Straßenbahn-AG. in kommunale oder provinziale Regie.

(. . .)

7. Anerkennung der Pflicht zur Wiedergutmachung auf Grund der Potsdamer Beschlüsse der Alliierten und gerechte Verteilung der Reparationslasten.

(. . .)

8. Auf- und Ausbau der Einheitsgewerkschaften an der Ruhr, des „Freien deutschen Gewerkschaftsbundes" auf demokratischer Grundlage Bildung von Industrieverbänden auf betrieblicher Basis. Örtliche und bezirkliche Zusammenfassung zum „Freien Deutschen Gewerkschaftsbund". Die Aufgabe des FDGB. soll auf dem Gebiet der aktivsten Anteilnahme bei der Ingangsetzung der Wirtschaft und der Mitarbeit bei der Gestaltung der Produktion in den Betrieben unter Wahrung und Förderung der Unternehmerinitiative liegen.

Aufbau eines neuen Tarifrechtes, Schutz der Werktätigen gegen unbotmäßige Ausbeutung und Unternehmerwillkür. Aufbau des Sozial- und Versicherungswesens auf einer einheitlichen Grundlage.

9. Aufbau von einheitlichen Konsumgenossenschaften

(. . .)

10. Um jede Zersplitterung der Jugend zu vermeiden, achten wir auf die Bestrebungen der Jugend, eine einheitliche Jugendbewegung zu schaffen. Wir Kommunisten verzichten auf die Bildung eines Kommunistischen Jugendverbandes.

(. . .)

11. Deutsche Frauen und Mütter! Hitlers Krieg nahm Euch Söhne und Gatten. Ihr dürft nicht vereinsamen und vergrämen . . .

Anhang Nr. 7 = Dokument 161

Die Mitglieder der ersten demokratisch gewählten Bochumer Stadtvertretung.

Nach den Wahlvorschriften der Militärregierung richtet sich die Zahl der Stadtverordneten in der Stadtvertretung nach dem Stand der Bevölkerung vom 1. Februar 1946. Entsprechend dieser Einwohnerzahl waren im Stadtkreis Bochum am 13. Oktober 1946 insgesamt 45 Stadtverordnete zu wählen, und zwar 36 in direkter Mehrheitswahl und 9 indirekt nach einem modifizierten Verhältniswahlsystem aus einer von den Parteien aufgestellten Reserveliste.
Der Stadtkreis Bochum bildete einen Wahlkreis, der in die 12 Wahlbezirke A bis M mit insgesamt 171 Stimmbezirken aufgeteilt wurde. In jedem der 12 Wahlbezirke waren 3 Stadtverordnete direkt zu wählen, insgesamt also 36 Stadtverordnete. Von den für jeden Wahlbezirk aufgestellten Kandidaten gelten als gewählt diejenigen 3 Kandidaten, die die höchste Stimmenzahl erzielten. Auf diese Weise wurden in die neue Stadtvertretung direkt gewählt:

Wahlbezirk A (Stadtmitte)

Christlich-Demokratische Union: (Dr. Leo Diekamp, Rechtsanwalt, (4574 Stimmen), Alma Adamski, Hausfrau, (4553 Stimmen), Josef Calderoni, Kaufmann, (4453 Stimmen).

Gewählt sind: Dr. Diekamp bis 1949, Adamski bis 1948, Calderoni bis 1947.

Wahlbezirk B (Hordel, Hamme, Weltmar-Nord)

Sozialdemokratische Partei: Hermann Habel, Bergmann, (4101 Stimmen), Wilhelm Horst, Vorarbeiter, (4044 Stimmen), Theodor Meyer, Berginvalide, (3906 Stimmen).

Gewählt sind: Habel bis 1949, Horst bis 1948, Meyer bis 1947.

Wahlbezirk C (Hofstede, Riemke, Bergen)

Sozialdemokratische Partei: Albert Best, Bergarbeiter, (4775 Stimmen), Wilhelm Borcherding, Vorarbeiter, (4640 Stimmen), Karl Spitz, Markenkontrolleur, (4399 Stimmen).

Gewählt sind: Best bis 1949, Borcherding bis 1948, Spitz bis 1947.

Wahlbezirk D (Altstadt, Grumme, Kornharpen)

Christlich-Demokratische Union: Friedrich Eikholt, Ingenieur, (4026 Stimmen), Anton Gilsing, Stadtrat a.D., (3959 Stimmen).

Sozialdemokratische Partei: Heinrich Bahl, Bergmann, (3841 Stimmen).

Gewählt sind: Eikholt bis 1949, Gilsing bis 1948, Bahl bis 1947.

Wahlbezirk E (Hiltrop, Gerthe, Kirchharpen)

Sozialdemokratische Partei: Erna Herchenröder, Ehefrau, (4910 Stimmen), Lorenz Kohl, Tagesarbeiter, (4837 Stimmen), Karl Neumann, Schuhmacher, (4771 Stimmen).

Gewählt sind: Herchenröder bis 1949, Kohl bis 1948, Neumann bis 1947.

Wahlbezirk F (Werne, Nordteil von Langendreer)

Sozialdemokratische Partei: Michael Neuwald, Elektriker, (4711 Stimmen), Friedrich Schneider, Knappschaftsältester, (4489 Stimmen), Franz Schramm, Drahtzieher, (4422 Stimmen).

Gewählt sind: Neuwald bis 1949, Schneider bis 1948, Schramm bis 1947.

Wahlbezirk G (Langendreer, Somborn)

Sozialdemokratische Partei: Lina Haarmann, Ehefrau, (5524 Stimmen), Paul Landau, Gastwirt, (5473 Stimmen), Paul Gollup, Bergmann, (5151 Stimmen).

Gewählt sind: Haarmann bis 1949, Landau bis 1948, Gollub bis 1947.

Wahlbezirk H (Altenbochum, Laer)

Christlich-Demokratische Union: Anton Gajewski, Schlosser, (4848 Stimmen), Martha Goerdt, Hausfrau, (4749 Stimmen), Friedrich Schmidt, Berginvalide, (4640 Stimmen).

Gewählt sind: Gajewski bis 1949, Goerdt bis 1948, Schmidt bis 1947.

Wahlbezirk J (Altstadt, Ehrenfeld, Nordteil von Wiemelhausen)

Christlich-Demokratische Union: Friedrich Salzmann, Polsterermeister, (5781 Stimmen), Wilhelm Bette, Bermann, (5760 Stimmen), Josef Schirpenbach, Angestellter, (5721 Stimmen).

Gewählt sind: Salzmann bis 1949, Bette bis 1948, Schirpenbach bis 1947.

Wahlbezirk K (Weitmar-Mark, Südteil von Wiemelhausen, Steinkuhl, Querenburg, Stiepel)

Sozialdemokratische Partei: Gerhard Bönnemann, Schmied, (5348 Stimmen), Fritz Heinemann, Angestellter, (5263 Stimmen), Karl Witthüser, Knappschaftsältester, (5236 Stimmen).

Gewählt sind: Bönnemann bis 1949, Heinemann bis 1948, Witthüser bis 1947.

Wahlbezirk L (Weitmar, Sundern, Ostteil von Linden)

Christlich-Demokratische Union: Gustav Kriener, Handlungsbevollmächtigter, (4429 Stimmen), Heinrich Niehoff, Vorarbeiter, (4342 Stimmen), Regina Hülshoff, Ehefrau, (4321 Stimmen).

Gewählt sind: Kriener bis 1949, Niehoff bis 1948, Hülshoff bis 1947.

Wahlbezirk M (Linden-Dahlhausen)

Sozialdemokratische Partei: Willi Geldmacher, Dreher, (4875 Stimmen), Josef Lingenauber, Invalide, (4653 Stimmen), Wilhelm Graumann, Schmied, (4619 Stimmen).

Gewählt sind: Geldmacher bis 1949, Lingenauber bis 1948, Graumann bis 1947.

die übrigen 9 Stadtverordneten sind aus der von den Parteien aufgestellten Reserveliste in nachstehender Reihenfolge auf Grund der bei der direkten Wahl erreichten Stimmen der Parteien gewählt. Die Zahl der Stimmen, auf Grund welcher die Sitze den Parteien zugewiesen wurden, sind hinter den aufgeführten Stadtverordneten in Klammern vermerkt.

1. Ludwig Dreyer, Bauingenieur (CDU, 100331);
2. Wilhelm Droll, Inspektor a.D. (CDU, 77843);
3. Ernst Schlolz, Dreher (SPD, 64823);
4. Josef Rohde, Malermeister (CDU, 55355);
5. Karl-Adolf Kunold, Prüfer (KPD, 52619);
6. Paul Schäfer, Angestellter (SPD, 42335);
7. Wilhelm Domagalla, Knappschafts-Ältester (CDU, 32867);
8. Konrad Frielinghaus, Dipl.-Ing. (KPD, 30131);
9. Willi Cramer, Angestellter (SPD, 19847).

*

In der neuen Stadtvertretung hat die SPD. insgesamt 25 Sitze, die CDU. 18 Sitze und die KPD. 2 Sitze. Unter den Stadtverordneten befinden sich 40 Männer und 5 Frauen. Dem Beruf nach sind 5 Stadtverordnete Bergmänner, 3 Berginvaliden, 3 Knappschaftsälteste, 1 Bergbauangestellter, 12 Industriearbeiter, 3 Handwerker, 1 Gastwirt, 1 Kaufmann, 3 Ingenieure, 1 Rechtsanwalt, 5 Angestellte und 2 Verwaltungsbeamte. Dem Alter nach gehören 8 Stadtverordnete der Altersgruppe 30–40, 16 Stadtverordnete der Altergruppe 40–50, 13 Stadtverordnete der Altersgruppe 50–60 und 8 Stadtverordnete der Altersgruppe 60 Jahre und älter an. Der jüngste Stadtverordnete ist 32, der älteste Stadtverordnete 71 Jahre alt.

Anhang Nr. 8 = Dokument 167

Rede des Oberbürgermeisters Willi Geldmacher in der ersten Ratssitzung am 30. Okt. 1946.

Meine Damen und Herren!

Für das Vertrauen, das Sie mir entgegenbringen, danke ich Ihnen. Ich werde stets bemüht sein, das in mich gesetzte Vertrauen zu rechtfertigen. Gestatten Sie mir, am Anfang meiner Wahl einige Ausführungen zur gegenwärtigen Lage Deutschlands zu machen, um aus ihr die besondere Lage unserer Stadt besser zu erkennen.

Der Krieg ist bereits 1 ½ Jahr beendet. Während dieser Zeit haben mehrere internationale Besprechungen stattgefunden, die sich mit der Sicherung des Friedens befaßten. Soweit wir von ihnen Kenntnis erhielten, haben wir feststellen müssen, daß das noch bestehende Mißtrauen die Lösung dringlicher Fragen in die Länge zieht. Die Sicherung des Friedens gelingt nicht, wenn die lebenswichtigen Fragen des Alltags nicht gelöst werden. Für uns ist diese Lösung abhängig vom künftigen politischen und wirtschaftlichen Gesicht Deutschlands. Leider müssen wir feststellen, daß die Kluft im deutschen Volke, hervorgerufen durch die Zonengrenzen, immer größer wird. In jeder Zone werden die politischen und wirtschaftlichen Fragen veschieden behandelt. Unser Volk lebt sich auseinander. Hier liegt eine große Gefahr, nicht nur für Deutschland, sondern für Europa und die Welt. Man kann nicht Staaten, die im jahrhundertlangen Werden eine politische und wirtschaftliche Einheit wurden, willkürlich auseinanderreißen. Hier sind nicht zuletzt die Keime vergangener Kriege zu suchen. Unsere Wirtschaft ist im letzten Jahr vollends an den Abgrund gebracht. Das Steuer muß herumgeworfen werden, wenn nicht ganz Europa in eine Katastrophe stürzen soll. Es ist auch für uns ein unhaltbarer Zustand, wenn die eingeführten Lebensmittel vom Ausland bezahlt werden. Unser Volk muß aber die berechtigte Frage stellen: „Muß das so sein? Gebt uns die wirtschaftliche Möglichkeit, um exportieren zu können. Wir vertrauen auf die Worte des britischen Außenministers, Deutschlands Wirtschaft den Lebensbedürfnissen des deutschen Volkes entsprechend zu behandeln. Es darf allerdings keine Zeit mehr verlorengehen.

In dieser schweren Krise gilt es, kommunale Arbeit zu leisten. Es muß bei allen Kräften Klarheit darüber herrschen, daß der demokratische Neubau Deutschlands abhängig ist vom Gelingen einer domokratischen Selbstverwaltung. Die abgelöste Stadtvertretung hat bereits vor einigen Monaten den Beschluß gefaßt, den Grundsatz der Universalität für den kommunalen Aufgabenkreis aufzustellen. Es kann nicht angehen, daß immer mehr Sonderbehörden auftauchen, die von keiner gewählten Vertretung kontrolliert werden. Wir haben dafür kein Verständnis, auch nicht, wenn sie mit Unterstützung der Militärregierung entstehen.

Aus einem kleinen Landstädtchen wurde Bochum zu einer Industriestadt. Von der Kohle über den Stahl entstanden hier die modernsten Maschinen für die verschiedensten Zwecke. So muß es wieder werden. Mit seinen Bergarbeitern, mit den zahlreichen Gewerbetreibenden, mit den Fachkräften, die in Groß- und Kleinbetrieben beschäftigt sind, ist Bochum eine Stadt des schaffenden Volkes. Unsere Stadt muß noch mehr als bisher Wert auf eine gemischte Wirtschaft legen. Die Interressen der Bevölkerung müssen dieser vielseitigen Wirtschaft entsprechen. Neben dem Kohlenbergbau und der Schwerindustrie muß eine Kleinwarenindustrie mit den verschiedensten Erzeugnissen entstehen. Hier könnten die mindereinsatzfähigen Kräfte Beschäftigung und Einkommen finden.

Es ist unser Wille, die kommunalen Arbeiten da als vordringlich zu behandeln, wo die Not am größten ist.

Neben der Ernährung steht das Wohnungsproblem. Solange wir durch Schaffung von zusätzlichem Wohnraum die Wohnungsnot nicht erheblich mindern können, kann kein unterbelegter Wohnraum geduldet werden. Es ist selbstverständlich, daß in erster Linie die Berufskreise mit Wohnungen versehen werden müssen, die für die Zukunft unseres Volkes von entscheidender Bedeutung sind. Den ersten Platz nehmen hier unsere Bergarbeiter ein. Ihnen muß unsere ganze Aufmerksamkeit gelten. Auf ihren Schultern liegt im wesentlichen die Zukunft unseres Vaterlandes. Darüber hinaus muß alles getan werden, um neuen Wohnraum zu schaffen. Z. Zt. unterliegt der Baumarkt außerordentlichen Einschränkungen. Es fehlen nicht nur Baustoffe, es stehen uns auch nicht genügend Arbeitskräfte zur Verfügung. Auch fehlen so gut wie alle gesetzlichen Voraussetzungen für den Aufbau der zerstörten Städte. Hier muß ein Aufbaugesetz, nicht nur die baugesetzlichen, sondern auch die bodenrechtlichen und finanziellen Voraussetzungen schaffen. Das kommende Aufbaugesetz muß in erster Linie auf die zerstörten Gebiete Anwendung finden. Für die übrigen Gebiete muß eine Bausperre verhängt werden. Die nicht zerstörten Bezirke müssen erkennen, daß die Zukunft Deutschlands im wesentlichen vom Aufbau des industirellen Westens abhängt. Hier werden künftig die Exportwerte erzeugt, um lebensnotwendige Güter für unser Volk einführen zu können.

Wir haben in Bochum zahlreiche Kriegsversehrte und Kriegshinterbliebene. Das Versorgungsgesetz besteht nicht mehr. Der größte Teil der Betroffenen ist auf zusätzliche Unterstützung durch das Wohlfahrtsamt angewiesen. Hier müssen wir zu einer anderen, allen Teilen gerechtwerdenden Lösung kommen. Die Kriegsopfer müssen wieder selbstsicher in die Zukunft blicken können. Es ist nicht ihre Schuld, daß sie besonders vom Krieg betroffen wurden. Die Not muß auf allen Gebieten des Lebens gemeinsam getragen werden. Diese Meinung muß sich in das Bewußtsein eines jeden Deutschen festsetzen.

Der Winter steht vor der Tür. Die angekündigte Versorgung der Bevölkerung mit Hausbrand entspricht nicht unseren Erwartungen. Bei der Einkellerung von Kartoffeln haben wir dieselben Mängel in der Ernährungsorganisation festgestellt, die bei anderen Gelegenheiten von uns mit aller Deutlichkeit herausgestellt wurden. Unter einem anderen Tagesordnungspunkt der heutigen Sitzung wird zu diesen beiden Fragen Näheres mitgeteilt. Die Versorgnung der Bevölkerung mit Schuhen und Spinnstoffen entspricht bei weitem nicht den notwendigsten Bedürfnissen. Hier müssen wir klar und eindringlich unser Verlangen aussprechen, die vorhandenen Vorräte freizugeben, damit die größte Not noch vor Einbruch des Winters gemildert werden kann.

Angesichts der ansteigenden Krankenziffern und der steigenden Kindersterblichkeit muß man unserem Verlangen Rechnungen tragen.

Ein Wort zu den Beamten. Es ist bekannt, daß durch den großen Publikumsverkehr die Verwaltungsarbeit äußerst erschwert wird. Der Beamte, der trotz dieses erschwerenden Umstandes pünklich und gewissenhaft seine Pflicht erfüllt, verdient unsere Anerkennung und die Achtung der Bevölkerung. Wir wissen aber auch, daß nicht alle Beamte gewissenhaft und pünktlich ihre Pflicht erfüllen. Ihnen gegenüber müssen wir sagen und werden das auch beachten, das Rathaus ist keine Versorgungszentrale für unpünktliche und nicht gewissenhafte Menschen. Auch im Umgang mit der Bevölkerung muß der Beamte sich als Helfer und Ratgeber erweisen.

Meine Damen und Herren!

Ich habe von Not und Sorgen sowie von schweren Aufgaben gesprochen und weiß, daß uns die klaren Erkenntnisse dieser Fragen nicht mutlos machen. Nein, an der Größe unserer Aufgabe wollen wir wachsen und ein stolzes Werk gestalten. Hinter uns liegt eine zerbrochene Welt. Auf den Trümmern dieses Krieges bauen wir ein neues Deutschland.

Anhang Nr.9:

Schreiben von E. Barber, Chief, Manpower Division, H. Q. ,Control Commission for Germany, an W. Hansen, Sekretär des Gewerkschaftsausschusses für die Britische Zone, Bielefeld (als Abschrift einem Schreiben des FDGB, Bezirk Bochum, vom 11. September 1946, an die Industrieverbände Metall u. a., Bochum beigefügt):

Betr.: Beaufsichtigung seitens der Gewerkschaften von Nazis, die in leitenden Stellungen belassen wurden.

1. Die deutschen Entnazifizierungs-Ausschuesse, in denen selbstverstaendlich die Gewerkschaften vertreten sind, sehen sich bei der Ausuebung ihrer Pflichten zuweilen vor die Tatsache gestellt, dass die von ihnen gemachten Empfehlungen, die Entfernung oder den Ausschuss gewisser Nazis vom Amte betreffend, nicht immer befolgt werden. Bis geeigneter Ersatz gefunden werden kann, werden diese Nazis vorübergehend im Amte belassen, da, nach dem Urteil der Militaerregierung ihre sofortige Entlassung ernsthafte Folgen fuer lebenswichtige Produktionen nach sich ziehen würde.

2. Die Anweisung Nr. 24 des Alliierten Kontrollrates enthaelt keine Klausel, die die voruebergehende Belassung im Amt von solchen Personen gestattet, die unter die Gruppe der zu Entlassenden fallen, selbst wenn sie besondere Faehigkeiten oder Kenntnisse besitzen. Belassung im Amt stuetzt sich nur auf die Tatsache, dass andere geeignete Kraefte nicht verfuegbar sind. In manchen Faellen, zum Beispiel bei der Leitung hochqualifizierter technischer Arbeiten, wird ausreichender Ersatz nur selten vorhanden sein. Doch wird es im Amte belassenen Nazis nicht gestattet werden, sich ihrer Stellung zu bedienen, um absichtlich zu stoeren oder den Aufbau eines demokratischen Deutschlands zu beeintraechtigen. Es ist daher wesentlich, dass das Verhalten der etwa beibehaltenen Nazis genau überwacht wird.

3. Gewerkschaften und Betriebsraete werden als aeußerst geeignete Organe zur Teilnahme an einer derartigen Ueberwachung betrachtet und die Kontrollkommission begrüßt die Mitarbeit solcher Koerperschaften sowie von Arbeitern, die verhindern wollen, dass beibehaltene Kraefte ihre Stellung dazu ausnutzen, Gebraeuche, die aus der Ideenwelt der Nazis stammen, wieder einzufuehren oder Nazipropaganda zu betreiben. Falls Arbeiter, Gewerkschaften oder Betriebsraete derartiges Verhalten bemerken, sollen sie dies dem Arbeitgeber offen darlegen, wie es den gesetzmaessigen Grundlagen entspricht. Dieser moege sich dann gerecht und unvoreingenommen mit den Tatsachen befassen, wie es demokratischen Gewohnheiten entspricht.

4. Erreicht man auf diese Weise keine Abhilfe, sollen die Gewerkschaften oder Betriebsraete dies bei dem naechsten Offizier fuer oeffentliche Sicherheit (Public Safety Officer) darlegen, der entsprechende Schritte unternehmen wird.

5. Jedoch kommt eine Niederlegung der Arbeit im Zusammenhang mit den obenerwaehnten Leistungsaufgaben oder der Untersuchung von Beschwerdefaellen nicht in Frage.

Anhang Nr. 10 = Dokument 131

„ . . . wohlerworbene Beamtenrechte sind verfassungsrechtlich geschützt . . .“ Entscheidung über den Antrag des ehemaligen NS-Oberbürgerbürgermeisters Piclum auf Wiedergewährung des seit Mai 1945 gesperrten Ruhegehaltes.

P. fällt unter § 63 Abs. 1 Ziff. 2 des Gesetzes zu Art. 131 vom 11.5.1951 sowie unter das Landesgesetz NW vom 15.12.1952 (GV NW 1952 S 423). Aus dem letztgenannten Gesetz kommen vor allem die § § 1 Ziff. 3, 2 u. 3 infrage.

Aus § 63 des Gesetzes zu Art. 131 ergibt sich die Anwendbarkeit u. a. der § § 5-10 und des § 30. Aus § 5 ist zu entnehmen, daß P., da er infolge Krankheit dienstunfähig geworden ist (§ 30 Abs. 1 Ziff. 2 Ges. zu Art. 131) so behandelt werden muß, wie wenn er mit Ablauf des 8.5.1945 in den Ruhestand getreten wäre (§ 5 Abs. 1 Ziff. 1 des Ges. zu Art. 131). nach § 7 des gleichen Gesetzes dürfen Ernennungen, die beamtenrechtlichen Vorschriften widersprechen oder wegen enger Verbindung zum Nationalsozialismus vorgenommen worden sind, nicht berücksicht werden.
Wenn eine enge Verbindung zum Nationalsozialismus bei P. bejaht wird, hätte dies zur Folge, daß sein beamtenrechtlicher Status jetzt keine Rechtswirkung mehr äußern könnte. Eine so weitgehende Vernichtung früher begründeter Beamtenrechte wäre mit den hergebrachten Grundsätzen des Berufsbeamtentums nicht vereinbar. Der Große Senat für Zivilsachen des Bundesgerichtshofes hat durch Beschluß vom 11.6.1952 (BGH 6, 208 ff) festgestellt, daß Art. 129 Abs. 1 Satz 3 WeimV auch nach dem Zusammenbruch mit Verfassungskraft weitergegolten hat. Danach sind wohlerworbene Beamtenrechte verfassungsmäßig geschützt und es hätte eines verfassungsändernden Gesetzes bedurft, um Ruhegehaltsansprüche von Beamten abzuerkennen. Da derartige verfassungsändernde Gesetze nicht vorliegen, kann die Wirkung der vollen Aberkennung der Ruhegehaltsansprüche für P. aus § 7 des Ges. zu Art. 131 nicht hergeleitet werden.

Im übrigen bleibt festzustellen, daß auch gerade das Oberlandesgericht Hamm sich zu Gunsten der Altpensionäre und entgegen den Bestimmungen der früheren Sparverordnung ausgesprochen hat. (vgl. Hierzu Eildienst Städtetag NW vom 10.4.1951 Nr. 113/51 und vom 30.8.1951 Nr. 321/51 sowie die Entscheidung des BGH vom 11.10.1951 Eildienst Städtetag NW vom 20.12.1951 Nr. 762/51).

P. hat somit Anspruch auf Ruhegehalt: der Kategorisierungsbescheid steht dem nicht entgegen: denn über Anerkennung des Ruhegehalts ist hierin nichts enthalten. Dabei ist unerheblich, daß die Verbesserung der Kategorisierung im Wege der periodischen Überprüfung entstanden ist und nach § 9 der 1. Sparverordnung nicht berücksichtigt werden sollte.

Anhang Nr. 11 = Dokument 133

Frau Alice Viralt, Witwe des von den Nationalsozialisten in den Tod getriebenen ehemaligen Oberbürgermeisters Dr. Otto Ruer, gehört gemäß gesetzlicher Regelung nicht zu den wiedergutmachungsberechtigten Personen.

(. . .)

Bevor eine förmliche Entscheidung durch den Rat getroffen werden soll, wird Ihnen nachstehend zunächst die Sach- und Rechtslage mitgeteilt, um Ihnen Gelegenheit zu einer abschließenden Äußerung zu geben.

Die Frage der Wiedergutmachung ist geregelt:

a) durch das Gesetz zur Regelung der Wiedergutmachung nationalsozialistischen Unrechts für Angehörige des öffentlichen Dienstes vom 11. 5. 1951 (BGBl. I Seite 291),

b) durch das Gesetz zur Regelung der Wiedergutmachung nationalsozialistischen Unrechts für die im Ausland lebenden Angehörigen des öffentlichen Dienstes vom 18. 3. 1952 (BGBl. I Seite 13).

Wiedergutmachung nach diesen Gesetzen erhalten Angehörige des öffentlichen Dienstes, die in ihrem Dienst- oder Arbeitsverhältnis oder in ihrer Versorgung durch nationalsozialistische Verfolgungs- oder Unterdrückungsmaßnahmen wegen ihrer politischen Überzeugung oder aus Gründen der Rasse, des Glaubens oder der Weltanschauung geschädigt worden sind, sowie ihre versorgungsberechtigten Hinterbliebenen. Wiedergutmachung wird u. a. gewährt bei vorzeitiger Versetzung in den Ruhestand oder bei der Entziehung oder Kürzung der Versorgungsbezüge.

Hat der Geschädigte vor dem Inkrafttreten des Wiedergutmachungsgesetzes (1. 4. 1951) die gesetzliche Altersgrenze erreicht, oder ist er dienstunfähig geworden, so wird ihm als Ruhestandsbeamten das Ruhegehalt gewährt, das ihm zugestanden hätte, wenn er bis zu diesem Zeitpunkt im Dienst verblieben wäre. Bei einem auf Zeit gewählten oder ernannten Beamten wird unterstellt, daß er bis zum Ablauf der Amtsperiode, längstens jedoch bis zum Eintritt der Dienstunfähigkeit oder bis zu seinem Tode, im Dienst verblieben wäre. Diese Regelung gilt entsprechend für die Festsetzung der Hinterbliebenenbezüge.

Wiedergutmachung wird nach § 3 des Gesetzes vom 18. 3. 1952 nur gewährt, wenn

1. der Geschädigte seinen Wohnsitz oder dauernden Aufenthalt bis zum 23. Mai 1949 im Ausland genommen und
2. die Regierung des Staates, in dem sich der Geschädigte aufhält, mit der Regierung der Bundesrepublik Deutschland diplomatische Beziehungen unterhält.

Frau Viralt gehört nicht zum Kreis der wiedergutmachungsberechtigten Personen. Die Zahlung der Versorgungsbezüge ist nämlich eingestellt worden, nachdem sie sich wieder verheiratet hatte. Nach dem Deutschen Beamtengesetz (§ 133) erlischt das Witwengeld für jeden Berechtigten mit dem Ende des Monats in dem er sich verheiratet oder stirbt.

Unter Berücksichtigung der vorstehend angegebenen Sach- und Rechtslage wird um Mitteilung gebeten, ob Sie den Wiedergutmachungsantrag vom 11. 7. 1952 aufrecht erhalten und eine Entscheidung des Rates der Stadt Bochum wünschen.

(. . .)

Anhang Nr. 12 = Dokument 134

Wiedergutmachungsantrag Alice Viralt: Hat sie nur die Alternative, anspruchsberechtigt, aber tot, oder Rettung durch eine Scheinehe, aber mittellos?

(. . .)

Ich danke Ihnen verbindlichst für Ihre Aeusserungen vom 8. Dezember und erlaube mir, Ihnen Folgendes zu erwidern.

Ich habe Verständnis dafür, dass meine Vollmachtgeberin, Frau Alice Viralt, nicht zum Kreis der wiedergutmachungsberechtigten Personen gehört, nachdem sie sich wiederverheiratet hat. Es ist aber dabei zu berücksichtigen, das Frau Viralt damals erneut eine Ehe deswegen einging, um den ihr als Jüdin drohenden Gastod zu entgehen. Wäre sie deportiert worden und hätte man sie im Konzentrationslager getötet, dann hätte die Stadt Bochum ebenfalls das Witwengeld erspart wie sie es jetzt tut, da Frau Viralt notgedrungen einen Ausländer heiratete, von dem sie sich im vergangenen Jahr aus wirtschaftlichen Gründen scheiden liess. Hier liegt lediglich eine Zwangs- und Scheinehe vor.

Frau Viralt wird von ihrem ebenfalls in Finnland ansässigen Sohn unterhalten und sie hat ihre Mittel in Deutschland für Heilkuren in den Jahren 1951 und 1952 opfern müssen. Sie leidet an einem rechtsseitigen Lungentumor und an Depressionen.

Bevor ich mich mit meiner Vollmachtgeberin in Verbindung setze und ihr die Situation schildere, bitte ich Sie höflich, mich wissen zu lassen, ob die Möglichkeit besteht, dass der Rat der Stadt Bochum in Würdigung der Sachlage, wonach der frühere verdiente Oberbürgermeister wegen unberechtigter Anschuldigungen der Bürgerschaft von Bochum sich das Leben nahm, der Witwe, wenn auch nicht die vorgesehene Pension, so dennoch eine laufende Unterstützung gewährt und zwar sowohl aus menschlichem Entgegenkommen als auch aus sozialer Verpflichtung.

Anhang Nr. 13 = Dokument 135

Eidesstattliche Erklärung von Frau Alice Viralt: unter dem Zwang der Verhältnisse, ihr Leben zu retten, ist sie eine Scheinehe eingegangen.

Hiermit erkläre ich an Eides statt:

1) Ich habe bereits vor dem 23. 5. 1949 meinen Wohnsitz in Finnland genommen und bin seit 1944 hier fest ansässig.

2) Ich habe mich am 28. Dezember 1938 mit dem damaligen Presseattache Eric Woldemar Viralt vor dem Standesamt Berlin-Charlottenburg (Rathaus) trauen lassen. Hierzu ist zu bemerken, dass ich diese Ehe nur einging, um ausländischer Mitbürger zu werden und um mich durch diesen einzigen mir zur Verfügung stehenden Weg vor den Verfolgungen der Nationalsozialisten und vor einem sicheren Gastod zu retten. Ich war mir bewusst, dass ich durch meine Wiederverheiratung alle Rechte auf Zahlung einer Witwenpension der Stadt Bochum aufgab, aber wie erwähnt, ich befand mich in Lebensgefahr und hatte keine andere Wahl.

3) Mein derzeitiger Ehemann, Dr. Otto Ruer, hat Selbstmord begangen, indem er in seiner damaligen Wohnung, Berlin W, Landgrafenstr. 12, Veronaltabletten einnahm. Er tat dies als Folge einer Nervenzerrüttung, hervorgerufen durch die Verfolgung durch die Nationalsozialisten. Zeugen sind der Hauswirt, der Kinderarzt Dr. Bamberger, dessen Adresse und Schicksal mir nicht bekannt sind.

4) Ich lebe hier in Finnland in bescheiden Verhältnissen. Mein Ehemann Viralt hat laut Abrede nie zu meiner Versorgung beigetragen und wir hatten nie einen gemeinsamen Haushalt. Seit Sommer 1950 bin ich von ihm geschieden. Meine Barmittel, die mir in Deutschland noch zur Verfügung standen, haben sich durch notwendige Kuraufenthalte daselbst in den Jahren 1951 und 52 stark dezimiert.
(. . .)

Anhang Nr. 14:

Lebenslauf Dr. Otto Ruer

Otto Ruer wurde am 05.01.1879 in Münster geboren. Seine Mutter war jüdischer Religionszugehörigkeit. Ruer arbeitete nach seinem Jura-Studium u. a. als Rechtanwalt und Registratsassessor in Berlin. Von 1914 bis 1920 war er Stadtrat in Kiel. Am 31.03.1924 ließ Ruer sich nach einer dreijährigen Tätigkeit als Ministerialrat im Reichsministerium des Inneren in den einstweiligen Ruhestand versetzen. Am 30.10.1924 wurde er zum Ersten Bürgermeister Bochums gewählt und am 26.01.1925 nach einem Erlaß des preußischen Staatsministeriums zum Oberbürgermeister ernannt. Wegen seiner Verdienste um den Aufbau der Verwaltungs- und Wirtschaftsakademie in Bochum verlieh die juristische Fakultät der Universität Münster Ruer den Titel eines Dr. jur. hc.

Am 10.03.1933 wurde der parteilose Ruer, der der Deutschen Staatspartei politisch nahestand, von den Nationalsozialisten gewaltsam aus seinem Amt entfernt und kurze Zeit darauf wegen angeblicher Dienstverfehlungen und persönlicher Bereicherungen an städtischen Mitteln verhaftet. Nach einem Monat Untersuchungshaft im Gefängnis des Bochumer Amtsgerichts mußte man Ruer wieder freilassen, da ihm nichts nachgewiesen werden konnte. Am 29.07.1933 nahm sich Ruer, der durch die Diffamierungskampagne seine Ehre verloren zu haben glaubte, in Berlin das Leben – eine Woche nach der Wahl Piclums zum neuen, nationalsozialistischen Oberbürgermeister von Bochum. Der Beschluß des Magistrats, Ruer mit Wirkung vom 31.07.1933 unter Gewährung des ihm zustehenden Ruhegehalts in den Ruhestand zu versetzen und damit praktisch zu rehabilitieren, erreichte ihn nicht mehr.

Die Witwe Dr. Ruer erhielt Hinterbliebenenbezüge. Um der ihr als Jüdin drohenden Verfolgung durch die Nationalsozialisten zu entgehen, hatte Alice Ruer 1938 den finnischen Diplomaten Eric Viralt geheiratet. Im April 1943 wanderte Alice Viralt nach Finnland aus. Schwer erkrankt, beauftragte sie 1949 den Vermögensverwalter Fritz Brinkmann, Berlin, als ihr Bevollmächtigter ein Wiedergutmachungsverfahren zu betreiben. Dokument 133 ist der Bescheid der Stadt Bochum über den Wiedergutmachungsantrag vom 11.07.1952; Dokument 134 stellt das Antwortschreiben Brinkmanns hierauf dar, dem die eidensstattliche Erklärung Frau Viralts (Dokument 135) als Anlage beigefügt war.

Schließlich faßte wegen der besonderen Verdienste Dr. Ruers um die Stadt Bochum die Bochumer Stadtvertretung am 26.03.1953 den Beschluß:

„Frau Alice Viralt, Witwe des früheren Oberbürgermeisters Dr. Ruer, werden in Anlehnung an § 133 Abs. 3 des Deutschen Beamtengesetzes und als Wiedergutmachung für Verfolgungen und Schädigungen durch den Nationalsozialismus 75 % des jeweiligen gesetzlichen Witwengeldes als Unterhaltungsbeitrag bis auf weiteres mit Wirkung vom 01. Januar 1953 ab aus Billigkeitsgründen gewährt."

(Stadtarchiv Bochum, Bo 11/239, 59 a.)

Die Forderung Frau Viralts, den Unterhaltungsbeitrag (rd. 700,– DM mtl. vom 13.07.1950, dem Tag der gerichtlichen Scheidung der Ehe mit Eric Viralt, an zu zahlen, lehnte die Bochumer Stadtvertretung ab. Alice Viralt starb am 29. März 1953 – 3 Tage nach dem Beschluß der Bochumer Stadtvertretung.

Lebenslauf Dr. Otto Leopold Piclum

Otto Leopold Piclum wurde am 01.02.1899 in Bochum geboren. Nach dem Ersten Weltkrieg, an dem Piclum als junger Freiwilliger teilgenommen hatte, studierte er Germanistik, Geschichte und Jura. 1926 promovierte er in Heidelberg zum Dr. jur. und nahm gleich im Anschluß eine Stellung bei der städtischen Sparkasse Bochum an. Als einer der „Männer der ersten Stunde" in der NSDAP stieg er 1929 zum einzigen nationalsozialistischen Stadtrat in Bochum auf. Schon 1931 mußte Piclum seinen Dienst wieder quittieren, da ein preußischer Staatserlaß aus dem Jahre 1930 Mitgliedern der NSDAP den Beamtenstatus verwehrte. Auf Anordnung des westfälischen Gauleiters seiner Partei gab Piclum kurz darauf auch seine Stellung bei der Sparkasse auf, um die Organisationsleitung der nationalsozialistischen Presse zu übernehmen. Die Veröffentlichung von agitatorisch-radikalen Artikeln in der Parteizeitung „Rote Erde" die er seit dem 01.02.1931 herausgab, brachte Piclum mehrere Verurteilungen zu Geld- und Gefängnisstrafen ein.

Nach der nationalsozialistischen „Machtergreifung" ernannte der preußische Innenminister Göring am 28.03.1933 Piclum zum Staatskommissar in Bochum. Vier Monate später übernahm Piclum dann als Oberbürgermeister die Leitung der Bochumer Stadtverwaltung. Diese Funktion nutzte er sogleich, um rigoros gegen „marxistische und jüdische" Beamte in der Stadtverwaltung vorzugehen. Besondere kommunalpolitische Akzente hatte Piclum nicht gesetzt, als er am 01.08.1943 in Pension ging. Piclum starb am 01.02.1966 in Bochum.

Anhang Nr. 15 = Dokument 62

Gründung eines „Allgemeinen Industriearbeiterverbandes“

Tagesordnung:

1. Bericht über die allgmeine u. betriebliche Lage
2. Knappschaftsfragen
3. Allgemeines
   a) Stellungnahme zur Organisation
   b) Wahl eines Vorstandes
   c) Arbeitszeit
   d) Verschiedenes

Die Konferenz wurde von dem Obmann der Schachtanlage Prinz Regent, Schürmann, um 11 Uhr mit dem Bergmannsgruss „Glückauf, Kameraden!“ und einem herzlichen Willkommen für die Gäste eröffnet.

Man gedachte zunächst der Toten, die während der zwölfjährigen Naziherrschaft ihr Leben lassen mussten, – die in Konzentrationslagern ermordet, erschlagen und erschossen wurden, die man verhungern liess, die gequält wurden und umgekommen sind. Im Namen aller seien nur zwei genannt: Der frühere Vorsitzende des Bergarbeiter-Verbandes Fritz Husemann und der Funktionär der KPD Karl Springer. Die Anwesenden erhoben sich zu Ehren der Toten von ihren Plätzen.

Zu Punkt 1 der Tagesordnung führte Kamerad Schürmann ungefähr Folgendes aus:

Jetzt, nach dem Zusammenbruch der Naziherrschaft, wo alles drunter und drüber geht, wo keine Behörde mehr vorhanden ist, wo keiner noch aus und ein weiss, haben sich in den Betrieben die alten Funktionäre der Gewerkschaften wieder in die Bresche geworfen, um zu retten, was noch zu retten ist. Sie sind teilweise durch Zuruf ernannt oder auch gewählt worden. Wir von Prinz Regent als die stärkste Anlage haben es für notwendig gehalten, die heutige Konferenz einzuberufen, um innerhalb der Gruppe Bochum der G.B.A.G. und ihrer näheren Umgebung auf einer einheitlichen Grundlage vorzugehen und nach einheitlichen Richtlinien zu arbeiten. Ich bitte, dass nach meinen Ausführungen die einzelnen Kollegen der Schachtanlagen Bericht darüber geben, wie es bei ihnen aussieht. Wir sind nicht nur Betriebsfunktionäre, sondern man kommt mit allen möglichen Fragen zu uns und will, dass geholfen wird, will Auskunft haben, da ja jede Behörde dafür fehlt. Wir müssen uns um die notleidende Bevölkerung kümmern. Die Ernährung für die Arbeiter unserer Schachtanlagen muss sichergestellt werden. Im Einvernehmen mit der Besatzungsmacht wollen wir alles tun, um diese schwere Übergangszeit reibungslos zu überwinden. Besonders im Bergbau kommt es darauf an, dass zusammen gearbeitet wird. Die Stromversorgung muss sichergestellt werden. Es dürfen keine Pütte versaufen. Von uns aus haben wir als Notstandsmaßnahme am ersten Sonntag nach der Besetzung eine Pflichtschicht eingelegt, damit die Bäcker Strom hatten, um Brot backen zu können und auch nicht eine Anzahl Zechen zum Erliegen kam. Unsere Direktion arbeitet mit uns so ziemlich Hand in Hand. Mit ihrer Zustimmung haben wir einige Entlassungen vorgenommen. Wir müssen im Bergbau alle an einem Strick ziehen. Auch um die Polizei müssen wir uns kümmern. Von uns aus müssen wir der Besatzungsbehörde Leute nennen, auf die wir uns verlassen können und die auch wirkliche Antifaschisten sind.

(. . .)

Bergmann, Engelsburg:

Unser Bürgermeister ging dem ersten Panzer mit einer weissen Fahne entgegen. Als Vertreter der Bevölkerung schlug er einen Nazi vor, ebenso bei der Polizei. Wir haben diese Leute fortgejagd und einwandfreie Persönlichkeiten hierfür eingesetzt. Die Besatzung hat unsere Maßnahmen für richtig befunden. Ebenso ist es auf der Schachtanlage. Der Betriebsführer wird nicht mehr geduldet. Alle Angestellten können wir nicht verjagen. Die Nazis jedoch, welche sich besonders hervorgetan und an Kriegsgefangenen und auch an Deutschen vergangen haben, werden im Einverständnis mit der Besatzung beseitigt.

(. . .)

Freischläger, Bruchstraße:

Wir haben in der gestrigen Belegschaftsversammlung unsere Vertreter gewählt. Die Belegschaft will den Assessor Brenken nicht mehr sehen. Er ist dann auch gegangen. – In der Gewerkschaftsfrage wird eine Spaltung nicht geduldet. Beiträge werden wie bisher abgehalten. Auch den 1. Mai feiern wir. Aus einer Strafkompanie, die wir zusammengestellt haben, schicken wir eine Anzahl Nazis zum Zuwerfen von Bombentrichtern usw. Bei uns wurden auch einige Steiger entlassen. Auch bei der Polizei haben wir uns Geltung verschafft.

(. . .)

Gemsa, Friedlicher Nachbar:

Ich bin zum Betriebsführer gegangen und habe ihm erklärt, dass auf der Anlage ein anderer Kopf gebildet werden müsse. Er war einverstanden. In der anschliessenden Belegschaftsversammlung sind unsere Leute gewählt worden. Der Betriebsführer macht nichts, ohne uns vorher zu fragen. In der Polizei sind zwei Leute, die wir gestellt haben.

(. . .)

Schmidt, Dahlhauser Tiefbau:

Bei uns haben die Russen (gemeint sind die russ. Zwangsarbeiter) schon gute Vorarbeit geleistet. Die haben den Betriebsführer „gerade stehen" lassen. Auch wir haben einen Ausschuss gebildet und mit der Besatzung über die weitere Arbeit auf unserer Schachtanlage verhandelt. Arbeiten, die über unseren Betrieb hinausgehen, haben wir noch nicht übernommen. Aber auch diese müssen wir in die Hand nehmen und später eine grössere Konferenz machen.

(. . .)

Nach der Verpflegungspause wird Punkt 2 der Tagesordnung „Knappschaftsfragen" behandelt. (. . .)

Das Wort erhält Burmeister, Ruhrknappschaft. Er führt aus: Da wir die Dinge allein meistern müssen, ergibt sich für uns eine gewaltige Aufgabe. Dem Unternehmer müssen und haben wir unsere Ansicht aufgezwungen. Ich stehe auf dem Boden des Klassenkampfes. Wir haben den Kopf der Knappschaft gebildet. Die Unternehmer haben nur die Beiträge abzuführen. Mitzubestimmen im Vorstand haben sie nicht. (. . .)

Die Knappschaftsältesten, von uns eingesetzt, werden in den nächsten Tagen ihre Arbeit anstelle der Nazis aufnehmen. (. . .)

Das Unternehmerorgan, die Knappschaftsberufsgenossenschaft, muss auch unter unsere Kontrolle kommen und einheitlich mit der Knappschaft verwaltet werden. (. . .)

Die Finanzlage der Knappschaft ist äußerst trübe. Zuschüsse, die bisher vom Reich gezahlt wurden, aus der Invalidenversicherung, der Arbeitslosenfürsorge usw. bleiben aus. Einen vollständigen Bankerott der Knappschaft haben uns die Nazis hinterlassen. (. . .)

Es wird und muss uns gelingen, das Knappschaftsorgan im Sinne der Bergarbeiter zu verwalten. Auch das Organ der Angestellten des Bergbaus wird geschaffen. Ich bitte um allseitige Mithilfe.

Es wird nun zur Behandlung des Punktes 3a der Tagesordnung „Stellungnahme zur Organisationsfrage" geschritten.

Schürmann führt hierzu aus:

Ich halte es für angebracht, eine Industriearbeiterorganisation mit den Gruppen Bergbau, Metall, Transport usw. zu bilden.
Die Betriebsorganisation ist die Grundlage, auf der wir aufbauen müssen. Von jeder Schachtanlage und jedem Betrieb soll ein Mann als Vertreter in die Dachorganisation entsandt werden. Diese Vertreter bilden den Ausschuss und wählen dann unter sich den Vorsitzenden. Wir an der Ruhr haben früher den Anstoss zur Organisation gegeben, und draussen im Reich wird man verstehen, dass wir Bergleute an der Ruhr wieder den Anstoss zum Zusammenschluss geben. Im Großen gesehen, sind wir hier im Ruhrrevier mehr verschont geblieben als die anderen im Reich. Es ist deshalb zu verstehen, wenn von uns aus der Ruf erschallt: „Arbeiter, organisiert Euch!"

Nach kurzer Diskussion, an der sich die Kameraden Sieberg, Meinert, Schmidt und Burmeister beteiligen, wird beschlossen, einen Einheitsverband, den „Allgemeinen Industriearbeiterverband" zu bilden. Auf Vorschlag von Schürmann sollen für den Bergbau im Laufe der Woche dann Belegschaftsversammlungen stattfinden, um die Organisation für die Gruppe Bergbau zu schaffen. Er bittet um Vorschläge für den Beitrag. (. . .)

Schürmann schlägt vor, dass die Sätze der DAF weiter abgehalten werden. Alle sind einverstanden.

Zu Punkt 3b „Wahl des Vorstandes" werden auf Vorschlag von Freischläger einstimmig 5 Mann für den Kopf des Industriearbeiterverbandes gewählt, und zwar die Kameraden Schürmann, Böker, Wolf, Sieberg und Hegemann.

Zu Punkt 3c „Arbeitszeit" erklärt Meinert, Klosterbusch: Die Besatzung sagt, dass die Arbeitszeit wie vor 1933 infrage kommt. Auch ist im alten Tarifvertrag die 7-Stunden-Schicht verankert. – Es wird beschlossen, dass prinzipiell für Untertage die 7- und für Übertage die 8-Stunden-Schicht eingeführt wird.

Unter Punkt „Verschiedenes" wird beschlossen, am 1. Mai nicht zu arbeiten. Wir wollen auch keine Bezahlung.

Schürmann zum Schluß: Im zukünftigen Staat wird es auch einen Unternehmer wie bisher nicht geben. Wir müssen uns alle so einstellen und so arbeiten, als wenn die Betriebe unser wären.

Hoch die klassenbewusste Arbeiterschaft! Hoch die rote Armee!

Schluß 5 Uhr

Anhang Nr. 16 = Dokument 63

Zusammensetzung des Betriebsausschusses beim Bochumer Verein.

An die Belegschaft des Bochumer Vereins!

Der bisherige Vertrauensrat ist in seiner Gesamtheit aufgelöst.
Mit sofortiger Wirkung übernehmen folgende Kollegen die Interessenvertretung der Belegschaft des Bochumer Vereins.

Siegfried Böker	(Vors. d. Ausschußes)
Wilh. Geldmacher	(Stellvertreter)
Paul Schäfer	(kaufm. Angestellten)
Heinr. Schomberg	(techn. Angestellten)
August Siebert	(Stahlindustrie)
Konrad Köthe	(Werk Weitmar)
Willi Schulte	(Werk Höntrop)
Konrad Himmelmann	(altes Werk)
Wilh. Graumann	(altes Werk)
Johannes Hempel	(altes Werk)
Ernst Schlotz	(altes Werk)
Fritz Löffler	(Werk Stahlhausen)
Jos. Pillatzke	(Hochofen-Betriebe)

Die täglichen Sprechstunden des Betriebsausschußes sind morgens von 8.00-10.00 Uhr, Zimmer 107, Eingang Tor I.

Anhang Nr. 17 = Dokument 68

Bereits wenige Tage nach der Besetzung Bochums bemühen sich die Unternehmer in Abstimmung mit der Militärregierung um die Wiederaufnahme der Produktion.

(. . .)

Unter dem Vorsitz von Herrn Major Elliot als Chef der Militärregierung fand heute eine Zusammenkunft der Betriebsführer der Bochumer Großbetriebe statt. Anwesend waren u. a. die Vertreter des Bergbaues, der eisenschaffenden sowie der eisenverarbeitenden Industrie. Nach den Ausführungen von Herrn Major Elliot soll durch die Aussprache ein Überblick über die augenblickliche Lage in den Großbetrieben und Werken gewonnen werden, um durch entsprechende Maßnahmen unter Mitarbeit der Betriebsführer wieder den normalen Arbeitsablauf zu erreichen.

(. . .)

Bergassessor Schulze-Hönig (Harpener Bergbau):

(. . .)

Die meisten Zechen liegen still, weil die Rohrwasserleitungen durch Kriegseinwirkungen beschädigt und die Stromzuführungen zerstört sind. Die Folge davon ist, daß ein Teil der Sohlen versäuft. Wohl können wir auf den höheren Sohlen fördern, aber vorerst nur in beschränktem Umfange. Je schneller wir in den vollen Besitz des Stromes kommen, um zu sümpfen, umso schneller können wir wieder fördern.

Es ist dabei noch zu sagen, daß sehr viel Kabel- und Muffenmaterial fehlt. Weiterhin fehlen Öle aller Art, z.B. Transformatorenöl – die Transformatoren sind durch Kriegseinwirkung beschädigt und Öl im Augenblick nicht zu erhalten –, und Grubenholz für den Ausbau.

Die Belegschaft, Arbeiter und Beamte, sind bereit zu arbeiten, wenn die Störungen, Plünderungen und Drohungen mit Waffen durch die ausländischen Arbeitskräfte aufhören. Z. Zt. wagen Arbeiter und Beamte nicht, ihre Wohnungen zu verlassen, weil sie fürchten, daß ihre Wohnungen ausgeplündert und Frauen und Kinder vertrieben werden. Die ausländischen Arbeiter haben unsere Magazine ausgeplündert, so daß es schwer hält, unsere Arbeiter mit den notwendigsten Grubenanzügen und -bekleidungen einschl. Schuhen auszurüsten.

Die Lebensmittelversorgung unserer Arbeiterschaft ist sehr schlecht. Es fehlt vor allem an Mehl und Brot und an Strom zur Wiederaufnahme des Bäckereibetriebes.

Um die Gefolgschaft nach Arbeitsleistung entlohnen zu können, bitten wir um Freigabe der beschlagnahmten Lohngelder.

Bezüglich der Arbeitszeit wird vorgeschlagen, sie für den Grubenbetrieb auf 8 Stunden (bisher 8 ¾) und für den Betrieb über Tage auf 10 Stunden mit einer Stunde Pause (bisher 11 Stunden) festzusetzen.

In den letzten Tagen machen sich auf den Zechen kommunistische Umtriebe bemerkbar, indem Vertreter der kommunistischen Partei schon Betriebsräte aufziehen und Betriebsführer und Steiger absetzen. Wir möchten um Schutz bitten, daß wir zunächst den Betrieb mit der alten Betriebsführung aufnehmen können und erst, wenn der Betrieb läuft, in die Wahl der Betriebsführung eingegriffen werden darf.

(. . .)

Bergwerksdirektor Lange (Zechen Hannover /Hannibal):

(. . .)

In unserem Betrieb wird im Augenblick nicht gearbeitet, weil unsere Gefolgschaft nicht wagt, aus dem Haus zu gehen. Ergänzend möchte ich sagen, daß bereits 2 Grubensteiger, ein Kokereisteiger und der Leiter des Ostarbeiterlagers getötet wurden.
Auf den Betriebsführer über Tage ist heute Nacht ein Anschlag verübt worden. Unser Betrieb könnte sofort die Förderung wieder aufnehmen, wenn die Drohungen der ausländischen Arbeiter nicht mehr zu fürchten wären.

Neben den bereits vorerwähnten 1.500 t Kohlen können auf der Zeche Hannover noch etwa 600-700 t Koks sofort gefördert werden.

Bergassessor Mommertz (Gelsenkirchener Bergwerks. A. G.):

(. . .)

Wir möchten noch um Ausstellung von Passierscheinen für die in Nachtschicht arbeitenden Bergleute bitten. Z. Zt. kann mit Rücksicht auf die von der Militärregierung festgesetzte Ausgangszeit nur eine Schicht anfahren.

Auch in unseren Betrieben machen sich die kommunistischen Umtriebe von Tag zu Tag stärker bemerkbar. Es wurden bereits Beamte abgesetzt unter dem Hinweis, daß sie als Vertreter der neuen Partei die Unterstützung der maßgeblichen Stelle fänden. Wir möchten aber darauf hinweisen, daß bei Abzug unserer Beamten die zugesagte Förderung nicht eingehalten werden kann.

(. . .)

Bergassessor Schrödter (Zeche Mansfeld):

„Durch Terrorangriff vom 22. 3. 1945 wurden beide Hauptfördermaschinen unserer Zeche beschädigt. Ich hoffe, daß es möglich sein wird, eine Fördermaschine in etwa 2 Monaten wieder förderfähig zu erhalten. Bis dahin können die für den Betrieb des Kesselhauses sowie für den Pumpenantrieb benötigten Kohlen in einem Wetterschacht gefördert werden. Im Augenblick steigen in unserem Betrieb die Wasser und die Grube versäuft. Das Kraftwerk, das Kesselhaus und die elektrische Zentrale sind in Ordnung, die Pumpen vorhanden – es fehlt nur das Ruhrwasser.

Unsere Tagesförderung betrug vor 2 Jahren 2.500 t. Mit der z. Zt. verfügbaren Belegschaft werden wir in 2 Monaten wieder 1.500 t fördern können. Das Ruhrwasser erhalten wir – wie alle Zechen in Bochum-Langendreer – von Witten."

(. . .)

Major Elliot:

Nach Beseitigung der Drohungen durch ausländische Arbeiter werden die Bergbaubetriebe bald wieder in Gang kommen. Ich werde die notwendigen Schritte einleiten, um auch die anderen Schwierigkeiten – Öl, Elektrizitätsversorgung, Wasser, Grubenholz – aus dem Wege zu räumen. Ich habe den Eindruck, daß Sie mir ein sehr umfassendes Bild über die Lage beim Bergbau gegeben haben."

(. . .)

Major Elliot:

„Die Richtlinien für die Herstellung von Erzeugnissen bei der eisenschaffenden Industrie muss ich von einer höheren Stelle abwarten. Inzwischen möchte ich wissen, welche Erzeugnisse diese Firmen vor dem Kriege ausgeführt haben."

Direktor Letixerant (Bochumer Verein):

„Unser Friedensprogramm erstreckte sich in der Hauptsache auf die Herstellung von Materialien für das Verkehrswesen, wie Achsen, Federn, Radreifen, Weichen, Wellen und z. T. auf Kriegsmaterial.

Z. Zt. liegt der Bochumer Verein still. Wir leiden vor allem unter den Unruhen, die durch die ausländischen Arbeiter hervorgerufen wurden. Die Verwaltungsgebäude in Höntrop und Weitmar sowie das Preßwerk konnten von unseren Beamten noch nicht aufgesucht werden, da sie besetzt sind.

Wir könnten mit der Produktion schnellstens beginnen, wenn die Energiequellen vorhanden wären – Strom, Gas, Wasser, Kohle. Deshalb haben wir ein Hauptinteresse daran, daß die Bergwerke so schnell wie möglich wieder in Betrieb kommen und die Koksgaslieferung aufgenommen werden kann. Der Bochumer Verein ist sehr stark auf die Koksgaslieferung eingestellt. Unsere Hochöfen könnten in kürzester Zeit anlaufen, wenn genügend Koks vorhanden wäre. Unsere Stahlproduktion betrug früher etwa 100.000 t im Monat. Die Siemens-Martin-Stahl-Produktion könnte mit 20.000 t wieder aufgenommen werden, wenn die Energiequellen in Betrieb wären. Die Produktion könnte auf 40.000 t erhöht werden, wenn die Koksgaslieferungen für die Hochöfen sichergestellt wären.

Von unseren 10 Walzenstraßen könnten 3 sofort wieder in Betrieb genommen werden, die restlichen 7 Walzenstraßen sind stark beschädigt. Der Wiederaufbau wird Monate in Aspruch nehmen. Die Inbetriebnahme der 3 Walzenstraßen ist nur von der Gas-und Stromzufuhr abhängig. Wir würden in kürzester Zeit in der Lage sein, 12.000 t Walzmaterial herzustellen. Ähnlich verhält es sich mit unseren Schmiedestücken, die wir mit 3.500 t unter den vorher erwähnten Voraussetzungen sofort liefern könnten. Auch der Stahlguß, der in größeren Mengen hergestellt wurde, könnte unter den gleichen Voraussetzugen sofort wieder geliefert werden.

Der mechanischen Betriebe   Bearbeitungsbetriebe sind in der Lage, zu 60 % wieder anzulaufen, sobald Strom vorhanden ist. Wenn die Zechen genügend Kohlen stellen können, werden unsere Betriebe über den benötigten Strom verfügen.

(. . .)

Generaldirektor Make (Eisen- und Hüttenwerke):

(. . .)

„Die Eisen- und Hüttenwerke sind durch die Terrorangriffe nur wenig betroffen worden und bis auf einen geringen Prozentsatz betriebsbereit, sobald die Zeche Lothringen Kohle und Gas liefern kann. Die Stahlerzeugung betrug 15.000 t monatlich, würde sich aber nach Abwanderung der auländischen Arbeitskräfte auf 5.000 t reduzieren, bis die deutschen Arbeitskräfte wieder voll einge setz sind."

(. . .)

Major Elliot:

(. . .)

Im übrigen hoffe ich, daß dieses heutige Zusammenkommen nicht von unnutz ist. Es hat mir sehr wertvolle Auskünfte gegeben. Ich habe auch Ihre Vorschläge zur Kenntnis genommen, und sobald die militärische und sonstige Lage es erlauben, werden weitere Tagesfragen ausgeführt werden können. Ich habe ein ziemlich umfassendes Bild bekommen, auch über den Materialbedarf, um alles wieder in normale Bahnen zu lenken. Obwohl ich im Augenblick kein festes Versprechen geben kann, ist es sicher, daß sich die Gesamtlage bessern wird.

Ich danke für Ihre Anwesenheit, Ihre Hilfe und Ihr Interesse."

Alsdann wurde die Besprechung durch Herrn Major Elliot aufgehoben.

Anhang Nr. 18 = Dokument 70

Die Unternehmer ziehen Bilanz. Bergbau und Montanindustrie in den ersten Monaten nach Kriegsende.

Als Oberbürgermeister der Stadt Bochum hatte Herr Dr. Geyer die leitenden Herren der Großindustrie und des Bergbaues zu einer Aussprache über die derzeitige wirtschaftliche Lage ins Rathaus gebeten. Anwesend waren die Vertreter des Bergbaues. der eisenschaffenden sowie eisenverarbeitenden Industrie.

Nach Begrüßung der Herren führte Herr Dr. Geyer einleitend aus, daß er zu Beginn seiner Amtstätigkeit als Oberbürgermeister der Stadt Bochum die alte Fühlungnahme mit den leitenden Herren der Bochumer Industrie wieder aufzunehmen wünsche, die er bereits seit Jahren gepflegt habe. Er verwies hierbei auf die notwendige Bereitwilligkeit zur Zusammenarbeit von Wirtschaft und Verwaltung als Voraussetzung für die Lösung der großen Aufgaben wie für das Gemeinschaftsleben der Stadt überhaupt.

Um eine Übersicht über den Stand bzw. Fortschritt der Verhandlungen zur Wiederingangsetzung der Werke zu erhalten, bat Oberbürgermeister Dr. Geyer um Bericht im einzelnen. Zur Behandlung standen folgende Fragen:

1. Umfang des wiederaufgenommenen Betriebes
2. das augenblickliche Produktions-Programm
3. Möglichkeiten zur Wiederingangsetzung bei z. Zt. noch nicht angelaufenen Betrieben sowie das vorgesehene Produktions-Programm.

Nach den Ausführungen von Oberbürgermeister Dr. Geyer – nach Rücksprache mit dem hiesigen Kommandanten bei der Militärregierung – ist die Wiederaufnahme der friedensmässigen Produktion in den Betriebsstätten zur Deckung des Bedarfs des deutschen Volkes vorgesehen. Aufgrund der Tatsache, daß die Schaffung der Arbeitsmöglichkeit für unsere ortsansässige Bevölkerung die einzige Voraussetzung für den Lebensunterhalt und den Broterwerb bedeutet, hätten die maßgeblichen Herren bei der Militärregierung ihre Unterstützung bei Lösung der auftretenden Probleme zugesagt.

Zu den Arbeitsverhältnissen beim Bergbau führte Bergassessor Schulze-Höing aus:

„Wir wurden von vornherein aufgefordert, die Betriebe wieder fertig zu stellen, um so schnell wie möglich Kohle für die übrige Industrie fördern zu können. u. a. für die Stromversorgung der Städte.

Die Beseitigung der großen Schäden an unseren Werken machte zunächst umfangreiche Sümpfungsarbeiten auf fast allen Bochumer Zechen erforderlich. Nach Abschluss dieser Arbeiten kann die Förderung nunmehr auch auf den tiefer gelegenen Sohlen aufgenommen werden.

Die Wiederherstellung der Tagesanlagen, die einen Material- und Handwerkereinsatz – insbesondere von Montagearbeitern, Schlossern, Schreinern und Elektrikern – bedingt, ist weiterhin für die Förderung ausschlaggebend. Der derzeitige Handwerker-Einsatz steht wegen Abwanderung zahlreicher Arbeitskräfte zum Land – infolge der schwierigen Ernährungslage in der Stadt – in keinem Verhältnis zu den vorhandenen umfangreichen Schäden. Durch die Schwierigkeiten bei der Materialbeschaffung – Kalk, Zement – mussten häufig die Reparaturarbeiten unterbrochen werden.

Im Untertage-Betrieb kann durch den Abzug der während der Kriegszeit verfügbaren ausländischen Arbeitskräfte, die zu 50 % der Belegschaft angehörten, eine friedensmäßige Förderung z. Zt. nicht erreicht werden. Die augenblickliche Förderung der mir unterstellten Zechen beträgt im Durchschnitt 10-20 % der normalen Förderung.

Unsere Friedensproduktion betrug 8.000 t täglich; Z. Zt. haben wir eine Tagesförderung von etwa 1.000 bis 1.100 t. Wir sind bestrebt, Anfang August etwa 2.000 t und schließlich im

September eine Leistung von 3.000 t täglich zu erreichen. Z. Zt. ist die Hälfte der Belegschaft verfügbar, von der ein Teil mit Reparaturarbeiten über Tage beschäftigt wird.
Nach Abschluß der Reparaturarbeiten werden wir bei einem Einsatz von 3.000 Arbeitskräften in der Grube in der Lage sein, 3.000 t Kohlen täglich zu fördern.

(. . .)

Der Anregung von Bergassessor Schulze-Höing, das gesamte Gehalts- und Lohnniveau bei den derzeitigen geringen Einnahmen auf den Stand des Jahres 1932 herabzusetzen, hielt Oberbürgermeister Dr. Geyer entgegen, daß die Forderung der Militärregierung auf Auszahlung der bisher zuerkannter Löhne – selbst bei der verkürzten Arbeitszeit von 8 Stunden – nachgekommen werden müsse, da die Ziele der Militärregierung noch unbekannt seien. Zudem würde eine Lohnsenkung zwangsläufig eine Preissenkung bedingen; volkswirtschaftliche Fragen ständen jedoch hier nicht zur Behandlung. Im übrigen sei gerade das Lohnproblem vorsichtig zu behandeln, da sich eine vorschnelle Erörterung dieser Frage in der Bevölkerung nur nachteilig auswirken würde.

(. . .)

Bergassessor Lange: (Zechen Hannover/Hannibal)

Auf die Frage von Oberbürgermeister Dr. Geyer, ob die augenblickliche niedrige Förderung bei einem durchschn. 50 % igen Einsatz der Belegschaft auf die schlechte Arbeitsleistung des einzelnen zurückzuführen sei, erklärte Bergassessor Lange, daß nach Abzug von 1.500 Soldaten und 500 ausgeschiedenen Gefolgschaftsmitgliedern von der Belegschaft der Zechen Hannover/Hannibal noch etwa 3.000 Arbeitskräfte verblieben seien, von denen jedoch nur etwa 1.600 Gefolgschaftsmitglieder tatsächlich eingesetzt werden könnten. 1.400 Gefolgschaftsmitglieder bleiben ihren Arbeitsplätzen fern. Die Aktion zur Erfassung sämtlicher Arbeitspflichtigen bei Ausgabe der Lebensmittelkarten habe nicht den erwarteten Erfolg gebracht; die fehlenden Arbeitskräfte versuchten, durch Hamstern ihren Lebensunterhalt zu verdienen, beispielsweise durch den Verkauf eines Brotes für 100-150 RM. Es muss daher mit allen zur Verfügung stehenden Mitteln versucht werden, das Hamstern zu unterbinden. Am vergangenen Samstag waren im Untertagebetrieb der Zeche Hannover 120 Arbeitskräfte weniger angefahren als an den übrigen Wochentagen. Zudem musste festgestellt werden, daß die Beamten nicht in dem erforderlichen Maße durchgreifen. Nach Einführung der warmen Mittagsverpflegung (650 Kalorien) und Ausgabe von Butterbroten (350 Kalorien) sei ein Ansteigen der Schichtenzahlen zu verzeichnen.

(. . .)

Direktor Dr. Schenk: (Bochumer Verein)

„Während die Bergbaubetriebe bereits wieder arbeiten dürfen, findet die eisenschaffende Industrie keinerlei Unterstützung durch die Militärregierung, obwohl unser Betrieb von dem Kriege nur zu 15-20% auf Rüstungsfertigung eingestellt war. Folgende Gründe könnten für die ablehnende Haltung der Militärstellen aufgeführt werden:

1. Befürchtung der Alliierten über die Rückwirkung im eigenen Land bei Inbetriebsetzung der deutschen Werke
2. gewisse psychologische Hemmungen, die Eisenindustrie könnte Waffen und Munition herstellen
3. Fehlen einer einheitlichen Linie in England über das Schicksal der deutschen Eisenindustrie.

Unsere Arbeiterzahl ist auf 1/3 der Kriegsbelegschaft zurückgegangen, d. h. listenmäßig, da das Arbeitstempo bei den Aufräumungsarbeiten als wenig befriedigend anzusprechen ist. (. . .)
Als unerfreuliche Nebenerscheinungen im Gesamtbild wäre noch die Rolle der Betriebsausschüsse zu verzeichnen.

Direktor Krause: (Eisen- und Hüttenwerken)

„Auch unser Werk musste feststellen, daß wir im Gegensatz zu der Aufforderung am 16. 4. 1945 zur baldigen Wiederaufnahme der Betriebe von einer 100 %igen Inbetriebsetzung noch weit entfernt sind, obwohl unser Werk kaum nennenswerte Schäden in der Vergangenheit erhalten hat. Die angekündigten Überprüfungen bei der eisenschaffenden Industrie, in welchem Unfange die Betriebe wieder in Gang kommen sollen, haben bisher keinen positiven Erfolg gebracht. Nach den örtlich getroffenen Entscheidungen ist anzunehmen, daß man bemüht ist, die eisenschaffende Industrie zunächst klein zu halten.
(. . .)

Zum Schluß der Sitzung brachte Oberbürgermeister Dr. Geyer noch zum Ausdruck, daß die einzelnen Berichte ausserordentlich lehrreich gewesen seien und er bestrebt sein werde, zur Lösung der dargelegten Probleme beizutragen. Alsdann dankte Oberbürgermeister den leitenden Herren der Großindustrie sowie des Bergbaues für ihre Anwesenheit und ihr Interesse und schloss die Sitzung.

Anhang Nr. 19 = Dokument 205

Die Gewerkschaften sehen in der Neuordnung der deutschen Industrie eine Chance zur Verwirklichung ihrer traditionellen Forderung nach Sozialisierung der Grundstoffindustrien.

„Die Sicherung des Friedens, die Demokratisierung der Wirtschaft und der Schutz der sozialen Existenz der Arbeiterklasse erfordert gebieterisch die Übernahme der Grubenbetriebe oder Großunternehmungen, der Bertriebe von Kriegsverbrechern, aktiven Nazis, Kriegsinteressenten und großen Kriegsgewinnlern in die Hände des Volkes.

Die heute, am 19. Januar 1947 im Gewerkschaftshaus Langendreer tagende Generalversammlung der Schachtgruppe Mansfeld fordert daher, gestützt auf die Beschlüsse unserer Gründungsversammlung am 8. und 9. Dezember 1946 in Herne die sofortige Durchführung von Maßnahmen für die englische Zone. Wir verlangen die sofortige Durchführung einer Urabstimmung, getragen von den Bergarbeitern für die entschädigungslose Enteignung des Bergbaues, um hierdurch ihre Ausnutzung für Reaktionäre, machtpolitische Zwecke zu verhindern und durch planwirtschaftliche Maßnahmen die Existenz unserer Bevölkerung zu sichern. Die enteigneten Bergwerke werden Eigentum des deutschen Volkes.

Anhang Nr. 20 = Dokument 209

Formaljuristische Begründung für eine zwischen den Westalliierten längst vereinbarte politische Leitlinie: Das Sozialisierungsgesetz des Landtags wird kassiert:
(. . .)

Der amtierende Gouverneur des Landes Nordrhein-Westfalen, Generalmajor W. H. A. Bishop, hat mit Schreiben vom 23. August 1948 zu den Beschlüssen des Landtages vom 6. August 1948 wie folgt Stellung genommen:

Betr.: Sozialisierung der Kohlenindustrie

Der Beschluß des Landtages von Nordrhein-Westfalen bezüglich der Überführung der Kohlenindustrie in Gemeineigentum, der mir mit Schreiben Nr. 2972/48 Be. vom 11. August 1948 übersandt wurde, ist mit dem Militärgouverneur besprochen worden.

Der Militärgouverneur erkennt durchaus an, daß starke Strömungen in Nordrhein-Westfalen zu Gunsten der Sozialisierung der Kohlenindustrie vorhanden sind und daß es notwendig ist, die Regelung der Eigentumsfrage so schnell wie irgend möglich herbeizuführen. Indessen ist es der Militärregierung nicht möglich, die Vollmacht zur Verkündung der Verordnung zu erteilen wie in dem Beschluß des Landtages erbeten ist, und ebenso bin ich außerstande, meine Genehmigung zu dem vom Landtag verabschiedeten Gesetzentwurf betreffend die Sozialisierung der Kohlenwirtschaft im Lande Nordrhein-Westfalen bei seiner Vorlage zu geben.

Die Gründe hierfür sind folgende:
Die im Land Nordrhein-Westfalen vorhandenen Kohlenbergwerke gehören zum nationalen Vermögen, und aus diesem Grunde sind alle weitreichenden Maßnahmen, die das Eigentum an ihnen und ihre Leitung berühren, Angelegenheiten, die auch die anderen Länder angehen. Die Militärregierung vertritt daher die Ansicht, daß die Frage der Sozialisierung der Kohlenindustrie von einer deutschen Regierung und nicht von einer Landesregierung behandelt werden sollte. Es ist der Militärregierung nicht möglich, ihre Zustimmung zu irgendwelchen Maßnahmen auf dem Gebiet der Kohlenindustrie zu geben, welche einer Entscheidung einer derartigen zukünftigen deutschen Regierung hinsichtlich der für diese Industrien festzustellenden Form des Eigentumsrechtes vorgreifen würde. Wenn eine repräsentative und aus freier Wahl hervorgegangene deutsche Regierung gebildet ist, steht es ihr frei, diese Frage zu lösen.
Es ist wahrscheinlich, daß in verhältnismäßig naher Zukunft eine repräsentative parlamentarische Organisation bestehen wird, die befugt ist, diese Angelegenheit zu regeln.

W. H. A., Bishop, Major-General,
Acting Regional Commissioner.

Anhang Nr. 21 = Dokument 211

An der Wirtschaftsverfassung scheiden sich die Geister. Die Frage der Planwirtschaft wird zum zentralen Thema der ersten Bundestagswahl.

Die „Westfälische Rundschau" sagt:
Professor Erhard erklärte am 3. Juli 1949 in Düsseldorf: „Der Wettbewerb ist das segensreichste Prinzip, das eine bessere Versorgung gewährleistet."

Dem gegenüber erklärte Papst Pius XI: „Die Wettbewerbswirtschaft ... kann unmöglich regulatives Prinzip der Wirtschaft sein ... Der freie Wettbewerb hat zu seiner Selbstaufgabe geführt ... Durch den Wettbewerb kam in das ganze Wirtschaftsleben eine furchbare, grauenerregende Härte ..." (Quadragesimo Anno).

Es ist also offensichtlich, daß hier von der CDU-Führung Position gegen diese Verkündung des Papstes bezogen wurde.

Die Begriffe müssen klar bleiben. Die Frage heißt: Freie oder regulierte Marktwirtschaft. Marktwirtschaft im Erhardschen Sinne ist Wettbewerbswirtschaft und Kennzeichen der kapitalistischen Gesellschaftsordnung.

Die Not der Vertriebenen und Ausgebombten ist wie das ganze Kriegselend und wie der fortgesetzte Mißbrauch des Eigentums das zwangsläufige Ergebnis der kapitalistischen Wirtschaft, der freien Marktwirtschaft. Freie Marktwirtschaft führt unausweichlich zur Beherrschung der Wirtschaft durch übermächtige Besitzkräfte und zur kalten oder Katastrophen -Enteignung von Millionen Menschen. Die Beherrschung der Wirtschaft durch solche Besitzkräfte muß gebrochen werden. Nicht der Wettbewerb, der Bedarf muß der Initiator der Wirtschaft sein.

In sparsamster Wirtschaftsführung müssen wir Millionen Wohnungen bauen, Flüchtlingsindustrien schaffen, die Landwirtschaft modernisieren, die Bergwerke, den Verkehrsapparat, die Elektrizitätswirtschaft ausbauen usw. In dieser Notzeit hat das Vordringlichste vor dem Dringlichen Vorrang. Kann ein vernünftiger Mensch der Ansicht sein, daß solche Aufgaben ohne Lenkung und Planung gelöst werden können?

Planwirtschaft stellt die Entscheidung über Art und Wichtigkeit der Aufbauziele in den Blickwinkel des Allgemeinwohls. Planwirtschaft sichert das Eigentum jedes Menschen, bedeutet höchste, sinnvolle, vernünftige Aktivierung der privaten Initiative auf dem regulierten Markt bedeutet Planung im großen, damit die Bewirtschaftung im kleinen aufhören kann. Die Behauptung, daß Planwirtschaft gleich Zwangswirtschaft und daß die SPD Verfechterin der Bezugscheinwirtschaft sei, ist eine beschimpfende Entstehung. Ebenso unrichtig ist die Behauptung, daß die Lockerung der Bezugscheinpolitik ein Verdienst der Erhardschen Wirtschaftspolitik sei, denn selbst Professor Erhard führte vor einem Jahr in Düsseldorf aus: „Die besondere Spielart der Zwangsbewirtschaftung, die im Bezugsschein ihren Ausdruck findet, wäre verschwunden, ganz gleich, wer für die Wirtschaftspolitik verantwortlich ist."

Heute zeichnen sich bereits in der Wirtschaft infolge mangelnder Planung die Sturmzeichen einer Krise ab. Die Zahl der Arbeitslosen steigt ständig. Bei der letzten Meldung der Verwaltung für Arbeit konnte die Arbeitslosenzahl nur deshalb statistisch um 9812 rückläufig gemeldet werden, weil plötzlich auf Anweisung des Direktors Storch (CDU) die Zahl der Schulentlassenen, die keine Lehrstelle finden konnten, aus der Statistik herausgenommen wurden. Allein in Hessen und Schleswig-Holstein waren das 35000 arbeitslose Jugendliche.

Trotz des seit Jahren aufgestauten ungeheuren Bedarfs meldet die Wirtschaft auf der ganzen Linie einen Rückgang der Produktion und eine Zunahme der Kurzarbeit. Die Läden sind voll, aber die zahlungsfähigen (nicht die bedürftigen!) Käufer fehlen. Alle Zweige der Wirtschaft melden täglich erschreckend zunehmende Schwierigkeiten.

Planung und Lenkung der Wirtschaft ist notwendig. Das erkannte auch das Ahlener Programm der CDU vor Jahr und Tag an. Heute dagegen propagiert die CDU-Führung zusammen mit der FDP die Marktwirtschaft.

Der Landesvorsitzende der CDU Hamburg, Bankdirektor Scharnberg, schrieb am 27. Juni in der „Hamburger Allgemeinen Zeitung" zum CDU-Wahlbündnis mit der FDP: „Marktwirtschaft oder sozialistische Planung, so wird die Parole des Wahlkampfes lauten. Es wird alles darauf ankommen, daß die Marktwirtschaftler zusammenstehen und erkennen, daß Meinungsverschiedenheiten in ihren Reihen im Augenblick keine Bedeutung haben."

Hier sind auf einmal sakrale Werte Nebensächlichkeiten geworden.

Frau Sevenich, die bekannte frühere CDU-Politikerin, berichtet von einem Gespräch, das sie in Minden mit Dr. Adenauer führte. Dabei erklärte Dr. Adenauer, daß er die Zusammenarbeit mit der SPD unter keinen Umständen wolle, und zwar 1. um die freie Marktwirtschaft wiederherzustellen und 2. um sich als Träger der Verantwortung in Frankfurt bei künftigen Wahlen der verbesserten Versorgungslage propagandistisch bedienen zu können.

Kann man die Wahlkampf-Streitfrage „Marktwirtschaft oder Planwirtschaft" deutlicher auf ihren wahren Gehalt zurückführen?

Die „Ruhr-Nachrichten" sagen:

Die CDU verlangt eine Fortsetzung der Marktwirtschaft und hat stärkste Bedenken gegen die von der SPD empfohlene Planwirtschaft. Beides soll hier begründet werden.

Die bisherige, von Prof. Erhard mit Unterstützung der CDU/CSU in Frankfurt durchgeführte soziale Markwirtschaft war erfolgreicher als man nach diesem verlorenen Krieg erwarten konnte. Die von sozialdemokratischen Politikern befürchtete Arbeitslosigkeit von vielen Millionen ist nicht eingetroffen; dagegen stehen in der gewerblichen Wirtschaft 650000 mehr Menschen in Arbeit als vor einem Jahr. Die bestehende Arbeitslosigkeit muß freilich bekämpft werden; die Markwirtschaft wird sie überwinden können. Sie ist übrigens zum Teil von ganz anderen Faktoren verursacht. Der sudetendeutsche Sozialdemokrat Wenzel Jaksch hat am 8. August im Nordwestdeutschen Rundfunk sehr richtig auf die Flüchtlinge hingewiesen und die Ziffer der durch die Flüchtlingsfrage verursachten Arbeitslosigkeit auf 800000 veranschlagt. Dazu kommt die Demontage: Der Direktor für Arbeit, Anton Storch, gab die Zahl der direkt und indirekt durch Demontage arbeitslos Gewordenen mit 300000 an. Leider wird jede, auch die gesündeste Volkswirtschaft eine gewisse Zahl von Arbeitslosen unterhalten müssen. Sie niedrig zu halten und gut für sie zu sorgen, ist Pflicht. Ohne Arbeitslosigkeit aber kommt nur eine totalitäre Volkswirtschaft aus, wie die marxistische Sowjetunion, indem sie einfach so viel Menschen eingesperrt, wie unter normalen Umständen arbeitslos wären.

Auf der anderen Seite weiß jede Hausfrau, die heute einkaufen geht, daß die Marktwirtschaft ihr das Schlangestehen erspart, daß sie für ihr Geld wieder etwas bekommt und daß sie die Kartoffeln nicht auf dem Lande zu hamstern braucht. Es ist nicht richtig, daß das die Folge der Währungsreform gewesen ist. Auch die Sowjetzone hat eine Währungsreform, ohne daß es besser geworden wäre. Die Produktion ist durch die Markwirtschaft mächtig gestiegen, beispielsweise die Stromerzeugung um 30 Prozent, oder die Textilindustrie von 36000 Tonnen Anfang 1948 auf 73000 Anfang 1949. Die Preise sind im ganzen gesunken beispielsweise ein Satz Kochtöpfe von 20 auf 14 DM und Damenstrümpfe von 12 auf 7 DM. Die Preise müssen noch weiter heruntergehen, dafür wird die Marktwirtschaft und die Konkurrenz sorgen.

Die von der CDU verlangte soziale Markwirtschaft erlaubt keine schrankenlose Wirtschaftsfreiheit, wie es der Liberalismus wollte. Sie will der Wirtschaft aber so viel Freiheit geben, daß jeder arbeitende Mensch das Beste erreichen kann, ohne der Gesamtheit zu schaden. Die CDU weiß natürlich, daß in der Ernährungswirtschaft und im Wohnungswesen der freie Markt gegenwärtig noch unmöglich ist. Daß der Ausdruck „soziale" Markwirtschaft keine Phrase ist, beweist die Sozialgesetzgebung des Wirtschaftsrates, wie sie der CDU/CSU mit Unterstützung Professor Erhards begann mit dem Sozialversicherungs-Anpassungsgesetz und dem Kündigungsschutz. Das ist kein Widerspruch, sondern die Ergänzung der Marktwirtschaft.

Dagegen will die CDU auf keinen Fall eine unnötige Reglementierung der Wirtschaft. Damit kommen wir zur Ablehnung der Planwirtschaft. Daß auch in der freien Markwirtschaft im Gesamtinteresse geplant wird und werden soll, ist klar. Aber von der proklamierten Planwirtschaft befürchtet die CDU, daß sie zur Zwangswirtschaft wird, daß sie die menschliche Freiheit der Bürokratie zum Opfer bringt, daß sie den Arbeiter und Angestellten zum Objekt der Arbeitsämter und anderer Behörden macht, und daß sie letzten Endes doch nicht mehr, sondern weniger aus der Wirtschaft herausholt als die Marktwirtschaft. Die freie nur von sozialen Rücksichten eingeschränkte Konkurrenz ist immer noch ein besserer Motor der Volkswirtschaft gewesen als die behördliche Planung.

Unter zwei Bedingungen nur kann sich die Planwirtschaft zeitweise halten. Erstens solange der Staat Zuschüsse gibt, wie das England mit amerikanischen Dollars tut; trotzdem ist England in einer ernsten Krise. Und zweitens, wenn die Planwirtschaft zur arbarmungslosen Zwangswirtschaft ausgedehnt wird, wie es in Rußland mit seinen Fünf- und Sieben-Jahres-Plänen, ein Ziel, das sicherlich auch die SPD nicht will, wohin aber nach Ansicht der CDU ihre Planwirtschaft notwendig führen wird.

Anhang Nr. 22 = Dokument 214

Einstellung der Demontagen: Dringender Appell des Bochumer Vereins an den Präsidenten der USA.

An seine Exzellenz den Präsidenten der Vereinigten Staaten Mr. Harry Truman, WEISSES HAUS, Washington (D.C), Seine Excellenz Aussenminister Marshall, STATE DEPARTMENT, An den Kongress der Vereinigten Staaten, p.A. den Herrn Sprecher des Abgeordnetenhauses, Washington (D.C.).
Kopien an: „Humphrey-Kommission", Washington (D.C)
„Wachhund-Komitee" des US-Senates,
WASHINGTON (D.C.).

Gentlemen:

Im Namen von 12000 Stahlarbeitern des BOCHUMER VEREINS und von Millionen Mitbürgern des Ruhrgebiets appellieren wir Unterzeichneten – Betriebsleitung und Betriebsrat gemeinsam –an Sie in Ihrer Eigenschaft als gewählte Vertreter des Volkes der Vereinigten Staaten und bitten Sie höflich und dringend:

EINGABE

(1) Sofort die DEMONTAGE unserer Fabrikanlagen, die für den hiesigen Aufbau so wichtig sind, einzustellen.

(2) Eine Kommission unparteiischer Fachleute zu entsenden, um unseren DEMONTAGE-Fall (Demontage-Nr. Cind 1320 und 1656) mit dem Ziel einer endgültigen Entscheidung zu untersuchen.

ERKLÄRUNG

Wir wenden uns nicht an Sie wie die Bittsteller (Lobbyisten) in Washington, wir appellieren an die amerikanische Tradition staatsmännischer Weisheit, wie sie George Washington und Abraham Lincoln begründet haben, die sich gegen die Auspowerung – in welcher Form und in welchem Lande auch immer – gewandt haben.
Aufgrund militärischer Befehle muss die Demontage unserer Fabrikhallen sofort beginnen; aber unsere Arbeiter nehmen an den Zerstörungen keinen Anteil – und werden auch künftig keinen Anteil daran nehmen – selbst nicht unter dem Druck militärischer Machtanwendung.
Trotz verschiedener Bitten der Firma haben die britischen Militärbehörden uns noch kein offizielles amerikanisches „OK" hinsichtlich der DEMONTAGE unserer Anlagen unterbreitet.
Die Einzelheiten der Verletzung wirtschaftlicher und psychologischer VERNUNFT können in unserem Falle leicht verfolgt werden. Wir nehmen uns die Freiheit, eine besonders hervorstehende Tatsache zu erwähnen:
Vier Jahre nach dem Ende des Krieges erhielten wir von einer britischen Militärbehörde den Befehl, unsere Stahlwerke I und II das Elektrostahlwerk und ein Drittel der Gesenkschmiede zu zerstören, (welche alle in gutem Zustande sind), während uns zur selben Zeit das Recht zusteht, ein anderes Stahlwerk des BOCHUMER Vereins wieder aufzubauen, welches vollkommen ausgebombt ist, zu einem Kostenwert von etwa 800000 DM.
Es ist unsere feste Überzeugung hier in Deutschland, dass Mr. Marshall's Hände nicht voll darüber informiert wurden, was Mr. Morgenthau's Faust tut, oder, wie Victor Gollancz es ausdrückte „Kein Deutscher kann den Widerspruch verdauen, der zwischen dem Marshall-Plan auf der einen und der bewussten Zerstörung von Friedens-Produktions-Chancen auf der anderen Seite besteht".

Einer unserer Arbeitskameraden, Heinrich Hossiep, der im Alter von 50 Jahren steht und Mitglied unseres Betriebsrates ist, drückte es in seinen eigenen Worten folgendermassen aus:

„Gewiss, der Besiegte hat die Plackerei. Wir haben freiwillig dazu beigetragen, zu zerstören, was noch an Kriegsproduktion vorhanden war; aber man kann seitens der Sieger nicht von uns erwarten, dass wir unser eigenes Haus zerstören und unsere gefährlich wachsende Bevölkerung mit Schrott und Steinen füttern. Der Friede macht sich nicht bezahlt, wenn RACHE die VERNUNFT ersetzt. Kein einziger wirklicher Deutscher wird sich die Finger schmutzig machen, um bei der Zerstörung unserer Werksanlagen Hilfe zu leisten!“
Gentlemen, hier ist die Stimme von Deutschen, die ihre Heimat lieben und die für den Gesunden Menschenverstand und um ihre Existenz kämpfen. Sie können nicht von uns erwarten, dass wir unsere eigene Hinrichtung durchführen.
Eine Demontage unserer Fabriken würde in dieser kritischen Stunde bedeuten: eine Niederlage jeglicher wirtschaftlichen Vernunft, Schrott als deren Folge, Zerstörung auf amerikanische Kosten.
Es würde das ebensosehr einen gefährlichen Schlag gegen die Zusammenarbeit seiner Wirtschaft mit USA, Idee der Gemeinschaft („Teamwork-Idee“) in Westdeutschland bedeuten wie einen Triumpf des EISERNEN Vorhanges.

Die Aufrechterhaltung des Bochumer Vereins bedeutet:

den Triumpf der wirtschaftlichen Vernunft:
einen definitiven Gewinn für den amerikanischen Steuerzahler,
einen Sieg der Gemeinschaftsidee in den Herzen aller Deutschen, eine Stärkung ihres Glaubens an das Europäische Wiederaufbau-Programm – und ein Ansporn für sie, nach ihren Kräften beizutragen zum Aufbau eines Vereinigten EUROPA.

Dürfen wir Sie noch einmal bitten, uns Ihre Vertreter herüber zuschicken, um selbst die Wahrheit betreffend unseren DEMONTAGE-FALL festzustellen? Geben Sie uns eine faire Chance – und lassen Sie uns nicht im Stich!

BOCHUM, den 8. I. 1949

BOCHUMER VEREIN

WERKSLEITUNG
Müser
Schenck
Schily

BETRIEBSRAT
Geldmacher
Hossiep

Anhang Nr. 23 = Dokument 281

Bochum flaggt halbmast: Betriebswirtschaftliche Überlegungen der Bergwerksgesellschaften setzen sich durch: mit der Stillegung der Zechen Prinz Regent, Friedlicher Nachbar und Engelsburg beginnt das Zechensterben.

Als einer der schwärzesten Tage wird der 10. Dezember 1959 in die Geschichte der aufstrebenden Berarbeiterstadt Bochum eingehen. Im Verwaltungsgebäude der Gelsenkirchener Bergwerks-AG am Klaraplatz in Essen ist gestern das Schicksal der drei Schachtanlagen der Bochumer Bergbau-AG, „Prinz Regent", „Friedlicher Nachbar" und „Engelsburg" endgültig besiegelt worden. Nüchterne Zahlen haben gesiegt, nicht aber sachliche, soziale und menschliche Argumente, die seit der Veröffentlichung der Hiobsbotschaft am 28. Oktober durch die RUNDSCHAU in Veranstaltungen, Versammlungen, Besprechungen in Bonn und Bochum, Resolutionen und Protestaktionen vorgebracht und für richtig befunden wurden. Die Stillegungslawine rollt!

Nach der Vertagung der Entscheidung vom 20. November hat die gestrige zweite Sitzung des GBAG-Aufsichtsrates zweieinhalb Stunden gedauert – hinter verschlossenen Türen natürlich. Vor-, Mittel- und Hauptpförtner waren angewiesen, unter keinen Umständen Presse, Rundfunk und Fernsehen bis in die Nähe des eigentlichen Tagungsortes vordringen zu lassen. Damit sollten unter allen Umständen Gespräche mit Aufsichtsratsmitgliedern nach der entscheidenden Sitzung verhindert werden. Die Vertreter der Arbeitnehmer im Aufsichtsrat verzichteten auf Grund des für die Stadt Bochum vernichtenden Gesamtergebnisses auch auf den anschließend vorgesehenen gemeinsamen Mittagstisch im Hotel „Kaiserhof".

Dem Sprachrohr der Öffentlichkeit wurde also nicht die Möglichkeit gegeben, seine Aufgabe zu erfüllen.

Wozu auch, man kann es sich doch leisten, man kann sogar Menschen „verfrachten". Dafür wurde eine sogenannte Pressemitteilung herausgegeben, aus der jeder Bochumer Bergmann und Bürger das lesen kann, was er will. Hier der Text:

„In der heutigen Sitzung des Aufsichtsrates der GBAG wurde dem Antrag des Vorstandes auf Stillegung der Zechen ‚Prinz Regent', ‚Friedlicher Nachbar' und ‚Engelsburg' der Bochumer Bergbau-AG die Zustimmung gegen die Stimmen der Arbeitnehmervertreter im Aufsichtsrat erteilt. Die Zeche ‚Prinz Regent' soll im Laufe des Jahres 1960 stillgelegt werden, im Jahre 1961 soll die Stillegung der beiden anderen Zechen erfolgen. Der Aufsichtsrat nahm Kenntnis von dem Sozialplan, der insbesondere den älteren Arbeitern und Angestellten nach Auslaufen der Anpassungsbeihilfen der Hohen Behörde und der Bundesregierung ein gewisses Mindesteinkommen bis zur Erreichung der normalen Altersversorgungsbezüge garantiert. Der Vorstand wird auch seinerseits alles in seinen Kräften Liegende unternehmen, um den aus den Stillegungsmaßnahmen für die Stadt Bochum sich ergebenden Schwierigkeiten zu begegnen."

Das war es, und was am Nachmittag noch in einem gesondert geführten Gespräch mit einigen „auserwählten Presseleuten" diskutiert worden ist, bleibt abzuwarten. Erstaunlich und sogar verwunderlich nur, daß Bochumer Pressevertreter nicht dazu gebeten wurden. Sie hätten ihren Lesern gewiß auch nichts über „das Bochumer Problem Nr. 1" sagen bzw. berichten können. So kann man's machen!

Der Beschluß aber fand gestern nachmittag bald seinen Niederschlag. Diskutierende Gruppen überall: auf den Straßen, in Gastwirtschaften, auf dem Zechenplatz, vor Ort.
Auf dem Rathaus wehte nach Bekanntwerden der Nachricht aus Essen die Stadtfahne auf halbmast.

Anhang Nr. 24 = Dokument 283

„Ruhr-Nachrichten", Silvester/Neujahr 1972/73; Überschrift „Eine Epoche geht zu Ende. Bochum – Stadt ohne Bergbau. Die letzte Zeche schließt"

Die Neujahrsglocken läuten in Bochum das Ende einer Epoche ein: Wenn am 31. März mit Hannover-Hannibal die letzte Schachtanlage im Stadtgebiet stillgelegt wird, schließt das Kapitel Bergbau nach mehreren Jahrhunderten endgültig ab. In ihm ist der Aufstieg der Gemeinde vom Ackerbürger-Städtchen zum weltbekannten Industrie-Standort verzeichnet, aber auch die größte und schwerste Krise, die das Gemeinwesen in seinen Grundfesten zu erschüttern schien – Grund, Rückschau zu halten, das, was nun Historie geworden ist, noch einmal Revue passieren zu lassen.

Anhang Nr. 25 = Dokument 245

Zurück an den häuslichen Herd! Frauen protestieren dagegen, daß sie aus dem Beruf, aus den Betrieben und Verwaltungen, herausgedrängt und durch Männer ersetzt werden, 1950.

In Betrieben und Verwaltungen macht sich in steigendem Masse die Tendenz bemerkbar, Frauen zu entlassen und dafür Männer einzustellen.

Der Frauenausschuss des Deutschen Gewerkschaftsbundes, Ortsausschuss Bochum, erhebt schärfsten Protest gegen ein solches Vorgehen. Diese Entlassungen stehen im Widerspruch zu Artikel 3 des Bonner Grundgesetzes und bedeuten eine grosse Ungerechtigkeit gegenüber den berufstätigen Frauen.

Der Frauenausschuss hält es für unvereinbar mit der gewerkschaftlichen Forderung und Gleichberechtigung der Frau, wenn Betriebsräte zu derartigen Entlassungen ihre Zustimmung geben.

Der Frauenausschuss ruft alle in Betrieben und Verwaltungen tätigen Frauen auf, nicht gleichgültig und teilnahmslos abseits zu stehen, wenn ihre eignenen Interessen auf dem Spiele stehen.

Anhang Nr. 26 = Dokument 247

Gleicher Lohn für Frauen: Frauen protestieren gegen geschlechtsspezifischen, niedrigen „Frauenlohn", 1950.

Die in Düsseldorf vom DGB-Landesbezirk Nordrhein-Westfalen einberufene Frauenarbeitstagung stellt mit grösstem Bedauern fest:

Trotz der vom Lohnpolitischen Ausschuss des DGB in Königswinter erarbeiteten und vom Bundesausschuss bestätigten Richtlinien für die gewerkschaftliche Lohnpolitik sind die Tarifverträge, die die Bedingungen des Bonner Grundgesetzes nicht erfüllen, nicht geändert worden; es haben sogar einige Industriegewerkschaften und Gewerkschaften neue Tarifverträge abgeschlossen, die mit Artikel 3 des Bonner Grundgesetzes in Widerspruch stehen. In ihnen sind wiederum Lohndifferenzierungen nach Geschlechtern vorgenommen worden, was nach dem Inkrafttreten des Bonner Grundgesetzes verfassungswidrig ist.

Die Kolleginnen richten an die Hauptvorstände der Gewerkschaften die dringende Forderung, alle Tarifverträge, die Artikel 3 Abs. 3 des Grundgesetzes widersprechen, zu revidieren und sich in Zukunft an das Grundgesetz zu halten. Die Konferenz fordert ferner, dass eine größere Anzahl sachverständiger Kolleginnen in die Tarifkommissionen einbezogen wird.

Anhang Nr. 27 = Dokument 250

Das Ergebnis von Verdrängung und Diskriminierung: Frauen sind nur noch die „letzte Reserve auf dem Arbeitsmarkt" – schnell geheuert, schnell gefeuert.

Während sich die Lage auf dem männlichen Sektor des Arbeitsmarktes in den meisten Revierstädten fast gleichartig entwickelte, verlief die Entwicklung bei den Frauen teilweise sehr unterschiedlich. Hier prägen sich die stark voneinander abweichenden Wirtschaftsstrukturen unserer Städte durch andersartige „Mischung" aus. Der Umstand, daß trotz relativ stärkeren Anwachsens weiblicher Arbeitsplätze, sich der Hundertsatz weiblicher Arbeitslosigkeit mehrfach verschlechtert hat, beweist, daß hier große Reserven für den Arbeitsmarkt liegen. Können wir sie ausschöpfen?

„Hier kann nichts nachrücken, hier liegen die Chancen der Frau schlecht, wir sind zu schwer", sagt man in Dortmund, wo die Arbeitslosigkeit auf dem weiblichen Sektor sich seit 1953 von 4 v. H. auf 5,2 v. H. verschlechtert hat. Einerseits ging man hier so weit, Frauen sogar an der Drehbank auszubilden, andererseits fehlen hier seit zwei Jahren Spitzenkräfte für Büro und Handel.

Erfolgreiche Auflockerung

In Essen dagegen entfällt ein großer Teil der seit Kriegsende durch Betriebsansiedlung neu geschaffenen 4000 Arbeitsplätze auf Frauen. Dennoch sind auch hier die Reserven groß, weil jährlich 1000 weibliche Schulentlassene „übrigbleiben".

Am meisten verbessert hat sich die Lage in Duisburg. Von einem hohen Grad der Frauen-Arbeitslosigkeit, die mit 7,4 v. H. im Jahre 1952 noch weit über Landesdurchschnitt (1952; 6,1 v. H.) lag, kam man jetzt mit 3,9 v. H. unter das Landesmittel (4,3 v. H.).

Nicht alle arbeitssuchenden Frauen sind echte Arbeitslose, die auf Erwerb durch eigene Arbeit angewiesen sind. Um diese auszusondern, gäbe es nach dem Vorschlag eines Fachmannes ein „rabiates Mittel", dessen Anwendung jedoch einschlägige Bestimmungen entgegenstehen. Er schlägt vor, Frauen, die nur noch deswegen in den Listen stehen, weil sie einen Unterstützungs-Anspruch von beispielsweise 1000 DM im Jahr haben, mit 500 D-Mark pauschal und auf einmal „abzufinden".

Verheiratete Mitverdienerinnen

Zum großen Teil setzt sich diese Gruppe von Frauen aus Verheirateten zusammen. Ihre Vermittlung ist überall besonders schwer. Auf jedem Arbeitsamt im Revier machen die Ehefrauen 70 v. H. der Arbeitslosen, dagegen nur 30 v. H. der Erwerbstätigen aus. Das Ergebnis der großen Steuerreform-Debatte mit dem Beibehalten der getrennten Veranlagung von Ehegatten bedeutet einen Erfolg für die „mitverdienenden jungen Ehefrauen auf Zeit". Erst, wenn Einrichtung und Aussteuer komplett sind, werden sie sich aus dem Erwerbsleben zurückziehen – wenn bis dahin der Sog der Industrie nicht neue Anreize gegeben hat.

Alle Betriebe mit echten Frauenberufen fürchten diesen Sog. Erste Reaktion, wenn die Industrie mehr Frauen aufnimmt: Hausangestellte werden noch knapper, als bisher. Dann wird eine Wanderbewegung aus den „Frauen-Industrien" in Richtung auf die höheren Löhne einsetzen. Die Textil-Industrie z. B. die heute „wider Willen" schon ein Drittel Verheiratete in ihrer weiblichen Belegschaft hat, wird in stärkerem Maße auf Ehefrauen zurückgreifen müssen.

Noch ist – zumindest im Revier – die Wirtschaft „wählerisch" und vermeidet die Einstellung weiblicher Arbeitskräfte auf Plätzen, die der Frau nicht gemäß sind. Wird das aber so bleiben? Schon erinnert man sich, daß auch die Schwer-Industrie, z. B. „Huckingen" früher einmal Frauen beschäftigte. Hinzu kommt, daß Rüstungsindustrie seit jeher stark „automatisiert“, also „frauengeeignet“ ist.

„Nie wieder Nachtarbeit“

Es wird im Zuge der Wiederbewaffnung auch zu einer Konjunktur bestimmter Ausrüstungsbetriebe kommen. In Duisburg liegt z. B. Westdeutschlands größte Uniform-Fabrik. Sie kann ihre Belegschaft gut und gern verdoppeln. Wenn die Industrie wieder mit Frauen arbeiten muß, sagt ein Fachmann, dann wird sie u. U. versuchen, den Gesetzgeber auch zur Korrektur der Bestimmungen über Frauen-Nachtarbeit zu bewegen. Gegen derartige Pläne aber werden Gewerbeaufsichts-Ämter, Arbeitsämter und Gewerkschaften Veto einlegen. Erfreulicherweise macht man sich an maßgeblicher Stelle schon Gedanken darüber, wie man verstärkten Arbeitseinsatz der Frauen mit den Forderungen unerläßlichen Familienschutzes vereinigen kann.

Der halbe Arbeitstag

Hierzu dienen Anregungen, verheiratete Frauen in geeigneten Industrien nur halbtageweise einzusetzen. Ein Teil der Textilbetriebe im Revier hält das in bescheidenem Umfange – bis zu 20 v.H. der Gesamtbelegschaft – immerhin für diskutabel. Andere lehnen diesen Weg ab: „Aus betrieblichen Gründen unmöglich!“ „Auch Nähmaschinen nehmen übel“, hört man aus Betrieben, in denen jede Arbeiterin ihre eigene Maschine bedient. „Der Arbeitsrhythmus am Fließband, wo z.B. fünf Arbeiterinnen an einer einzigen Tasche arbeiten, ist zu kurz. Versteckte Fehler würden sich mehren. Kontrollen sind nicht möglich. Das Prämien-System kommt in Gefahr. Die Aufsichtsorgane würden überlastet. Die Kosten würden steigen. Man müßte das Personal in der Lohnbuchhaltung und in der Werksfürsorge vermehren. Der Kostenpunkt „Drucksachen“ würde sich verdoppeln. Es gäbe Schwierigkeiten in der Urlaubsregelung.“

Die Frauen, Zehntausende im Revier, wären nur zu gern bereit, in die durch männlichen Facharbeitermangel entstehenden Lücken zu springen, auch und teilweise gerade in Halbtagsarbeit. Einige halten den „halben Tag“ zwar nicht für lohnend, weil einem Monatsverdienst von 80 bis 120 DM erhöhte Haushaltsausgaben (mehr Licht, teuerer Einkauf, Fahrgeld, Schuhe) gegenüberstehen. Andere, und das sind die meisten, entgegneten aber: „Immerhin bringt es die Miete, Strom und Gas und andere fixe Kosten des Haushaltes ein.“

Wie immer die Dinge laufen werden, achten wir rechtzeitig darauf, daß nicht die Familie, vor allem nicht die Kinder, wieder die Leidtragenden sein müssen, wenn wir zur Ausschöpfung unserer letzten Arbeitsreserven gezwungen werden!

V/VI
Nachweise und Zeittafel

Archivische Fundstellen

Abkürzungen

Bd.	Band
Best.	Bestand
Bl.	Blatt
BO	Bochum
Dep.	Depositum
Diaslg.	Diasammlung
Fotoslg.	Fotosammlung
HStA	Hauptstaatsarchiv
IGBE	Industriegewerkschaft Bergbau und Energie
Neg.	Negativ
NL	Nachlaß
OB	Oberbürgermeister
Plakatslg.	Plakatsammlung
Reg.	Regierung
Sign.	Signatur
Slg.	Sammlung
StA	Staatsarchiv
StdtA	Stadtarchiv
WAT	Wattenscheid
ZGS	Zeitgeschichtliche Sammlung

1
Air Photo Library, University of Keele, Staffordshire, Großbritannien, Sign. ST 5 5 BG

2
StdtA Bochum, Best. BO 71, Nr. 3

3
StdtA Bochum, Best. C. Fischer, Neg. 572 B/35 A

4
StdtA Bochum, ZGS, I A 4 b

5
StdtA Bochum, Fotoslg.

6
HStA Düsseldorf, Best. RW 34, Bd. 31

7
StdtA Bochum, Best. C. Fischer, Neg. 570/32

8
StdtA Bochum, Best. C. Fischer, Neg. 571 A/35 A

9
Maueranschlag, Bundesarchiv Plakatsammlung; Druck in: Wagner, Johannes Volker, Deutschland nach dem Krieg, S. 81

10
StdtA Bochum, Plakatslg.

11
Bildarchiv Preußischer Kulturbesitz, Sign. W II 118

12
StdtA Bochum, Best. OB, Nr. 9 b

13
National Archives, Washington D.C., USA

14
StdtA Bochum, Best. OB, Nr. 9 b

15
National Archives, Washington D.C., USA

16
StdtA Bochum, Plakatslg.

17
StdtA Bochum, Fotoslg.

18
Leihgabe Willi Brüseke, Bochum

19
HStA Düsseldorf, Best. RWB 1727, Neg. 19

20
StdtA Bochum, Best. BO 324, Nr. 1

21
StdtA Bochum, Best. WAT C-Besatz, Nr. 2

22
StdtA Bochum, Best. WAT C-10, Nr. 8

23
HStA Düsseldorf, Best. RWB 1368, Neg. 12

24
StdtA Bochum, Slg. Noll

25
StdtA Bochum, Plakatslg.

26
StdtA Bochum, Plakatslg.

27
HStA Düsseldorf, Best. RWB 1299, Neg. 3

28
HStA Düsseldorf, Best. RWB 1683, Neg. 18A

29
Leihgabe Anne Christel Heusgen, Düsseldorf

30
StdtA Bochum, Zeitungsbestand, aus: Westfalenpost vom 02. 08. 1946

31
StdtA Bochum, Slg. Noll

32
StdtA Bochum, Slg. Noll

33
StdtA Bochum, Fotoslg.

34
StdtA Bochum, Fotoslg.

35
StdtA Bochum, Best. WAT C-10, Nr. 8

36
StdtA Bochum, Fotoslg.

37
StdtA Bochum, Slg. Noll

38
StdtA Bochum, Best. OB, Nr. 9 b

39
StdtA Bochum, Slg. Noll

40
StdtA Bochum, Zeitungsbestand, aus: Westfälische Rundschau vom 07.03.1952

41
StdtA Bochum, Zeitungsbestand, aus: Westdeutsche Allgemeine Zeitung vom 05.04.1982

42
StdtA Bochum, aus: 100 Jahre Bochumer Eisenhütte 1851 – 1951, S. 62

43
StdtA Bochum, Fotoslg.

44
StdtA Bochum, Best. C. Fischer, Neg. 570/15 A

45
StdtA Bochum, Plakatslg.

46
StdtA Bochum, Plakatslg.

47
StdtA Bochum, Plakatslg.

48
StdtA Bochum, Best. C. Fischer, Neg. 572 B/31 A

49
StdtA Bochum, Best. WAT C-Besatz, Nr. 2

50
StdtA Bochum, Best. OB, Nr. 1

51
Leihgabe Karl Renners, Bochum

52
StdtA Bochum, Fotoslg.

53
StdtA Bochum, Best. BO 10, Nr. 200

54
StdtA Bochum, Dep. SPD-Unterbezirk, Nr. 190

55
StdtA Bochum, Best. WAT C-Besatz, Nr. 22

56
StdtA Bochum, Best. WAT C-Besatz, Nr. 1

57
StdtA Bochum, Best. BO 10, Nr. 200

58
Archiv der DKP Bochum

59
Bundesarchiv, Plakatslg.; Druck aus: Wagner, Johannes Volker, Deutschland nach dem Krieg, S. 179

60
Archiv der CDU Bochum

61
StdtA Bochum, Plakatslg.

62
Archiv dr IGBE

63
Archiv der Krupp Stahl AG Bochum, Sign. 14 20 63

64
Stadt Bochum, Presseamt

65
StdtA Bochum, Zeitungsbestand, Amtliche Bekanntmachungen der Stadt Bochum Nr. 29 vom 09.03.1946

66
StdtA Bochum, Best. WAT Fotoslg.

67
StdtA Bochum, Best. C. Fischer, Neg. 570/17 A

68
StdtA Bochum, Best. BO 10, Nr. 105

69
Stadt Bochum, Presseamt

70
StdtA Bochum, Best. BO 10, Nr. 105

71
StdtA Bochum, ZGS, I B 1, Druck in: Stadtverwaltung Bochum (Hg.), Wirtschaftlichkeit einer Trümmerschuttaufbereitungsanlage, Bochum 1947. Amtsdrucksache, deutsch und englisch

72
StdtA Bochum, Best. OB, Nr. 1

73
StdtA Bochum, Slg. Ernst Schmidt, Essen

74
StdtA Bochum, Best. C. Fischer, Neg. 357/o.Nr.

75
Druck aus: Helmuth Euler, Die Entscheidungsschlacht an Rhein und Ruhr 1945. Stuttgart 1980, S.

76
StdtA Bochum, Plakatslg.

77
HStA Düsseldorf, Best. RWB 1597, Neg. 29A

78
StdtA Bochum, ZGS, I B 1, Druck in: Stadtverwaltung Bochum (Hg.), Wirtschaftlichkeit einer Trümmerschuttaufbereitungsanlage, Bochum 1947. Amtsdrucksache, deutsch und englisch

79
StdtA Bochum, Zeitungsbestand, aus: Westdeutsche Allgemeine Zeitung vom 08.05.1952

80/81/82
Auszug aus Reportage: 549 Frauen arbeiten beim BV, Druck in: Gußstahlwerk Bochumer Verein AG (Hg.), Hüttenzeitung, 22. Jg., Nr. 4 (Januar 1953), S. 8 ff.

83
Leihgabe Fa. Hildegard Libhöfer, Bochum

84
StdtA Bochum, Best. C. Fischer, Neg. 572 B/6

85
StdtA Bochum, Plakatslg.

86
StdtA Bochum, Best. C. Fischer, Neg. 356/17 A

87
StdtA Bochum, Zeitungsbestand, aus: Ruhr-Zeitung Nr. 36 vom 27.10.1945 (Ausgabe D)

88
Stadt Bochum, Presseamt

89
Leihgabe Fa. Hans und Ferdinand Träger, Bochum

90
StdtA Bochum, Best. BO 63, Nr. 747

91
StdtA Bochum, Amtsdruckschriften, Verwaltungsbericht der Stadt Bochum 1938 – 1948, S. 92

92
Leihgabe Walter K. Müller, Bochum

93
StdtA Bochum, Plakatslg.

94
Leihgabe Fa. Moritz Steffen, Bochum

95
StdtA Bochum, Best. BO 127, Nr. 44

96
StdtA Bochum, Best. OB, Nr. 1 (6)

97
StdtA Bochum, Best. WAT C-10, Nr. 12

98
Leihgabe Erwin Erlenkämper, Bochum

99
StdtA Bochum, Best. C. Fischer, Neg. 571 A/33 A

100
Stadt Bochum, Presseamt

101
StdtA Bochum, Plakatslg.

102
Stadt Bochum, Presseamt

103
Institut für Zeitungsforschung, NL Peeters

104
StdtA Bochum, Zeitungsbestand, aus: Westfälische Rundschau vom 17.05.1947

105
Stadt Bochum, Presseamt

106
StdtA Bochum, Plakatslg.

107
StdtA Bochum, Fotoslg.

108
StA Münster, Best. Reg. Arnsberg, Nr. II A 2723

109
StdtA Bochum, Best. C. Fischer, Neg. 361/17

110
Leihgabe John Gordon, University of East Anglia, Norwich

111
HStA Düsseldorf, Best. RWB 1474, Neg. 5

112
StdtA Bochum, Zeitungsbestand, aus: Westfalenpost vom 17.01.1947

113
StdtA Bochum, Best. OB, Nr. 2 (5)

114
HStA Düsseldorf, Best. RWB 1720, Neg. 42

115
StdtA Bochum, Best. C. Fischer, Neg. 361/43

116
StdtA Bochum, Plakatslg.

117
StdtA Bochum, Best. WAT 40-Sch., Nr. 30

118
StdtA Bochum, Plakatslg.

119
StdtA Bochum, Best. C. Fischer, Neg. 383/26

120
StdtA Bochum, Best. BO 40, Nr. 4

121
Leihgabe Hedwig Rüter, Bochum

122
Leihgabe Klaus Priegnitz, Bochum

123
StdtA Bochum, Best. WAT C-Besatz, Nr. 2

124
StdtA Bochum, Best. BO 60, Nr. 18

125
StdtA Bochum, Best. WAT C-Besatz, Nr. 28

126
StdtA Bochum, Plakatslg.

127
StdtA Bochum, Best. C. Fischer, Neg. 71/23

128
StdtA Bochum, Best. BO 11, Nr. 776

129
StdtA Bochum, Best. BO 11, Nr. 74

130
StdtA Bochum, Best. OB, Nr. 18

131
StdtA Bochum, Best. BO 30, Nr.70, Bl. 1 – 2

132
StdtA Bochum, Fotoslg.

133
StdtA Bochum, Best. BO 11, Nr. 239

134
StdtA Bochum, Best. BO 11, Nr. 239

135
StdtA Bochum, Best. BO 11, Nr. 239

136
Stadt Bochum, Presseamt

137
StdtA Bochum, Best. OB, Nr. 18

138
StdtA Bochum, ZGS, I B 1, Druck in: Stadtverwaltung Bochum (Hg.), Wirtschaftlichkeit einer Trümmerschuttaufbereitungsanlage, Bochum 1947. Amtsdrucksache, deutsch und englisch

139
StdtA Bochum, Best. BO 66, TVA, Bd. 19

140
StdtA Bochum, Fotoslg.

141
StdtA Bochum, ZGS, I B 1, Druck in: Stadtverwaltung Bochum (Hg.), Wirtschaftlichkeit einer Trümmerschuttaufbereitungsanlage, Bochum 1947. Amtsdrucksache, deutsch und englisch

142
StdtA Bochum, Best. BO 66 TVA, Bd. 1

143
Stadt Bochum, Presseamt

144
StdtA Bochum, Fotoslg.

145
StdtA Bochum, Best. WAT C-41, Nr. 59/2

146
Leihgabe Heinz Keina, Essen

147
Leihgabe Karl Renners, Bochum

148
StdtA Bochum, Plakatslg.

149
Leihgabe Willi Brüseke, Bochum

150
StdtA Bochum, Dep. Hartmann

151
Leihgabe Friedrich Hiltner, Bruchköbel

152
Leihgabe Erwin Erlenkämper, Bochum

153
StdtA Bochum, Plakatslg.

154
StdtA Bochum, Best. BO 12, Nr. 34

155
Bundesarchiv Koblenz, Plakatslg.

156
StdtA Bochum, Plakatslg.

157
Bundesarchiv Koblenz, Plakatslg.

158
StdtA Bochum, Best. BO 12, Nr. 34

159
Bundesarchiv Koblenz, Plakatslg.

160
StdtA Bochum, Zeitungsbestand, aus: Bochumer Amtsblatt vom 19.10.1946

161
StdtA Bochum, Zeitungsbestand, aus: Bochumer Amtsblatt vom 19.10.1946

162
StdtA Bochum, Zeitungsbestand, aus: Westdeutsche Allgemeine Zeitung vom 26.02.1977

163
StdtA Bochum, Best. WAT, aus: Amtliche Bekanntmachungen vom 19.10.1946

164
StdtA Bochum, Slg. Haumann

165
StdtA Bochum, Best. OB, Nr. 9 b

166
Stadt Bochum, Presseamt

167
StdtA Bochum, Best. BO 00, Protokollbuch Bd. 3, S. 16 – 18, Anlage Nr. 4 zur Niederschrift Nr. 1 der Stadtvertretung vom 30.10.1946

168
Leihgabe Walter K. Müller, Bochum

169
StdtA Bochum, Plakatslg.

170
Stadt Bochum, Presseamt

171
StdtA Bochum, Dep. Hartmann

172
StdtA Bochum, Dep. Hartmann

173
StdtA Bochum, Best. WAT, aus: Wattenscheider Zeitung – Amtliches Veröffentlichungsblatt für alle Behörden im Stadtkreis Wattenscheid Nr. 2 vom 06.07.1945.

174
Druck in: Wolfgang Trees/Charles Whiting/Thomas Omansen: Drei Jahre nach Null. Geschichte der britischen Besatzungszone 1945 – 1948. Düsseldorf 1978, S. 121

175
StdtA Bochum, BO 127, Nr. 50

176
Leihgabe Erwin Erlenkämper, Bochum

177
StdtA Bochum, ZGS II B5

178
Druck in: Karl-Heinz Rothenberger, Die Hungerjahre nach dem 2. Weltkrieg, Boppard 1980, S. 131

179
Stadt Bochum, Presseamt

180
StdtA Bochum, Plakatslg.

181
StdtA Bochum, Best. WAT C-10, Nr. 2

182
Bundesarchiv Koblenz, Bildarchiv

183
StdtA Bochum, Best. WAT C-10, Nr. 4

184
StdtA Bochum, Plakatslg.

185
Leihgabe Fa. Baltz, Bochum

186
Stadt Bochum, Presseamt

187
Leihgabe Dr. Peter Friedemann, Bochum

188
StdtA Bochum, Best. BO 12, Nr. 134

189
Leihgabe Dr. Peter Friedemann, Bochum

190
StdtA Bochum, Best. BO 12, Nr. 135, Durchschrift der Meldung des Kreiswahlleiters an den Landeswahlleiter vom 16.10.1949

191
Grafik, StdtA Bochum

192
Konrad-Adenauer-Stiftung e. V., Archiv für Christlich-Demokratische Politik, Sankt Augustin b. Bonn, Bildarchiv, Film 77/9

193
Bundesbildstelle, Presse- und Informationsamt der Bundesregierung

194
Friedrich Ebert Stiftung/Archiv der sozialen Demokratie, Bonn

195
StdtA Bochum, Best. BO 60, Nr. 5

196
HStA Düsseldorf, Best. RWB 1806, Neg. 36

197
StdtA Bochum, Slg. Arens, Nr. 7

198
Leihgabe Dr. Ing. Kurt H. Vieth, Mönchengladbach

199 + 200
Leihgabe Willi Brüseke, Bochum

201
Leihgabe Willi Brüseke, Bochum

202
HStA Düsseldorf, Best. RWB 1804, Neg. 35

203
HStA Düsseldorf, Best. RWB 1805, Neg. 31

204
StdtA Bochum, Fotoslg.

205
Archiv der IGBE, NL Weeke

206
StdtA Bochum, Postkartenslg.

207
Archiv der IGBE, NL Weeke

208
HStA Düsseldorf, Best. RWB 1507, Neg. 19

209
Landtagsdrucksache 1. Wahlperiode, Nr. II-631

210
StdtA Bochum, Plakatslg.

211
StdtA Bochum, Zeitungsbestand, aus: Ruhr-Nachrichten vom 13.08.1949

212
StdtA Bochum, Best. OB, Nr. 1

213
StdtA Bochum, Zeitungsbestand, aus: Westfälischen Rundschau vom 18.10.1947

214
StdtA Bochum, Slg. Arens, Nr. 7

215
HStA Düsseldorf, Best. RWB 1735, Neg. 1

216
StdtA Bochum, Zeitungsbestand, Westfälische Rundschau vom 19.03.1949

217
StdtA Bochum, Fotoslg.

218
StdtA Bochum, Fotoslg.

219 + 220
Archiv der IGBE, NL Weeke

221
StdtA Bochum, Best. WAT C-10, Nr. 8

222
Druck in: Industriegewerkschaft Metall (Hg.), 90 Jahre Industriegewerkschaft Metall 1891 – 1981, Frankfurt 1981, S. 343 - 344

223
Leihgabe der Presseabteilung der IGBE

224
Druck in: E. Kroker, Der Arbeitsplatz des Bergmanns. Der Weg zur Vollmechanisierung, Bochum 1986, S. 64

225
StdtA Bochum, Fotoslg.

226
StdtA Bochum, Fotoslg.

227
StdtA Bochum, Best. WAT C-10, Nr. 9

228
StdtA Bochum, Zeitungsbestand, aus: Westfälische Rundschau vom 11.11.1949

229
HStA Düsseldorf, Best. RWB 1764, Neg. 13

230
StdtA Bochum, Best. BO 10, Nr. 108

231
HStA Düsseldorf, Best. RWB 1390, Neg. 22

232
Leihgabe Tilde Hartmann, Bochum

233
StdtA Bochum, Best. BO 127, Nr. 14

234
StdtA Bochum, Zeitungsbestand, aus: Westdeutsche Allgemeine Zeitung vom 09.10.1951

235
Stadt Bochum, Presseamt

236
Leihgabe John Gordon, University of East Anglia, Norwich

237
StdtA Bochum, Plakatslg.

238
StdtA Bochum, Best. BO 41, Nr. 257

239
StdtA Bochum, Plakatslg.

240
StdtA Bochum, Fotoslg.

241
StdtA Bochum, Best. BO 41, Nr. 19

242
Stadt Bochum, Presseamt

243
StdtA Bochum, Plakatslg.

244
Stadt Bochum, Presseamt

245
HStA Düsseldorf, Best. RW 177, Nr. 40, Bl. 133, Entschließung des Frauenausschusses, Ortsausschuß Bochum, des Deutschen Gewerkschaftsbundes, vom 31.01.1950

246
Leihgabe A. Halwer, Bochum, aus: Gertrud Oheim: Einmaleins des guten Tons. Bertelsmann-Verlag, Gütersloh, 5. Aufl. 1955

247
HStA Düsseldorf, Best. RW 177, Nr. 37, Bl. 134, Entschließung der Frauenarbeitstagung des DGB-Landesbezirks Nordrhein-Westfalen, Düsseldorf 05.05.1950 – Abschrift

248
StdtA Bochum, Zeitungsbestand, Leserbriefe auf die Frage der Woche: Halbtagsarbeit für berufstätige Ehefrauen: in Ruhr-Nachrichten vom 19./20.11.1955

249
Leihgabe A. Halwer, Bochum, aus: Gertrud Oheim: Einmaleins des guten Tons. Bertelsmann-Verlag, Gütersloh, 5. Aufl. 1955

250
StdtA Bochum, Zeitungsbestand, Bericht in der Westdeutschen Allgemeinen Zeitung vom 01.12.1954, Auszug

251
StdtA Bochum, Zeitungsbestand, Waschmittelwerbung in: Ruhr-Nachrichten vom 19./20.11.1955

252
StdtA Bochum, Zeitungsbestand, „Die Seite für die Frau" in: Ruhr-Nachrichten vom 03./04.12.1955

253
StdtA Bochum, Plakatslg.

254
Leihgabe Therese van Treeck, Bochum

255
StdtA Bochum, Plakatslg.

256
Stadt Bochum, Presseamt

257
Stadt Bochum, Presseamt

258
StdtA Bochum, Theatergeschichte Slg., aus: Frankfurter Allgemeine Zeitung vom 25.06.1956

259
StdtA Bochum, Plakatslg.

260
StdtA Bochum, Plakatslg.

261
StdtA Bochum, Best. BO 00, Protokollbuch Bd. 3 Anlage 8.

262
Stadt Bochum, Presseamt

263
Stadt Bochum, Presseamt

264
Stadt Bochum, Bauordnungsamt

265
Stadt Bochum, Bauordnungsamt

266
Stadt Bochum, Presseamt

267
Leihgabe Edith Hannok, Bochum

268
StdtA Bochum, Fotoslg.

269
StdtA Bochum, Postkartenslg.

270
Stadt Bochum, Presseamt

271
Stadt Bochum, Presseamt

272
StdtA Bochum, Best. BO 12, Nr. 110

273
Stadt Bochum, Presseamt

274
Stadt Bochum, Presseamt

275
Leihgabe Hans H. Hanke, Bochum

276
Leihgabe Hans H. Hanke, Bochum

277
Stadt Bochum, Planungsamt, Registratur, Az.: 61 20 10 (1)

278
StdtA Bochum, Diaslg.

279
Druck in: E. Kroker, Der Arbeitsplatz des Bergmanns. Der Weg zur Vollmechanisierung, Bochum 1986, S. 102

280
StdtA Bochum, Diaslg.

281
StdtA Bochum, Zeitungsbestand, aus: Westfälische Rundschau vom 11.11.1959

282
StdtA Bochum, Diaslg.

283
StdtA Bochum, Zeitungsbestand, aus: Ruhr-Nachrichten Ausgabe Silvester/Neujahr 1972/1973

284
StdtA Bochum, Diaslg.

285
Druck in: Stadtwerke Bochum GmbH (Hg.), 125 Jahre im Dienste des Bürgers, Bochum 1980, S. 128

286
StdtA Bochum, Diaslg.

287
Stadt Bochum, Presseamt

288
StdtA Bochum, Diaslg.

289
Stadt Bochum, Presseamt

290
StdtA Bochum, Diaslg.

291
Stadt Bochum, Presseamt

292
StdtA Bochum, Diaslg.

Quellen- und Archivverzeichnis

Stadtarchiv Bochum

Aktenüberlieferung der Stadt Bochum

Bestände:	OB	Oberbürgermeister
	BO 00	Amt für Ratsangelegenheiten
	BO 10	Hauptamt
	BO 11	Personalamt
	BO 12	Amt für Statistik und Stadtforschung
	BO 127	Ernährungs- und Wirtschaftsamt
	BO 30	Rechtsamt
	BO 324	Kriegschädenamt
	BO 40	Schulverwaltungsamt
	BO 41	Kulturamt
	BO 60	Bauverwaltungsamt
	BO 63	Bauordnungsamt
	BO 66	Tiefbauamt
	BO 71	Schlachthof

Aktenüberlieferung der Stadt Wattenscheid

Bestände:	WAT C-Besatz	Besatzungsamt
	WAT C-10	Hauptamt (nach 1945)
	WAT 40 Sch.	Schulen
	WAT C-41	Kulturamt (nach 1945)

Fotosammlung (Bochum und Wattenscheid)
Fotobestand C. Fischer
Diasammlung
Postkartensammlung

Zeitgeschichtliche Sammlung (ZGS)
Plakatsammlung

Zeitungsbestand (Bochum und Wattenscheid)
Amtsdruckschriften (Bochum und Wattenscheid)

Depositum Hartmann
Depositum SPD-Unterbezirk Bochum

Nachlaß Bangel

Sammlung Arens
Sammlung Haumann
Sammlung Noll
Sammlung Ernst Schmidt, Essen

Stadt Bochum, Planungsamt

Stadt Bochum, Presse- und Informationsamt

Sonstige Archive

Archiv der Christlich-Demokratischen Union Bochum

Archiv der Deutschen Kommunistischen Partei Bochum

Archiv der Industriegewerkschaft Bergbau und Energie (IGBE), Bochum

Bestand: NL Weeke

Archiv der Krupp Stahl AG, Bochum

Bildarchiv Preußischer Kulturbesitz, Berlin

Bundesarchiv, Koblenz

Bestände: Bildarchiv
Plakatsammlung

Friedrich Ebert Stiftung / Archiv der sozialen Demokratie, Bonn

Hauptstaatsarchiv Düsseldorf
Bestände: RW 34, 177
RWB 1299, 1368, 1390, 1474, 1507, 1597, 1683, 1720, 1727, 1735, 1764, 1804, 1805, 1806
RWN 103

Konrad-Adenauer-Stiftung e. V., Archiv für Christlich-Demokratische Politik, Sankt Augustin b. Bonn, Bildarchiv

National Archives, Washington D.C., U.S.A.

Presse- und Informationsamt der Bundesregierung, Bundesbildstelle, Bonn
Staatsarchiv Münster
Bestand: Reg. Arnsberg

Stadt Dortmund, Institut für Zeitungsforschung
Bestand: NL Peeters

University of Keele, Staffordshire, Großbritannien
Air Photo Library

Leihgeber

Fa. Baltz, Bochum
Willi Brüseke, Bochum
Erwin Erlenkämper, Bochum
Dr. Peter Friedemann, Bochum
John Gordon, University of East Anglia, Norwich (GB)
Andreas Halwer, Bochum
Hans H. Hanke, Bochum
Edith Hannok, Bochum
Tilde Hartmann, Bochum
Anne Christel Heusgen, Düsseldorf
Friedrich Hiltner, Bruchköbel
Industriegewerkschaft Bergbau und Energie, Presseabt., Bochum
Heinz Keina, Essen
Fa. Hildegard Libhöfer, Bochum
Walter K. Müller, Bochum
Klaus Priegnitz, Bochum
Karl Renners, Bochum
Hedwig Rüter, Bochum
Fa. Moritz Steffen, Bochum
Fa. Hans u. Ferdinand Träger, Bochum
Therese van Treeck, Bochum
Dr. Ing. Kurt H. Vieth, Mönchengladbach

Auswahlbibliographie

Abelshauser, Werner, Die langen Fünfziger Jahre. Wirtschaft und Gesellschaft der Bundesrepublik Deutschland 1949 – 1966, Düsseldorf 1987

Abelshauser, Werner, Wirtschaft in Westdeutschland 1945 – 1948. Rekonstruktion und Wachstumsbedingungen in der amerikanischen und britischen Zone, Stuttgart 1975

Ahrens, Hanns D., Demontage. Nachkriegspolitik der Alliierten, München 1982

Andersen, Uwe (Hrsg.), Kommunale Selbstverwaltung und Kommunalpolitik in Nordrhein-Westfalen, Köln 1987

Aus den Trümmern, Kunst und Kultur im Rheinland und in Westfalen 1945 – 1952 Neubeginn und Kontinuität. Ausstellungskatalog Köln 1985

Benz, Wolfgang (Hrsg.), Die Bundesrepublik Deutschland. Geschichte in drei Bänden. Politik, Gesellschaft, Kultur, Frankfurt a.M. 1983

Bessen, Ursula, Trümmer und Träume. Nachkriegszeit und Fünfziger Jahre auf Zelluloid. Eine Dokumentation, Bochum 1989

Broszat, Martin/Henke, Klaus-Dietmar/Woller, Hans (Hrsg.), Von Stalingrad zur Währungsreform. Zur Sozialgeschichte des Umbruchs in Deutschland, München 1988

Brunn, Gerhard (Hrsg.), Neuland: Nordrhein-Westfalen und seine Anfänge nach 1945/46, Essen 1986

Düwell, Kurt, Entstehung und Entwicklung der Bundesrepublik Deutschland 1945 – 1961, Köln/Wien 1981

Einhundert Jahre Bochumer Eisenhütte 1851 – 1951, Bochum 1951

Eschenburg, Theodor, Jahre der Besatzung 1945 – 1949, Stuttgart 1983

Euler, Helmuth, Die Entscheidungsschlacht an Rhein und Ruhr 1945, Stuttgart 1980

Foschepoth, Josef/Steininger, Rolf (Hrsg.), Die britische Deutschland- und Besatzungspolitik 1945 – 1949, Paderborn 1985

Glaser, Hermann, Kulturgeschichte der Bundesrepublik Deutschland. 3 Bde. München 1985 – 1989

Glaser, Hermann (Hrsg.), Soviel Anfang war nie. Deutsche Städte 1945 – 1949, Berlin 1989

Grube, Frank/Richter, Gerhard, Die Gründerjahre der Bundesrepublik Deutschland zwischen 1945 und 1955, Hamburg 1981

Hanke, Hans H. (Hrsg.), Bochum. Wandel in Architektur und Stadtgestalt (= Bochumer Heimatbuch, Bd. 8), Bochum 1985

Hölscher, Wolfgang, Nordrhein-Westfalen. Deutsche Quellen zur Entstehungsgeschichte des Landes 1945/46, Düsseldorf 1988

Hüttenberger, Peter, Nordrhein-Westfalen und die Entstehung seiner parlamentarischen Demokratie, Siegburg 1973

Hurlin, Haimo, Wiederaufbau der Bochumer SPD nach dem Zweiten Weltkrieg, (Examensarbeit) Bochum o. J.

Industriegewerkschaft Metall (Hrsg.), 90 Jahre Industriegewerkschaft Metall 1891 – 1981, Frankfurt a. M. 1981

Kleßmann, Christoph, Die doppelte Staatsgründung. Deutsche Geschichte 1945 – 1955, Bonn 1982

Kleßmann, Christoph/Friedemann, Peter, Streiks und Hungermärsche im Ruhrgebiet 1946 – 1948, Frankfurt a. M.

Kreuzer, Clemens, Union in Bochum. Ein Beitrag zur politischen Geschichte dieser Stadt, Bochum 1985

Kroker, Evelyn, Der Arbeitsplatz des Bergmanns. Der Weg zur Vollmechanisierung, Bochum 1986

Krüger, Wolfgang, Entnazifiziert! Zur Praxis der politischen Säuberung in Nordrhein-Westfalen, Wuppertal 1982

Landtag Nordrhein-Westfalen (Hrsg.), Landtagsdrucksache. 1. Wahlperiode Nr. II-631, Düsseldorf 1950

Löwenthal, Richard/Schwarz, Hans-Peter (Hrsg.), Die zweite Republik, Stuttgart 1974

Müller, Gloria, Mitbestimmung in der Nachkriegszeit. Britische Besatzungsmacht – Unternehmer – Gewerkschaften, Düsseldorf 1987

Niethammer, Lutz (Hrsg.), „Die Jahre weiß man nicht, wo man die heute hinsetzen soll", Berlin/Bonn 1983

Pakschies, Günter, Umerziehung in der britischen Zone 1945 – 1949. Untersuchungen zur britischen Reeducation-Politik, Frankfurt a. M. 1984

Petzina, Dietmar/Euchner, Walter (Hrsg.), Wirtschaftspolitik im britischen Besatzungsgebiet 1945 – 1949, Düsseldorf 1984

Pietsch, Hartmut, Militärregierung, Bürokratie und Sozialisierung. Zur Entwicklung des politischen Systems in den Städten des Ruhrgebiets 1945 – 1948, Duisburg 1978

Rothenberger, Karl-Heinz, Die Hungerjahre nach dem 2. Weltkrieg, Boppard 1980

Ruhl, Klaus-Jörg (Hrsg.), Frauen in der Nachkriegszeit 1945 – 1963, München 1988

Schwarz, Hans-Peter, Vom Reich zur Bundesrepublik Deutschland, Stuttgart 1982

Schwarz, Hans-Peter, Die Ära Adenauer. Gründerjahre der Republik 1949 – 1957, Stuttgart 1981

Stadtwerke Bochum GmbH (Hrsg.), 125 Jahre im Dienste des Bürgers, Bochum 1980

Steininger, Rolf, Deutsche Geschichte 1945 – 1961. Darstellungen und Dokumente in zwei Bänden, Frankfurt a. M. 1984

Steininger, Rolf, Reform und Realität. Vom Scheitern britischer Sozialisierungspolitik, in: Geschichte im Westen, Zeitschrift für Landes- und Zeitgeschichte 1 (1988), S. 35 – 45

Steininger, Rolf, Die Ruhrfrage 1945/46 und die Entstehung des Landes Nordrhein-Westfalen, Düsseldorf 1988

Trees, Wolfgang/Whiting, Charles/Omansen, Thomas, Drei Jahre nach Null. Geschichte der britischen Besatzungszone 1945 – 1948, Düsseldorf 1978

Verwaltungsbericht der Stadt Wattenscheid 1938 – 1950

Verwaltungsbericht der Stadt Bochum 1938 – 1952

Wagner, Johannes Volker, Deutschland nach dem Krieg. Kapitulation - Neubeginn - Teilung. Eine illustrierte Dokumentation, Bochum 1975

Wagner, Johannes Volker, Der Parlamentarische Rat 1948 – 1949. Akten und Protokolle, Bd. 1 Vorgeschichte, Boppard am Rhein 1975

Wagner, Johannes Volker, Bochums Stunde Null, Ausstellungsbroschüre, Stadtarchiv Bochum 1975

Wannöffel, Manfred, Gewerkschaftlicher Neubeginn und Gewerkschaftspolitik in Bochum nach dem Zweiten Weltkrieg, (Diplomarbeit) Bochum 1982

Winkler, Heinrich A. (Hrsg.), Politische Weichenstellungen im Nachkriegsdeutschland 1945 – 1953, Göttingen 1979

Zeittafel

1945

9. – 10.4.	Besetzung Bochums durch amerikanische Truppen
12. – 13.4.	Übernahme der Besatzungsverwaltung in Bochum durch die britische Militärregierung
15.4.	Verhaftung des seit dem 10.4. amtierenden Oberbürgermeisters Dr. Franz Geyer
16.4.	Ernennung des städt. Rechtsrats Ferdinand Bahlmann zum Bürgermeister – Besprechung mit der Großindustrie über die Situation der Bochumer Wirtschaft
18.4.	Hans Noll (KPD) wird von den Briten zum Oberbürgermeister der Stadt Wattenscheid ernannt
8.5.	Bedingungslose Kapitulation der deutschen Wehrmacht
Mai	BOGESTRA nimmt Straßenbahnverkehr auf 55 km Strecke auf
3.6.	Öffentliche Warnung vor Zuzug und Rückkehr nach Bochum
5.6.	Aufteilung Deutschlands in vier Besatzungszonen
1.7.	Ernennung Dr. Geyers zum Oberbürgermeister
17.7. – 2.8.	Potsdamer Konferenz
31.7.	Öffentliche Aufforderung zum Arbeitseinsatz – Bummelantentum und vorgeschützte Unfähigkeit werden mit Bestrafung durch Militärgerichte bedroht
2.9.	Erste Parteiversammlung (SPD) in Bochum
10.9.	Aufnahme des Schulbetriebs in den unteren Klassen
11.9.	Erstes Kammerkonzert des Städtischen Orchesters
September	21 von 35 Bochumer Sportplätzen wieder bespielbar
8.10.	Bochumer Volksküche eröffnet
12.10.	Wiederaufnahme des Betriebs beim Bochumer Verein nach vierwöchigem Stillstand wegen Strommangel
20.11.	Prozeßbeginn gegen die 24 als deutsche Hauptkriegsverbrecher Angeklagten in Nürnberg
November	1.500 Fernsprechteilnehmer in Bochum
17.12.	Theater-Spielzeit 1945/46 im Parkhaus eröffnet
18.12.	Erste Sitzung der von den Briten eingesetzten Wattenscheider Stadtvertretung

22.12.	Beschlagnahme der größten Bergwerksbetriebe in der britischen Zone durch die Militärregierung und Übernahme der Verwaltung durch „North German Coal Control Board" (NGCC)
Dezember	Bildung von Ortsausschüssen

1946

6./7.1.	Gründung der FDP für die britische Zone in Opladen
21./22.1.	Erste Tagung des CDU-Zonenausschusses in Herford; Vorsitzender der CDU in der britischen Zone wird Konrad Adenauer
28.1.	Erste Sitzung der von den Briten ernannten Bochumer Stadtvertretung
8.3.	Willi Geldmacher (SPD) zum Bochumer Oberbürgermeister ernannt; der von der Stadtvertretung gewählte Tilman Beckers (CDU) wird von den Briten abgesetzt
3.4.	Bochumer Entnazifizierungs-Hauptausschuß nimmt seine Arbeit auf
9.5.	Erster SPD-Parteitag nach dem Krieg wählt Kurt Schumacher in Hannover zum Parteivorsitzenden
15.6.	Verordnung über Trümmerbeseitigung und -verwertung
1.7.	Bezirkswirtschaftsamt in Bochum
20.8.	Britische Militärregierung beschlagnahmt Eisen- und Stahlindustrie in ihrer Zone und unterstellt sie der Leitung des „North German Iron and Steel Control Board" (NGISC)
23.8.	Errichtung der Länder Nordrhein-Westfalen, Hannover und Schleswig-Holstein
1.10.	Verkündung der Urteile im Nürnberger Kriegsverbrecherprozeß: 12 Todesurteile, 7 Freiheitsstrafen, 3 Freisprüche
7.10.	Erste CARE-Pakete in Bochum
13.10.	Erste Kommunalwahl in Bochum und Wattenscheid
30.10.	Erste Sitzung der gewählten Stadtvertretungen in Bochum und Wattenscheid
November	Drastische Verschlechterung der Ernährungslage
9.12.	Gründung des Industrieverbandes Bergbau für die britische Zone in Bochum

1947

1.1.	Vereinigung der britischen und der amerikanischen Besatzungszone zur Bizone
15.1.	Bebauungsplan für das Bochumer Kerngebiet; Fluchtlinienplan der innerstädtischen Hauptverkehrsstraßen

Januar	Einführung des Bergmann-Punktsystems
21.2.	Außerordentliche Sitzung der Bochumer Stadtvertretung: Resolution zur Ernährungslage
1.4.	Hungerdemonstrationen und -streiks in Bochum
20.4.	Landtagswahl in Nordrhein-Westfalen
20.4.	Landtagswahl in Nordrhein-Westfalen. Bochumer Landtagsabgeordnete: Willi Geldmacher (SPD), Josef Schirpenbach (CDU),Wilhelm Bette (CDU), Landtagsabgeordneter für Wattenscheid: Kurt Kötzsch (SPD)
22. – 25.4.	Gründung des DGB für die britische Zone; Vorsitzender wird Hans Böckler
5. – 11.5.	Geringste Lebensmittelration in Bochum: 629 Kalorien pro Tag
5.6.	US-Außenminister George C. Marshall kündigt Europäisches Hilfsprogramm an (Marshall-Plan)
6. – 8.6.	Treffen aller deutschen Ministerpräsidenten in München; Uneinigkeit über Tagesordnung führt zum frühzeitigen Auszug der sowjetzonalen Vertreter
25.6.	Bizonaler Wirtschaftsrat in Frankfurt gebildet
Juni	Baubeginn der ersten Bochumer Nachkriegssiedlung in Querenburg
1.8.	Betreuungsstelle für Heimkehrer eingerichtet; Burg Blankenstein als Heimkehrer-Erholungsheim eröffnet
Oktober	Veröffentlichung der Demontageliste. Bochumer und Wattenscheider Firmen dreizehnmal betroffen

1948

15.1.	Zweistündige Arbeitsniederlegung der Bochumer Werktätigen wegen der katastrophalen Ernährungslage
6.3.	Londoner Beschlüsse über Westdeutschland: Föderative Regierungsform, Einbeziehung in den Marshall-Plan, internationale Kontrolle des Ruhrgebiets, Freizügigkeit von Gütern und Personen in den Westzonen
20.3.	Sowjetunion verläßt Alliierten Kontrollrat
3.4.	Einbeziehung der drei Westzonen in die OEEC (Organization for European Economic Cooperation), die Durchführungsorganisation für den Marshall-Plan
30.4.	Erstes Maiabendfest der Bochumer Junggesellen nach dem Krieg
7.6.	Londoner Empfehlungen für Verfassungs- und Regierungsbildung in den drei Westzonen
20.6.	Währungsreform, Auszahlung des ersten Kopfbetrages von 40 DM

24.6.	Beginn der Berlin-Blockade durch die UdSSR
1.7.	„Frankfurter Dokumente“ enthalten die Londoner Empfehlungen an die westdeutschen Ministerpräsidenten
26.7.	Protestkundgebungen der Gewerkschaften gegen Preiserhöhungen
21.8.	Zweite Preiserhöhungs-Demonstration in Bochum
1.9.	Konstituierung des Parlamentarischen Rates in Bonn
8. – 9.9.	Auszahlung der zweiten Rate des Kopfbetrages über 20,- DM in Bochum
1.10.	Bochumer Stadtvertretung billigt Neuordnungsplan
17.10.	Kommunalwahl. Oberbürgermeister Geldmacher wiedergewählt
Oktober	25% der Trümmer in Bochum geräumt
12.11.	Allgemeine Arbeitsruhe als Protest gegen die hohen Preise
23.12.	Einrichtung eines Ausgleichsamtes in Bochum

1949

15.1.	Appell des Bochumer Vereins an die US-Regierung wegen Einstellung der Demontage
17.1.	Hans Schalla wird als Nachfolger Saladin Schmitts neuer Bochumer Theaterintendant
Februar	Entschließung der Bochumer Stadtvertretung gegen Demontagen beim Bochumer Verein
18.3.	Gründung der NATO
18.3.	Bochumer Demontageverweigerer in Berufungsverhandlung freigesprochen
1.5.	Beginn der Demontage beim Stahlwerk II des Bochumer Vereins
8.5.	Parlamentarischer Rat billigt Grundgesetzentwurf
12.5.	Ende der Berlin-Blockade
23.5.	Verkündung des Grundgesetzes
29.5.	Verfassung der DDR vom Volkskongreß angenommen
3.6.	Eröffnung des britischen Kulturzentrums „Die Brücke“
14.8.	Erste Bundestagswahl
14.8.	Bundestagswahl. Erich Ollenhauer (SPD) wird Bochumer MdB
1. – 4.9.	73. Deutscher Katholikentag in Bochum
12.9.	Theodor Heuss wird erster Bundespräsident

15.9.	Konrad Adenauer wird erster Bundeskanzler; die Regierungskoalition besteht aus CDU/CSU, FDP und DP
21.9.	Inkrafttreten des Besatzungsstatuts; die Alliierte Hohe Kommission (AHK) ersetzt die Militärregierung
7.10.	Gründung der DDR
13.10.	Gründung des bundesweiten DGB in München, Vorsitzender wird Hans Böckler
21.10.	Militärregierung entscheidet: BV-Werkshalle wird nicht demontiert
22.11.	Petersberger Abkommen: BRD tritt Internationaler Ruhrbehörde bei und darf Konsular- und Handelsbeziehungen zu anderen Staaten aufnehmen; Einstellung der Demontagen
24.11.	Demontagestop beim Bochumer Verein
9.12.	Oberbürgermeister Willi Geldmacher und Bürgermeister Josef Schirpenbach in ihren Ämtern bestätigt
Dezember	BOGESTRA befördert in 10 Monaten 86 Millionen Fahrgäste

1950

12.2.	Ansprache Bundeskanzler Adenauers im Parkhaus
14.2.	Schlagwetterexplosion auf Zeche „Robert Müser“; 3 Tote
1.5.	Wegfall der Lebensmittelrationierung
9.5.	Schumann-Plan vorgestellt: Deutsch-französische Aufsicht über gemeinsame Kohle- und Stahlproduktion mit dem Ziel einer Europäischen Gemeinschaft für Kohle und Stahl (EGKS)
11.5.	Gesamtdeutsche CDU in Königswinter gegründet, Konrad Adenauer ist Vorsitzender
26.5.	Wiederhergestellte Kemnader Brücke dem Verkehr übergeben
15.6.	Bundestag beschließt Beitritt zum Europarat
18.6.	Bochumer befürworten bei der Landtagswahl die Nordrhein-Westfälische Landesverfassung mit 100.000 Stimmen Mehrheit
25.6.	Ausbruch des Korea-Krieges
28.6.	Wieder Viehmarkt im Griesenbruch
16. – 17.9.	Deutschlandtag der DAG in Bochum
23. – 24.9.	Verbandsjugendtag der IG Bergbau in Bochum; FDJ-Krawalle anläßlich des Besuchs von Bundespräsident Heuss
6.10.	Richtfest der Katholikentag-Siedlung in Harpen
19.11.	Carl Zuckmayer bei der Bochumer Aufführung von „Gesang im Feuerofen“

23.11. Ost-West-Straße dem Verkehr übergeben

26.11. CDU-Kreisparteitag in Bochum; Josef Schirpenbach wieder Vorsitzender

4. – 5.12. Marshallplan-Zug in Bochum

1951

22.1. Überschwemmung weiter Teile Bochums; Ruhr 1,80 Meter über Normalpegel

14.3. Prof. Saladin Schmitt gestorben

10.4. Mitbestimmungsgesetz für Montanindustrie verabschiedet

18.4. Offizielle Unterzeichnung des Schuman-Plans in Paris; Montanunion ist perfekt

22.4. Deutsche Kunstturn-Meisterschaften in der BV-Halle

23.4. Kardinal Frings in Bochum

20.5. 1. Bauabschnitt der Katholikentags-Siedlung eingeweiht

26.5. Neue Stadtbücherei eröffnet

4.7. KPD inszeniert wilden Streik auf Zeche „Engelsburg“

9.7. Die drei Westmächte erklären Kriegszustand mit Deutschland für beendet

28.9. Bundesverfassungsgericht in Karlsruhe eröffnet

27.10. Der 300.000. Bochumer Bürger geboren

15.11. Abschied von Oberstadtdirektor Dr. Schmidt

18.12. Neuer Rathaussitzungssaal und Innenhofflügel des Rathauses eingeweiht; Rathausturm beherbergt erstes Gußstahlglockenspiel der Welt

30.12. Erster feierlicher Gottesdienst in der wiederaufgebauten Redemptoristenkirche

1952

24.1. Bochumer Stadtvertretung wählt Dr. Petschelt zum Oberstadtdirektor, Dr. Schmitz zum Stadtdirektor

25.1. Gasexplosion vernichtet Elektrozentrale von „Westfalia-Dinnendahl-Gröppel“; 3 Tote

26.5. Unterzeichnung des „Generalvertrags“: BRD wird Mitglied der Europäischen Verteidigungsgemeinschaft (EVG)

10.7. Bundestag verabschiedet Lastenausgleichsgesetz

19.7. Betriebsverfassungsgesetz verabschiedet

24.7.	Josef Calderoni (CDU) bekleidet als Nachfolger von Josef Schirpenbach (CDU) das Bochumer Bürgermeisteramt
20.8.	Tod Kurt Schumachers
28.9.	Erich Ollenhauer neuer SPD-Vorsitzender
1.10.	Einweihung der neuen Stadtwaage am Hauptbahnhof
24.10.	Einweihung des neuen Gebäudes der Ruhrknappschaft
9.11.	Kommunalwahlen in Nordrhein-Westfalen
20.11.	Fritz Heinemann (SPD) zum Bochumer Oberbürgermeister, Josef Calderoni (CDU) zum Bürgermeister gewählt
17.12.	Neues Hallenbad seiner Bestimmung übergeben

1953

11.1.	Einweihung des Jugendheims in Linden
12.3.	Deutsche Hallen-Schwimmeisterschaften im Stadtbad
24.3.	Erste Ostzonenflüchtlinge in Bochum
25.3.	Gesetz über die Angelegenheiten der Vertriebenen und Flüchtlinge: Regelung der Eingliederung
23.4.	Neues Tarifvertragsgesetz bestimmt Gewerkschaften und Arbeitgeberverbände als maßgebend in Tariffragen
26.4.	Eröffnung der Bochumer Heimattage
9.5.	Bundestreffen der Landsmannschaft Ostpreußen; 150.000 Teilnehmer
17.6.	Aufstand in der DDR
Juni	VfL Bochum steigt in die 1. Fußballiga West auf
16.7.	Deutsche Amateur-Boxmeisterschaften in BV-Halle
6.9.	Bundestagswahl, CDU erringt die absolute Mehrheit
6.9.	Bundestagswahl. Franz-Josef Müser (CDU) wird Bochumer Bundestagsabgeordneter
23.9.	Eröffnung des neuen Bochumer Schauspielhauses
2.10.	Einweihung des Bochumer Amtsgerichts und Landgerichts
20.12.	Einweihung des neuen Ruhrlandheimes in Stiepel

1954

19.1.	Gründung der Bergbau AG „Constantin der Große“ im Zuge der Entflechtung der Montanindustrie

26.1.	Bochumer Verein hat Europas modernstes Walzwerk
16.2.	Gründung der Steinkohlenbergwerke „Hannover-Hannibal" AG als Folge der Entflechtung des Krupp-Konzerns
26.2.	Wehrergänzung zum Grundgesetz begründet die Wehrhoheit der BRD
2.4.	Eröffnung der Studiobühne des Schauspielhauses
23.4.	Westfälische Hotel- und Gaststätten-Fachschau in BV-Halle
26.5.	Licht- und Luftbad an der Königsallee eröffnet
6. – 7.6.	Bundestreffen der Pommern in Bochum
16.6.	Reithalle an der Castroper Straße eröffnet
19.6.	Einweihung der Sternwarte auf dem Dach der Goetheschule
27.6.	Landtagswahl in Nordrhein-Westfalen
27.6.	Landstagswahlen. Bochumer Abgeordnete für Düsseldorf: Fritz Heinemann (SPD), Erna Herchenröder (SPD), Heinrich Hossiep (SPD)
10. – 11.7.	Bundestreffen der Westpreußen in Bochum
17.7.	Wiederwahl von Bundespräsident Heuss
6.8.	Bochums Stadtbaurat Massenberg gestorben
31.8.	Nord-Süd-Börsenhalle am Steinring eröffnet
17. – 19.9.	Westfalentag 1954 in Bochum
2./3.10.	Londoner Neun-Mächte-Konferenz beschließt Souveränität der BRD, ihre Wiederbewaffnung sowie ihren Eintritt in die NATO
23.11.	Fritz Heinemann (SPD) und Josef Calderoni (CDU) als Oberbürgermeister bzw. Bürgermeister wiedergewählt

1955

1.1.	Bochumer Stadtverwaltung schließt Spielhallen
25.1.	UdSSR beendet Kriegszustand mit Deutschland
5.5.	BRD erlangt volle Souveränität mit dem formellen Ende des Besatzungsregimes und der endgültigen Auflösung der AHK nach Ratifizierung der Pariser Verträge
8.5.	BRD wird NATO-Mitglied
14.5.	Gründung des Warschauer Pakts
15.5.	Einweihung des ausgebauten Stadions an der Castroper Straße
29.5.	Oberschlesier-Treffen in BV-Halle; 45.000 Teilnehmer

14.8.	Deutsche Leichtathletik-Polizeimeisterschaften im Stadion
1.9.	10 Jahre CDU-Westfalen; Bundeskanzler Adenauer auf den Parkhausterrassen
3. – 4.9.	Bochumer Stadtparkfest mit 250.000 Teilnehmern
9. – 13.9.	Bundeskanzler Adenauer in Moskau: Aufnahme diplomatischer Beziehungen, Rückführung der letzten Kriegsgefangenen
27.9.	20.000 Kraftfahrzeuge in Bochum zugelassen
3.10.	Einweihung des Stadtwerke-Hochhauses
10.10.	Erster Bochumer Rußland-Heimkehrer nach Adenauers Moskau-Reise: Paul Hartmann
17.10.	Übergabe des neuen Studiengebäudes der Verwaltungs- und Wirtschaftsakademie
23.10.	Saarstatut von Mehrheit der saarländischen Wähler abgelehnt
4.11.	Freigabe des Ruhrschnellwegs auf der Strecke Essen - Wattenscheid - Bochum
13.11.	Erste Bundeswehr-Soldaten ernannt